소설쓰기의 이론과 실제

한길문학예술총서 12
소설쓰기의 이론과 실제

현길언 지음

한길사

머리말

　그동안 소설을 쓰고 강의하는 일이 내 생활의 중요한 부분을 차지하고 있으면서도, 아직도 소설에 대한 내 생각은 정리되지 않은 채 있다. 처음 소설을 공부할 때에 가졌던 소설에 대한 다소 엄숙한 생각은 이제는 유행이 지난 낡은 옷처럼 혹 부끄러운 것이 될 수도 있는 이 세태에서, 나는 내 시원찮은 소설처럼 이 책을 세상에 내놓게 되었다.
　마음에 드는 소설을 읽으면서 메모해둔 것과 소설 강의를 위해 준비해두었던 글들을 정리하면서, 소설에 대한 내 생각을 되돌아볼 수 있었음을 다행으로 생각한다. 소설을 생각하는 것은 인간과 세계를 생각하는 일이고 소설쓰는 일은 바로 그것에 대한 작가 나름의 해석이라는 아주 소박한 입장을 재확인하게 되었다. 그러므로 소설을 쓰거나 그것을 논의하는 일은 결국 인간과 세계에 대한 자신의 태도를 확인하고 성찰하여 새로운 인식의 틀을 정립해가는 과정이므로, 나는 이 책을 소설에 대한 내 자신의 한 정리라는 점에서 만족하고 싶다. 변변치 못한 내 작품과 소설쓰기 과정도 숨김없이 털어놓을 수 있었다.
　처음 소설을 공부하던 시절에 가졌던 방법의 광대함과 묘연함에서 오는 막막했던 처지를 생각하면서, 이제 소설을 이해하고 쓰려는 사람들에게 이 책이 도움이 되었으면 한다.
　서예를 공부하는 사람은 한 획을 긋는 연습에도 1년을 보내고, 10년

넘게 선인(先人)이 쓴 서체(書體)를 본떠 쓰는 이른바 임서(臨書)과정을 거친다고 한다. 어찌 서예뿐이랴. 수영을 배우기 위해서도 방법과 그 단계가 있음에야, 예술 작품을 창작하기 위해서는 치열하게 기본수련을 쌓아가야 함은 더 말할 필요도 없다. 그러나 최근 들어 소설만큼은 예외인 것 같다. 누구나 소설을 쓸 수 있는 세상이 되었다. 옛날 시골 이발관에 걸려 있는 그림보다도 더 조잡한 이야깃거리를 써서 소설가로 행세하고 장안의 화제를 만드는 것이 오늘의 세태이다.

세상에 대한 치열함이나 자기 안목도 갖지 못한 채 소설을 쓰겠다는 그 무모함을 뛰어넘어, 이제는 소설에 대한 기본적인 이해조차도 없으면서 객기나 부리고 재주를 팔고, 콩트 하나 제대로 쓰지 못하면서 장편을 쓰겠다고 덤비니, 비유하건대 데생도 제대로 하지 못하는 주제에 추상화를 그리겠다는 용기를 가진 소설 지망생과 작가들이 많은 것이 우리 현실이다.

가장 정치한 언어의 구조물인 소설 창작에 있어서, 그 기초적인 방법의 문제들을 일단 정리해보았다. 되도록 많은 작가들 작품을 바탕으로 이미 보편화된 소설 작법과 그 의미들을 나름으로 체계를 세웠다. 소설을 공부하는 입장에서는 인용된 작품을 각 장·절 별로 직접 읽으면 여기에서 논의한 내용보다 더한 것을 스스로 얻게 될 것이다.

이 원고는 쓰는 데 50여 명 작가의 100여 편 작품을 인용하였다. 그 과정에서 작가의 원 창작 의도와는 다르게 해석하고 처리한 점도 있을 것이다. 여러 작가분들이 너그럽게 이해해주셨으면 고맙겠다. 더구나 「동경」(銅鏡) 전재를 수락해주신 오정희 선생님께 감사를 드린다. 그리고 이 책의 출판을 맡아주신 한길사 김언호 사장님과 편집부 여러분께 고마운 뜻을 전한다.

1994년 2월
현 길 언

차례

소설쓰기의 이론과 실제

□ 머리말 · 5

제1장 인간과 소설쓰기
1. 소설은 왜 생겼을까 · 13
2. 소설·종교·지배이데올로기 · 15
3. 세계에 대한 고통스러운 인식과 그 진실의 형상화 · 19

제2장 소재는 어떻게 찾아 처리할 것인가
1. 소재 선택의 의미 · 23
2. 체험의 객관화와 주관화 · 25
3. 어떤 소재가 적절할까 · 31
4. 내밀화된 체험과 그 드러남의 계기 · 35

제3장 소설의 주제와 소재의 선택
1. 체험의 선택 · 44
2. 주제와 소재의 변형 · 47
   (1) 모티브의 변형과 첨가 · 49
   (2) 시간의 변형 · 52

제4장 소설 구상하기
1. 소재의 선택과 주제 설정 · 55
2. 주제를 드러내기 위한 기본틀짜기 · 56
   (1) 개요 만들기 · 56
   (2) 에피소드와 예비적인 플롯 정하기 · 56
   (3) 인물 설정 · 57
   (4) 이야기를 전하는 틀 정하기 · 58
   (5) 문체 · 59

3. 소설쓰기의 계획과 실제 · 59
　(1) 1차적인 단계 · 59
　(2) 2차적인 구상 · 61

제5장　인물
1. 소설 인물과 일상적 인물 · 67
2. 인물의 유형 · 76
3. 인물제시 방법 · 80
　(1) 인물의 조건제시 · 81
　(2) 화자에 의한 인물제시 방법 · 88
　(3) 인물과 플롯 · 101
　(4) 상황이나 모티브에 대한 태도와 반응 그리고 굳어진 습관 · 107
　(5) 인물의 속성을 과장해서 처리하는 경우 · 113
　(6) 인물의 종합적 해석 · 116
4. 종합 · 120

제6장　플롯
1. 플롯과 세계 인식 · 123
　(1) 플롯 · 123
　(2) 스토리에서 플롯으로 · 126
2. 플롯의 원형과 기본틀 · 129
　(1) 플롯의 원형과 질서의 아름다움 · 129
　(2) 플롯의 기본틀과 의미 · 131
3. 플롯 분석의 한 예 : 오정희의 「동경」(銅鏡) · 134
　(1) 문단 나누어 읽기 · 134

(2) 플롯의 구조 · 164
　4. 작품의 서두와 위기, 결말 · 171
　　(1) 작품의 서두 · 171
　　(2) 중편과 장편의 서두 · 183
　　(3) 작품의 위기와 절정 · 192
　　(4) 작품의 결말 · 197
　5. 플롯 만들기 · 213
　　(1). 플롯의 법칙 · 213
　　(2) 플롯 만들기의 실제 · 221

제7장　소설의 갈등구조와 처리
　1. 인간의 갈등과 소설 · 225
　2. 소설 갈등의 양상 · 227
　　(1) 존재론적 갈등 · 227
　　(2) 사회적 갈등 · 228
　　(3) 자아와 자아의 갈등 · 229
　3. 소설의 갈등처리 · 230
　　(1) 인물의 갈등구조 · 230
　　(2) 갈등처리와 소설의 주제 · 241
　　(3) 갈등과 플롯의 구조 · 246

제8장　소설의 배경
　1. 배경의 의미와 한계 · 251
　2. 배경의 유형 · 255
　3. 기능적 배경의 양상 · 258

(1) 주제를 결정하는 배경 · 259
   (2) 상징적 배경의 여러 양상 · 264
   (3) 사실적 배경과 상징적 배경 · 271
   (4) 시간성의 처리 · 275
   (5) 소설의 배경설정 방법 · 279
   (6) 배경·상황 제시와 화자 · 284
   (7) 배경처리 방법 · 290

제9장   이야기하는 방식 : 화자의 위치와 거리 정하기
 1. 이야기하는 방식의 선택 · 293
 2. 이야기 방식의 몇 가지 유형 · 294
   (1) 이야기 밖의 화자와 작품과의 거리 · 294
   (2) 이야기 안의 화자와 작품과의 거리 · 301

제10장   소설 언어
 1. 소설 언어의 성격 · 311
 2. 대화 · 313
   (1) 인물에 대한 정보제공 기능 · 314
   (2) 서사적 대화의 기능 · 317
   (3) 판단·종합적 언어 · 321
 3. 지문 · 324
   (1) 대화를 보충하는 지문 · 325
   (2) 서사적 지문 · 327
   (3) 대상이나 상황(정황) 그리기 · 329

제11장 소설 퇴고

1. 퇴고 요령 · 335
2. 퇴고의 실제 · 355
    (1) 소재 선택의 의미 · 355
    (2) 소재 해석과 주제 선정 · 356
    (3) 소설 구성에 대한 검토 · 358
    (4) 문장 · 364

제12장 소설쓰기와 소설읽기의 한 예

1. 소설쓰기 : 인간과 세계에 대한 애정 그리고 진지한 삶 · 367
    (1) 체험의 주체자와 구경꾼 · 367
    (2) 제주 4·3사태 체험과 나의 소설 · 373
    (3) 작품쓰기의 과정 · 384
    (4) 체험과 소설 만들기 · 386
2. 소설읽기의 실제 : 이청준의 「줄」· 387
    (1) 소설을 읽기 전에 · 387
    (2) 형식 문단으로 나눠서 읽기 · 388
    (3) 작품구조와 의미 · 391
    (4) 소설의 의미 : 삶과 예술의 논리에 대한 신념과 물음 · 399

□ 인용작품 목록 · 403

제1장
인간과 소설쓰기

1. 소설은 왜 생겼을까

　소설이 무슨 용도가 있어서 씌어졌는지는 모르지만, 사람들이 모여 사는 곳이면 이야기가 따라다녔다. 누가 그것을 만들어냈는지 상관없이 사람들은 그것을 즐겼다. 그런데 소설이 예술의 한 장르로 확고하게 자리잡은 오늘날에는 사람들은 소설을 쓰거나 읽는 일에 대해서 별로 대단찮게 생각한다. 아마 소설이 사람들이 살아가는 데 있어 시급하게 유용하지 않기 때문일 것이다. 그렇다면 소설은 한가하고 여유있는 사람들이 지적 유희, 아니면 고급 오락거리 정도로 읽는 것인가. 그러나 사실은 정반대다.
　오늘날에도 계속 소설은 씌어져서 읽힌다. 오히려 소설은 여유있는 사람들이나 자신이 행복하다고 생각하거나 아니면 세상 사람들이 갈망하는 그 욕망, 예를 들면 권력이나 돈이나 명예나 아름다운 연인을 차지한 행복한 사람들은 읽거나 쓰지 않고, 그와는 다른 정황에 처한 사람들이 더 많이 향유하고 그것을 필요로 한다. 즉 불행을 의식하거나, 설령 자신을 불행하다고까지는 생각하지 않더라도 지금 누리는 삶이 행복하지는 못하다고 생각하는, 그래서 새로운 삶을 꿈꾸는 사람들이 보다 많이 필요로 하고 있음에 틀림없다. 이것은 참 묘한 현상이다.

이러한 점은 비단 개인의 경우만이 아니다. 사회역사적으로 불행했던 시대에 더 의미있는 작품이 씌어졌다는 사실을 보더라도 소설은 행복한 (그 행복이 가짜일지라도) 사람이나 그러한 시대를 위한 것이기보다는 불행한 개인이나 시대 또는 그것을 생각하는 사람들에게 필요한 것임에 틀림없다. 이 점은 만약 인간이 에덴에서 추방되지 않았다면(인간적인 한계상황에 처하지 않았다면), 설사 낙원에서 추방당했다 하더라도 복락원(復樂園)에의 꿈을 갖지 않았다면 소설이 필요했을까 하는 가정에서 보다 확실해진다. 소설은 인간이 처한 상황이 문제가 있다는 인식과 함께 그것을 극복해나가려는 갈망에서 연유했다고 설명할 수 있을 것이다. 그러한 점에서 소설은 신과 동물, 악마와 천사의 중간지대에 살아가는 인간에게만 필요한 것이다. 여기에 소설은 꿈꾸는 인간이 추구하는 구원에의 한 양식이라고 다소 과장되게 그 성격을 규정해볼 수 있다.

이 점은 소설을 종교와 지배이데올로기와의 관계에서 살펴보면 그 성격의 일단이 좀더 뚜렷해질 것이다. 문학이 근본적으로 인간 구원의 한 양식으로 존재했기에 종교적 의미를 갖고 있다. 소설(이야기)이 죽음을 극복하기 위한 구원의 양식이라는 점은, 한국의 박두장이 이야기와 서양의 『아라비안나이트』에서 상징적으로 극명하게 드러난다. 뿐만 아니라 종교적인 제의의식에서의 언어의 주술성이나 기도문에서도 그러한 점을 찾아볼 수 있다. 더구나 우리의 삶의 현장에서 이야기는 삶의 문제를 극복하는 수단으로서 위력을 간직하고 있다.

이야기가 별 쓸모가 없는데도 사람들은 쉬지 않고 이야기를 만들고 즐기면서 살아왔다. 그것은 실제 체험한 이야기일 수도 있고, 거기에 허구를 덧붙인 거짓말일 수도 있다. 그것은 나의 이야기이거나 남의 이야기일 수도 있다. 어쨌든 사람들은 살아오면서 끊임없이 이야기를 만들면서 즐겼다. 피곤한 일터에서, 돌아오는 술자리에서, 고통스러운 감옥 안에서도 이야기는 만들어졌다. 사회가 경직되고, 언어가 권력에 의하여 통제되던 시대에 오히려 재미있는 유언비어는 많이 만들어졌다. 사람들은 그러한 이야기를 믿지 않으면서도 그것이 사실이기를 혹 바라면서,

아니 바라지 않더라도 그것을 즐겼다. 그래서 이야기는 오히려 불행한 사람들과 불행한 시대에 더 많이 만들어졌고 더 많은 사람들에게 읽혔다.

2. 소설·종교·지배이데올로기

　구원의 한 양식으로서의 소설은 종교적으로 인간이 지향하는 천국을 향한 갈망과 일치한다. 이 점에서 소설은 인간적이고, 종교도 궁극적으로는 인간 구원을 지향하므로 양자는 서로 대립적인 관계라기보다는 상호보완적이라고 생각할 수 있다. 특히 종교적 의미에서의 천국을 자유와 평등이 실현된 공간이라고 할 때, 인간이 소망하는 세계와 다르지 않다. 더구나 소설이 끊임없이 인간과 사회문제를 추구하면서 새로운 사회를 지향한다는 점에서, 그러기 위해서 현실의 탐구와 그 극복을 위한 몸부림이 소설 정신의 핵심이라는 점에서 양자는 보다 화해롭게 만나리라 생각한다. 여기에 필연적으로 지배이데올로기에 상대되는 개인의 진실, 즉 집단과 개인의 문제가 제기되지 않을 수 없다.
　이데올로기는 인간을 위한 것이면서 그것이 고착되는 순간부터 강한 힘으로 인간을 억압한다는 점에서, 문학은 지배이데올로기에 맞서면서 끊임없이 새로운 이데올로기를 만들어가는 과정에서 어떤 몫을 차지한다고 생각한다. 그것은 종교적인 신앙의 길과 다르지 않다. 신앙은 절대적 가치의 신성(神性)을 향하여 매일매일 자기 부정을 통해 새로운 소망에 이르는 과정이다. 그러므로 문학이든 종교적 신앙이든 간에 고여 있는 삶을 용납하지 않는다. 그것은 끊임없이 새로운 물길을 찾아 흘러가면서 새로운 여울을 만들어가는 것이다.
　소설과 지배이데올로기와의 관계는 소설의 발생 초기부터 잘 드러난다. 그것은 곧 소설의 숙명적인 체질이기도 하다. 동서양을 막론하고 문학은 항상 지배이데올로기와 맞선 자리에 있었다. 플라톤이 「이상국」에서 시인 추방론을 내세운 것은 겉으로는 '시가 참 진리에서 멀어진 가짜'라는 명분 때문이었지만 사실은 그렇지 않다. 그러나 플라톤은 시가 이데아의 표상인 세계를 반영하기 때문에 참 이데아에서 두 단계나 벗어난 허상이라고 몰아붙였다. 그러나 사실 시(문학)는 이데아(또는 우주의 본질)의 반영인 세계상(자연)을 해석하여 가상의 세계를 만들어 내기에 오히려 이데아에 한 단계 다가간 것이다. 그러므로 두 단계 벗어난 것이 아니라 오히려 세계의 현상에서 보다 본질(이데아)에 근접한 것이라 생각할 수 있다. 그런데도 시인 추방을 고집한 것은 그들이 추구하는 이상국의 이데올로기와 시가 맞서 있었기 때문이다.

동양에서는 소설을 소도(小道), 도청도설(塗廳塗說), 소가진설(小家珍說)이라면서 부정적으로 인식했다. 그 이유는 소설이 사회규범이나 도덕성을 확립하는 데 필요하지 않았고, 그것은 또한 사실에 근거하지 않았을 뿐만 아니라 사람을 미혹하게 한다고 생각했기 때문이다. 당시 학문은 모두 지배이데올로기를 교육하여 확산하고 정착시키는 데 기여해야 했고, 그것은 역사적 사실에 근거한 것만이 참이라고 믿었다. 반면에 소설이 갖는 비도덕성과 허구성은 당대의 이념으로 볼 때에는 불필요한 것이라는 이유로 자연히 배격당해왔다.

그런데도 소설은 없어지지 않고 길거리 주막집, 사랑방, 일터에서 끊임없이 만들어져서 사람들을 즐겁게 하면서 흘러다녔다. 그 황당함에도 불구하고 사람들이 그것을 즐기는 데야 지배층도 어쩔 도리가 없었다. 오히려 민심의 정체를 알기 위해 그러한 이야기들을 들을 필요가 있었고, 그래서 그것을 수집하는 관리까지 두었던 것이다.

우리나라 경우만 해도 소설을 짓고 가르치는 것은 선비로서는 바람직한 일이 아니라고 했다. 그런데도 오히려 선비들이 그것을 수집해서 어렵게 기록에 남겨놓았으니 참 묘한 일이다. 그것은 소설이 지배이데올로기를 추종하는 지배계층에게는 외면을 당했지만 일반 백성들에게는 사랑을 받았으며, 지배계층인 선비들까지도 내심으로는 그것을 즐겼기 때문이다. 즉 인간이 살아가는 데 이 거짓말 같은 이야기는 현실적인 효용성을 불문하고라도 필요했다. 그래서 대설(大說)이 아니라 소설(小說)이었다. 서양의 경우 그 어원으로 볼 때에, 소설의 프랑스어 로망(roman)은 '방언으로 번역하다'는 의미를 가진 프랑스어 로망시에(romancier)라는 말에서 유래했다 한다. 라틴어 문화권에서 벗어난 변두리말(방언)로 번역한다는 뜻에서 소설이란 말이 나왔다는 것은 매우 시사적이다. 즉 그것은 동양의 소설에 대한 인식과 같이 중심부적이 아니라 주변적이며, 지배이데올로기에 맞서는 계층들이 향유했음을 설명해준다.

더구나 역사적으로 소설이 발전한 사회적 배경이 산업사회와 부르주아계층이 부상한 시대라는 점을 감안할 때, 그러한 반이념성과 끊임없이 새로워지려는 반정체성이 그 체질 중 중요한 요소임을 알 수 있다. 이러한 소설의 주변성과 반이데올로기성은 개인의 진실이나 집단성과 얽혀지면서 소설의 중요한 문제로 늘 남아 있게 되었다.

인간은 하나의 이념을 붙잡고 살아간다. 더구나 사회나 국가와 시대를 통제해나가는 데 이념은 필요한 것이고, 또한 강한 힘을 동반하게 된다. 그러나 그 가치는 그것이 옳고 필요한 것으로서 내세워지는 순간부터 병들기 시작해서, 오히려 그 집단구성원을 억압하기 시작한다. 그것은 집단적 이데올로기뿐 아니라 개인의 가치에서도 마찬가지이다. 끊임없는 성찰로 새로워지려는 의식이 없이는 오히려 자기가 설정해놓은 가치가 자신을 억압하는 아름다운 폭군으로 변하고 만다.

문학은 새로운 가치를 향한 끊임없는 노력과 맞물려 있다. 그것은 현재의 탐구와 새 세계에 대한 갈망을 함께 한다. 또한 그것은 내용이 새로워지는 것에 그치는 것이 아니라 형식이나 방법까지도 새로워져야 한다. 그러므로 소설쓰는 일이나 소설에 대한 생각과 태도는 실험실에서의 자연과학도의 태도와 비슷하다고 생각한다. 단지 대상과 방법의 세부적인 면만 다를 뿐이다. 모두가 인간과 우주의 실상에 대한 탐구이고, 새로운 세계를 지향하는 인간의 꿈에 근거하고 있는 것이다.

여기에 소설을 어떻게 쓰는가 하는 문제가 놓여 있다. 새로운 세계에 대한 지향은 현재에 대한 정확한 인식에서 출발한다. 그리고 인간이 새롭게 만들어가는 사회를 설정하기 위해서도 그것이 선결되어야 한다. 인간은 땅위에 자리잡고 살기 시작한 이후 지금까지 자신이 살고 있는 공간과 시간에 대해 알려고 노력해왔으나 완전한 이해는 아직도 요원하다. 그것은 어느 분야나 마찬가지이다. 그러기에 소설은 근본적으로 인간이 지향하는 세계를 위하여, 작가가 이해하여 찾아낸 인간과 사회와 자연의 문제를 소설 언어 속에 담아놓는 것이라고 생각한다.

이러한 소설에 대한 몇몇 생각은 소설의 소박한 주제이다. 인간과 사회에 대한 새로운 인식과 그 실상을 찾아내는 일과 우리들의 삶을 억압하는 힘의 정체에 대한 관심에서 소설은 시작된다. 소설이 자연과 인간의 문제를 완전히 탐구하고 그 극복을 온전히 도모할 수는 없다. 소설은 인간이 추구하는 그 새로운 세계를 위해 벌려놓은 다양한 학문과 예술, 그리고 정치·경제·종교 등과 같은 분야 중 그 하나일 뿐이다. 그러면서 그것은 다른 무엇이 할 수 없는 고유의 몫을 지니고 있다. 그렇다고 그것이 다른 것과 담을 쌓은 고립성 속에 갇혀 있는 것도 아니다.

새로운 세계, 더 행복할 수 있는 세계를 소망하는 인간들의 열망은 항상 현실과 엇갈려 있다. 새로운 세계를 지향하는 사람은 현실의 부족함을 인식하여 불만을 갖고, 그래서 더 나은 세계를 꿈꾼다. 현실을 뛰어넘거나 현실에 대해 불만을 갖는 사람은 바로 현실을 가장 정직하고 치열하게 인식하면서 살아간다. 그중에 소설가도 끼여 있다. 그는 현실을 누구보다도 사랑한다. 그러기에 그는 다른 사람들의 눈으로 놓쳐버리는 현실의 문제와 인간의 모습을 찾아낸다.

작가의 눈에 무엇이 나타났든지 간에 그것은 작가 자신의 문제와 현실의 문제를 동시에 설명해준다. 소설이 설사 겉으로는 현실과 동떨어져 있다 하더라도 그것은 현실을 바탕으로 씌어진다. 그러기에 소설과 현실은 그 내면적인 짜임으로 보면 비슷하다. 혹 겉으로는 이 양자가 서로 동떨어졌다 하더라도 작가의 상상력은 현실에서 비롯된다. 작가는 사회의 현실 속에 살아가고 있다. 거기서 찾아내는 문제는 다양하다. 작가가 모든 것을 소설로 써낼 수는 없다. 그중에는 소설로 쓰기에 벅찬 것도 있다. 작가는 현실의 사태나 체험 중에서 한 부분을 선택·해석해서 그것을 이야기틀로 재구성해놓는다.

3. 세계에 대한 고통스러운 인식과 그 진실의 형상화

 소설쓰는 일이 인간과 세계에 대한 탐구라면 작가는 그 일을 위해 대상을 특별한 태도로 관찰해야 한다. 그것은 마치 실험실에서 연구를 위해 실험하는 학자들에 맞먹을 수 있을 것이다. 그들은 일반인의 관심 밖에 있는 사물이나 사건에 대해 특별한 관심을 갖고 관찰하고, 그것이 외적 조건의 변화에 따라 어떻게 대응하는가에 관심을 갖고 본다. 그리고 그 변화를 통해서 새로운 문제를 얻고, 그것을 다시 확인하기 위해서 자료를 체계화시켜 지금까지 밝혀지지 않은 어떤 문제나 질서를 찾아낸다.
 소설을 쓰는 일도 이와 같다. 작가가 인간과 사회, 즉 관심갖는 대상에 대해서 특별한 애정을 갖고 바라보고 체험할 때, 일반 사람들이 놓치는 진실이나 숨겨진 문제를 찾아낼 수 있다. 그런데 대상에 대해 항상 관심을 갖고 살아가기가 매우 고통스럽기에 문제가 있다.
 우리가 세상을 편하게 살아가는 방법은 모든 일에 대해서 무관심으로 대응하는 것이다. 직접 자신과 관련된 문제가 아니라면 외면하고 문제를 피하면서 살아가는 일이 가장 편안하게 사는 방법일 것이다. 그러나 그러한 삶은 진실을 외면하고 살기 때문에 허위를 묵인하거나 왜곡시키면서 살아가는 것이 된다. 그러한 생활을 용납한다면 그것은 곧 동물들의 삶과 비슷하다. 동물들은 생존의 문제와 직결되지 않는 일에는 관심을 갖지 않는다. 그러기 때문에 그들은 생명을 유지하고 살아가지만 문화를 갖지는 못한다.
 작가가 세계나 인간, 더구나 자신에 대해 진정한 애정을 갖고 살아갈 때 항상 문제가 나타나기 마련이다. 예를 들어보자. 사람들이 한 세상

살아가면서 제일 많이 다투고 서로의 문제로 괴로워하는 대상이 누구일까. 그것은 내가 가장 사랑하는 사람일 것이다. 부부간의 문제가 그처럼 복잡하고, 부자·모자·모녀 간처럼 식구끼리의 문제도 그렇고 그 다음에는 친척이다. 설사 혈연적 관계가 아니더라도 내가 관심을 많이 갖는 그 일이나 대상과의 관계에서 문제가 많이 나타나서 우리를 고통스럽게 만든다. 즉 어떤 대상에 대해 관심과 사랑을 가질 때, 그 대상의 문제가 보다 선명하고 보다 많이 나에게 나타나기 때문이다.

작가가 인간이나 세계와 역사에 대해 애정을 가질 때 그 대상을 옳게 인식할 수 있고, 거기에서 숨겨진 새로운 문제를 찾아낼 수 있을 것이다. 그러기에 작가는 항상 문제를 찾아가며 그 문제에 대해 고민하고, 그것을 극복하려고 애를 쓴다. 그 고민과 애씀이 바로 어떤 욕망의 충족을 위한 의도적인 것이 아니라면, 거기에서 진실된 작품(설사 기교적으로 좀 모자란다 하더라도)을 만들어낼 수 있을 것이다. 설령 그 작품이 좋은 평가를 얻지 못하더라도 그것은 작가의 진실임에 틀림없기에 소중한 것이다.

그러나 문제를 안이하게 인식할 때, 그것이 설사 타인의 욕구나 기대에 들어맞는다 하더라도 그것은 자기를 속이는 일이면서 세계에 대한 자신의 거짓 인식을 합리화한다는 점에서 작가가 늘 경계해야 할 문제이다. 여기서 안이하게 문제를 찾아낸다는 말은 그 문제가 자기 진실과 거리가 멀거나 그리 심각하지 않은 것으로서, 또는 어떤 지배이데올로기에 의해 (그 속에는 외부적인 것과 자기의 세속적인 욕망도 포함되어 있다) 인식하는 경우를 의미한다. 사실 소설가의 세계 인식은 일반적인 관심을 늘 배반하는 데서 출발해야 한다. 그런데 여기에서 경계할 것은 그 배반(비판)이 피상적인 배반으로 끝난다면 그것은 결국 지배이데올로기에 영합하는 수준에 머물고 말 것이라는 점이다.

소설쓰기는 인간 탐구이면서 진실되게 살아가기 위한 하나의 방법이라는 데서 소설쓰기의 또다른 의미와 매력이 있다. 그러나 그것은 작품을 쓴다는 고통과 함께, 세계를 인식하는 과정에서 피하지 못하는 고통과 혼란도 감당해야 하는 어려움이 뒤따른다. 작가는 고통을 사서 하는 사람이고, 그 고통에 대해서 누구도 보상해주지 않기에 더욱 외로울 수밖에 없다.

독자를 즐겁게 해주는 소설은 두 가지 의미를 지닌다. 하나는 독자의 경험을 확대시켜 새로운 세계를 찾는 기쁨을 제공해주는 경우이다. 사람들은 타성에 젖어서, 또는 자기 욕망(이데올로기)에 얽매어 인간이나 세계를 자기 식으로 편협하게 보면서 살아간다. 삶에 찌들은 독자들에게 소설은 신선한 바람으로 가슴을 서늘하게 만들어준다. 이때 그 소설은 재미있다. 그러나 실제로 그러한 소설을 읽는 데는 고통이 뒤따른다. 그 소설이 독자의 일상적인 경험 내용이나 생각과 거리가 먼 세계를 보여주기 때문이다. 그런 작품은 독자에게 아부하지 않기 때문에 어쩌면 독자를 지루하게 만들 수도 있다. 이와 반대로, 소설이 독자들이 원하는 가치나 경험세계를 좀더 아기자기하게 재구성해서 제공해주거나, 또는 억눌려 있거나 충족되지 않는 독자의 욕망을 대리 충족시켜줄 때에 재미있다고 한다. 그러나 따지고 보면 이 재미는 진정한 것이 아니다. 그것은 독자를 그 자신의 편협된 욕망이나 삶 속에 더욱 단단하게 가두어 놓는 데 기여하기 때문이다. 뿐만 아니라 그런 경우 작가는 인간이나 세계의 문제를 가볍게 처리하여 작품화한다. 그런 작품에 중독되면 자기 삶과 세계에 대하여 새로운 문제를 생각하는 욕구가 마비되어 버린다. 사람들이 편하게 세상을 보며 문제를 외면한 채 살아가게 하는데 그런 소설이 한몫을 한다. 이와 반대로 작가가 고통스럽게 세계의 진실을 찾아내어 그것을 소설로 만들어놓았을 때, 독자는 거기에서 진정한 재미를 얻게 되며, 우리 삶 가운데 깔려 있는 외면했던 문제를 다시 생각하는 작은 충격을 맛보게 될 것이다.

제 2장

소재는 어떻게 찾아 처리할 것인가

1. 소재 선택의 의미

 작가가 소설을 쓴다는 것은 자기가 인식한 세계의 실상을 소설 언어 (서사구조)로 나타내놓은 것이다. 그러므로 소설 속에는 작가가 내다본 세계의 모습이 담겨 있기 마련이다. 자연과학자가 실험실이나 자연의 관찰에서 얻어낸 자료를 해석하고 체계를 세워서 어떤 원리나 현상을 해석해내는 것과 같이, 작가는 그가 내다본 세계를 바탕으로 해석하여 얻은 결과를 가지고 작품을 쓴다. 그러므로 작가가 작품을 쓰는 일은 자연과학자나 사회과학자들이 세계의 실상을 해석하고 밝혀내는 학문과 다르지 않다. 단지 드러내는 방법에 차이가 있을 뿐이다.
 학자들의 연구 성과는 그 실험이나 관찰·조사한 자료의 질과 양에 관계된다. 소설도 소재에 따라 그 작품의 내용이 결정될 수밖에 없다. 그만큼 소설의 소재는 작품을 쓰는 데 가장 중요한 것이기에 제일 먼저 논의되어야 할 문제이다.
 작가는 항상 인간과 세계에 대해 긴장을 유지하면서 살아간다. 그것은 세계가 인간이 행복하게 되는 것을 질투해서 훼방을 놓기 때문이다. 그러나 이렇게 현실과 대결하듯이 살아가더라도 세계의 여러 문제에 대해 모두 관심을 가질 수는 없다. 자기 생활의 형편과 능력과 관심과 또한 세계를 보는 자신의 잣대에 따라 문제를 한정해놓고 중점적으로 생각하게 되고, 그 결과를 가지고 작품을 쓴다. 그러므로 어떤 문제를 작품으로 드러내는 데 필요한 소재도 작가의 체험이나 취향에 따라 선택될 수밖에 없다.

또한 작가는 소설 재료가 될 만한 것을 선택해서 작품을 만드는 데서도 우선 그 재료의 본질과 그 이용 가치와 이용하는 방법을 잘 알아야 하기 때문에 모든 재료를 가지고 소설을 쓰는 데는 한계가 있다. 그러므로 작가는 그가 즐겨 쓰는 소재가 있기 마련이고, 그것은 필연적으로 자신의 체험과 관심과 능력 안에서 선택될 수밖에 없다.

독자는 한 작가의 작품을 이해하는 데 있어 그 소재만으로도 작품세계를 대략 짐작할 수 있고, 그 작가가 추구하는 문제까지 예측할 수 있다. 물론 작품을 소재론의 한계에서만 이해하는 것은 아니지만 소재가 작품을 쓰거나 이해하는 데 중요한 몫을 지니고 있음에는 틀림없다. 우선 소재를 통해 작가의 관심이 어디에 있는가를 대강 짐작할 수 있기 때문이다. 예를 들면 개화기 신소설 작가들이 주로 취급한 소설의 소재에서 그 경향을 파악할 수 있고, 1930년대 카프계열 작품들의 소재인 노동자와 가난한 사람들, 그리고 궁핍한 농촌 현실이나 당시 야담류의 역사물을 소재로 한 소설에서, 6·25전쟁 당시의 전쟁에 휩쓸려 살아가는 인간들의 모습에서, 1970년대 다시 등장한 노동자 이야기, 1980년 운동권 학생들의 이야기가 소설에 많이 취급되었던 일들을 통해, 우리는 소설의 시대상을 반영하는 한도에서, 우선 그 소재와 긴밀하게 관계가 있음을 알 것이다. 이러한 경우 작가는 그 시대의 문제에 예민하게 반응했기 때문이다.

그러나 작가의 입장에서 소재의 선택은 애초부터 의도적이지 않을 경우가 많다. 그것은 창작이 작가에게는 논리 이전의 충동이나 영감을 동반한 욕구에서 출발하는 경우가 많기 때문이다. 즉 작가가 살아가는 현장에서 어떤 경우에 작품을 쓰겠다는 욕구가 일어나서 쓰게 될 수가 많기 때문이다. 이 경우에 작가의 세계관은 이미 의도적으로 설정되어 있는 것이 아니라 작품의 결과로서 나타나게 된다. 어쩌면 그것은 작가 자신이 의도하기는커녕 의식하지도 못할 경우가 많다. 그러나 작가에게는 무의식적으로라도 그 세계에 대한 그 나름의 안목이 잡혀 있음에 틀림없다.

이와 같이 소재 선택에 따라 세계관이 잡혀가는 경우가 있는 반면에, 애초부터 작가가 의도적으로 자기의 소설세계를 확보할 수 있는 소재를 선택하는 경우가 있다. 그 경우에 이미 그 작가에게는 세계관의 틀이 잡혀 있으며, 선택하는 소재는 그 세계관을 굳혀가면서 확대하는데 기여하는 것이다. 즉 이미 쓰려는 주제가 결정되고 나서 그에 적절한 소재를 찾아가는 경우이다. 그러나 이러한 경우에는 소재를 선택하는 과정에서 주제가 다르게 마련될 수도 있다 그리고 이미 굳혀놓은 주제의식은 현실과의 싸움에서 얻어진 것이기 때문에, 현실 자체가 소재로써 작가에게 어떤 주제를 낳게 하도록 작용한 것이라고 생각할 수 있다.

이 경우는 소설이 아닌 다른 학문에도 해당된다. 문제를 정해놓고 그것을 밝히기 위한 자료를 얻는 경우를 후자라 한다면, 우선 자료 속에 파묻혀서 섭렵하는 동안 여러 문제를 얻게 되는 경우가 전자이다. 연역적 방법과 귀납적 방법으로 구분해서 말할 수도 있으나, 이러한 구분 자체가 하나의 편리를 위한 것일 뿐 사물이나 세계를 인식하는 과정이 이렇게 구분되는 것은 아니다.

작가는 항상 자기의 삶과 세계의 현상에 대해 문제의식을 무의식으로나마 간직하고 살아가기 때문에, 그의 삶의 현장이나 세계의 실상이 곧 그에게는 소재로서 또는 주제를 인식하게 하는 어떤 동인으로서 작용하게 되는 것이다. 그러기에 삶에 대해 진지한 관심을 가질 때에만 소재를 얻을 수 있으며, 그 관심이 구체화될 때에 그에 따라 소재도 구체화된다.

2. 체험의 객관화와 주관화

"어르신께서도 이미 짐작을 하고 계실지 모르겠습니다만, 제게 있어 소설을 쓴다는 건 반드시 글을 만들어 세상사람들이 그것을 읽게 한다는 뜻만은 아닙니다. 아까도 잠깐 말씀을 드렸습니다만, 저나 다른 사람들이 살아가는 일들에 관심을 갖고, 말로든 몸으로든 그것을 함께 체험해보는 것, 그것 자체가 바로 소설을 쓰는 일에 맞먹는 거니까요. 어르신의 외로움과 그 외로움의 사연은 분명히 제 소설이 될 수 있을 겁니다. 그리고 제 삶이 될 수도 있구요."(이청준,「인간의 문」에서)

일반적으로 체험을 주관적인 체험과 객관적인 체험으로 구분해서 생각한다. 이것을 직접체험 또는 간접체험이라 말하기도 한다. 직접 작가가 현실과 부딪혀 겪은 체험과, 그것이 사회현상의 하나여서 간접적으로 삶에 영향을 주었던 체험으로 나눌 수 있다. 후자의 경우에는 지나간 과거의 사건이나 전통 그리고 사회현실, 주위 사람들의 체험이나 문서를 통해 받아들였던 체험들도 포함한다.

이러한 구분도 사실은 애매하지만, 우리가 유의할 것은 그러한 직접·간접체험 가운데 나에게 절실한 것과 덜 절실한 것이 있다는 점이다. 전자의 경우에 그것은 바로 내 삶의 한 부분으로 중요한 의미를 준다. 그러나 후자의 경우는 그렇지 않다. 그러기에 전자는 주관적으로 정감적으로 인식하게 되고, 후자의 경우는 객관적으로 지성적으로 대하게 된다. 그러나 결국에는 이 양자의 구분은 소설을 쓰는 데는 그렇게 명확하게 나타나지 않는다.

자기가 체험한 소재가 너무 절실해서 그것을 세상사람들에게 알리고 싶은 욕심 때문에 소설이 잘 안될 경우가 있다. 즉 작가가 그 소재를 객관화시키지 못했기 때문이다. 반면에 사회적인 큰 문제를 소설로 쓰고 싶은데 잘 씌어지지 않을 경우도 있다. 그 경우에 어쩌면 실제 사건에 앞서는 소설을 만들 수 없기 때문이다. 사실 이 세상에는 소설보다 더 충격적이고 재미있는 사건들이 많다. 그래서 작가는 재미없는 소설을 쓸 수밖에 없다. 이 두 경우는 체험, 즉 소재에 대한 작가의 처리 능력과 관계되는 문제이다. 나의 체험을 소설로 쓴다고 해도 그것은 일단 소설이 되면 내 소설이 아니고 독자의 소설이며, 사회의 한 문화현상으로 의미를 갖게 되는 것이다. 그것은 사회화라는 의미성 속에 포함된다. 결국 나의 체험도 객관화해서 형상화시켜야 소설이 될 수 있다. 이 객관화라는 말 속에는 그 체험을 객관적인 입장에서 이해하고 해석해야 하며, 사회적 가치를 고려해서 그것이 세계 진실의 한 면을 밝히거나 새로 해석하거나 그렇게 하는 데 도움을 주는 의미로 발전해야 한다는 것이다. 이렇게 될 때 그 체험의 주체는 작가인 개인이지만, 그것은 모든 사람들의 체험으로 의미를 갖게 되는 것이다.

  반대로 사회적인 사건이라 할지라도 그것이 작품으로 만들어진다는 사실은, 작가의 머리와 가슴과 손을 거쳐 새롭게 변형된 의미체로 탄생되었음을 뜻한다. 그것은 어차피 작가라는 한 개인의 정신작용과 육체활동에 의해서 재창조되는 것이다. 그러므로 여기에는 그 소재에 대한 작가의 지적 관심과 열정적 노력이 있어야 한다. 그것 없이는 사건을 기록하는 실기에 지나지 않을 것이다. 객관적 사실을 소재로 한 편의 소설이 쓰어질 때, 작가라는 용광로를 거쳐야만 비로소 하나의 창작품이 되는 것이다. 여기에서 작가의 철학적인 체계화와 정신적 체취와 스타일 등이 작품에 생생하게 살아나게 되면서 사건으로서의 소설이 아닌 한 작가의 지식과 정신과 영혼이 담겨 있는 소설만이 갖는 맛을 지니게 된다.

  이러한 사실은 구체적으로 소설의 소재에서 구분해서 생각할 수 있다. 예를 들면 박두장이 이야기에서 임금과의 약속 때문에 박두장이가 병을 얻어 죽게 되었을 때, 그가 교외로 나가 대숲을 향해 토해버린 이야기는 자신의 이야기였다. 그러나 『아라비안나이트』에서 왕의 진노를 풀기 위해 왕에게 들려준 샤라자드의 이야기는 그녀가 세상에서 얻어 배운 이야기로서 자기의 직접 체험은 아니다. 그러나 어떤 것이든 그들의 이야기가 자신의 죽음을 극복하는 수단으로서의 의미를 지니게 된 것이다.

또한 우리들의 생활 주변에서 벌어지는 이야기판을 생각해보자. 술자리나, 감방에서나, 여름날 땡볕이 내리쬐는 일터에서 벌어지는 이야기가 어떤 때에 의미를 지니게 되는가. 이야깃거리는 경문대왕 설화처럼 이야기하는 자신이 체험한 것일 수도 있고, 『아라비안나이트』처럼 타인의 체험에서 얻을 수도 있다. 어느 것이든 결국 그것은 말하는 사람 자신의 이야기가 된다. 한여름의 뙤약볕 아래서 밭에 앉아 김을 매는 여인네들은 뜨거운 태양열과 지열에 땀을 흘리며 김을 매면서 쉬지 않고 이야기를 한다. 그들은 이야기하면서, 한 이랑을 다 매고서 다른 이랑으로 옮겨 앉으면서 하루 고된 작업을 해낸다. 그들의 이야기는 그들 자신이 살아왔던 과거사에서부터 주변 사람들의 이야기, 그리고 예전부터 내려오는 이야기와 혹은 남에게 들은 것들이다. 그 가운데는 사실도 있고, 사실에 살을 더 보탠 것도 있고, 혹 사실과 거리가 먼 풍문도 있다. 그러나 그 이야기는 일하는 사람들을 즐겁게 해준다. 그리고 그 이야기를 하는 사람과 듣는 사람의 처지는 이야기를 통해서 동일한 정황에 놓이게 된다. 그러므로 이야기가 누구의 체험인가는 문제삼지 않는다. 그리고 그것이 참말인지 거짓말인지도 그다지 대수롭게 생각하지 않는다. 일단 이야기로 말해지면 하는 사람이나 듣는 사람 모두의 이야기가 되면서 즐거우면 그것으로 족하다. 이야기판에서 타인의 이야기와 나의 이야기가 따로 없다.

　감옥살이 경우를 생각해보자. 감방 안에서 함께 생활하는 사람들은 어떻게 그 절박한 상황을 견뎌낼 수 있을까. 그 방법은 아마 이야기밖에 없을 것이다. 가장 혹독한 형벌은 독감방에 갇혀 있는 것이라 한다. 그것은 이야기를 하거나 들을 수 있는 상대가 없기 때문이고 이야기를 만들어낼 수 있는 조건이 한정되기 때문이다. 설령 독감방에 갇혀 있을 경우라도, 당사자는 이야기를 만들면서 시간을 보내고 자기를 지탱할 것이다. 그 이야기는 앞으로 벌어질 일에 대한 상상일 수도 있고, 자기가 살아온 과거에 대한 추억의 재생일 수도 있다. 때로는 아주 생생한 구체적인 사실일 수도 있고, 아니면 전혀 허무맹랑한 공상일 수도 있다.

제2장 소재는 어떻게 찾아 처리할 것인가

그러나 그 상황에서 사실이냐 공상이냐는 중요하지 않다. 어느 것이든 우선 재미있으면 되고, 그것을 통해서 현재의 상황을 이길 수 있으면 된다.

비단 감방의 정황뿐이 아니다. 야간열차에서 자리를 같이한 사람이 즐거운 이야기를 들려준다면 여행은 더 즐거울 것이다. 여행을 왜 하는가. 그것은 결국 이야기를 만들기 위해서 낯선 곳을 찾아가는 것이다. 왜 술자리가 즐거운가. 거기에는 끊임없이 많은 이야기가 있기 때문이다. 그 이야기는 의도적으로 하지 않기 때문에 사람들을 즐겁게 해준다. 이야기 하는 사람이 숨김없이 자기 모습을 드러내놓는 이야기일수록 재미있다. 우리는 흥겨운 술자리에서 그러한 이야기를 들을 수 있다. 이렇게 이야기는 우리들 삶을 즐겁게 해준다. 그러나 그 즐거움은 쾌락적 의미만을 지닌 것이 아니라 죽음과 고통을 위무해주고, 그것을 이길 힘을 만들어주는 이색적인 즐거움도 더해준다.

그러나 이야기의 즐거움의 의미는 겉으로 확연하게 드러나지 않는다. 혹 사람들은 그것을 간과해버리거나 아무런 값어치가 없는 것으로 생각할 수도 있다. 그러기에 이야기는 공기와 같다. 그것이 있을 때는 그 존재 의미에 대하여 사람들은 무관심하다. 그러나 그것이 결핍되었을 때 사람들은 그것이 바로 생명에 값하는 것임을 비로소 깨닫게 된다. 이야기는 내용이 문제가 아니다. 그것은 어떤 정보를 제공해주지도 않고 삶을 위해 어떤 직접적 효용을 주지도 않을 경우가 많다. 그러기 때문에 긴요하지 않을 수도 있다. 있어도 살고 없어도 산다. 그러나 그것이 없거나 잘못되었을 때 우리의 삶은 황폐해간다.

같은 사람이 하는 술좌석 이야기라도 분위기에 따라서 이야기 맛은 달라진다. 그렇기 때문에 한 사람이 다른 술좌석마다 같은 이야기를 되풀이해도 그 이야기는 여전히 즐거울 경우가 많다. 아마 감방 안에서는 같은 이야기를 수없이 반복해서 말하고 들을 것이다. 독방의 경우에도 마찬가지이다. 이렇게 이야기는 우리들의 삶의 현장에서 만들어지는데, 그것은 사실이면서 사실과는 다른 독특한 형태를 지녀서 그 나름의 맛을 만들어준다.
　이야기가 말하는 사람의 체험이라 할지라도, 모든 체험이 이야기가 될 수는 없다. 여러 사람 앞에서 할 이야기가 있고 하지 않을 이야기가 있듯이, 이야기꾼일수록 그 해야 될 이야기와 하지 않아야 될 이야기를 잘 구분한다. 이야기는 우선 말하는 사람을 위해 이야기되지만, 그것은 듣는 사람의 이야기도 되기 때문이다. 이야기는 모든 사람의 즐거움을 위해 임자가 따로 없는 것이다. 이야기의 임자가 따로 없다는 것은, 일단 이야기로서 세상에 내놓아질 때 그 자체로서 독자성을 지니면서 여러 사람들의 문제와 취향과 또 사람들이 살아가는 세상의 문제를 생각하게 하는 이야기가 된다는 의미이다. 즉 소설은 많은 세상 사람들에게 독자적인 모습으로 그 나름의 몫을 담당하게 된다.
　이렇게 한 개인의 체험이 모든 사람의 이야기가 되고, 또한 타인의 체험이 나의 이야기가 될 수 있다는 것은 그 이야기들이 인간의 보편적인 삶의 문제에 밀착되었기 때문이다. 이러한 경우를 우리는 자아의 세계화 또는 세계의 자아화라고 말한다. 소설을 통해서 자아와 세계의 관계에 대한 끊임없는 질문과 탐구가 이루어지기 때문에, 항상 이 두 관계는 긴장하기 마련이다.
　다시 경문대왕 설화에서 박두장이의 입장을 생각해보자. 그는 왕의 귀가 괴이하게 큰 사건 때문에 죽음에 이르는 고통을 당한다. 그것은 사실 그와는 관계없는 타인의 문제이다. 이와 반대로 『아라비안나이트』의 경우 샤라자드는 타인들의 이야기를 통해서 자신의 위기를 구원받게 된다. 그녀가 왕의 진노를 달래기 위해 들려준 이야기는 그 자신의 이야기가 아니라 책에서 읽었거나 남에게 들은 세상의 이야기들이다. 이와 같이 한편으로는 남의 이야기로 인하여 죽음에 이르기도 하고, 다른 한편에서는 타인의 이야기로 인하여 죽음에서 구원을 받기도 한다. 이러한 이중성은 이야기가 지니고 있는 근본적인 속성의 하나이다. 즉 세상의 모든 이야기는 모두 나의 이야기이면서 타인의 이야기이고, 그래서 결국 우리의 이야기가 되는 것이다. 이야기를 만드는 사람을 작가라고 부른다. 작가는 그 개인의 이야기만을 만들어내는 것이 아니라, 세상사람들을 대신해서 이야기를 만들어내는 이야기꾼이다. 그 이야기 재료는 자신의 이야기를 포함해서 세상에서 일어난 모든 사건에서 얻는다. 그런 점에서 이야기를 만드는 일은 '세계를 자아화하는 행위'라고 말할 수 있다.

 이러한 점을 고려한다면, 작가가 이야기를 재미있게 만드는 방법으로서의 기준을 생각해낼 수 있다. 그러한 재미의 속성은 그것이 나의 이야기이면서 타인의 이야기, 즉 인간의 이야기로서 제 몫을 다할 수 있도록 만드는 데 있다. 또 타인의 이야기이면서 나의 이야기처럼 만들어야 재미있다는 것도 확인할 수 있다. 앞에서 말했듯이 사람들은 모두 자기 문제를 소중하다고 생각한다. 그러나 자신에게 소중하다고 해서 다른 사람에게도 소중한 것은 아니다. 그렇다면 자기가 소중하다고 생각하는 것 중에 다른 사람에게도 소중할 만한 이야깃거리를 택해서 이야기를 만든다면, 모든 사람에게 재미있는 이야기를 엮어낼 수 있을 것이다. 이것은 단지 소재를 선택하는 문제에 한한 일은 아니다. 소설의 주제도 결국 이 기준에서 출발한다. 그것은 결국 자아의 세계화, 또는 세계의 자아화라는 말로 요약할 수 있을 것이다.

3. 어떤 소재가 적절할까

 실제로 소설을 쓰려고 할 때 소재 선택 문제는 그렇게 간단하지 않다. 소설을 쓰기 위해서 소잿거리를 많이 준비해둔 경우에도, 그것 가운데 어느 하나를 골라 쓰려면 망설여진다. 우선 작가의 취향이나 쓰는 당시의 사회상황, 그리고 작가의 정황이 소재 선택에 크게 작용하는 것은 두말할 나위가 없다. 그렇다고 작가가 쓰고 싶은 것만이 소재로서 적절하다고만 말할 수는 없다. 아무리 적절한 소재라도 작가가 쓰고 싶지 않거나 소화할 능력이 없다면 역시 문제이다. 이처럼 소재 자체의 객관성과 작가의 주관적인 욕구와 능력이 잘 들어맞아야 비로소 그것은 소잿거리가 된다.

　우선 객관적인 입장에서 적어도 소설 소재는 다음과 같은 몇 가지 조건을 전제로 선택해야 할 것이다. 첫째, 새로운 것이어야 한다. 이미 여러 작가들에 의해서 씌어졌던 소재를 다시 취급하면 작품의 새로움을 유지하기 어렵다. 새롭다는 것은 작가가 사회와 인간 문제에 대해 항상 긴장을 가지고 대할 때 얻을 수 있는 것이다. 또한 세계를 남과 다른 눈과 마음으로 대할 때에만 찾아낼 수 있기 때문에, 작가의 진실성과 세계에 대한 진지함과 밀접하게 관계된다. 그렇다고 새롭다는 것을 단지 희귀성에서만 생각할 필요도 없다. 우리들 주변에서 일어나는 일반적인 사태에서도 평범한 눈으로는 놓치고 있는 좋은 소재가 있을 경우도 있다.

　둘째, 새로운 문제를 제시해줄 수 있는 소재여야 한다. 새로운 소재를 찾기 위해 세계를 돌아다닐 수만은 없다. 그러므로 중요한 것은 어떤 소재에서든지 자연과 인간 사회에 대한 새로운 문제를 찾아내고 또한 해명할 수 있으면 족하다. 즉 우리 주변에 널려 있는 많은 사건이나 현장들 중에 그러한 단서를 제공해줄 수 있는 것이면 된다. 중요한 것은 그러한 것에서 새로움을 찾아낼 수 있는 작가의 안목과 능력이다.

　예를 들면 내 조카가 가출을 했다는 하나의 사건이 일어났다고 가정해보자. 그 경우 예전에 주위에서 그러한 일을 많이 들어왔고, 또한 보아왔기 때문에 어쩌면 새로운 문제가 아닐 수도 있다. 그러나 그 사건이 타인의 것일 때와는 달리 직접 내 문제로 나타났을 때는 그것에 대한 생각이나 해석이 달라진다. 뿐만 아니라 그 사건에 대해 남다른 생각을 하게 될 것이다. 이런 경우를 생각해본다면, 같은 소재라 하더라도 작가의 정황에 따라 또는 사회상황에 따라 새로운 문제를 제공해준다.

　작가가 추구하는 문제는 개인적인 차원에서 선택될 수도 있지만 사회적인 관심이 더 많이 작용할 수 있다. 그것은 소설이 사회성을 갖기 때문이 아니라, 사회적 여건이 작가의 관심을 결정지워주는 경우가 많기 때문이다. 그러므로 이미 작가의 소재 노트에서 먼지가 묻은 것도 어느 날 다시 소재로서 의미를 줄 수 있다. 그것은 사회상황의 변화 때문이기도 하지만, 작가 자신의 연륜과 경험과 문학적 수련이 어떤 소재를 새롭게 인식하도록 하기 때문이다. 그러므로 여기에서 새로움이라는 개념은 상당히 유동적이다.

셋째, 그 소재가 새롭게 대두되는 문제와 관련이 있으면 좋다. 이 경우 새로움은 사회적인 의미를 더 많이 갖는다. 작가는 급변하는 사회상황에 대해 일반인들보다 더 예민하게 반응한다. 그것은 시류를 쫓는다는 의미가 아니라 오히려 시류를 뛰어넘으면서, 남들이 놓치는 문제를 붙잡는다는 의미에서이다. 어쩌면 일반인의 의식을 거부하고 배반하는 일일지도 모른다. 예를 들면 예측할 수 없는 불가사의한 사건이 자주 일어나는데 그것을 통해 새로운 사회현상을 진단하고 지금까지는 찾아볼 수 없었던 문제를 의식하는 데 작용했다면 중요한 소재가 될 것이다. 그런데 그것이 신문이나 잡지의 충격적인 뉴스의 의미 정도면 이미 소설의 소재로서 적합하지 않다. 이렇게 정리해보니 소재는 새로워야 한다는 점이 대전제가 된다. 그런데 그 새로움이라는 것은 작가의 해석 나름이다. 많은 소재는 어느 것이나 작가로 하여금 세계를 파악하고 깨닫고 사랑하게 하는 동기를 주기도 하고, 직접적인 자료가 되기 때문이다. 중요한 것은 소재가 아니라, 그것을 이용할 수 있는 작가의 관심과 능력이다. 이런 면에서 소재에 대한 주관적인 태도가 보다 중요하다. 그러면 작가의 입장에서도 몇몇 조건을 생각할 수 있다.

첫째, 작가가 관심과 애착을 가질 수 있는 것이라야 적합하다. 소재 자체는 소설이 될 수 없다. 단지 재료가 좋아서만 물건이 좋을 수는 없다는 것과 같은 이치다. 그것을 이용해서 훌륭한 물건을 만들기 위해서는 만드는 자가 그 소재에서 문제를 찾아내고 그것을 다루어야 하는데 거기에는 관심과 애정이 전제된다. 그러한 면에서 소재는 자기 체험을 통해서 걸러낸 것이면 더욱 좋다.

둘째, 작가가 자신있게 처리할 수 있는 것이라야 한다. 아무리 그 소재가 마음에 들더라도 그것을 해석하고 의미를 파악하고 이용할 수 없다면 소설 소재로서 문제가 있다.
 원양어선 생활에 관심과 애정을 갖고 그것을 소설화하고 싶더라도, 그것에 대한 전문적인 지식과 체험이 없으면 소설로 만들기가 어렵다. 우선 그것에 대해서 모르면 그 문제를 드러내는 데 한계가 있고, 설사 소설을 만들어낸다 하더라도 새로운 의미를 찾아내지 못할 것이다. 적어도 전문인이거나 아니면 그 문제에 대해서 숙련공의 수준은 되어야 하고, 기능이나 지식의 차원에서가 아니라, 그 소재에 대해서 정서적으로 친해야 한다. 그러므로 소재가 작품이 되기 위해서는 오래도록 작가의 마음과 머릿속에서 자리잡고 있으면서 친해져야 할 것이다.
 이러한 주·객관적인 조건이 갖춰졌다 해도 최종적으로는 그것이 소설로 쓸 만한 가치가 있어야 한다. 이 문제는 상당히 주관적이고 포괄적이지만, 결국은 작가가 결정할 사항이다. 개인의 문제에서 떠나 모든 사람의 문제가 될 수 있는가. 또는 그것을 꼭 소설로서 만들어내야 할 이유가 있는가. 그것으로 만들어낸 소설이 세계의 진실을 드러내거나 해석하는 데 어떤 의미를 가질 수 있을까. 보다 중요한 것은 그 작품이 작가의 진실에 바탕을 둔 것인가 하는 문제이다. 이는 아마 소재를 선택하려고 마음먹을 때부터 무의식적으로라도 작가에게 작용한 것이다.
 이러한 여러 가지 문제를 고려한다면 소설의 소재는 작가의 직접적인 체험에서 얻어지는 경우가 바람직하다. 소설은 작가가 새롭게 해석한 세계의 한 부분이기 때문이다. 그러므로 그 해석을 위해서는 그 대상, 즉 세계를 철저하게 알고 이해할 수 있어야 한다. 그런 면에서 작가의 직접적인 체험이 소설의 소재로서는 가장 적절한 것이다.
 작가의 체험을 소설화한 경우로는, 스페인내란을 경험으로 『누구를 위하여 종은 울리나』를 쓴 헤밍웨이, 남태평양에 살고 있는 고갱의 생활을 듣고 『달과 6펜스』를 쓴 서머셋 몸, 조선시대 중기 양반가 서얼들과 교유하면서 『홍길동전』을 쓴 허균, 어지러운 정치상황과 자신에 대한 한계상황을 의식하고 경주 금오산에서 은거한 체험을 바탕으로 『금오신화』를 쓴 매월당을 들 수 있다. 현대 한국 작가의 경우를 보더라도 춘원의 초기 단편은 그의 소년기 일본 유학생활과 그 정서가, 김남천의 초기 소설은 그의 평양 고무공장 파업 경험이 직접적인 소재가 되었다. 최근 한국의 작가들의 경우에도, 황석영의 노동현장 체험이 「객지」를, 이문열의 아버지에 대한 체험이 『영웅시대』를, 이문구의 『우리 동네』 연작은 그의 농촌생활 체험에서, 현기영의 제주도 4·3사태 체험이 「순이 삼촌」을 비롯한 일련의 제주사태 소설을, 그리고 이른바 노동소설이나 광주항쟁을 소재로 한 소설들 대부분이 직접 현장체험을 바탕으로 해서 씌어졌다.

그러나 소설은 이러한 직접체험을 소재로 해서만 씌어지지는 않는다. 직접체험이란 그 개념의 한계도 불분명하거니와 작가가 어떤 문제를 소재로 선택했을 경우에 자료를 수집 조사하고, 분석 연구하고, 그 분야 사람들에게 조언을 듣는 등 쓰려는 소재에 대한 깊은 이해와 치밀한 분석을 통해서 새로운 해석을 도모한 연후에 그것을 소재로 한 편의 소설이 씌어진다. 그러한 점에서 소설의 소재는 모두 작가의 체험에서 비롯된다고 말할 수 있다.

4. 내밀화된 체험과 그 드러남의 계기

작가의 체험이 소설의 소재가 된다고 해서 작가는 이미 소설의 소재가 될 만한 체험만을 골라 찾으면서 살아갈 수는 없다. 더구나 작가라고 해서 인간과 세계에 대해 애정을 갖고 살아간다고 하지만 그런 생활이 구체적인 삶의 현장에서 어떤 태도나 양상으로 특별하게 나타나는 것도 아니다. 무의식적으로라도 작가는 사물을 보고 인식하며 세계의 문제에 대해 대응하는 태도와 방법이 모르는 사이에 그 생활과 의식 속에 나름으로 형성되어 있는 것이다. 그런데 어떤 특수한 상황에서는 작가의 그러한 태도가 두드러지게 나타나겠지만, 일상에서 작가의 삶의 모습이 꼭 그렇게 특이하게 나타나는 것은 아니다. 더구나 충격적인 사태를 만낯을 경우에, 이것이 소설의 소재가 될 만하다는 의도에서 그것을 특이하게 상대하여 소설가적 태도로서 처리할 수는 없다. 작가도 일상인과 같이 매일매일 되풀이되는 생활 가운데서 경험한 것을 일상적인 가치에 적응하면서 추려 생각하고 잊어버리면서 살아가기 마련이다. 작가가 일상적인 사람들과 다른 점은, 일반인은 시간이 지나면 모르는 사이에 경험들을 잊어버리고 무의식 속에 함몰되어서 형체도 없이 녹아버린다. 그 무의식화된 체험이 재생되는 과정에서 차이가 있을 뿐이다.

사실 작가는 어떤 작품에 대한 소재를 의도적인 준비과정을 거쳐 얻는 경우는 드물다. 우연한 경우에 그것에서 소재로서의 가치성을 발견하게 되고, 그리고 나서 의도적으로 그 소재에 대해 더 조사하고 연구하고 생각하면서 결국에는 그것을 소설의 틀 속에서의 의미를 찾게 되는 것이다. 그런데 그렇게 잊어버린 체험 중에 어떤 것을 소설 소재로 결정하게 되는 계기는 외부적인 충격에 의할 경우가 많다. 그러한 예를 작가의 체험을 통해 들어보자.

헨리 밀러는 그의 작품 『포인튼의 재물들』의 서문에서 창작동기에 대해서 다음과 같이 설명하고 있다. 그는 몇 년 전 어느 크리스마스 이브에 친구들과 만찬을 하던 때에 그 옆에 앉아 있던 어떤 부인의 이야기 중에서 소설의 모체가 될 힌트를 얻었다고 한다(이상섭, 『예술창조의 과정』, 177~96쪽).

그 크리스마스 이브에 내 상냥한 친구가 갈색의 런던의 밤을 통하여 차분하고 곱게 빛나고 있던 식탁 앞에서, 남의 존경을 받던 어느 북도(北道)의 여인이 남편의 죽음으로 말미암아 외아들에게로 넘어가게 된 유서 깊은 집안의 비싼 가구의 소유권 문제로 그때까지 효자 노릇을 하던 외아들과 결투를 벌이고 있다는 해괴한 이야기를 들었을 때, 나는 나의 주제에의 감각으로서 접종의 따끔한 느낌을 의식하였고, 그 독(毒)의 전부가 단 한 번의 접종으로 몸속에 유입되었던 것이다.

제2장 소재는 어떻게 찾아 처리할 것인가

　이처럼 우연하게 들었던 어느 부인과 외아들과의 이야기가 작가에게 강렬한 주제의식을 환기시켜주었고, 그 결과로서 작품을 쓰게 된 것이다. 이런 경우에 작가의 체험이 무의식적으로 평소에도 작가에게 어떤 문제의식을 갖도록 작용해왔고, 여기에 그 부인의 이야기가 그 계기를 만들어준 것뿐이다.
　이 상황에서 그 부인의 이야기를 들은 주위 여러 사람 중에서 비단 헨리 밀러만이 작품의 주제의식을 갖게 되었다는 것은, 작가가 과거부터 오랫동안 자신이 의식하지 못하는 가운데에서도 그런 문제에 대해 진지하게 생각해왔기 때문이다.
　헨리 밀러는 이 문제에 대해서 다음과 같이 실토하고 있다(이상섭, 같은 책).

　　예술가의 흥미의 원천은 그가 모든 것을 스스로 보고 있다는 그 강렬한 의식에 있다. 그는 자기의 동기를 빌려와야 하는데, 그것은 확실히 전체 투쟁의 절반을 차지하는 셈이다. 그 동기는 그의 대지요, 집터요, 기초인 것이다.

　이처럼 작가가 어떤 충격적인 상황에서 얻게 되는 동기로 인한 주제의식은 작품의 절반을 차지한다고 했다. 그런데 이것은 전적으로 작가의 능력에 속하는 것이다. 그것은 바로 세계에 대한 강렬한 의식, 바로 앞서 제시한 관심과 애정, 그리고 치열한 대결의식이다. 그가 항상 긴장해서 세계를 만나고 자신을 점검해나갈 때, 그렇게 깨어 있는 작가의 의식세계 속에 많은 소설 소재들이 걸려들게 되는 것이다.
　필자의 작품 『그믐밤의 제의(祭儀)』를 예로 하여, 작가의 관심이 구체적인 작품으로 쓰여지기까지 과정을 생각해보기로 한다(김원일 외, 『열한권의 창작노트』, 143~47쪽).
　이 작품의 1차적인 소재는 작품에 나오는 대로 배 큰 정서방 전설이다. 지금부터 10여 년 전이다. 한라문화제에 각 시군별 민속놀이경연대

회가 있다. 여기에 제주시를 대표하여 용담동에서 '배 큰 정서방'이라는 작품을 출품했다.

나는 이 작품을 만든 제주 큰 심방 고(故) 안사인 씨에게 그 전설을 들었다.

  제주읍 동편 용머리 바닷가 동네에 힘이 장사이고 배가 큰 정서방이라는 청년이 살고 있었다. 그는 관가에서 그 동네에 할당하는 부역을 혼자 힘으로 다 감당하였고, 배가 너무 커서 여남은 사람이 먹을 식량을 혼자 먹는 대식가였다. 관가에서는 그 청년이 보통사람이 아니라는 것을 눈치채고 의심하여 유심히 살피다가, 그의 겨드랑이에 날개 달린 것을 알게 되었다.
  어느 날 관가에서는 군사를 동원해서 그를 포박하고 문초를 했다. 결국 비범한 인물은 장차 역적이 될 우려가 있기 때문에 마땅히 죽여야 한다는 관례에 따라 죽임을 당해야 했다. 목사는 그의 두 다리와 두 팔에 각각 맷돌 하나씩 달아매고 용머리 바다에 던져버렸다. 그런데 바닷속으로 가라앉던 그 청년은 다시 물 위에 떠올라 헤엄을 치기 시작했다. 힘이 장사이기 때문에 맷돌 네 개는 아무 힘도 쓰지 못한다. 목사는 덜컥 겁이 났다. 하는 수 없이 그 청년 부모를 잡아다 결박하고서, 물 위에 떠올라 있는 청년 앞에 내보였다. "네가 스스로 죽지 않는다면 네 부모를 죽이겠다"고 으름장을 놓았다. 정서방은 삼일 동안 물 위에 떠 있다가 결국 바다 밑으로 가라앉아 스스로 죽었다.

이 이야기는 전국 각지에서 찾아볼 수 있는 아기장수 설화의 한 변형이다. 단지 청년이 될 때까지 날개가 달렸다는 사실이 세상에 드러나지 않았고, 죽는 과정이 다를 뿐이다. 그러나 비범한 인물들이 닫힌 사회의 지배이데올로기의 폭력에 의하여 몰락한다는 기본구조에는 변함이 없다.

필자는 대학원에서 고전소설과 설화와의 문제에 대해 논문을 쓰면서 한국 설화에 대한 관심을 갖고 공부를 좀 했다. 그후에 제주 설화에 대해 체계적으로 공부해서, 1981년에 『제주도 장수설화』라는 인물전설을 분석적으로 논의한 책을 낸 적도 있다. 그후 아기장수 전설에 특별한 관심을 갖고 이것을 소재로 소설을 쓰고 싶은 생각을 갖고 있었다. 그러는 차에 안사인 심방에게서 이 이야기를 들었다. 그러나 이 전설만을 소재로 해서는 얼른 작품이 씌어지질 않았다. 그것은 전설 자체가 훌륭한 작품이었기 때문이다. 배 큰 정서방의 비극적인 정황을 전설보다 더 재미있게 형상화할 자신이 없었다. 그러나 항상 그 이야기를 작품화하겠다는 욕심은 사라지지 않았다. 그러다가 나는 배 큰 정서방이 살았던 시대 상황과 오늘의 상황이 크게 변하지 않았다고 생각했고, 그의 죽음에 대한 반응이 오늘날에도 어떤 양식으로 남아서 사람들의 삶에 작용하고 있을까 생각해보았다. 일반적으로 육지부의 아기장수 전설에서는, 장수 아기의 죽음의 비극성은 그 죽음을 기념하는 기념물(증거물)을 통해서 보상하고 있다. 그러나 제주도의 경우는 그 증거물이 약화되어 남아 있는 경우가 별로 없다.

나는 오늘의 상황에서 날개 달린 인물들의 좌절과 그것을 극복하는 방법으로서 새로운 제의(祭儀)를 생각했다. 그것에서 몇 가지 의미를 상정해보았다. 첫째는 닫힌 사회의 실상을 인물들의 좌절을 통해서 그려낼 수 있을 것이고, 둘째는 그러한 현실에서 좌절하지 않고 살아가는 사람들의 삶도 제의를 통해 마련할 수 있을 것 같았다. 그리고 그 삶은 개인의 문제에 끝나지 않고 집단적인 문제로까지 끌어올려야 하며, 끝으로 제의가 삶에 어떤 의미를 지니게 되는가 하는 점을 소설로 써보고 싶었다.

소설이 인간과 사회를 탐구한다고 할 때, 그것은 사회의 새로운 인물 전형을 창조한다는 의미이기도 하다. 그러나 엄밀하게 따지면 창조한다는 말은 해석이란 의미 이상은 아니다. 즉 신이 창조한 우주와 자연과 인간의 면모를 작가는 현상을 치열하게 관찰한 결과를 토대로 해석해서 소설 언어로 만들어낸 것에 불과하다. 이것은 자연과학자들이 실험의 결과로 얻은 새로운 발견이나 발명에 맞먹는 것이라 말할 수 있다.

즉 사회·역사적 전형이나 인물의 전형은 현실상황과 인물에 대한 예리한 고찰을 통해서 작가 나름으로 해석해서 얻어지는 것이다. 이를 달리 표현한다면 '진실의 찾아냄'이라 말할 수 있다. 그러므로 그 전형은 작가가 인간과 역사와 우주를 이해한 하나의 결과일 수 있다.

『그믐밤의 제의』에서 배 큰 정서방 전설은 하나의 모티브이면서 작품의 소재가 되었다. 나는 그 이야기를 통해서 오늘날 많은 사람들이 억압적인 현실에 맞서 살다가 혹 몰락하기도 하고 좌절했다가 일어나기도 하는 경우를 생각했다. 그것은 4·19 이후 이 시대의 젊은이들의 초상이었다. 그렇다면 지배이데올로기가 개인의 삶을 폭력적으로 억압하는 것은 봉건사회로부터 오늘에 이르기까지 지속되고 있다는 결론에 이르렀다. 이 사실은 부정적으로 본다면 개인의 삶을 억압하는 폭력적인 이데올로기는 피할 수 없다는 문제이지만, 다른 한편 긍정적으로 인식한다면 어느 시대나 폭력에 맞서 싸우는 또 하나의 세력에 의하여 역사는 물러서지 않는다는 사실도 생각해낼 수 있었다. 이러한 지배이데올로기와 개인의 삶의 긴장관계는 하나의 역사적·사회적 의미를 지닌다는 결론을 얻었다.

이와 함께 억압의 시대를 살아가는 비범한 인물들의 모습을 상정해볼 수 있었다. 배 큰 정서방은 관의 폭력에 의하여 죽었으나, 그의 이야기는 살아 남아서 오래도록 사람들의 삶을 규제해왔다. 오늘의 상황에서 현실의 폭력에 맞서 살아왔던 젊은이의 좌절과 그 극복의 양식은 한 시대를 살아가는 인물 전형으로서 의미를 확보할 수 있다고 믿었다.

그래서 다음과 같이 인물들을 설정했다.

① 과거 비범한 인물들의 전형으로서 배 큰 정서방 : 그는 좌절했으나 사람들에게 이야기로서 남아 있기 때문에 결국은 살아 있는 인물이다. 그가 살아 있음은 용당개 사람들이 그믐밤에 장수여(嶼)에 드리는 제의식과 그들의 삶의 현장에서 나타난다.

② 오늘의 현실에 맞서싸우던 인물들의 몇 가지 유형 : 천 교수, 나,

여자.

  적극적으로 현실에 참여했던 천 교수는 오히려 현실에 빨리 적응해서 변모했고, '나'는 지금 지칠 대로 지쳐 변신의 기로에 있고, 여자는 이미 좌절해서 변신을 시도하다가 다시 헤어나 새로운 제의를 통해서 자기 구원의 길을 모색하고 있다.

  이러한 인물들을 매개시켜주는 것은 용당개 사람들의 제의식이다. 절망적 상황에 처한 여자의 자살을 막아준 것이 그믐밤에 여(嶼)에 제사를 드리고 돌아오던 용당개 사람들이었다. 현실에 시달려 극도로 피로한 '나'는 잠시 천 교수를 따라 쉬기 위해 용당개 술집에 왔다가 새로운 제사를 준비하는 여자를 만난다. 또 시간이 흐른 후에 용당개 개발로 많은 보상금을 받고 동네를 떠나 제의를 멀리한 용당개 사람들과 계속 해녀질을 배우면서 용당개를 지켜 제사를 계속하고 있는 여인의 서로 변모된 이질적인 다른 두 모습 사이에 '나'가 끼여들어 있다. 이러한 인물들을 통해 현실에 대응해 치열하게 살아가는 사람들의 몇 가지 유형을 상정해볼 수 있다. 그것은 곧 소재와 현실에 대한 해석에서 얻은 것이었다.

제3장
소설의 주제와 소재의 선택

　소설가는 소설 쓸거리를 자신의 체험에서, 또는 세계의 현상에서 얻는다. 그러나 모든 체험, 모든 사회현상이나 문제가 소설의 소재나 주제가 되지는 않는다. 어차피 그중에서 일부를 선택해서 그것을 재료로 소설을 만들어낼 수밖에 없다. 그런데 그 경우에 작가가 쓰고 싶은 소재나 문제라도 작가의 사정으로 쓰지 못하는 경우와, 아예 작가의 관심권에 들어오지 않아서 쓰지 않는 경우가 있다. 그러므로 작가가 의도적으로 선택한 소재와 문제는 바로 그의 문학세계를 결정하는 중요한 단서가 된다. 즉 작가가 어떤 소재로 소설을 썼느냐는 그 선택에서부터 주제는 이미 결정된 것이다. 이 경우에는 단지 소재나 주제의 선택뿐만 아니라 같은 소재라도 그것 중에 어느 부분을 선택해서 처리했느냐는 문제로부터 언어의 선택에 이르기까지 창작과정에서 작가의 선택은 작품성과 직접 관계를 갖게 된다.
　그러면 작가가 직접 체험한 세계와 그의 삶을 지배하고 있는 상황이 어떻게 작품에 소재로서 작용하게 되는가 생각해보기로 한다.

1. 체험의 선택

작가의 모든 체험이나 그가 관심 갖는 세계의 실상이 모두 소설의 소재가 되는 것은 아니다. 그것은 우선 양적으로 봐서도 작가가 모두 감당할 수 없을 뿐만 아니라, 질적으로도 모든 체험에 소설적 의미를 부여할 수 없다. 그러기에 필연적으로 작가는 그중 일부만을 선택해서 소설을 써야 된다. 이 경우에 선택한다는 그 일이 소설쓰기의 1차적인 작업이 되면서, 쓸 내용을 결정하게 된다.

그런데 그 선택의 기준은 우선 소설 소재로서의 적질성에 있겠지민 궁극적으로는 작가의 관심(가변적인 것)과 세계를 보는 안목이다. 짧은 꽁트를 쓰는 데도 선택은 필요하다. 작가가 쓸거리를 찾는다는 것은 소설의 소재가 없어서가 아니라, 그 많은 소재 중에 쓰려는 것을 선택하는 일이다. 작가의 관심은 쓰는 당대의 상황에 따라 달라질 수 있다. 현실에 부딪히면서 살아가는 가운데 동시대의 상황과 밀접하게 관계되어 문제로서 나타나는 사건들이, 역시 작가에게는 의미있는 문제로서 남게 된다. 그러나 동시대 작가라 하더라도 개인에 따라 취급하는 소재가 다른 이유는 바로 한 작가마다 그의 고유한 선택의 기준이 있기 때문이다. 이것을 세계관 또는 넓은 의미에서 사상이라고 말한다.

시대상황에 따라 선택의 폭이 제한되는 것은 소설의 사회성 또는 역사성과 관계있기 때문이다. 넓은 의미에서 소설은 살아가는 방법의 모색 또는 그 의미의 천착이라고 말할 수 있고, 그것을 다른 의미, 즉 작가의 외적 조건과 관계지워 생각할 때 세계의 탐구라는 점에서 한 시대와 역사를 해석하는 일의 하나가 될 수 있다. 소설뿐 아니라 모든 학문의 연구나 그 실천, 또는 정치나 경제 등 모든 분야에서 제기되는 문제는 1차적으로 현실문제로부터 출발한다. 더구나 작가는 현실에 가장 예민하게 반응하며 살아가기 때문에 그것을 외면할 수 없다. 이 점에서 문학은 동시대의 문화의 축을 중심으로 씌어지고 이해될 수밖에 없다.

우리 문학사의 경우를 들어보면 소설과 사회와의 관계는 어느 시대에

제3장 소설의 주제와 소재의 선택

도 극명하게 드러난다. 1970년대 이후의 사회상황에서 빚어낸 소설의 경향이 그것을 설명해준다. 그보다 더 시대를 거슬러 올라가더라도 그 문제에 대한 해답은 쉽게 얻을 수 있다. 조선시대 소설에서는 그 사회를, 개화기 정치소설에서는 당대 문화와 그것을 대처해나가는 삶의 양식을 이해할 수 있다. 이러한 작품과 사회·역사성과의 상동성은 소설이 지니는 숙명적인 속성이라고 말할 수 있다.

그러나 그것만이 작가의 선택의 기준이 될 수는 없다. 같은 문제를 취급하더라도 그것을 보고 이해하는 태도는 작가에 따라 각각 다르다. 같은 1920년대 식민지시대 소설에서도 현진건의 입장과 김기진의 입장은 다르다. 두 작가 모두 한국 사회의 가난한 계층의 문제에 관심을 갖고 그 문제가 식민지 정치상황으로 더 심화되었다는 데는 동의하면서도, 그것을 대처해나가는 데 있어서는 입장이 아주 다르다. 전자는 가진 자의 관심을 통해서 가난한 자의 문제를 풀어나가려 하지만, 후자는 가난한 자의 투쟁을 통해서 문제를 극복하려 한다(현진건의 「고향」과 김기진의 「붉은 쥐」). 이는 그들의 세계관의 차이 때문이다. 현진건의 경우는 자본주의 도덕성을 통해서 민족의 화합을 생각하지만, 김기진의 경우는 자본주의 문명적 병폐를 극복할 수 있는 대안으로서 마르크스주의 계급투쟁을 제시한다. 이러한 예는 1980년대 이후의 이른바 민족문학, 통일문학과 노동문제와 관련된 소설 입장의 차이에서도 드러난다.

이렇듯이 1차적으로 소설쓰기에서 소재의 선택은 중요한 과정이요, 그것이 작품에 결정적인 의미를 부여한다. 이것은 소재에 의해서 한 작가의 작품세계가 결정된다는 의미는 아니지만, 적어도 그 문제가 작품의 문학성을 결정하고 이해하는 중요한 단서임에는 틀림이 없다. 그 점은 1980년대 이후 민족문학에 대한 인식이 첨예하게 대립되던 상황에서 작가들의 소설 소재의 경향을 봐도 이해할 수 있다. 그리고 한 작가의 문학적 특성은 그들 작품 소재의 경향에서 두드러지게 그 특징이 드러남을 확인할 수 있다.

흔히 분단소설의 경우에도 작가 나름으로 취급하는 소재는 한정되어 있다. 김원일의 소설에 등장하는 아버지 중심의 사건, 이청준 소설에서 형과 가족관계, 현기영의 제주사태 등, 그리고 민주화과정에서 광주문제를 다룬 작가들의 소설의 세계와 그 의미성, 노동소설 작가들의 소재주의적 경향, 중간계층의 의식과 경험을 다룬 유순하의 경우, 1980년대 소설에서 두드러진 학생운동 소재, 그외에도 이문열의 아버지 콤플렉스, 박완서의 일상적인 삶, 김향숙의 여성들의 생활 반경, 한승원의 바닷가 사람의 삶과 그 한, 이청준 소설에 나타나는 남도 사람들의 삶의 소재화, 윤후명 소설의 개인사적 우울과 사랑, 박영한의 「왕룽일가」 연작들에서 나타나는 일관된 소재, 이문구의 『우리 동네』 연작에서 드러낸 변모되는 농촌의 실상 등 한 시대의 작가가 추구하는 소설세계는 거의 그 소재에 의해 천착되는 경우가 많다. 그것은 모든 소설의 문제는 자기로부터 출발되기 때문이다. 작가는 어느 한 기간에 자기 체험과 삶의 반경 속에서 1차적으로 자기 소설세계를 구축해가기 마련이다. 그것은 모든 세계의 인식은 자신의 눈으로 확인된 것에 의해서 출발하면 안심할 수 있고, 자신에 대해서 정직할 수 있고 자신을 가질 수 있기 때문이다.

그러기에 소설을 쓰기 전 단계로서 자기 체험에 대한 점검이 필요하다. 앞에서 논의한 바에 의해 소설 소재로서 적절하지 않을 수도 있다. 그것은 소설이 어떤 시의성에 의해 씌어져야 한다는 의미는 아니지만, 그것이 어차피 현실을 대응해나가는 사회적 의미를 갖기 때문이다. 많은 소재 중에서 특별히 문제가 될 것, 그리고 이 시점에서 나의 소설에 의해서 그 문제를 드러낼 수 있는 것이라면 더욱 좋은 소설의 소재가 될 것이기 때문이다.

그러한 문제와 함께 소재를 바로 소설로 쓴다는 것은 그것을 재료로 해서 내가 세계를 이해하는 일이 되기 때문에, 그 소재가 정확해야 하고 그것을 처리할 수 있는 능력이 있어야 한다. 실험실에서 얻어진 많은 실험자료가 바로 훌륭한 논문이 되는 것은 아니다.

2. 주제와 소재의 변형

작가가 그의 경험세계에서 소재가 될 만한 것을 선택했다고 해서 바로 그것이 소설 소재가 되지는 않는다. 선택한 것을 다시 이해하고 해석해서 소설의 의미를 찾아내야 한다. 그것은 단순히 어떤 특정한 소재의 해석에 끝나지 않고, 그것을 통해서 자아와 세계를 이해하고 해석할 수 있어야 그 선택한 소재의 의미가 분명하게 드러난다. 즉 선택한 소재는 바로 세계를 해석하고 자아를 인식하는 데 필요하고 적절한 것이 될 때, 그것이 소설 소재로서 의미를 지니게 된다.

다음과 같은 예를 생각해보자. 어떤 맞벌이 부부가 4살과 2살된 오누이를 두었는데, 맡길 곳이 없어 방 안에 두고 문을 잠근 채 일터로 나갔다. 그날 그 집에 화재가 일어나 두 아이가 불타 죽었다. 작가는 이 사건을 신문에서 읽고 충격을 받아 그것을 소재로 작품을 쓰려고 작정했다.

이 경우에 다음과 같은 몇 가지 과정을 거치면서 그 체험(사건)을 완전히 작가의 것으로 만들 때에 비로소 작품 주제를 얻어낼 수 있다. 그 일을 위해서는 작가가 그 사건에서 받은 충격에서 우선 벗어나야 한다. 즉 사건을 객관적으로 대해야 한다. 소설이 서사문학이라는 점은 작가가 사건(세계)을 객관화시켜서 이해하고 해석해서 소설로 형상화했기 때문이다. 이 점에서 시와 다르다. 시는 어떤 세계의 실상에 대한 체험을 통해서 얻어지는 정서적 반응이 바로 소재가 되지만 소설은 대상에 대한 일종의 과학적·객관적 대응이 필요하다. 그러기 위해서는 우선 그 사건(세계)의 실상에 대한 객관적 이해를 위한 조치를 강구해야 한다. 이 경우에 사건현장을 찾아가서 사건의 실상을 정확하게 파악해서, 단순히 간접적으로 받아들인 그 체험을 되도록 자기 것으로 정착시켜야 한다. 여기에서 그 사건을 단순히 개별적인 사건으로서가 아니라 보편적인 사건, 우리가 사는 사회에서 일어날 수 있는 개연적인 사건으로 이해하고, 그와 유사한 사건에 대한 더 넓은 이해를 위해 여러 작업이 필요할 것이다. 그러한 과정을 통해 우선 그 사건을 되도록 깊고 넓게 이해할 수 있을 것이다.
　다음에는 그러한 이해를 바탕으로 그 사건을 진지하게 해석해야 한다. 해석은 사건 자체를 고립적으로 이해하는 것이 아니라, 사건을 둘러싼 여러 일들과 관계지워서 파악하는 일이다. 이런 해석에는 반드시 해석자의 관점이 전제된다. 해석하는 사람의 세계관과 직업이나 계층, 또는 의도와 방법에 따라 관점은 다를 수 있다.
　그 다음에 그것이 소설의 소재로서 어떤 의미를 지니는가 하는, 즉 소재로서의 적절성을 작가의 입장에서 판단하게 될 것이다. 위와 같은 사건에 대한 이해나 해석은 사람에 따라 다양할 수 있다. 사회학자의 입장과 지방의회 의원, 소방관, 경찰관, 종교인, 그 피해 당사자 가족의 입장이 각각 다르다. 그러한 입장의 차이는 모든 사람들의 자기의 한계를 전제로 하기 때문이다. 작가는 우선 이러한 여러 입장의 한계를 극복하고 사태를 정확하게 봐야 한다. 그 많은 한계를 스스로 벗어버리기 위해 애써야 한다. 세계를 인식하는 치열성이 필요하다.
　이러한 과정을 거쳐 어떠한 사건(체험)이 소재로 선택되었다면, 그 해석의 과정에서 주제가 예비적으로 설정된다. 위의 경우에 한국사회의 가난한 계층문제에 초점을 두었다면, 그 사건은 사회·정치적인 이데올로기 입장에서 해석된 것이다. 화재 당시 그 절박한 상황에서 벗어나려는 어린아이들의 정황에 초점을 두었거나 자식을 잃어버린 어머니에 초점을 두었다면, 사건의 핵심은 첫번째 경우와는 아주 달리 해석될 수도 있다. 문제는 어떻게 해석되더라도 그 사건만으로서는 소설이 될 수 없다. 어차피 작품이 되려면 그 소재는 여러 가지 모양으로 달리 변형되어야 한다. 그 변형에 따라 플롯과 주제가 달라지고, 그렇게 되다 보면 소설 속에 들어앉아 있는 진짜 소재는 애초의 사건이나 체험 내용과는 아주 달라질 수도 있다.
　소재를 작품 속에 변형시키는 경우, 우선 그 체험이 소설의 중심 소재가 될 수 있거나 아니면 작품의 일부가 되는 작은 모티브로서 끝날 수도 있다. 또한 그 체험의 일부를 빼어버리거나 다른 것을 덧붙여 대체할

제3장 소설의 주제와 소재의 선택

수 있고, 그 소재의 시간성을 변형시키는 등 다양하게 처리하여 소설을 만들어낸다. 이러한 변형은 작가가 소재를 해석하고 그것을 바탕으로 새로운 세계를 설정하는 상상력의 결과이다.

(1) 모티브의 변형과 첨가

소재를 작가의 창작 의도에 의해서 변형시킨 간단한 예를 우리의 아기장수 전설에서 찾아볼 수 있다. 전국 방방곡곡에 널리 퍼져 전해오는 이 전설의 개요는 다음과 같다.
① 어느 가난한 농부 집안에 아들이 태어났다.
② 아기의 겨드랑이에 날개가 돋았다는 사실을 부모가 알게 되었다.
③ 날개 돋은 아기는 자라서 역적이 되기 때문에 부모들은 아기를 죽여버렸다.
④ 아기가 죽자 천둥이 일고 벼락이 떨어지더니 마을 앞에 커다란 바위가 생겼다.
⑤ 지금도 그 증거물은 남아 있는데, 사람들은 이를 용바위 또는 장수바위라 전한다.
  이 전설은 지역마다 모티브가 변하여 여러 모양으로 전해지고 있다. 그것은 전승과정에서 각각 지역이나 전승자 또는 향유자의 취향과 의도와 형편에 따라 변형된 것이다. 그런데 그러한 부분적인 모티브의 차이보다는 이 전설의 기본구조가 실제 사실과 달라졌다는 데 문제가 있다.
  이런 인물 유형의 전설은 아마 때를 잘못 만나 출세하지 못하고 좌절한 인물들의 일생을 상징적으로 표현했다고 할 수 있다. 이 전설은 크게 두 단락으로 짜여져 있다. 전반부는 날개 달린 장수아기가 사회에서 받아들여지지 않아서 결국 지배이데올로기(역적이 될 아이는 어렸을 때 죽여버려야 한다는)의 폭력에 의해 거부당했다는(전설에 따라 아기를 죽인 세력이 달리 나타난다. 동네사람이거나 관군인 경우도 있다) 부분이다(①~③). 이 내용은 흔히 훌륭한 인물이 신분의 제약으로 세상에서 뜻을 펴지 못하고 몰락한 경우를 상징적으로 이야기화한 것으로 이해할 수 있다. 이런 경우는 왕조시대에는 흔히 있었던 일이고, 그러한 인물들의 처지가 많은 사람들에게 안타깝게 생각되어서, 사람들은 그 이야기들을 나름대로 변형시키면서 여러 사람들에게 전하게 되었을 것이다.

그런데 이 전설에서 후반부(④~⑤)는 사실이 아니다. 그것은 일종의 헛소문으로 이야기를 전하는 사람들이 새로 만들어 첨가한 것이다. 그 장수아기를 하늘이 내려준 인물로 미화해서 용마(龍馬)로 승천했다고 하거나, 그 인물의 비극적 정황을 오래도록 많은 사람들이 기억하도록 하기 위해 없어지지 않는 자연물(바위·못 등)을 증거물로 제시해놓았다. 이러한 변형은 향유자들이 불행하게 몰락한 인물에 대한 나름의 생각이 있을 때에 가능한 것이다. 전설의 향유자들은 누구나 그 비범한 인물의 몰락을 안타깝게 생각하면서 그를 몰락시킨 사회의 폭력에 대해서 못마땅하게 생각했다는 데서 그 아기를 초현실적 동물인 용마로 설정하고, 그 죽음의 실상을 영원히 기억하기 위해서 자연물로 증거물을 삼았던 것이다. 또다른 변형은 아기를 날개 달린 인물로 만든 것이다. 이것도 향유자의 의도에 의해서 비범하고 똑똑한 인물을 초인적인 인물로 설정하려는 데서 가능한 것이다. 이처럼 애초에 선택한 어떤 체험이나 사건 중에서 어떤 부분을 변형시키거나, 또한 의도에 따라 원 소재에 없었던 다른 모티브를 첨가하여 의도하는 주제를 드러내기도 한다.

소재가 되는 체험이나 사건을 선택하고 해석하는 과정에서 새로운 모티브를 덧붙이면서 원 소재의 일부를 빼어낼 수도 있다. 그 예를 신라시대 경문대왕의 귀에 관한 설화에서 생각해보기로 한다.

앞에서 인용한 대로 경문대왕의 귀에 관한 설화는 소재의 변화 면에서는 다양한 모습을 드러낸다. 그 개요를 정리하여 살펴보기로 한다.

① 경문대왕의 귀가 갑자기 커졌다.

② 왕은 이 사실이 세상에 알려질 것을 꺼려 이발사에게 발설하지 않도록 당부했다.

③ 이발사는 그 소문을 숨겨놓은 것이 병이 되어 죽게 되었다.
④ 이발사는 죽을 바에는 소문을 퍼뜨려놓자고 생각해서, 교외로 나가 대숲을 향해 사실을 말해버렸다.
⑤ 그후로 바람이 불 때마다, 대숲에서는 '임금의 귀는 당나귀 귀'라는 소리가 들렸다.
⑥ 소문이 퍼지자, 왕이 화를 내고 대숲을 모두 베어버리고 그 자리에 수유나무를 심었다.
⑦ 수유나무가 자라 바람에 흔들릴 때마다, '임금님의 귀는 크다'라는 소리가 났다.

이 이야기에서 원 소재가 되었던 사건을 상정하고 그 변형의 양상을 살펴보자. ①부터 ⑤까지는 사실을 바탕으로 짜여져 있다고 볼 수 있다. 물론 부분적으로, 대숲과 바람 같은 모티브들의 사실성 문제를 제쳐두고라도 왕과의 약속을 지키기 위해 병을 얻은 이발사는 아무래도 죽을 처지여서 죽기 전에 하고 싶은 말이나 하고 죽으려고 그 엄청난 비밀을 말해버렸다는 이 대략적인 흐름에는 변함이 없다.

그런데 그 다음 사건은 이해가 가지 않는다. 사실 ②의 정황으로 본다면, 그 소문을 들은 왕이 진노해서 대숲을 베어버리기 전에, 이발사를 불러다가 추궁하고 처단해야 했을 것이다. 그런데 그 부분은 빠졌다. 설화 전개의 틀을 왕의 귀 사건과 그 사실을 폭로한 이발사에 중심을 두고 설정했다면, 이렇게 이야기를 만들 수 없다. 그런데 이야기 향유자들은 이야기에서 소문에 대한 왕의 대처양식에 중점을 두고 사건을 변형시켜서 처리했다. 이것은 사건을 다른 입장에서 보고 의미를 부여했기 때문이다. 그래서 ⑥~⑦의 모티브를 첨가해서 전혀 다른 의미의 이야기를 만들어내었다.

이렇게 변형시킴으로써 이발사의 문제는 약화되고, 그가 퍼뜨린 소문에 초점이 맞추어진다. 즉 이야기(소문)는 왕의 권력(지배이데올로기)으로서도 막을 수 없는 생명력을 갖고 있으며, 그것은 지배이데올로기와 상충될 경우에는 변형되어 그 생명을 유지한다는 점을 시사하고 있다. 물론 이 설화에 대한 해석은 다양할 수 있겠지만, 중요한 문제는 사건의 모티브가 일부 변형됨으로써 그 이야기의 주제가 아주 달라졌다는 것이다

(2) 시간의 변형

 작품의 소재로서 채택된 어떤 체험이나 사건을 그대로 모두 소설 소재로 쓸 경우에도, 그 사건의 시간성을 변형시킨다면 의미도 달라진다. 예로 한 인물의 일생을 토대로 해서 자서전을 쓴다고 생각해보자. 자서전을 하나의 작품으로 생각할 때, 그 인물의 전 생애가 바로 전부 소재로 채택되는 것은 아니다. 즉 아무리 자서전이라고 하더라도 그가 살아온 모든 삶을 다 써놓지는 않는다. 거기에 필연적으로 그 생애 중에 어떤 부분을 선택해서 그것을 체계를 세워 만들 것이다. 여기에 1차적인 선택이 필요하다. 이 경우에 우선 그 일생에서 어느 시기에 어떤 일들을 중심으로 취급하느냐는 문제가 대두된다. 그것은 바로 자서전의 핵심이 된다. 청년기인가, 장년기인가 아니면 인생을 정리하면서 다른 사람과는 특이하게 살았던 그 말년인가.
 한 인간의 생애를 특징적으로 이해하는 데 꼭 전 일생이 필요한 것은 아니다. 설사 그렇더라도 자서전은 어차피 그 일생사 중에 중요한 부분을 선택해서 쓸 수밖에 없다. 이 경우 선택은 바로 시간의 변형 처리를 말한다. 즉 어느 기간의 생활에 더 많은 지면을 할애하느냐는 문제이다. 어떤 경우는 10년 동안의 생활을 단 2~3쪽 분량으로 처리할 것이고, 어떤 경우는 1년의 이야기를 수십 쪽으로 처리할 수 있다. 그것의 기준은 바로 그 자서전의 주제, 즉 그 인간과 일생에 대한 평가나 해석과 관계된다.
 이제 한 인물의 일생담(一生譚)을 소재로 한 작품에서, 시간성이 어떻게 처리되었는지 살펴보자. 김동인의 「감자」는 복녀 부처의 일생담으로, 게으른 남편과 돈에 팔려 시집간 복녀가 어떻게 세상을 살다가 몰락

제3장 소설의 주제와 소재의 선택

하는가를 추구한 작품이다.
　작품의 서두는 이렇게 시작한다.

　　싸움, 간통, 살인, 도적, 징역 이 세상의 모든 비극과 활극의 출원지인 이 칠성문 밖 빈민굴로 오기까지는 복녀의 부처는 (사농공상의 제2위에 드는) 농부이었다.

　이 서두에서 복녀 부처가 이 빈민굴까지 오게 된 경위와 그들의 신분을 간략하게 설명하고 있다. 이후부터 소설은 이들이 빈민굴에서 살아가는 과정을 그리고 있다. 복녀가 시집가서 빈민굴로 오기까지 과정은 아주 간략하게 처리되고 있다. 복녀 부처가 세상을 살아온 시간으로 보면, 이들이 빈민굴에 와서 살면서 문제를 만들었던 그 기간보다 훨씬 길다. 그러나 그것은 중요하지 않게 처리했다. 이것이 바로 그들 일생에서 그 기간은 별로 중요하지 않다고 작가가 해석했기 때문이다.
　이 문제는 일생담을 다룬 조선시대의 소설에서도 확인될 수 있다. 그 예로 『홍길동전』에서 실제 홍길동이 살아왔던 시간과 작품의 길이를 비교해보면, 작가가 한 인간의 일생을 어떻게 해석하고 있는가를 파악할 수 있다.
　『홍길동전』은 홍길동이 태어나기 전부터 시작해서 그가 조선을 떠나 율도국을 건설하고, 대대로 나라를 잘 다스려 그 후손들이 번창하였다는, 죽은 후 시간까지 취급하고 있다. 그런데 이러한 일생담 작품에서 중요하게 처리한 기간과 그렇지 않은 기간이 있다. 한 예로 작품에서 길고 자세하게 처리한 대목은 홍길동의 부친 홍판서가 길몽을 얻고 정실부인과 동침하지 못하고 시비와 동침해서 길동을 낳게 되는 상황과 길동이 가출하는 상황이다. 반면에 흔히 우리가 중요하게 생각하는 의적 활동 부분은 아주 간략하게 처리되어 있다.
　시간의 처리에서 이러한 변형은 비단 한 인물의 일생을 다룬 작품만이 아니라 어떤 상황을 개괄적으로 처리했느냐, 구체적으로 정밀하게 형상화시켜 처리했느냐 하는 문제에 관계되며, 따라서 작품 의미에 기여하는 바는 다르다.

앞에서 제기한 『그믐밤의 제의』의 경우도 그 직접적인 동기는 배 큰 정서방의 전설이었지만, 그것을 해석하고 작품화하는 과정에서 상황에 묶여 좌절할 수밖에 없는 오늘의 현실을 대입시켜 처리했다. 그리고 설화양식으로 남아 있는 장수에 대한 용당개 사람들의 제의의식을 오늘의 현실에서 변형시켜보았다. 닫혀진 현실의 억압을 극복하려는 대응양식으로서의 제의가 여러 모양으로 지금도 이루어지고 있음을 시사하고자 했던 것이다.

이렇게 소재의 선택과 그 변형은 바로 소설의 주제와 직접관계를 갖고 소설의 한 요소로서 기능을 다하게 된다.

제4장
소설 구상하기

1. 소재의 선택과 주제 설정

　소재가 선택되고, 그것을 이해하고 해석하는 과정에서 그 주제에 의해서 모든 소설구조가 대강 마련되고 그것에 의해 써나간다. 먼저 주제가 설정되어야 한다. 그러나 소설쓰기란 결국 탈고할 때까지 진행중이나 다름없다. 작품이 완결되기까지는 항상 고쳐질 것을 전제로 하기 때문이다. 이미 선정된 소재나 주제도 쓰는 과정에서 바꾸어질 수도 있다. 집필은 기계적이지 않고, 상상력은 작업 도중에 더 활발하게 일어날 수도 있다. 집을 짓는 과정에서도 설계가 변경되고 쓰려는 재료를 바꾸는 경우가 많다. 하물며 작품은 더 말할 나위가 없다.
　그렇다고 계획을 허술하게 할 수는 없다. 치밀한 계획은 하나의 문제에 대해서 작가가 최선을 다해 접근하여 그 의미를 찾아낸 결과이다. 쓰는 과정에서 새로운 생각이 떠올랐다 하더라도, 그것은 앞서 한 계획보다 더 새로운 것이기 때문에 작품은 보다 만족한 결과에 이를 수 있을 것이다.
　우선 소재 선정과 그 이해와 해석과정에서, 소재와 주제는 이미 결정될 것이다. 그것들이 다소 막연한 개념이나 상상으로 정리되었을 경우, 이제는 구체적인 문장으로 명확하게 재정리할 필요가 있다. 문장화하는 과정에서 희미했던 문제가 구체화되고, 허술한 논리까지 보완될 것이다.

2. 주제를 드러내기 위한 기본틀짜기

주제가 설정되었으면, 그것을 소설의 틀 속에 형상화하기 위한 구체적인 계획이 필요하다. 한 작품을 이루기 위해 필요한 요소들 즉 소설 개요 만들기, 인물 설정, 갈등구조와 플롯, 이야기를 전개하는 방법 정하기 등이다.

(1) 개요 만들기

소설의 개요를 주제와 사건을 종합해서 좀 구체적으로 짜는 일이다. 즉 어떤 사람이 소박하게 자기가 쓰려는 소설의 줄거리를 그 문제와 중심을 두고 개괄적으로 진술하는 것이다. 이 과정을 거치는 가운데 주제가 분명해지고, 그에 따른 플롯이나 인물 설정이 차츰 구체화된다. 이것은 이미 했던 일일 수도 있지만, 반복함으로써 상상력을 불러일으켜 새로운 착상이 떠올라 소설이 풍부해진다.

(2) 에피소드와 예비적인 플롯 정하기

에피소드나 플롯을 형성하는 개개의 모티브들은 작품의 중심 플롯에 딸린 작은 사건을 만들어내는 데 필요한 중요한 요소들이다. 일반적으로 소설을 구상할 때, 처음 사건부터 마지막 사건까지 질서정연하게 순서대로 머릿속에 떠오르지 않는 경우가 많다. 그러므로 우선 소설의 개요를 사건 위주로, 즉 사건을 시간의 순차적인 흐름에 따라(플롯으로서가 아닌 사건으로서) 정리해놓는다.

다음에 그러한 큰 줄기 사건을 이루는 작은 장면이나 사건 또는 모티브들을 생각나는 대로 설정한다. 그것은 하나하나 카드화할 필요가 있다. 이 경우에 모티브나 상황에 따라 분명하게 드러나는 것도 있고, 막연하게 설정되는 것도 있다. 그러나 어떻든 그것은 하나하나가 개별적인 의미를 갖기 때문에 따로따로 카드를 만든다.

카드를 만들어가는 과정에서, 막연했던 사항들이 하나의 상황으로 구체화되기도 하고, 여전히 막연한 상태로 남아 있을 수도 있다. 다음에는 수집된 에피소드나 모티브들을 체계화시킨다. 그러는 과정에서 사건은 플롯으로 재편성될 것이고, 이 과정에서 모티브나 에피소드들을 어떠한 범위로 처리할 것인가 정할 수 있다. 즉 어떤 경우는 단순한 서술로 간략하게 처리할 수도 있고, 상황으로 처리해서 형상화시켜야 할 필요도 있다.

이렇게 구상된 에피소드를 통해서 어느 정도 소설 플롯의 윤곽이 잡혀지면 그것이 바로 예상되는 플롯이 된다. 여기에 덧붙여서 사건 전개에 따른 공간과 시간, 그리고 특수한 상황 설정에 필요한 요소들을 마련해놓을 필요도 있다.

(3) 인물 설정

인물을 예비적으로 설정한다. 단편인 경우는 우선 주인물 설정만으로 인물 문제는 거의 끝난다. 그러나 중·장편의 경우는 여러 인물들을 설정하고, 그 인물들 간의 관계 정립도 필요하다. 그들은 소설 속에서 살아 있어야 한다.

인물 설정은 이미 소재를 선택할 때부터 예비적으로 마련되어 있게 된다. 그리고 개요를 만들고 에피소드를 통해서 플롯을 만드는 과정에 이르면 인물은 보다 구체화된다. 이 경우에 그 인물은 극히 추상적이다. 예를 들면 현실에 민감한 지식인, 의식을 가진 노동자, 도덕성을 무기로 삼아 살아가는 소시민, 사랑을 실천하기 위해서 자기를 희생하는 중년여인, 자폐증에 고생하는 50대 부인, 보수적인 가정에서 탈출하려고 고2

여학생 등이다.
 그런데 실제 구상단계에서 그러한 인물들에게 내외적인 조건을 부여하면서, 구체적인 인격체로서 행동하도록 필요한 모든 조치를 다 마련해야 한다. 즉 개념적으로 설정한 인물을 구체화시키는 데 필요한 조건을 찾아서 그 인물에게 입혀놓아야 한다. 이를 위한 인물 창조 방법에 대해서는 다음의 제5장에서 자세히 논의할 것이다.

(4) 이야기를 전하는 틀 정하기

 소설은 작가가 일반 독자들을 상대로 어떤 이야기를 전하는 양식을 취해야 한다. 그런데 그 양식은 상당히 다양하고, 그것에 따라 같은 내용의 이야기라도 그 맛과 의미가 달라진다. 그것은 하나의 사건도 보는 입장과 말하는 사람에 따라 다른 것과 마찬가지이다.
 앞에서 제시한 맞벌이부부의 아기들이 화재로 죽은 사건을 이야기로 전할 경우를 생각해보자. 이 경우에 그 어머니가 친정 동생에게 사건을 전하는 투로 이야기를 꾸밀 수도 있고, 그 사건을 취재한 신문기자가 세상사람들에게 알리는 방식을 취할 수도 있다. 또한 당시 그 장면을 목격한 옆집 아주머니가 구청을 찾아가 그 진상을 말하면서, 앞으로의 대책을 강구하도록 촉구하는 입장에서 전할 수도 있다.
 이러한 여러 경우에 따라서 이야기하는 방식이 달라지고 그 이야기가 전해주는 맛과 의미도 달라진다. 그러므로 이야기 방식을 선택하는 것은 바로 이야기 맛과 주제를 전제로 해야 한다. 물론 그 전하는 양식은 그 나름으로 각각 특징을 갖고 있다. 그 특징이 바로 작가가 의도하는 주제를 드러내는 데 적합해야 한다. 이러한 문제는 서술양식 또는 시점 정하기, 나레이터 정하기 등 여러 가지로 요소를 포함한다. 그런데 중요한 것은 사건을 바라보는 작가의 눈이 어떻게 설정되어 처리되어야 의도하는 주제를 드러내는 데 적절한가 하는 문제이다.

(5) 문체

　문체는 작가에 따라 고정되어 있는 것처럼 생각한다. 그러나 그렇지 않다. 물론 작가 나름의 문체가 있지만, 어느 작가든지 작품에 따라 그 주제를 드러내는 데 적절한 문체를 택할 수 있다면 더 바람직한 일이다.
　이러한 여러 가지 예비적인 작업을 종합해서 구상이라고 한다. 그러나 구상은 어디까지나 구상의 수준에 있을 뿐이다. 그것은 집필을 위한 준비에 불과하다. 그것은 하나의 과정이기에 다음 단계를 위해서 구상한 것을 정리할 필요가 있다.
　다음은 필자가 중편『풍화하는 혼』을 쓰면서, 준비단계로 시도해본 구상의 한 예이다. 그러나 이러한 구상대로 작품이 씌어지지는 않는다. 단지 구상은 의도하는 작품을 집필하기 위한 하나의 과정일 뿐이다.

3. 소설쓰기의 계획과 실제

(1) 1차적인 단계

1) 문제
　① 인간은 자기 노력으로 완전할 수 있을까. 인간의 도덕성은 자기 우상이 될 수 있지는 않을까. 그 도덕성 중에 가장 귀한 '사랑'이란 것은 어떤 양태로서 나타나는가. 인간이 인간을 사랑한다는 것은……. 특수한 상황에서 그 추상적인 관념의 실천을 보여줄 수 있도록, 사랑은 어떻게 실현되는가. 사랑한다는 것은 어떤 행동양식을 의미하는 것인가.
　② 주의할 점 : 자칫 허위를 고발하는 수준에서 끝날 수도 있다. 인간의 본성적인 문제, 완전하다는 것은 인간의 힘으로 불가능하다는 본질적인 문제에 대한 점검으로 그것은 혹 기독교적일 수도 있다. 그 문제는 상관할 바가 아니나, 호교적인 면에 치우칠 수 있다는 점을 경계할 것.

③ 소재(사건) : 은혼식을 앞둔 어느 저명 인사의 부부 이야기 ― 결혼 후에 한번도 부부싸움을 하지 않았다. 남편은 일생 동안 혼전이나 결혼 후에도 다른 여자와 관계가 없었다. 편지로 시작된 인연이어서, 결혼 후에도 자주 편지를 주고받는다. 부부의 애정은 날이 갈수록 더하고 서로 신뢰하는 행복하고 바람직한 부부이다. 그러나 어느 날 그러한 부부에게 문제가 생긴다.

2) 주인물 정하기

남편은 기독교를 진리의 한계 안에서 믿는다. 물론 교회에 다니지 않는다. 그러나 부인은 독실한 신앙인이다. 남편은 죄짓지 않고 살려고 노력한다. 그는 자신의 노력으로 도덕적인 완전주의자가 되려고 하고, 그럴 수 있다고 믿는다. 그는 철저하게 절제된 생활을 하고 양심에 따라 행동한다. 그는 사회정의를 위해 일한다.

부인도 성결하고 양심적으로 생활하려 하지만, 항상 자신의 부족함을 의식하고 살아간다.

그 자식들은 부모의 행복한 애정에 대해서 이따금 어떤 위기감 비슷한 것을 느낀다. 완벽주의를 자처하는 아버지에 대해 이따금 불편함을 갖는다.

3) 작품과 관련된 상황의 카드화(1차상황 만들기)

〈카드 1〉 아침 출근 전 주인공의 하루. 완벽주의자의 생활이 드러나는 에피소드 ― 아침 산책, 독서, 하루 일과 점검, 난을 손보고, 시골에 계신 노모께 안부 전화, 집 식구들과의 단란한 식사, 식구들에 대한 아버지의 배려, 아내의 새벽기도회, 자신의 생활을 철저하게 점검하고 계획, 아내의 교회생활에 대해서는 무의식적 거부 반응, 참회하고 기도해야 할 일이 그렇게 많은가. 내일 넘길 신문칼럼을 워드로 쓰다 둔다. 그것이 컴퓨터 바이러스에 의해 없어져 버림. 아침 출근 기분이 흐트러짐. 하루 일과를 탁상일기에서 확인. 방송국 녹화, 사건의뢰를 의논해온 친구, 저녁에는 큰어머니 제사.
〈카드 2〉 방송국 녹화. 부부 사랑 이야기, 남녀 간 성 윤리, 자기를 지키는 가장 소중한 일. 세상에 나와서 오직 한 여자만 생각하고 사랑하며 살아왔다는 사실에 대한 사람들의 이상한 반응. 방송국에 출연하게 된 사연. 친구가 이사로 있는 회사사보에 젊은이들에 대한 글을 썼는데, 그 글이 화제가 됨. 녹화가 끝난 다음에 친구와 같이 호텔 라운지에서 점심. 피아노 연주자와 만남, 그녀는 친구 회사의 비서실에 근무를 했음. 돈을 벌어 음악공부를 계속하려고, 공부를 해서, 유명한 연주자가 되고, 훌륭한 연주자가 된 다음에, 무엇을 하려고, 잃은 것과 얻은 것.
〈카드 3〉 녹화방송을 보는 식구들의 묘한 반응. 아버지는 무서워요, 너희들을 얼마나 사랑하시는데, 아니예요, 우리들의 탈선을 전혀 용서해 주시지 않을 것 같아요. 아버지는 가장 완벽한 분이시지 않아요. 참 세상에 이야깃거리가 없군. 딸은 아버지의 텔레비전 출연에 불만. 두 분의 사랑에는 향기를 못 느껴요. 조화 같은 기분, 아주 훌륭한 기술자에 의해서 생화보다 더 아름답게 만들어진 조화, 조화의 특징, 시들지 않음, 변하지 않음, 향기가 없음. 향기를 만들 수 있을 테지요. 꽃 그 자체가 내뿜는 향기는 아님. 참 너희들 아빠 엄마의 사랑을 질투하는구나. 질투가 아니고요, 뭐랄까 전 아빠가 무서워요. 그 완벽성이 소름이 끼칠 때가 있지요.

(2) 2차적인 구상

1차 구상을 토대로 좀더 자세한 구상을 한다. 인물과 플롯을 상세하게 만든다. 1차 구상단계에서 막연하게 설정한 인물들에게 내외적인 조건을 부여하고 사건과의 관계를 설정하고 대립 호응되는 인물들 간의 관계를 마련한다. 그리고 앞에 만든 상황 카드에 의해, 그것을 정리 재배열해서 전체적인 플롯을 짠다.

1) 인물
① 백치선(白致善) : 50대 초, 현직 변호사(친구와 같이 변호사 사무실을 열었음). 법관 경력, 교수 이력, 현재 변호사 일보다는 사회도덕실천운동에 바쁨.
175센티미터의 키, 준수한 외모, 깔끔하고 세련된 옷차림(아내의 배려), 원만한 대인관계에 호감을 주는 인물.
가계, 구한말에 조부가 돈을 모으고, 해방 후까지 부친은 그 돈을 쓰는 데만……. 그 부친, 복잡한 여자관계. 조강지처를 버리고, 새 어머니를 얻었고, 그는 그 후처의 아들인데 부친은 아들의 사회진출을 위해, 큰 부인과 법적 이혼을 하고, 큰댁의 조카네가 서울에 살고, 그는 그들에 대한 도덕적 자책감에 짓눌려 있음.
② 부인 주정희(朱貞姬) : 40대 말의 현숙한 부인. 독실한 크리스천으로 남편의 그늘에서 살아감. 어느 날 남편의 알뜰한 사랑을 구속으로 느낌. 신에게만 고백한 아픈 비밀. 남편의 전화를 기다려야 하기 때문에 집을 비울 수 없고, 남편의 편지에 답장을 쓰느라 시간과 마음을 씀. 대학 졸업 후 모교 교사로 있던 여름 시골집에서, 5·16 직후 대학 학보사 편집장 했던 선배의 방문. 4·19 이후 조국통일학생운동에 참여했다가 쫓기는 입장, 그와의 은밀한 사연. 그후 백치선과 결혼, 행복한 가정. 선배와의 사연으로 인한 죄스러운 강박관념을 남편에게는 고백하지 못하고, 신께만 고백함. 신앙으로 그 문제를 잊어버리고 있었는데, 남편의 방송국 출현 이후로 다시 떠오름. 남편에 대한 죄책감과 두려움. 신께는 죄 사함을 받았다고 믿었는데, 정말 자신은 그 죄를 고백한 것인가. 신께 고백하는 것으로는 부족한가.
③ 딸 혜정 : 대학 2~3학년. 발랄한 성격. 어버지에 대한 사랑을 느끼지 못하고 도리어 완벽을 추구하는 아버지가 두려움. 아버지와 상대되는 인물. 신문에 발표되는 아버지의 칼럼도 읽지 않음. 어느 날 전철 안에서 일반 독자들의 대화에서 아버지에 대한 신뢰를 알게 됨. 정말 아버지는 많은 사람들에게 희망을 주는 인물일까. 그런데 왜 내게는 아버

가 어렵게만 느껴지는가. 그러한 딸의 감정은 인터뷰 프로를 보면서 극도에 달한다. 그녀는 아버지의 창백한 모습을 본다. 도덕적 바벨탑을 쌓아가려는 듯한 그 무서운 욕망 앞에서 두렵고 불안하다. 그녀가 바라보는 어머니 모습에서 여자의 참 행복을 생각해본 적이 없다. 앞으로 아버지가 사윗감으로 당신과 같은 남성을 원한다면 후유…….
④ 큰아들, 둘째아들
⑤ 여류명사 우진아 : 독신주의자
⑥ 조카
⑦ 큰댁 어머니
⑧ 목사

2) 플롯 짜기
앞에서 작성한 카드와 설정된 인물들을 중심으로 직접 집필을 전제한 플롯을 만든다.
① 서두 : 인물들 형편과 사건의 흐름에 대한 개략적인 암시. 대립되는 상황을 제시하고, 앞으로 일어날 사건에 대한 예비적인 모티브를 준비해둔다. 시간, 새벽. 긍정적인 아침 분위기. 오전 중에 문제 제시.
② 가을 새벽. 6시에 자리에서 일어나서 아침 운동을 하려고 엘리베이터 앞에 선 백치선. 문이 열렸는데 아내가 내림. 서로 타고 내림. 참, 밖에 추워요. 빨갛게 상기된 아내의 얼굴과 새벽 공기에 초췌한 모습. 관악산 입구까지 1킬로미터 거리를 그는 뛴다. 천천히 걸어 되돌아오면서 오늘 일을 생각한다. 9시 집 출발. 9시 30분 서초동 사무실 도착. 40분간 오늘 사건 점검. 사무실 출발. 10시 20분 방송국 도착. 11시까지 방송국 녹화. 점심은 김 이사와 같이. 2시 사무실로 돌아와서, 피의자 가족 면담. 6시, 도덕실천협의회 운영회의 참석. 9시, 큰어머님 제사, 조카네 집에서, 그런 일정들을 하나하나 생각하면서 집에 도착한다. 7시 10분 전. 10분간 샤워를 하고, 7시 식사. 딸과 고2짜리 막내아들, 즐거운 식사. 방송국 녹화 이야기. 아버지 스타가 될 거야. 그렇게 말을 잘 하고, 용모가

준수하고, 도덕적으로 흠이 없고, 아버지……, 스타의 말 뜻 아세요. 스스로 타락하는 자래요.
　어머닌 그렇게 기도할 일이 많아요. 그래, 아빠 녹화를 위해서, 또 군대 간 오빠를 위해서, 그놈 잘 있는지 몰라. 아빤 참, 왜 오빠 방위로나 빼주시지, 아빠 정도면 가능하다는데. 제 오빠네 친구들 다 방위했어요. 오빠처럼 30개월 하는 사내 없어요. 오빠 이야기를 듣더니 제 친구들이 놀라요.
　③ 식탁에서 : 식구들의 이야기.
　아버지와 어머니 관계 제시. 큰아들 군생활에 대한 이야기, 아버지의 도덕적 결벽증. 딸 혜정과의 갈등 시사.
　④ 출근 : 예외적인 일이 벌어짐. 남태령 고개에서 추돌사고가 일어나 길이 막힘. 시간에 쫓겨 사무실에 들리지 않고 직접 방송국으로 향함. 반포대교에서 역시 추돌사고가 일어나서 차들이 동작대교 쪽으로 몰려오는 바람에 길이 막힘. 예상할 수 없는 일로 인한 혼란. 이 사회는 그러한 일이 자주 일어난다. 교통경찰로서도 통제가 불가능한 도로 사정, 그것이 현실이다. 어떤 상징적 의미로서의 아침 교통상황을 처리할 것.
　⑤ 방송국 녹화 : 사회자 유명 아나운서, 여류명사와 백치선의 대담.
　방송국에서의 대담은 개인의 도덕성은 개인의 노력에 의해서만 확보될 수 있고, 그러한 실례는 가정을 통해 보여줄 수 있다. 가정은 가장 기본적인 최소 단위의 사회이다. 각각 자기를 지키면서 상대를 존중하는 부부의 윤리가 결국은 사회의 도덕성을 확립할 수 있다는 논리.
　백치선 씨의 가정 이야기. 그러한 원칙에서 살아감. 그러나 그러한 윤리는 타의에 의해서 훼손될 때는 어떻게 하느냐. 예를 들면 본의 아니게 정조를 빼앗겼을 경우, 그것은 남자의 사랑으로 가능하다. 그 사랑이 인간의 의지로써 가능할까.
　우진아 씨에게 농담 섞인 방청객의 물음, 이것은 피디가 예상하지 못한 일이었다. 만약 우진아 씨께서는 백치선 씨 같은 분이 나타난다면 독신주의를 파기할 의향이 있으십니까. 예?

제4장 소설 구상하기

　우진아 씨의 남성 콤플렉스는 나중에 제시된다. 그녀는 결혼 후에 남자에게 자기 혼전의 비밀을 고백했다가 이혼을 당한 여자임. 더구나 그 남자도 혼전에 다른 여자와 관계가 있었으면서도 결혼 전에 그 사실을 밝혔으므로 자신의 문제는 용서받을 수 있다고 생각했다.
　방송이 끝난 다음에 호텔 라운지에서 점심을 하고 헤어짐. 거기에서 피아노를 치는 여자의 이야기를 들음. 피아노 공부를 하기 위해 그 여자는 자신의 삶을 뒤바꾸어놓았다. 참, 세상사람들 욕망의 정체는 무엇인가.
　우진아는 식당 분위기가 좋다고 함. 우리도 여기서 점심을 합시다. 미인 여류와의 점심은 언제나 제가 환영합니다. 남성의 본성이 나타나는 군요. 그러시다면 우리 백선생님을 대신 호스트로 내세울까요. 이분이면 되겠지요. 좋아요. 아니, 이거 우진아 씨에게 분란이 일어나는 거 아닙니까.
　⑥조카네 집 : 8시가 넘어서 백치선이 도착함. 늦은 사유, 사실협 운영위원회 일로.
　치선의 아내가 이미 와 있음. 아직도 저녁을 들지 않고 그를 기다리고 있음. 추모예배로 제사를 대신함. 숙모님께서 숙부님이 오신 다음에 예배를 드리자고 했어요. 그래 잘 했다. 추모예배를 드림. 큰댁으로서 모든 권리를 빼앗기고도 살아갈 수 있었던 큰어머니 처지.
　아버지에 대한 회상. 할아버지는 구한말에 돈을 모았고, 아버지는 그것을 쓰는 것으로 일생을 보냄. 해방 후에 정치를 한다고 떠돌아다녔고, 그러다가 새 여자를 얻었다. 그 몸에서 난 자식이 백치선. 그가 법과대학에 입학하고, 그 부친은 어머니에게 이혼을 강요, 그때 큰어머니는 시골에서 교회를 다녔다. 아버지의 처사를 아무 말 없이 받아들인 큰어머니. 큰아들의 거친 불만을 큰어머니는 오히려 설득했다. 그것이 한국여인의 미덕인가. 난 백씨 집에 들어와 한 일이 없다. 부친이 재산을 축낸 것도 그 절반은 내게 책임이 있으니, 이제 그 책임을 반감하기 위해서라도……. 내가 이제 남자의 사랑을 받으려 욕심을 부리겠느냐. 치선이가 잘 된다면 오히려 난 즐겁다.
　교회에 돌아올 때쯤 해서, 그 초여름날 하얀 모시옷을 입으신 큰어머님 모습. 잠시 기도를 드리는데 흐느끼는 아내. 백치선의 만류에도 아내는 결혼 후 첫 나들이로 고향을 찾아갔다. 두 어머니를 모신다는 것이 부끄러운 일이었으나, 오히려 큰어머니에게서 아름다운 신앙을 물려받았다.
　조카 : 백경균(白景均). 고등학교 국어교사이면서 독실한 크리스천. 그러면서 술을 마심. 신앙은 할머님께 물려받았고, 술은 아버님께 물려받음. 그러나 제가 교회에 열심으로 다니는 것은 아버지에 대한 증오를 용서로써 풀기 위해서입니다. 그의 넋두리. 35세. 큰 키. 깡마른 몸매. 신경질적인 인상. 아버지는 시골에서 어머니를 모시면서 술주정뱅이 노릇으로 작은 어머니를 원망하다가 돌아가셨습니다. 그를 보는 치선의 감회. 술로 일생을 보내버린 이복형의 얼굴을 보는 섬뜩함.

제 5장
인물

1. 소설 인물과 일상적 인물

　작가가 소설을 쓴다는 것은 결국 작품에서 새로운 인물을 만들어내는 일이다. 물론 그 인물은 어떤 사건을 통해서 구체적인 모습으로 독자에게 나타나지만, 결과적으로 그 사건은 인물을 드러내기 위한 장치라고 말할 정도로 인물은 소설 창작에서나 소설읽기에서 중요한 의미를 지닌다.
　한 작품의 인물은 다른 작가의 작품에서나 또는 동일한 작가의 다른 작품, 그리고 이 지상 어디서도 다시 찾아볼 수 없는 유일한 인물이다. 물론 한 작가의 여러 작품에 나타난 인물들은 서로 많은 공통점을 갖고 있고, 동시대 작가들 작품에서는 서로 비슷한 인물들이 있을 수 있겠지만, 결국에는 한 작품의 인물은 오직 그 인물만의 속성을 지니고 있게 마련이다. 이런 의미에서 작가가 쓰려는 작품에서 인물을 설정하고 작품을 완성해서 그 인물을 독자에게 내보내는 일은 바로 새로운 한 인간을 세상에 내보내는 일과 같다.
　그렇다면 작가가 과연 어떤 인물들을 만들어내는가? 그것은 앞서 소재론에서 논의했듯이, 세상에 살고 있는 수많은 다양한 인간들을 바탕으로 해서 다시 창조해낸 인물들이다. 그러므로 그와 비슷한 유형의 인물은 이 세상에 있을 수는 있으나, 똑같은 인물은 없다. 즉 어느 소설의 인물은 작가가 세상 많은 사람들을 소재로 그들을 관찰하고 이해하고 해석한 결과로 창조해낸 유일한 인물인 것이다.

그러므로 소설 인물을 통해 우리는 작가가 그 사회를 보는 입장을 이해할 수 있고, 그것을 보편화시켜서 한 시대를 조명해볼 수도 있다. 그러나 이 경우 작가가 인물을 먼저 설정하고서 그가 의도하는 문제를 형상화시키는지, 아니면 인물은 문제를 드러내는 수단으로서만 의미를 갖는지는 경우에 따라 다르다. 그러나 그러한 문제는 꼭 논리적으로 틀에 맞게 그 관계를 설명할 수는 없다.

그러면 작가가 유일하게 창조한 소설 속의 인물 모습은 어떤가. 그들은 일상인의 모습과 어떻게 다른가. 이 점을 우리가 그동안 소설에서 만났던 인물들을 통해 정리해보려 한다. 소설 인물들은 아주 다양해서 한마디로 그 성격을 규정할 수는 없으나, 그들에게서 찾을 수 있는 공통점은 우리가 현실을 살아가는 데 본받을 만한 인물이 아니라는 점이다. 우리들은 어린시절 위인전을 많이 읽었다. 그 경우에 독자는 그 책 속에 나타난 주인공들을 부러워하게 된다. 그들은 대부분 아름다운 마음과 뛰어난 재주와 보통사람과 다른 무엇을 갖고 있다. 그래서 위인의 일생은 아름답고 바람직한 결말에 이르게 된다. 그것은 독자들로서는 엄두도 내지 못할 일이고, 그들 주인공은 친구로서도 가까이 할 수 없다. 그래서 독자는 그 주인공을 부러워하는 마음으로 독후감을 쓴다. 그 경우 대부분 그러한 인물들에 대한 선망을 숨기지 못한다. 그러면서 우리는 심한 자기 모멸감에 빠진다. 나는 위인전의 훌륭한 인물처럼 살아갈 자신도 없으며, 그처럼 될 수 있는 아무런 조건도 갖추지 못함을 알게 될 것이다. 그들은 한마디로 일반 독자들과는 멀리 떨어져 하늘나라에서 살아가는 인물들이었다.

그러나 사람들은 그러한 위인전을 읽으면서 꿈을 키운다고 한다. 우리가 본받을 만한 인물을 작품을 통해 설정하고 그를 바라보며 살아가기를 원한다. 즉 그들은 독자들에게 바람직한 삶의 모습과 그것에 이르

제5장 인물

려는 도덕적 인식을 개발해주면서, 독자들을 정신적으로 한 단계 상승하도록 해준다. 그런 의미에서 아마 위인전의 인물들은 모두 훌륭하고 모자람이 없을 것이다.

그런데 여기에서 그 '훌륭하다'는 의미는 무엇인가. 그것은 일반적으로 우리가 가치있다고 생각하는 하나의 이념이다. 그것은 지배이데올로기에서부터 튀어나온 것이다. 즉 우리가 선망하는 가치이기 때문에 우리는 그 고정된 가치에 대해서 의심을 가져 논의하기를 스스로 포기한다. 즉 위인전을 읽은 후에 대부분 사람들은 그 인물에 빠져서 그를 통해서 내가 설정한 가치에 대해서는 생각하지 않고, 오히려 그 가치를 더욱 공고하게 다져놓으려고 한다. 그러나 소설의 인물은 그와는 다르다. 물론 조선시대 영웅소설이나 애정소설들은 예외일 수 있다. 그들은 혹 고통을 당할 수도 있으나, 결말은 행복하기 때문에 독자들은 소설의 주인공을 부러워하면서 그같이 되기를 소망할 것이다. 그러나 조선시대 소설 중에서도 특별한 경우가 있다. 예를 들면 김시습의 『금오신화』는 다르다. 그 작품 중의 하나인 「만복사저포기」를 예로 들면, 양생이라는 사람이 부처와 저포놀이를 해 이겨서 한 처녀를 맞이해 아름다운 사랑을 나눈다. 그 과정은 매우 아름답고 행복하다. 그러나 그 처녀는 난리에 처참하게 죽은 소녀의 혼령이어서, 결국 양생은 처녀와 헤어지게 되고 그녀의 혼을 위로하며 살다가 사라졌다. 결말은 행복하지 않다.

서양의 경우, 중세기까지 로망스에 해당하는 작품들은 거의 아름다운 결말을 통해 우리가 꿈꾸는 새로운 세계를 직접 제시해주었다. 그러나 결국 우리가 살고 있는 이 현실은 그렇게 우리들의 모든 소망을 다 충족해줄 수 있도록 행복한 땅은 아니다. 행복을 원하는 것은 모든 사람들의 소망이지만, 그것은 사람들이 꿈꾸듯이 원한다고 얻어지는 것은 아니었다. 그러기에 오늘날 소설은 단순히 꿈꾸는 소설에서 벗어난다. 꿈을 이룰 완벽한 인물이 없다. 왜냐하면 앞서 위인전의 경우처럼 소설 독자들은 위인들이 아니기 때문이다. 그런 처지에 있는 사람들은 소설을 읽지 않아도 행복하다. 그래서 소설이 필요하지 않다. 소설을 필요로 하는 사람들은 현실적으로 많은 문제를 안고 있기에 그들이 살아가는 현실이 모순덩어리로 차 있다고 생각한다. 그들에게 필요한 것은 행복한 꿈이 아니라 바로 그 모순의 정체를, 즉 그들을 고통스럽게 만드는 현실이나 또는 인간 자체에 대해서 생각하고 살펴보고, 그래서 그들이 추구하려고 설정해놓은 그 가치와 삶을 다시 점검해보는 데 의도가 있다. 그러기에 그들은 속빈 행복을 거부하고 진정으로 고통의 정체와 직접 대결하려 한다. 소설의 인물은 바로 그러한 고통과 모순의 실상, 또는 행복할 수 없는 삶의 조건의 실상들을 드러내보여주는 데 기여한다. 즉 소설의 인물들은 위인전이나 영웅전의 인물들과는 전혀 다르다.

예를 들어보자. 우리 소설의 경우에도 춘원의 『무정』에서는 긍정적인 인물이 등장한다. 그들은 독자들이 소망하는 이상적인 인물이다. 그러나 1920년대 들어와서부터 소설 인물들은 그 정반대이다. 김동인의 「감자」에서 복녀나, 현진건의 「운수 좋은 날」에서 김첨치, 염상섭의 『만세전』, 나도향의 「물레방아」의 인물들은 전혀 독자들에게 호감을 얻지 못한다. 1930년대 들어와서 생각해보자. 이상의 「날개」의 주인공이나 그와 다른 이효석의 「메밀꽃 필 무렵」의 허생원……, 해방 이후 6·25 전쟁중에 씌어진 김성한의 「바비도」나 이범선의 「오발탄」, 전광용의 「꺼삐딴 리」의 주인공들, 그리고 1970년대에 씌어진 조해일의 「매일 죽는 사람」이나 이청준의 「별을 보여드립니다」, 황석영의 「삼포가는 길」의 주인공들을 생각해보면 그러한 점은 충분히 이해될 것이다.

그러나 모든 소설이 다 그렇게 주인공의 모습에 대해서 부정적일 수만은 없다. 예를 들면 김남천의 초기 소설 중에 「공장신문」이나 「공우회」, 또는 김기진의 「붉은 쥐」, 현진건의 『무영탑』에 나오는 주인공 주만이나 경신 등은 예외일 수 있다. 그들은 당시의 어떠한 이념을 대신한 인물들이기 때문에 사람에 따라서 그 인물에 대한 관심이나 평가가 달라질 수 있을 것이다. 소설의 인물은 그렇게 독자나 시대에 따라 평가가 달라지는 이데올로기나 가치를 드러내는데 기여하기보다는, 그 가치있

제5장 인물

다고 생각하는 이데올로기에 대해 다시 한번 생각할 수 있는 인물인 경우가 많다. 왜냐하면 이념에 대한 관심과 그 가치를 공고히 하고 전파하기 위해서는 소설보다 더 직접적인 방법이 많다. 그런데 소설은 다른 방법으로 할 수 없는 그 무엇을 위하여 필요한 것이다.

그렇다면 일상적 인물과 소설 인물은 어떻게 다른가. 이 문제는 그리 간단하게 설명되지 않는다. 소설을 보는 입장에 따라 다를 수 있다. 일반적으로 인간은 어떤 가치에 얽매여 살아간다. 그 가치는 살아가기 위한 임시방편일 수도 있고, 사회의 일반적인 지배이데올로기이거나 교육이나 문화 영향으로 스스로 확보한 가치일 경우도 있다. 그 가치는 두 가지 경향으로 나누어 생각할 수 있다. 하나는 자신이 절대 선(善)이라고 생각하는 일종의 절대적 가치이고, 다른 하나는 살아가는 현실을 위해서 임시로 설정한 가치이다. 전자가 좀더 형이상학적이라면 후자는 삶의 문제와 여러 가지 조건과 관련된 현세적인 것들이다. 후자의 경우도 자신이 소속한 집단의 이데올로기에서 얻은 것도 있고, 내 생활의 방편이 되는 문제와 긴밀하게 연관된 욕망의 한 부분, 또는 그런 것과는 직접적인 관계가 없으나 무의식적으로 내 행동과 사고를 결정짓는 시의성을 띤 것들이 상당히 많다. 그러나 그러한 현실적 가치들은 구체적으로 밖에 드러내놓고서 내가 의식하고 추구하는 경우도 있고, 그렇지 않은 경우도 있다. 그것들은 대부분 현실적으로 내가 보다 행복하기 위해서 스스로 또는 하나의 관습에 의해 설정한 인간 욕망의 변형태이거나, 부산물 또는 내가 속해 있는 집단의 이데올로기와 관계된 것들이 많다.

대부분 사람들은 그러한 가치에 대해 욕망을 갖지만 충족하지 못하고 살아간다. 그러기에 그 가치 실현을 위해서 열심히 일하면서 어떤 삶의 목표를 설정해놓고 있는데, 그것은 이상적 자아라는 형태로 나타난다. 그것은 내 욕망에 의해 설정한 행복한 또 하나의 나인 것이다. 그 이상형은 사회적인 공인을 받아서 사람들은 그것이 바로 가장 가치있는 모습으로, 즉 아름답고 선한 가치에 의해 설정된 이상인 것처럼 착각한다. 아마 그렇게 설정한 인물이나 삶의 양식은 위인전의 주인공 같은 인물형에 유사할 것이다.

　우리가 어떤 세속적인 가치를 설정하고 살아갈 때에 우리 생활은 그 가치에 의해 속박받는다. 그 아름다운 가치라고 생각하는 것은 모르는 사이에 우리들의 생활을 억압하는 폭군이 되기도 한다. 그러나 당사자들은 그 사실을 모르고 으레 그렇게 살아가야 하는 것처럼 즐겁게 그 세력에 지배받는다. 소설의 인물은 그와는 다르다. 그는 비로소 우리가 눈뜨지 못한 부분에까지 의식이 미쳐서 그 이상적인 가치라는 것이 상당히 많은 부분에 문제가 있으며 또는 있을 수도 있다는 사실에 대해서 다시 생각하고 고민하며, 거기에서 벗어나려고 생각하고 애쓰는 인물이다.

　다음으로 인간을 억압하는 것은 이러한 욕망의 변형된 가치 외에 피할 수 없는 존재론적인 문제들이 있다. 죽음이나 질병, 본능적인 욕망, 사랑의 아픔, 그리고 신의 문제, 자기가 선택하지 않았으면서도 자기를 억압하는 세력들, 그것은 너무나 강폭하고 완강하며, 그 문제가 매우 복잡하기 때문에 대부분 사람들은 그것에 대해 생각하고 논의하는 것을 포기하고 살아간다. 이길 수 없는 세력과는 싸움을 포기하거나 회피하고 살아가는 것이 상책이라고 생각한다.

　그런데 소설의 인물은 이 해결할 수 없는 문제에 대해서까지도 관심을 포기하지 않는다. 왜냐하면 그렇게 관심을 갖는 일로서 그 문제를 다시 생각하게 되고 그래서 어떤 모색의 길을 찾기도 하지만, 더 중요한 것은 그러한 실용적인 이유에서가 아니라 인간의 문제에 대해서 회피하고 살아가는 것이 바로 정직한 삶이 아니기 때문이다. 설령 그것이 헛수고가 될지라도 정직하게 사는 것이 의미있다고 생각하는 것이 소설 인물들의 일반적인 모습이다. 그러기에 소설 인물들은 일상인의 눈으로 볼 때에는 괴짜이고 바보이고 고통을 사서 살아가는 사람들이다. 이제 이러한 인물 모습을 작품을 통해 확인하면서 소설 인물과 일상 인물의 차이를 정리해보기로 한다.

　첫째, 소설 인물은 자기를 정직하게 인식함으로써 삶의 문제를 은폐

제5장 인물

하거나 외면하지 않는다. 이상의 「날개」의 주인공을 생각해보자. 이 소설은 자의식이 강한 한 인물의 내부의식을 추적하고 있다. 그는 박제가 되어버린 천재로 자신을 의식한다. 이 자기 확인은 일상인으로서는 어려운 것이다. 사실 우리는 저마다 수많은 또다른 자아를 동시에 지니며 살아가고 있다. 그렇게 복잡한 많은 자아를 포용하면서 살아갈 수 있는 것은 그 자아의 분열을 외면하고 있기 때문이다. 겉은 멀쩡하지만 속은 텅빈 박제가 되어버린 천재와 같은 요소가 일상인의 삶 속에는 많지만 사람들은 거의 그것을 외면하고 살아간다.

「날개」의 인물은 아내에게 사육당하듯이 살아간다. 사회와의 관계도 단절되어 있다. 부부관계가 파탄된 가운데서 사회적 자아도 상실되어 있다. 일상인들도 작품의 주인공처럼 근본적으로는 사회적 자아를 상실하고 있으면서 그것을 외면하고 정상적인 관계가 유지된 것처럼 착각하거나 사실을 은폐하고 살아간다. 그것은 진실된 삶이 아니고 거짓의 삶이다.

그러나 소설 인물은 그 사실을 직접 확인하고 그것을 회복하는 길을 스스로 찾는다. 그는 문제를 회피하지 않고 대결함으로써 극복하려 한다. 그래서 「날개」의 '나'는 칙칙한 사육지인 좁은 방에서 밖의 세계로 나가는 외출을 통해서 자아를 회복하게 된다. 겉으로 이 병신스런 인물은 일상적인 사람들과는 달리 자신의 모습을 숨기지 않고 직접 드러내 놓고서, 현실과 또다른 자아와 대결하면서 결국은 겨드랑이에 날개를 원할 정도로 비약적인 자기 상승을 도모한다. 이런 점에서 조해일의 「매일 죽는 사람」도 어떤 시사점을 제시해준다. 그는 자기에 대한 정직한 인식을 통해서 세계와의 관계에서 자기를 새롭게 설정한다.

둘째, 이들은 세계의 숨겨진 폭력을 인식하고 그 극복을 도모한다. 「매일 죽는 사람」의 경우 그는 매일매일 죽는 연기를 하면서 생활을 꾸려나가는 실업자이다. 일상인의 입장에서 그에게 시급한 것은 만삭된 아내를 둔 처지에 돈이나 연탄과 식량을 넉넉하게 준비해놓고 아내의 해산을 준비하는 일이다. 그러나 그는 공연한 문제에 마음을 쓴다. 거짓 죽음의 연기를 계속하는 동안 진짜 죽을지도 모른다는 강박관념을 갖는다. 감독의 철저한 통제에 의해서 이루어지는 죽음의 연기를 되풀이하는 동안, 점점 죽음에 가까이 다가가고 있는 자신을 생각하면서 그는 극도의 절망에 빠진다.

이 주인공은 자기의 처지에 대한 예민한 인식을 통해 자의식의 과잉 상태에 이른 것이 아니라, 매일매일 죽음의 연기를 통해 몇 푼의 돈을 벌고 끼니를 연명해가는 자신의 처지를 문제로 인식하면서, 그의 삶을 통제하는 엄청난 억압의 정체를 드러내고 있다. 그리고 그러한 억압에 의해서 비록 자기의 의지로서가 아닌 타율적으로 죽음의 연기를 반복하는 동안, 어느새 자신도 진짜 죽음에 이르게 된다는 사실까지 의식하고 있다. 이 주인공은 그 예민한 촉각으로 드러나지 않는 사회의 폭력을 우회적으로 드러내면서, 그것에 무감각해지고 있는 세상사람들의 허무적인 삶까지도 논의하고 있다.

셋째, 소설 인물들이 의식하는 문제는 일상적 인물들의 그것과 다르다. 이 점은 앞서 생각한 바대로 일상적 인물들이 설정한 삶의 가치나 목표를 소설 인물들은 문제시하지 않기 때문이다. 소설적 인물은 일상적 인물들이 생각하는 문제를 문제로 삼지 않는다.

예로 김성한의「바비도」의 주인공인 제화공 바비도의 처지를 생각해 보자. 그는 위클리프 영역 성서를 여러 동료들과 몰래 읽은 것이 탄로나 종교 재판정에 선다. 그러나 그것은 죄가 되지 않음을 그는 확신한다. 그런데도 왕권의 거대한 폭력에 의하여 그 진실이 훼손됨을 안타깝게 생각한다. 그래서 나중에는 사람이 권력 앞에 하찮게 무너지는 그 상황을 통해 인간 자체를 거부하기에 이른다.

일상인의 입장에서 본다면 그에게 당장 시급한 것은 폭력 앞에서 죽음과 삶을 선택하는 데 따른 양심의 문제일 것이다. 그러나 바비도는 오히려 그것보다는 그러한 힘 앞에 무너지는 인간에 대한 배신감이었고 그로 인한 허무였다. 그래서 인간 자체를 부정하기에 이른다. 이처럼 바비도는 인간의 문제를 인식함에도 일상적인 안목에서 보다 한걸음 더

제5장 인물

나아갔다.
 이 점에서 이범선의 「오발탄」의 주인공 철호의 세계 인식의 양태도 특이하다. 그는 계리사 사무실의 서기로서, 월급으로 여러 식구들과 살아가기 어려운 형편이다. 만삭이 된 아내와 정신이 온전치 못한 어머니, 생활 때문에 미군에게 몸을 파는 동생, 실업자인 남동생, 이러한 여러 식구들 틈바구니에서도 그는 양심을 지키면서 살아가려고 한다.
 이러한 돈과 양심의 문제는 일상인도 의식하는 도덕성의 수준이다. 소설 주인공 철호의 의식이 그 정도로 머물렀다면 그 소설은 재미없게 된다. 그러나 소설은 철호의 갈등의 요인이 된 그 돈이 해결된 다음, 돈으로 해결할 수 없는 한계상황에서 철호가 세계를 다르게 인식한 것이다. 그것을 더 나아갈 수 없는 절망적 상황의 인식이었다.
 이청준의 「별을 보여드립니다」에서 천문학도인 주인공 '그'의 모습도 특이하다. 그는 땅 위 질서나 인간관계를 부정적으로 인식하고 살아간다. 여자를 사랑하는 방법까지도 일상인과는 정반대이다. 이러한 일상적 인물들과의 엇갈림은 그의 거짓말과 도벽을 통해 나타나더니, 결국 망원경으로 하늘의 별을 찾는 기이한 행동을 벌인다. 또한 그는 철저하게 외톨이었다. 그 외톨이 의식은 소설적 인물의 반(反)일상성을 단적으로 나타내는 것이다. 그는 지상의 논리를 배반하고 철저하게 자기 식으로 천상의 논리를 추구하며 살아간다.
 그러므로 소설 인물의 의식은 항상 투명하게 깨어 있다. 그의 눈에는 모든 것이 숨김없이 드러난다. 그 인물은 일상인이 의식하지 못하는 것을 문제로 삼는다. 일상인이 고통스럽게 생각하지 않는 것을 고통스럽게 인식한다. 그리고 일상인의 눈에 잡히지 않는 미세한 인간의 진실을 찾아내어 인간의 또다른 모습을 밝힌다. 그 깨어 있는 의식은 작가의 몫인데, 그것을 소설 인물을 통해서 나타낸다.
 넷째, 현대소설의 인물들은 반영웅적이며 점점 왜소해져서 대부분 주변적인 인물로 추락한다. 과거 봉건사회에서나 우리나라의 경우 개화기만해도, 사회를 지탱했던 가치체계가 분명했기 때문에 소설 인물도 그 가치를 축으로 형성될 수밖에 없었다. 봉건왕조시대 소설의 주류를 이루었던 영웅의 일생담이나, 개화기 신소설 또는 이광수의 『무정』에서 그 점을 확인할 수 있다. 즉 당대의 지배이념을 형상화한 인물이 바로 소설 인물이 되었다. 그러나 근대에 노블(novel)에 들어와서 소설의 인물은 반영웅적인 인물, 더구나 일상적인 삶의 가치에서 벗어난 주변적 인물들이 많이 등장하게 되었다.

이 주변성은 바로 당대의 가치체계를 배반하는 삶의 양식을 낳는다. 그렇기 때문에 진지하기는 하지만 현실적으로 아무런 성취도 이루지 못한다. 어쩌면 그들은 행동해서 결과를 얻어내는 데 목적이 있지 않고, 단순히 삶에 대해서 진지하게 생각하여 문제를 드러내는 것으로 만족할 수도 있다. 그래서 그 생각은 삶의 조건을 개선하는 데 필요한 어떤 결과를 추구하는 일상적 삶의 기준으로 볼 때에는 충격적인 것이다. 이러한 인물은 바로 우리들의 일상적인 가치를 배반하면서 그것에 대해 쉬지 않고 성찰하게 한다.

개별적인 소설 인물들을 종합해서 추상화하면, 그것은 곧 사회와 인간의 탐구가 되고 한 시대의 특징적인 인간상을 밝혀주기도 한다. 일반적으로 이렇게 추상화한 인물은 사회학 또는 심리학적으로 이미 유형화되어 있는 인물형에 가까워지기도 하지만, 엄밀한 의미에서 소설 인물은 그것들과는 달리 오로지 소설만을 통해 탐구한 새로운 인물형이 될 것이다 그래서 인간의 새로운 모습을 구체적으로 찾아내어 제시한다. 그것은 혹 인간탐구나 사회탐구의 의미를 지니게 된다. 문학비평가나 연구가들이 소설 인물에 대해 관심을 갖는 이유가 여기에 있다.

2. 인물의 유형

작가가 소설을 통해 보여준 인물들을 추상화할 때, 대략 몇몇 유형으로 나누어 생각할 수 있다. 그러나 모든 소설 인물들이 모두 이런 유형

제5장 인물

에 포괄시켜 설명될 수만은 없다. 단지 작가가 소설을 통해서 만들어낸 인간형은 다른 학문 영역에서 탐구된 인물 유형과 상호 소통된다는 것은 의미있는 일이다.

작가가 소설 인물을 설정할 때 다음 두 입장 중에 어느 하나에 더 관심을 두게 될 것이다. 그것은 사회적 초상으로서의 인물인가, 아니면 개인의 초상으로서의 인물인가 하는 점이다. 그런데 이 두 입장은 서로 대립적인 관계에 있지 않다. 단지 작가의 관심이 사회와 개인 어느 쪽에 더 기울어져 있는가에 따라 그 처리 방법에 차이가 있을 뿐이다.

그 인물이 바로 탐구대상이 된다면 보다 본질적인 인간문제에 관심을 주고 있기 때문에 소설의 모든 요소는 인물의 진실을 드러낼 수 있도록 처리되어야 한다. 이상의 「날개」에 나오는 주인공, 나도향의 「물레방아」의 인물들, 김동인의 소설 가운데 특히 예술가를 주인공으로 한 작품들, 이청준의 『이어도』나 「별을 보여드립니다」 등은 인물 자체에 더 관심을 둔 예가 될 것이다. 이 경우에 인물들을 설정하고, 사회와 타인과 이루어지는 그들의 관계를 설정하고, 그러한 관계 속에 일어나는 변모의 과정을 드러내는 데 작가는 관심을 갖게 될 것이다. 그러므로 소설의 모든 요소들은 그 인물 안팎의 모습과 정황을 밝히는 데 기여하도록 처리된다. 물론 이 경우에도 인물의 삶의 양식이 사회적인 여건과 관계가 없는 것은 아니다. 오히려 그러한 인물은 사회의 산물일 수도 있다. 예를 들면 이상의 인물이나 이청준의 인물, 나도향의 인물이 그렇다. 단지 소설을 쓰는 입장에서는 인물의 인간적인 면모에 더 관심을 두었을 뿐이다.

사회적인 초상으로서의 인물은 개화기 소설이나 춘원의 소설, 식민지 시대 사회의식이 강하게 처리된 소설들이 여기에 속한다. 이 경우에도 그 인물이 완전히 익명성으로 이해될 정도로 사회적 초상이 짙은 경우와 사회적 초상과 개인적 초상을 동시에 간직하고 있는 인물들도 있다. 현진건의 「운수 좋은 날」이나 최서해, 김남천, 염상섭, 채만식, 그리고 해방공간과 6·25를 배경으로 한 황순원의 일련의 작품들, 1970년대와

1980년대 상황을 드러낸 소설, 분단문학이라는 범주에 속한 소설, 격동기 역사적 사실을 소재로 한 소설들이 여기에 속한다.
 그런데 창작자의 입장에서 후자의 경우에도 사회에 종속된 인물이 아니라, 사회상을 대신할 수 있는 인물로 처리할 필요가 있다. 물론 이 경우는 대부분 사회상황을 위주로 해서 처리하기 때문에 인물들은 세계에 종속될 수밖에 없지만, 개인으로서의 모습이 뚜렷해질 때 보다 더 사회적인 의미가 두드러지게 나타날 것이다. 또한 사회적인 의미의 인물을 설정할 경우에도 작가가 의도한 문제를 드러내는 방법에 의해 인물 선택이 이루어질 것이다. 만약 중립적인 인물을 설정하고서 그 인물이 몰락하는 과정을 객관적인 입장에서 처리하는 경우가 있고, 처음부터 사회의 문제에 관심을 갖고 대처하는 인물을 설정해서 사회의 악과 싸워나가는 과정을 그릴 수도 있을 것이다.
 예를 들면 현진건의 「운수 좋은 날」의 인력거꾼 김첨지는 사회의식이 전혀 없는 중립적인 인물이다. 그러나 그를 에워싼 상황과 그 상황속에서 몰락해가는 그의 삶의 과정을 통해 사회의 광폭성과 불모성을 드러내고 있다. 그는 철저하게 상황에 억압당하는 인물이다. 현기영의 「순이 삼촌」의 경우도 그렇다. 타고난 대로 살아가던 한 여인이 해방 직후 정치적 이데올로기가 파행적으로 빚어낸 폭력 사태로 말미암아 그 삶이 여지없이 파탄되어버렸다. 독자는 그 여인이 살아온 과정을 통해 그 사회와 역사를 읽을 수 있다.
 반면에 황석영의 「객지」나 조세희의 『난장이가 쏘아올린 작은 공』의 경우, 인물들은 그들을 억압하고 있는 세계에 대해 애초부터 문제를 의식하고 살아가면서 대응해나간다. 이 경우에는 인물과 관계맺는 세계에 더 관심을 두어야 한다. 어떻게 억압의 현실과 상대해서 살아가는가 하는 문제가 소설의 초점이 될 수 있다. 그러나 전자인 경우에는 오히려 인물은 왜소해지고 인물을 억압하는 세계가 그 삶을 황폐하게 만들어버리는 결말을 통해, 세계의 거대한 힘이 더욱 확실하게 드러난다.
 그런데 인물과 세계와의 관계는 상호보완적이다. 세계의 문제를 드러

제5장 인물

내기 위해서 새로운 인물, 즉 시대적인 전형성을 띤 인물을 창조할 경우도 있고, 반대로 인물을 통해서 세계의 실상과 그 문제를 제시할 수도 있다. 그러나 쓰는 입장에서는 분리하여 생각할 수 있으나, 결국에는 그렇게 도식적으로 정해져 있지 않다. 즉 인간의 전형이나 세계 실상의 전형은 하나의 통일된 구조인 작품 안에서 서로 작용하면서 그 틀을 만들어낸다.

다음으로 주인공과 보조인물의 설정이다. 중·단편의 경우에 작가가 설정하는 인물은 주인공 중심이다. 주인공 인물은 탐구의 대상이 되는 인물이고, 보조인물들은 작가가 그 주인물에게 의도하는 바를 충족시켜 주도록 기능하는 인물이다. 그러나 보조인물도 단지 기능적인 의미에서 벗어나 그 독특함을 드러낼 수 있으면 작품이 더 재미있게 된다. 또한 보조적 인물이라 하더라도 그 역시 이 사회를 구성하는 구체적인 인물들이므로, 단지 기능성에만 얽매이지 말고 개성과 특징을 부여할수록 좋다.

비평가나 연구가들은 소설에 등장한 인물들을 분석하여 정리해본 결과 다음과 같이 몇 유형으로 나눌 수 있다고 한다. 이러한 유형 구분은 도식적이지만, 모든 소설 인물이 결국 본질적인 인간 탐구에 귀착됨을 알 수 있다.

미국의 비평가인 프라이(Northrop Frye)는 소설의 인물을 희·비극적인 인물로 나누었다. 희극적인 인물로서는 기만적인 인간인 알라존(alazon), 자기를 비하하는 에이론(eiron), 어릿광대인 보몰로코스(bomolochos), 그리고 촌뜨기 같은 아그로이코스(agroikos)를 들고 있다. 이들이 희극적인 성격을 가진 것은 위선보다는 자기인식이 부족한 경우가 많다고 한다(임철규 역, 『비평의 해부』, 241쪽). 그리고 전형적인 비극의 주인공들은 운명의 수레바퀴의 정점에 있으며, 그러기에 지상의 인간과 천상의 위대한 존재의 중간에 위치해 있다. 그들은 인간적이기 때문에 낙원에서 추방당한 아담형, 너무나 인간적이면서 또한 순수했기 때문에 인간들로부터 배척받은 그리스도형, 신의 모습과 인간의 모습을 조화시킨 프로메테우스형, 신적인 요소와 인간적인 요소의 갈등을 극복한 요셉형 등으로 나누었다. 그러나 이들의 공통적인 모습은 그들이 모두 지상에서 고통스럽게 살고 있으면서 천상을 추구하고 있다는 점에 있다(앞의 책, 289쪽). 그러기에 그들은 비극적이면서 결국은 그것을 극복했다고 말할 수 있다. 이들은 너무나 진지하게 현실과 세계에 대해 인식하고 대응했기에 고통을 감당해야 했던 것이다. 이런 의미에서 비극적인 인물은 희극적인 인물의 덜 진지함에 대립되며, 바로 소설적인 인물과 상통한다고 말할 수 있다.

또한 프로프(V. J. Propp)는 러시아의 민담을 분석한 결과, 거기에 등장하는 인물을 기능별로 다음과 같이 분류했다. 이는 현대소설의 인물들과는 차이가 있으나 작품에 등장하는 인물들 기능은 이와 유사할 수도 있다고 본다. 악한(The villain), 기증자(The donner provider), 조력자(The helper), 공주와 그녀의 아버지, 발송자(The dispatcher), 영웅(The hero), 가짜 영웅(The ralse hero)의 7가지 형이다(김현, 『프랑스 비평사 : 현대편』 340~41쪽).

모든 소설 인물이 이러한 분류에 다 포함될 수는 없으나 결국은 현실이나 역사의 문제에 집착해 있는 인물들도 근본적으로는 보편적인 인간유형과 관계맺고 있음을 부인할 수 없다. 즉 모든 소설의 인물들은 작가가 창조한 그대로 사회와 인간의 문제를 짊어지고 살아가기 때문이다.

3. 인물제시 방법

소설 인물은 작품 시작과 함께 나타나서 그 모습을 조금씩 독자들에게 내보인다. 달리 말하면 독자는 소설을 읽으면서 미지의 인물을 만나 차츰 가까워지면서 사귀게 되고 완전 이해해서, 결국에는 그 인물과 동일하게 된다. 작가의 입장에서는 이러한 소설 인물을 적절한 상황에서 독자들에게 그 어떤 면을 내보이면서 의도하는 바를 충족할 수 있어야

제5장 인물

한다. 즉 인물은 작품과 함께 살아있기 때문에, 결국 작품이 의도하는 바와 그 소설 인물은 일치되어야 한다.

(1) 인물의 조건제시

인물은 구체적인 인간이기 때문에 그가 갖추어야 할 필수적이 조건은 일반 사람들의 조건과 같다. 첫째, 인물은 이름을 가져야 한다. 소설에 따라서 이름이 이니셜(initial)이나 성씨만으로 처리될 경우도 있지만, 그것은 보다 사회적인 약호로서의 인물의 의미가 한정되는 경우이고 대부분은 독자적인 이름을 갖는다. 그런데 그 이름은 성별, 살아온 문화환경, 성격, 작품에서의 역할에 따라 개성적으로 붙여지면 좋다. 이름은 그 인물의 모습을 드러내는 첫째 요소이기 때문이다.

더구나 특별히 희극적인 유형의 인물이거나 의도적으로 사회 풍자적인 인물, 또는 어떤 특별한 상황에서 행동하는 인물, 특정한 직종에 종사하는 인물 등 일종의 유형적 인물들에게 이름을 붙이는 경우에는 세심하게 고려해야 한다. 너무 흔해빠진 이름은 인물의 개성을 약화시켜서 소설의 맛을 잃게 만들어버린다.

둘째, 가족과 사회구성원으로서의 조건과 그 가풍, 형제·친척간의 관계 등은 인물 모습을 드러내는 중요한 조건이다. 혈통이나 유전병, 성장배경 등도 여기에 해당한다. 사회구성원으로서의 조건은 교육·직업 및 직장·교우관계·사회활동과 사회의식, 그가 성장한 문화환경이 고려되어야 한다. 나라, 지역, 도시와 시골, 어촌과 농촌 혹은 섬, 그가 태어나고 자란 공간적 조건 등 자신이 선택할 수 없는 환경이 또한 중요한 요인이 된다.

셋째, 개인의 신체적·정서적 조건이다. 우선 인물은 이름과 외형이 먼저 타인에게 보여진다. 그리고 그 외모와 내면적인 문제(정서나 성격)는 상호 통일되어 구체적으로 나타나야 한다. 더구나 신체조건은 인물의 신체적 특징을 의미하는데, 그것은 일반적 유형이나 이해의 수준을 뛰어넘어, 작가의 독특한 안목과 관심에서 새로운 인물형을 창조하는 입장에서 설정해야 한다. 눈이 크거나 작다는 또는 몸집이 뚱뚱하다거나 마르다는 체격적 조건이 의미하는 일반적인 관념에서 벗어나서, 특징적인 신체조건에 따른 인물의 성격을 만들어야 할 것이고, 그것은 작품 전체의 짜임과 호응되어야 한다. 평범한 체격이라면 그 평범하다는 것이 바로 그 인물이 특징이 되며, 그에 따라 적절한 기능을 발휘하도록 처리되어야 한다.

정서와 성격은 설명되는 것이 아니라 자연적으로 나타나는 것이기 때문에, 작가는 그 방법을 고려해야 한다. 그러나 보다 먼저 그 인물이 어떤 정서적·성격적 특징을 갖고 있는지 설정해놓을 필요가 있다. 그렇게 설정된 것에 의해서 소설이 진행되어가면서 인물이 구체적으로 형상화된다.

이러한 인물조건이 작품구조에 적절하게 처리되어 그 인물됨을 제시해주는 예를 다음에서 살펴보기로 한다.

① 우선 신체적 조건부터가 어머니와 할머니는 판이했다. 할머니는 여자 중에서도 작고 왜소한 체구였고, 어머니는 여장부답게 몸집이 컸다. 성격 또한 할머니가 꼼꼼하고 찬찬하며 어떤 면에서는 게으른 편이라면, 어머니는 드세고 괄괄하고 남달리 부지런했다. 할머니는 점심식사 뒤 꼭 한 시간 정도 낮잠을 자는 습관이 있었는데, 나는 어머니가 여지껏 앉은 자리에서도 낮에 눈을 붙이는 걸 본 적이 없었다. 할머니는 음식솜씨가 없어 어머니 말처럼 오징어젓이나 잘 담그고 초장이나 맛을 낼 줄 알까, 나물 하나 제대루 무치지 못했고, 손이 잘아 밥을 하면 딱 알맞거나 조금 모자라기 십상이었다. "원래 본 바 없고 배운 바 없이 청상과부 아래 짠물로 자랐다 보니까 시집와서 끼니 때마다 밥 하라고 쌀을 퍼내 줄 때는 바가지 한분 사용하는 법이 없었니라. 똑 그 조막만한 손으로 쌀을 퍼내 주니 내사 노상 누름밥을, 그것도 반 그릇이 못 되게 묵었지러. 낮이모 그 험한 논에 밭일에 밤이

제5장 인물

모 베틀 앞에 앉아. 말만 듣던 시집살이가 오죽이나 했겠나. 거게다가 니 애비는 그노무 빨갱이 공부를 하는지 기집질을 하는지 울산이다, 경주다, 부산이다, 외지 출입을 장구경 가듯 나댕겨 한 해모 반년은 집을 비았을 끼라. 그러니 니를 뱄을 때는 이 큰 뱃가죽이 시레기맨쿠로 주름져 그저 자나깨나 묵는 생각밖에 없었다. 그래서 철따라 감자나 고구마나 닥치는 대로 시에미 몰래 삶아 묵었지러. 그라모 니 할메는, 말 같은 여편네가 손이 커서 소도 잡아묵을 상판이니 살림 망칠끼라고 동네방네 재잘거리고 다니제……." 어머니가 자주 읊으시는 시집살이의 넋두리였다.

①은 김원일의 「미망」의 한 단락이다. 1인칭 화자의 개입과 어머니의 넋두리를 통해서, 어머니와 할머니의 모습을 대조적으로 제시하고 있다.

인물들의 신체적 조건에서부터 성격과 낯잠자는 습관, 음식 솜씨, 그리고 손의 크고 작음 등, 두 고부간의 차이를 화자의 개입 설명과 인물의 대화에 의해 드러내고 있다. 이러한 인물의 차이는 그들의 살아온 문화, 사회적 환경과 관계되고 있다. 험한 시집살이, 집을 비우는 남편, 가난했던 시절……, 이런 삶의 조건과 사회상황이 어머니의 사람됨을 결정지워주었고, 그것은 바로 소설의 플롯과 긴밀한 관계를 맺게 된다. 아버지(1인칭 화자의 입장)에 대한 고부간의 서로 다른 인식, 그러나 아버지를 포기하거나 부정할 수 없는 어머니와 할머니의 모습이 나중에 할머니가 좋아하는 소금 저린 고등어를 사들고 온 어머니와, 돌아가신 할머니 소지품 속에 들어 있는 낡은 아버지 사진이 붙어 있는 보도연맹 가입증을 통해서 드러나고 있다. 이처럼 소설 인물의 됨됨이는 작품구조 속에서 제 몫을 할 때에 살아 있는 인물로 의미가 확실해진다.

② 백화는 이제 겨우 스물두 살이었지만 열여덟에 가출해서, 쓰리게 당한 일이 많기 때문에 삼십이 훨씬 넘은 여자처럼 조로해 있었다. 한마디로 관록이 붙은 갈보였다. 백화는 소매가 해진 헌 코트에다 무

륲이 튀어나온 바지를 입었고, 물에 불은 오징어처럼 되어버린 낡은 하이힐을 신고 있었다. 비탈길을 걸을 때, 영달이와 정씨가 미끄러지지 않도록 양쪽에서 잡아주어야 했다. 영달이가 투덜거렸다.
"고무신이라두 하나 사 신어야겠어. 댁에 때문에 우리가 형편없이 지체되잖나."
"정 그러시면 두 분이서 먼저 가면 될거 아녜요. 내가 고무신 살 돈이 어딨어?"
"우리두 의리가 있다고 그랬잖어. 산 속에다 여자를 떼놓구 갈 수야 없지. 그런데…… 한푼도 없단 말야?"
백화가 깔깔대며 웃었다.
"여자 밑천이라면 거기만 있으면 됐지 무슨 돈이 필요해요?"
"저러니 언제 한번 온전한 살림 살겠나 말야!"
"이거 봐요. 댁에 같은 훤출한 내 신랑감들은 제 입에 풀칠두 못해서 떠돌아다니는데, 내가 어떻게 살림 살겠냐구."

②는 황석영의 「삼포가는 길」의 한 단락이다. 여기에서 백화의 인물됨은 그의 옷차림과 외모를 통해 잘 드러나고 있다. 스물두 살 나이에 삼십이 훨씬 넘은 여자처럼 조로해 있는 모습, 소매가 해진 헌 코트, 무릎이 튀어나온 바지 차림, 오징어처럼 되어버린 하이힐, 그리고 "여자 밑천이라면 거기만 있으면 됐지, 무슨 돈이 필요있어?" 하는 막되먹은 대화를 통해 그녀의 모습이 드러난다.

③ 정직했기 때문에 가난한 관리였던 그의 아버지가 과로로 쓰러지고 다시는 일어나지 못한 채, 동전 한 닢, 땅 한 조각 물려줌이 없이 세상을 떠났을 때(그때 임종시 아버지의 입가에 보일락말락 떠돌던 철학적 단념의 웃음을 그는 잊을 수가 없다), 그는 문과대학의 신입생이었다. 향후 2년간을 그는 저 살인적인 대학의 납부금과 두 사람 몫의 식량을 버는 데에만 소비했다.

그리고 다시 어머니마저 세상에서 쫓겨나자(어머니가 위독해서 병원에 갔을 때 의사는 수술비의 선불을 요구했다. 그러나 그에겐 돈이 없었다) 완전히 외톨이가 된 그는 납부금을 물기 위해서만 대학에 다닐 이유를 찾아낼 수 없어 대학을 그만두었다. 군대엘 갔다.

　제대를 하자 갈 곳이 없었다. 옛날에 가정교사를 하던 집으로 찾아갔다. 옛날의 제자였던 소녀가 3년 동안 자라서 숙녀가 되어 그를 기다리고 있었다. 그리고 그들의 결합이 그녀 부모의 강력한 반대에 부딪쳤을 때 그녀가 보여준 용기에 감복해서 그녀와 결혼했다. 내리사랑이지 치사랑 있더냐는 이치에 애소(哀訴)해서 그녀가 부모로부터 얻어내 온 최초이자 마지막인 구호금으로 셋방을 한 간 얻고 살림을 시작했다.

　같은 종류의 인간에게 종종 반응하는 저 도시의 거부 반응에 부딪쳐 다섯 차례의 취직시험에서(그중 세 번은 최종 면접에서, 보증인이 없다는 이유로) 떨어졌고 체력이 약하다는 이유로 네 번이나 노동판에서 쫓겨났으며 그중 3개월은 늑막염으로 병상에서 보냈다. 그리고 나서 그가 완전히 껍질만 남은 인간이 되었을 때, 노상에서 만난 옛 중학 친구로부터 귀띔을 받고, 나는 왜 여지껏 이다지도 어리석은 우회를 하였는가 하고 탄식했을 정도로 간단하게 얻어낸 직업이 다방에 앉아서 죽음을 기다리는 일이었다.

　③은 조해일의「매일 죽는 사람」의 한 단락이다. 주인공의 과거와 현재의 생활 처지가 서로 어울리면서 주인공의 삶이 결정지워지고 있음을 보여주고 있다. 정직했기 때문에 가난한 관리였던 아버지 죽음, 수술비가 없어 죽어야 했던 어머니, 가정교사를 했던 집 소녀와의 결혼, 그 처갓집의 반대, 보증인이 없어서 취직을 할 수 없었던 처지 등 그의 과거와 현재 정황이 그의 의식상태를 설명하면서 현재 그의 행동을 이해하는 데 충분한 근거를 제시해준다.

　인물의 과거를 제시하는 일은 잘못하면 상투적일 수 있다. 소설이 진행되는 과정에서 종종 과거사건이 끼여든다. 그래서 현재와 과거가 교차되면서 사건이 풍부하게 만들어진다. 그러나 이러한 현재와 과거의 연결에는 그만한 논리적인 근거가 있어야 한다. 시간은 서사의 중요한 요건이 된다. 인간은 시간의 지배를 받고 살고 있기 때문이다. 그리고 그 시간은 단절된 것이 아니라, 과거·현재 그리고 미래가 연속선상에서 의미를 지니게 된다고 믿는다. 이러한 시간 인식은 과거의 결과로서 설사 현재 그 인물의 처지가 행·불행에 관계없이, 인간의 삶을 인과론적으로 인식하는 낙관적인 세계관에서 비롯된 것이다.

그런데 과거를 통해서 한 인물의 모습을 제시할 경우에는 그 인물에서 독자에게 보여주려는 문제를 먼저 설정해야 한다. 작가가 의도하는 인물의 내·외모의 모습을 설정하고, 그에 적절한 과거를 제시해야 한다. 「매일 죽는 사람」에서 현재 주인공의 가난하고 고독한 처지를 드러내기 위해서 하급관리인 부친의 죽음, 가난으로 인한 어머니 죽음, 고아, 보증인이 없어 취직을 못한 처지 등 사회에서 소외되어 살아온 그의 과거가 제시된다. 이러한 과거는 현재의 그의 처지를 설명해주면서, 동시에 앞으로의 인물의 처지와 행동양식을 뒷받침하도록 관계맺는다. 즉 그가 죽음의 엑스트라 연기를 하는 동안 극심한 절망에 빠지는 정황도 이러한 과거와 무관하지 않다. 이처럼 과거 제시는 인물을 형상화시키는 방법일 뿐만 아니라, 플롯의 작은 단위가 되기도 한다. 즉 과거 사실의 재현은 그 작품의 구조 속에 탄탄하게 자리를 잡도록 배려해서 처리해야 한다.

과거 제시가 소설에서 필요하지만, 그것이 상투적이면 소설 효과가 오히려 반감된다. 또한 한꺼번에 모든 과거를 제시해서도 안된다. 인물에 필요한 과거가 플롯에 적절하게 배치되어서 처리되어야 한다. 그리고 과거를 제시하는 방법에 대해서도 고려해야 한다. 하나의 독립된 에피소드처럼 상황성을 살려 처리할 수도 있고, ③처럼 화자의 직접 개입에 의해 설명적으로 처리할 경우도 있다.

제5장 인물

④ 나는 미로를 더듬어가듯 좁고 갈래 많은 길을 헤쳐 나갔다. 간신히 예의 건물을 찾아냈을 때는 손바닥이 끈끈하도록 식은땀이 내배어 있었다. 그처럼 다급했던 변의(便意)도 씻은 듯 사라지고 없었다. 양초 토막에 불을 붙여 쥔 채 한참을 웅크리고 앉아 있었지만 마찬가지였다. 뱃속은 거짓말처럼 말짱해진 채 오금만 저렸다. 촛불이 흔들리면서 거인 같은 나의 그림자가 일렁거렸다. 낡은 목조건물은 이따금씩 삐걱대는 소리를 냈다. 아주 기분 나쁜 소리여서 자꾸만 엉뚱한 연상을 떠올리려 했다. 일테면, 언젠가 들은 적이 있는 달걀귀신 같은 것 말이다. 눈도 코도 없이 민둥한 얼굴에 단지 입만 하나 뻥하니 뚫려 있다는…… 실제로 그런 소동이 일어났던 것을 나는 잘 기억하고 있는 터였다. 어제까지만 해도 다녔던 그 시골 학교의 변소에서 아마도 겨울비가 추적추적 내리고 있던 날이었을 게다. 여자아이 하나가 느닷없이 비명을 내질렀을 때 우리 반의 몇몇 녀석은 분명히 달걀귀신을 보았노라고 했던 것이다. 그날의 공포감이 오금을 더욱 저리게 했다.

숨을 헐떡이며 돌아와 눕자마자 나는 다시 변의를 느끼기 시작했다.

④는 이동하의 『장난감도시』의 한 단락이다. 낯선 곳으로 이사와서 공동으로 사용하는 변소를 이용하는 일에 신경이 쓰이면서, 일종의 변소공포증에 걸린 인물의 내면 정황이 신선하고 치밀하게 형상화되었다. 달밤에 어렵게 변소를 찾았으나 긴장감으로 변의는 달아나버리는 정황과, 다시 집에 돌아왔을 때 변의를 느끼는 과정을 통해서 주인공의 내적 정황이 잘 드러나고 있다.

인물제시 방법은 다양하고 복잡하다. 무엇보다도 먼저 해야 할 일은 소설에 등장해서 적절한 역할을 담당할 인물에 대해서, 앞서 제시한 바와 같이 구체적인 요건을 설정하고, 그 설정된 내용들을 어떤 방법으로 형상화하거나 제시할 것인가를 정해야 한다. 그리고 그것들을 소설 플롯에 적절하게 배합되도록 배치해놓아야 한다. 그러나 이러한 일들이 어떤 고정된 방법에 의해서만 가능한 것은 아니다. 소설이 시작되어서 끝날 때까지 모든 소설 언어는 결국 인물 창조를 위해 적절하게 제 자리를 찾아가기 마련이다. 작가는 그 자리를 안내해주는 역할을 담당하고 있는 것이다.

(2) 화자에 의한 인물제시 방법

화자에 따라 인물제시 방법이 다르고, 그렇게 제시된 인물의 기능도 차이가 난다. 이런 경우를 다음의 예에서 살펴보자.

1) 1인칭 화자가 직접 주인물(자신)을 독자에게 소개한다
일기와 회고록, 자기 소개나 독백, 편지 등을 통해서 자연스럽게 자신 또는 소설인물을 독자에게 내보인다.

　①김군! 내가 고향을 떠난 것은 오년 전이다. 이것은 군도 아는 사실이다. 나는 그때에 어머니와 아내를 데리고 떠났다. 내가 고향을 떠나 간도로 간 것은 너무도 절박한 생활에 시들은 몸에 새 힘을 얻을까 하여 새 희망을 품고 새 세계를 동경하여 떠난 것도 군이 아는 사실이다.
　— 간도는 천부금탕이다. 기름진 땅이 흔하여 어디를 가든지 농사를 지을 수 있고 농사를 지으면 쌀도 흔할 것이다. 삼림이 많으니 나무 걱정도 될 것이 없다.
　농사를 지어서 배불리 먹고 뜨뜻이 지내자. 그리고 깨끗한 초가나 지어놓고 글도 읽고 무지한 농민들을 가르쳐서 이상촌을 건설하리라. 이렇게 하면 간도의 황무지를 개척할 수 있다.
　이것이 간도 갈 때의 내 머릿속에 그리었던 이상이었다. 이때에 나는 얼마나 기뻤으랴! 두만강을 건너고 오랑캐령을 넘어서 평야와 산천을 바라볼 때 청춘의 내 가슴은 이상의 불길에 탔다. 구수한 내 소

제 5장 인물

리와 헌헌한 내 행동에 어머니와 아내도 기뻐하였다.

①은 최서해의 「탈출기」의 한 대목이다. 이 작품은 서간체 소설인데, 주인공이 김군에게 보낸 편지를 통해, 집을 나와 새로운 출발을 시도해야 했던 자신의 처지를 밝히고 있다. 이러한 1인칭 화자의 경우, 주인공의 내면 정황이나 모습을 자연스럽게 드러낼 수 있는 강점을 갖고 있다. 더구나 독자와 화자의 거리감이 단축됨으로써 인물의 모습을 전하는데는 효과를 얻을 수 있다.

② '박제(剝製)가 되어 버린 천재(天才)'를 아시오? 나는 유쾌(愉快)하오. 이런 때 연애(戀愛)까지가 유쾌하오.
　육신(肉身)이 흐느적흐느적하도록 피로(疲勞)했을 때만 정신(精神)이 은화(銀貨)처럼 맑소. 니코틴이 내 회(蛔)배 앓는 뱃속으로 스미면 머리 속에 으레 백지(白紙)가 준비(準備)되는 법이오. 그 위에다 나는 위트와 패라독스를 바둑 포석(布石)처럼 늘어놓았소. 가증(可憎)할 상식(常識)의 병(病)이오.
　나는 또 여인(女人)과 생활(生活)을 설계(設計)하오. 연애기법(戀愛技法)에 마저 서먹서먹해진, 지성(知性)의 극치(極致)를 흘깃 좀 들여다본 일이 있는 말하자면 일종(一種)의 정신분열자(精神奔逸者) 말이요. 이런 여인(女人)의 반(半) — 그것은 온갖 것의 반이오 — 만을 영수(領收)하는 생활을 설계한다는 말이오. 그런 생활 속에 한 발만 들여놓고 흡사(恰似) 두 개의 태양(太陽)처럼 마주 쳐다보면서 낄낄거리는 것이오. 나는 아마 어지간히 인생(人生)의 제행(諸行)이 싱거워서 견딜 수가 없게끔 되고 그만둔 모양이오. 굿바이.

②는 이상의 「날개」의 첫 대목이다. 박제가 되어버린 천재로 대신되는 인물의 내면 모습이 독백으로 처리되어 있다. 이 독백을 통해서 독자는 주인공의 내면을 들여다볼 수 있다. 그리고 작품의 진행되가는 과정

에서 인물의 의식의 변모를 살필 수 있다.
　그런데 이러한 주인공 화자의 독백이나 편지를 통해서 인물의 모습을 드러낼 경우에 잘못하면 너무 난삽하게 처리될 우려가 있다. 그러기에 소설의 플롯에서 드러내어야 할 인물의 모습이나 행동을 체계있게 계획 세워서 처리해야 한다. 「날개」의 경우에도 앞부분 서두에서는 독백체로 인물의 내적 정황을 처리하였고, 서사적 사건에 와서는 정연한 플롯을 통해서 인물의 상황과 변모를 드러내주고 있다.
　1인칭 독백체나 편지 형식으로 쓴 소설에서는 인물을 아주 경제적으로 확실하게 독자들에게 내보일 수 있다. 그리고 1인칭 소설이라 하더라도 사건이 한 인물에 치우쳐 있지 않고 좀더 복잡하게 다른 인물들과 관계맺어가면서, 주인공 1인칭으로서의 역할을 감당하도록 하는 경우도 있다.

　③ 그때는 어머니가 살아계실 때였다. 6·25사변으로 대학의 강의가 중단되었기 때문에 서울을 떠나는 마지막 기차를 놓친 나는 서울에서 무진까지의 천여 리(千餘里) 길을 발가락이 몇 번이고 불어터지도록 걸어서 내려왔고, 어머니에 의해서 골방에 처박혀졌고, 의용군의 징발도 그후의 국군의 징병도 모두 기피해버리고 있었다. 내가 졸업한 무진의 중학교의 상급반 학생들이 무명지(無名指)에 붕대를 감고 "이 몸이 죽어서 나라가 산다면……"을 부르며 읍 광장에 서 있는 트럭들로 행진해 가서 그 트럭들에 올라타고 일선으로 떠날 때도 나는 골방 속에 쭈그리고 앉아서 그들의 행진이 집 앞을 지나가는 소리를 듣고만 있었다. 전선이 북쪽으로 올라가고 대학이 강의를 시작했다는 소식이 들려왔을 때도 나는 무진의 골방 속에 숨어 있었다. 모두가 나의 홀어머님 때문이었다. 모두가 전쟁터로 몰려갈 때 나는 내 어머니에게 몰려서 골방 속에 숨어서 수음을 하고 있었다. 이웃집 젊은이의 전사통지가 오면 어머니는 내가 무사한 것을 기뻐했고, 이따금 일선의 친구에게서 군사우편이 오기라도 하면 나 몰래 그것을 찢어

버리곤 하였었다. 내가 골방보다는 전선을 택하고 싶어해 가는 것을 알고 있었기 때문이다. 그 무렵에 쓴 나의 일기장들은, 그후에 태워버려서 지금은 없지만 모두가 스스로를 모멸하고 오욕(汚辱)을 웃으며 견디는 내용들이었다. '어머니, 혹시 제가 지금 미친다면 대강 다음과 같은 원인들 때문일 테니 그 점에 유의하셔서 저를 치료해 보십시오 ……' 이러한 일기를 쓰던 때를, 이른 아침 역 구내에서 본 미친 여자가 내 앞으로 끌어당겨주었던 것이다. 무진이 가까왔다는 것을 나는 그 미친 여자를 통하여 느꼈고 그리고 방금 지나친, 먼지를 둘러쓰고 잡초 속에서 튀어나와 있는 이정비를 통하여 실감했다.

③은 김승옥의 「무진기행」의 한 대목인데 1인칭 소설이면서도 인물 제시 방법은 앞의 두 작품과 다르다.

오랜만에 고향에 돌아온 주인공 '나'는 과거를 통해 무의식 속에 잠재해 있는 자신의 모습을 직접적인 자기 진술로서가 아니라 소재나 에피소드를 적절하게 서로 배합시켜 처리함으로써 제시하고 있다. 홀어머니, 전쟁 중 징집기피자, 골방, 수음, 이웃집 젊은이의 전사통지서, 일기장, 미친 여자의 환영 등 이러한 수법은 단지 과거를 통한 인물의 이력을 제시하는 것으로 끝나지 않고 인물의 내면적인 초상을 오늘에 다시 재현해주는 데 적절하게 기여하고 있다.

2) 1인칭 화자가 화자 인물과 다른 인물을 동시에 제시한다

이때 작품의 주인공 1인칭 '나'는 주인공으로서만이 아니라 사건을 끌고가는 역할을 하면서 다른 인물이나 상황과의 관계를 설정하여 작품의 의미를 탄탄하게 만들어준다.

① "괜찮다."

나를 보자 아버지는 이렇게 한마디 하고는 얼굴을 조금 찡그렸다. 지난 3월에 뵈었을 때보다도 백발이 더 성성하여 순간적으로 나는 콧

마루가 찡하니 아파왔다. 나는 곧 마음을 굳게 먹고, 아버지와 대결하 듯 꼿꼿한 자세를 하고 말했다.
"골절이 됐답니다."
왼쪽 다리가 띵띵하게 부어오른 아버지는 예상했던 대로 근엄하고 강직한 표정을 하나로 흐트리지 않고 고개를 끄덕였다.
"괜찮다."
나는 두번째로 괜찮다는 말을 들으며 다시 한번 부자간의 심한 차단감을 확인하고 있었다. 버스를 타고 금지로 오면서 내심으로, 불의의 사고를 당하여 고통 속에서 와르르 무너져내린 아버지의 모습을 기대하고 있었다. 여교사의 전화를 받으면서 가슴이 뛴 것도 아버지의 최초의 열등과 패배를 이제 드디어 경험하게 됐다는 데서 오는 쾌감이었다. 아들에게 의지하고 애원하는 늙고 힘없는 아버지의 얼굴을 보게 되기를 나는 기대하였다. 아들의 힘을 빌지 않고는 도저히 움직일 수 없는 곤경에 처한 아버지의 모습을 나는 벌써 오래 전부터 갈망해 왔는지도 모른다. 그러나 나의 이러한 마음은 노부에 대한 효심에서 나오는 간절한 소망은 아니었다.

①은 오탁번의 「아버지와 치악산」의 한 대목이다. 단단하게 자기 성을 쌓고 살아가는 벽지 분교장 교장이신 아버지 모습을 아들 화자의 모습과 대비해서 보여주고 있다. 이 작품에서는 화자인 '나'보다 상대되는 아버지의 모습이 더 부각된다. 그러나 결코 아버지 모습에만 작품의 의미가 있는 것은 아니기에, 이 작품은 1인칭 화자 소설이면서 3인칭 주인공 소설처럼 느껴지기도 하고, 1인칭과 3인칭의 묘한 어울림을 통해 독특한 인물의 모습들을 내보여준다.
이 경우에 아버지 모습을 단적으로 드러내주는 모티브인, 골절상을 입었는데도 입원을 거부하는 그 '괜찮다'라는 말의 반복에서 아버지와의 대결의식, 아니면 본문 그대로 부자간의 심한 차단감을 독자들에게 확인시켜준다. 여기에서 아버지에 대한 아들의 새로운 깨달음이나 인식

은 바로 독자에게 주어지는 이 작품 고유의 의미이다.

　②　물론 가겠노라고, 어제는 정말 짬이 나지 않았노라고 자신있게 입막음을 하지도 못한 채 나는 어영부영 전화를 끊었다. 처음 그애가 "혹시 미화라고, 철길 옆에 살던……" 하면서 전화를 걸어왔을 때의 무작정한 반가움은 왠일인지 그 이후 알 수 없는 망설임으로 바뀌어 있었다.
　미화는 내 추억의 가운데에 서 있는 표지판이었다. 미화를 기둥으로 하여 이십오 년 전의 한 해를 소설로 묶은 뒤로는 더욱 그러하였다. 기록한 것만을 추억하겠다고 작정한 바도 없지만 나의 기억은 언제나 소설 속 공간에서만 맴을 돌았다. 일 년에 한 번, 아버지 추도식에 참석하기 위해 고속버스를 타고 전주에 갈 때마다 표지판이 아니면 언뜻 알아볼 수 없을 만큼 달라져 있는 고향의 모습이 내게는 낯설기만 하였다. 이제는 사방팔방으로 도로가 확장되어 여관이나 상가 사이에 홀로 박혀 있는 친정집도 예전의 모습을 거의 다 잃고 있었다. 일 년에 한 번씩 타인의 낯선 얼굴을 확인하러 고향동네에 가는 일은 쓸쓸함뿐이었다. 이제는 그 쓸쓸함조차도 내 것으로 남지 않게 될 것이었다. 누구라 해도 다시는 고향으로 돌아가지 못할 것이었다. 고향은 지나간 시간 속에 있을 뿐이니까. 누구는 동구 밖의 느티나무로, 갯마을의 짠 냄새로, 동네를 끼고 흐르는 긴 강으로 고향을 확인하며 산다고 했다. 내게 남은 마지막 표지판은 미화인 셈이었다. 보이는 것들은, 큰오빠까지도 다 변하였지만 상상 속의 미화는 언제나 같은 모습이었다. 미화만 떠올리면 옛기억들이, 내게 남은 고향의 모든 숨소리가 손에 잡힐 듯이 다가오곤 하였다. 허물어지지 않은 큰오빠의 모습도 그 속에서 온전히 남아 있었다. 내가 새부천클럽에 가서 미화를 만나버리고 나면 그때부터는 어떤 표지판에 기대어 고향을 찾아갈 수 있을 것인지 정말 알 수 없었다.

②는 양귀자의 「한계령」의 한 대목이다.

25년 만에 전화로 나타난 고향 친구 미화와의 만남을 유보하는 1인칭 화자의 복잡한 심리적 정황을 통해서, 1인칭 화자 주인공의 내면의 풍경을 읽을 수 있다. 변해버린 고향을 통해 허물어져버린 정신적 지주인 오빠 모습이 드러나고, 그 황폐해짐이 다시 1인칭 화자에게 되돌아오는 복잡한 상황들을 보여준다.

현실과 괴리된 소설 속의 공간으로만 남아 있는 기억을 사랑해야 할지 거부해야 할지 판단이 서지 않으면서도, 이미 허물어진 오빠에 대한 안타까움과 거부감은 결국 변한 미화를 만나지 않게 만든다. 이 소설에서는 1인칭 화자인 '나'뿐만 아니라 미화와 큰오빠의 모습까지 드러나고 있다는 데 인물제시 방법의 특이함을 엿볼 수 있다.

3) 독자들이 작중 인물들과 직접 만나도록 한다

이것은 일종의 극적 제시방법인데 이야기하는 화자가 들려주는 대로 독자가 받아들이도록 서술구조가 되어 있다. 그래서 화자는 완전히 숨어 있어서 독자에게 얼굴을 나타내지 않고도 인물을 제시해줄 수도 있다. 이때 소설 인물을 독자가 직접 만날 뿐만이 아니라, 그에 대한 이해나 감정을 받아들이는 것도 전적으로 독자만의 몫이다. 나레이터가 그에 대한 어떤 정보도 제공해주지도 않는다. 독자들은 이러한 인물들이 엮어내는 사건을 아주 신뢰감을 갖고 객관적으로 받아들인다. 그만큼 서사성이 확보되고 이야기의 객관성이 높게 인식된다. 관객이 무대 위에서 연기하는 인물들을 직접 대하는 것과 같다고 해서 극적 제시방법이라고도 한다.

① ㉠ "눈이 내리눈군요."

버스 안. 창쪽으로 앉은 사나이의 얼굴빛이 창백하다. 실팍한 검정 외투 속에 고개를 웅크리고 있다. 긴 머리칼은 귀 뒤로 고개 위에 덩굴 줄기처럼 달라붙었는데 가마 부근에서는 몇 낱이 하늘을 향해 꽂

제5장 인물

꽂이 섰다.

ⓛ "예. 진눈깨빈데요."

그의 머리칼 위에 얹힌 큼직큼직한 비듬들을 바라보고 있던 옆엣사람이 역시 창밖으로 시선을 던진다. 목소리가 굵다. 그는 멋내는 것을 좋아하는 모양이다. 하얀 목도리가 밤색 잠바 속으로 그의 목을 감싸넣어주고 있다. 귀 앞 머리 끝에는 면도 자국이 신선하다. 그는 눈발, 빗발 섞여 내리는 창밖에 차츰 관심을 모으기 시작한다. 버스는 이미 떠날 시간이 지났는데도 태연하기만 하다.

ⓒ "뭐? 아, 진눈깨비! 참 그렇군."

그들 등 뒤에서 털실로 짠 감색 고깔모자를 귀 밑에까지 푹 눌러쓴 대단히 실용적인 사람이 창문 쪽에 앉은 살찐 젊은 여자에게 몸을 기댄다. 그녀는 검은 얼굴에 분을 허옇게 바르고 있다. 그는 창문 유리에 이마라도 대야 되겠다는 듯이 목을 쑥 뽑고 창밖을 내다본다. 여자는 가슴이 답답하다. 남자의 왼쪽 어깨쭉지가 그녀의 앞가슴께를 짓누르고 있다.

② ㉠ "형은 어디서 입대허셨오?"

외투 속에 웅크리고 있는 사람은 진눈깨비에 원한이 있다. 그는 신용산에서 입대했었는데 그때도 이렇게 진눈깨비가 내리고 있었다. 진눈깨비가 내리는데도 '입대'를 생각하지 못하는 것은 이해할 수 없는 일이다. 염색한 헌 작업복을 입고, 헌 구두를 신고 손에는 비닐로 만든 회색 세면 '부구로'를 들고, 그리고 여자 친구란 이럴 때 써먹기 위해서 있는 것이 아니냐고 생각하면서, 단아한 여자가 슬픔을 머금고 저만치 서 있는 것을 그려 보면서……. 그러나 물론 그런 건 없었다. 그 대신 어디나 역 근처에는 흔히 있는 매춘부들 중의 하나가 헝클어진 머리를 하고 역전 광장에 있는 더러운 공중변소에서 나와 게처럼 엉금엉금 걸어서 판자집들 사이로 사라져 갔었다.

ⓛ "나는 시골에서 입대를 했었단 말이오."

잠바를 입은 사람은 조금 볼멘소리다. 그는 뒤돌아보던 자세 그대로 고개만 약간 돌려서 옆엣 사람을 쳐다본다. 그는 불만인 모양이다. 그러나 진눈깨비가 내린다고 해서 옛날 입대하던 때의 이야기를 하지 말라는 법은 없다. 그는 훨씬 누그러진 목소리로 계속한다.
 "술을 엉망으로 마시고 뭐가 어떻게 된지도 모르게 입대를 했었지요. 누구하고나 악수를 하고, 같은 사람과 두 번도 좋고 세 번도 좋고, 그저 아무 손목이나 잡히는 대로 무릎에서 이마께까지 마구 흔들면서 고함을 지르고……."
 ⓒ고깔모자의 사나이는 기분이 언짢다. 그는 기피자다. 도대체 논산이라든가 입대라든가 하는 말만 들으면 그는 어떠 콤플렉스에 사로잡힌다.

 ①과 ②는 서정인의 「강」의 첫 대목이다. ①에서 눈이 내린다는 사실에 대한 각자의 반응 ㉠ㄴㅇ을 통해서 세 사람의 인물됨의 차이를 보여주고 있다. "눈이 내리는군요." "예. 진눈깨빈데요." "뭐? 아, 진눈깨비! 참 그렇군." 이러한 대화가 주는 차이를 은닉된 화자는 설명하지 않는다. 단지 그러한 차이가 화자의 개입에 의한 인물들의 옷차림과 앉아 있는 모습을 통해 보완되고 있다.
 ㉠의 인물은 실팍한 검정 외투, 긴 머리칼은 귀 뒤로 고개 위에 덩굴처럼 달라붙어 있는 외양에서 구체화되고, ㄴ의 인물은 목소리가 굵고, 하얀 목도리와 밤색 잠바, 그리고 면도자국이 신선한 귀 앞 머리 끝에서 그 사람됨이 드러난다. ㉢의 인물은 털실로 짠 감색 고깔모자를 귀 밑까지 푹 눌러쓴 실용적이라는 화자 개입을 통해서 더 뚜렷해진다.
 이러한 날씨에 대한 반응이나 외모와 옷차림을 통한 세 사람의 차이는 바로 ②의 군대 입대 정황에서 더 확연해진다. 진눈깨비에 원한을 갖고 있는 ㉠의 인물은 신용산에서 배웅해주는 친구 하나 없이 세면 부구루를 들고 입대했다. ㄴ의 인물은 고향에서 많은 사람들의 손을 잡아보고 술을 마시고 뭔지도 모르는 그 분위기에서 입대했다. 그리고 ㉢의 인

제5장 인물

물은 기피자이다. 그는 병역문제에서도 실속을 차렸던 인물이다.

　물론 이 경우를 엄밀하게 말해서 극적 제시라고 말할 수는 없다. 예를 들면 '그는 멋내는 것을 좋아하는 모양이다'라든가 '진눈깨비에 원한이 있다'든가 '기분이 언짢다'는 식으로 화자가 밖에 드러나서 대상을 설명했기 때문이다. 그러나 되도록 그러한 설명은 인물됨을 직접 말하기 위한 것이 아니라, 인물들을 드러내는 부수적인 조건 또는 그 외모에 대한 설명으로 한정되었다는 점에서, 그래도 이러한 경우 극적 제시에 가깝다.

4) 화자와 다른 등장인물에 의해 제시된다

　3인칭 화자 소설의 경우, 화자가 직접 개입하거나 다른 등장인물을 통해 주인공을 설명하여 그 인물들의 모습이 구체화된다.

　①그런데 거기 못지않게 이해할 수 없는 것은 그런 석담선생에 대한 그 자신의 감정이었다. 스승의 생전 내내, 그는 스승에 대한 형언할 수 없는 사모와 그에 못지않은 격렬한 미움으로 뒤얽혀 보내었다. 가만히 돌이켜보면, 그런 그의 감정 역시 어떤 필연적인 논리와는 멀었지만, 그것이 뚜렷이 자리잡기 시작한 시기만은 대강 짐작이 갔다. 열 여섯에 소학교를 졸업하고 석담선생의 집안에 남은 후부터 열 여덟에 정식으로 입문할 때까지였다. 그동안 그는 학비를 도와주겠다는 당숙 한 분의 호의도 거절하고, 또 나날이 달라지는 세상과 거기에 상응하는 신학문에 대한 동경도 외면한 채, 가망없는 석담선생의 살림을 맡아 꾸려나갔다. 이미 문인들이 가져오는 쌀섬으로 부족하게 된 양식은 소작 내준 몇 뙈기 논밭을 스스로 부쳐 충당했고, 한 짐의 땔감을 위해서는 이십 리 삼십 리 길도 마다하지 않았다.

　사람들은 그런 그를 갸륵하게 여겼지만 실은 그때부터 그의 가슴에는 석담선생을 향한 치열한 애증의 불꽃이 타오르고 있었다.

①은 『금시조』의 한 단락이다. 주인공 고죽은 자신이 살아온 과거를 돌아보면서 스승인 석담과의 관계를 드러내고 있다. 열여덟 살 석담 문하에 입문하기까지 그에 대한 치열한 애증의 전말을 직접 화자가 고죽의 입장에서 설명하고 있다. 이러한 경우에 인물들의 과거 일이나 다른 인물에 대한 관심과 그에 따른 인물들과의 관계가 분명하게 나타난다. 여기에서도 '스승에 대한 형언할 수 없는 사모와 그에 못지않은 격렬한 미움으로 뒤얽혀 보내었다'하는 식으로 그 관계를 설명하고 있다. 그리고 석담의 집안 살림을 꾸려가면서도, 석담의 삶에서 받아들이는 그 동경과 불길한 예감을 가졌고, 그것은 단적으로 '애증'이라고 고죽을 대신해서 화자는 말하고 있다.

　②"군하리엔 뭣하러 가세요?"
　"놀러요."
　"일행이세요?"
　"예." 그는 목소리를 낮춘다. "저 사람은 늙은 대학생 김씨. 이쪽은 세무서 직원 이씨. 그리고 난 얼마 전까지 국민학교 선생. 성은 박씨. 대개 이렇소."
　"정말 묘하게 어울리셨어요. 친구분들이세요?"
　"우린 한집에 살고 있지요."
　"어머, 그러세요?"
　"그럼은요. 우리집에 저 두 사람이 하숙하고 있지요."
　김씨는 차창 유리에 이마를 댄다. 차체의 진동이 그대로 전달되어 온다. 그는 이마를 뗀다.

　②는 서정인의 「강」의 일부이다. 여자와 사내의 대화를 통해서 다른 두 사람의 신분과 처지가 드러나며, 이들 세 사람의 관계까지 밝혀진다. 그리고 그런 사실을 안 여자의 반응을 통해, 세 사람이 어울리지 않는 묘한 관계라는 점까지 시사하고 있다.

제 5장 인물

③이장은 횡재수가 뻗친 것 같아 뱃속이 거늑했다.
　계장과 황을 한 자리에서 붙여놓고 두 곤마를 몰되 패가 나면 삼삼에 뛰어들어 귀살이도 할 수 있겠던 것이다.
　"계장님은 뒷전으로 물러 앉으슈. 닦어 세우는 건 우리게에서 도리헐 텡께 맡겨두시구."
　말은 그렇게 하면서도 이장은 속으로 이를 갈았다.
　먹기는 고사하고 코끝에 붙이기도 션찮을 그 월급에, 파 한 뿌래기 묻을 터 한 자락 없이, 여러 아이 학교는 무엇으로 보내며, TV는 우물에서 솟고 오토바이는 구름이 실어왔단 말인가. 여태껏 형제상회 막내 노릇 해가며 먹을 것 다 챙겨 먹었다는 것은 알 만한 이면 다들 알고 있던 것이다. 방금 농담 비스름히 슬쩍 비쳤던, 냉장고를 사달라고 했다던 말도 사실일 터이었다. 그랬다가 황의 대답이 시원치 않으니 이장을 핑계하여, 더좀 버티면서 홍정이 쉽도록 도모하고자 몇 마디 거들어 달라는 게 분명했다.
　우리게 사람 등쳐서 냉장고를 벌테니 나는 이웃 사람이나 알겨 먹으라? 끙—이장은 다시 이를 갈았다. 그는 속이 울렁거려 입을 다물 수가 없었다.
　이장이 말했다.

　③은 이문구의「우리 동네 황씨」의 한 단락이다. 겉으로는 계장을 닦아세우지 않는다면서 이장은 간접적으로 계장을 비난한다. 여기에서 이장의 속마음을 화자가 직접 독자에게 설명해 전하면서, 동시에 계장의 사람됨까지 드러내놓고 있다. 그리고 계장과 이장의 인물됨과 이들의 관계까지 제시해 주고 있다. 계장에 대한 이장의 마음은, '—이장은 다시 이를 갈았다. 그는 속이 울렁거려 입을 다물 수가 없었다'에서 단적으로 나타났다.

5) 다양한 화자에 의해 복합적으로 제시된다
다양한 방법에 의해서 인물의 모습을 독자에게 제시한다.

   1964년 겨울을 서울에서 지냈던 사람이라면 누구나 알고 있겠지만, 밤이 되면 거리에 나타나는 선술집 — 오뎅과 군참새와 세 가지 종류의 술 등을 팔고 있고, 얼어붙은 거리를 휩쓸며 부는 차가운 바람이 펄럭거리게 하는 포장을 들치고 안으로 들어서게 되어 있고, 그 안에 들어서면 카바이트 불의 길쭉한 불꽃이 바람에 흔들리고 있고, 염색한 군용(軍用)잠바를 입고 있는 중년사내가 술을 따르고, 안주를 구워주고 있는 그러한 선술집에서, 그날 밤, 우리 세 사람은 우연히 만났다. 우리 세 사람이란 나와 돗수 높은 안경을 쓴 안(安)이라는 대학원 학생과 정체는 알 수 없지만 요컨대 가난뱅이라는 것만은 분명하여 그의 정체를 꼭 알고 싶다는 생각은 지금도 나지 않는 서른 대여섯 살짜리 사내를 말한다.
   먼저 말을 주고 받게 된 것은 나와 대학원생이었는데, 뭐 그렇고 그런 자기 소개가 끝났을 때는 나는 그가 안씨라는 성을 가진 스물다섯살짜리의 대한민국 청년, 대학 구경을 해보지 못한 나로서는 상상이 되지 않는 전공(專攻)을 가진 대학원생. 부잣집 장남이라는 걸 알았고, 그는 내가 스물 다섯살짜리 시골 출신, 고등학교는 나오고 육군사관학교를 지원했다가 실패하고 나서 군대에 갔다가 임질에 한 번 걸려본 적이 있고 지금은 구청 병사계(兵事系)에서 일하고 있다는 것을 아마 알았을 것이다.
   자기 소개들은 끝났지만 그러고 나서는 서로 할 애기가 없었다. 잠시 동안 조용히 술만 마셨는데 나는 새카맣게 구워진 군참새를 집을 때 할 말이 생겼기 때문에 마음 속으로 군참새에게 감사하고 나서 애기를 시작했다.
   "안형, 파리를 사랑하십니까?"
   "아니요, 아직까진……."

그가 말했다.
"김형은 파리를 사랑하세요?"
"예."
라고 나는 대답했다.

김승옥의「서울, 1964년 겨울」의 첫 대목이다. 여기에서는 특이하게 화자를 처리함으로써 인물들의 복잡한 내면을 보여주고 있다. 형식적인 1인칭 화자는 자신을 소개하면서 동시에 작품에 등장하는 두 사람을 마치 은닉된 3인칭 화자의 입장에서처럼 처리하고 있다. '나'와 아무 관계도 없는 한 대학원생인 '그'를 소개하는데 오히려 관심을 더 두고 있다. 사건의 흐름으로 봐서는 대학원생에 대한 '나'의 소개 전에 둘이 서로 술을 마시면서 피차간 자기를 소개했을 것이다. 그러나 작품에서는 그 과정을 무시하고서 직접 대학원생부터 소개한다.

그 다음, 이들은 서로 무의미한 대화를 통해서 그들의 내면적인 정황까지 처리하고 있다. '서로 자기 소개는 끝났지만 그러고 나서 서로 할 얘기가 없었다'라는 설명을 통해서, 그들 피차간의 관계와 그러한 관계에서 빚어진 개인들의 내면이 드러난다.

그 다음 이러한 인물들의 모습은 서두에 나타난 '겨울 포장마차'의 정경을 통해서 사회적인 의미까지 지니게 된다. 이처럼 한 인물을 살아 있게 하는 일은 하나의 방법으로만 가능하지 않다. 소설의 시작과 전개, 결말에 이르는 모든 과정과 그에 따른 여러 요소의 적절한 결합은 결국 작품의 인물들을 독자 앞에 내보이기 위한 것이다.

(3) 인물과 플롯

소설을 쓴다는 것이 새로운 인물을 창조해서 독자에게 내보이는 일이라고 말할 수도 있다. 이때 작가는 이미 고정된 인물, 틀이 잡혀진 인물을 독자에게 바로 내놓는 것은 아니다. 작가는 그가 의도하는 어떤 인물을 세상에 보내놓고 독자와 함께 그 인물이 살아가는 모습을 살펴본다. 즉 소설의 인물은 소설의 진행에 따라 차츰 구체적인 모습으로 독자에게 가까이 다가가는, 즉 성장하는 인물이라고 생각할 수 있다. 그러므로 인물의 설정이나 그 형상화는 플롯과 긴밀하게 호응이 되기 마련이다. 즉 이른바 평면적인 인물이라 하더라도, 그 삶의 모습을 보여주는 과정은 플롯에 의존한다.

 소설 인물이 형성되어가는 인물, 밝혀져가는 인물이라고 할 때 인물은 소설 시작과 함께 독자에게 나타나서, 소설이 끝나서야 그 본 모습을 완전하게 보여주게 된다. 이러한 플롯과의 관계는 단지 플롯의 문제에만 한정하지 않고, 인물·갈등·상황 등 소설의 여러 요소들과 관계를 맺으면서 구체화된다. 그러기 때문에 소설을 쓸 때에는 처음 인물이 나중에 어떻게 변모할 것인가를 예상하고, 그 변화의 타당성을 갖추도록 플롯을 만들어야 할 것이고, 그 일을 위하여 여러 가지 소설 요소들 간의 관계 설정이 필요하다.

 우선 플롯에 따라 형성되어지는 인물을 설정하기 위해서는, 처음으로 독자에게 보여주는 인물과 결말에서 새롭게 변모되어 형성된 인물을 제시해야 한다. 다음의 몇 작품에서 소설 인물의 처음과 나중의 그 변모의 차이를 확인할 수 있는데, 그것을 통해서 한 인물의 총체적인 모습을 파악할 수 있을 것이다. 물론 사건 중심으로·플롯이 짜여지는 소설에서는 그 인물의 변모가 뚜렷하게 드러나지 않을 수도 있다.

 소설의 서두에서부터 인물이 지니는 문제를 드러내놓음으로써 그 인물의 모습을 특징적으로 제시한다.

 ① '박제가 되어 버린 천재'를 아시오? 나는 유쾌하오. 이런 때 연애까지가 유쾌하오.
 육신이 흐느적흐느적하도록 피로했을 때에만 정신이 은화처럼 맑소. 니코틴이 내 회배 앓는 뱃속으로 스미면 머리 속에 으레 백지가 준비되는 법이오. 그 위에다 나는 위트와 패러독스를 바둑 포석처럼

제5장 인물

늘어놓았소. 가증할 상식의 병이오.

①은 이상의 「날개」의 서두이다. 여기서 박제가 되어버린 천재로 설명되어진 주인공의 모습을 볼 수 있다. 그는 극심하게 분열된 자아를 통제할 수 없어 방기해버린 인물이다. 투명한 의식을 가지고 위트나 패러독스를 장난처럼 흘리며 살아가는, 그 자신의 말대로 정신분열자이다.
 그런데 그는 소설의 전개됨에 따라 잃어버렸던 사회적 자아를 회복하게 된다. 그것은 그 음습한 방을 떠나 세상으로 나가 새로운 관계를 반복하는 데서 가능하게 된다.

②그는 걷던 걸음을 멈추고 그리고 어디 한번 이렇게 외쳐보고 싶었다.
 날개야 돋아라.
 날자. 날자. 날자. 한번만 더 날자꾸나.
 한 번만 더 날아 보자꾸나.

②는 「날개」의 결말이다. 정신분열자인 '나'가 이제 외부세계와의 교통을 반복하는 과정을 통해서 하늘을 날고 싶은 욕망을 갖게 된다. 이러한 인물의 변화는 바로 이 작품의 기본틀이 되어 다른 모든 요소들을 통제하고 조절해가면서 플롯을 형성하고 있다. 뿐만 아니라 인물의 모습도 확실하게 제시해준다.

③싸움, 간통, 살인, 도적, 구걸, 징역, 이 세상의 모든 비극과 활극의 출원지인 칠성문 밖 빈민굴로 오기까지는 복녀의 부처는 (사농공상의 제2위에 드는) 농민이었다.

④밤중에 복녀의 시체는 왕서방의 집에서 남편의 집으로 옮겼다. 그리고 그 시체 앞에는 세 사람이 둘러앉았다. 한 사람은 복녀의 남

편, 한 사람은 왕서방 또 한 사람은 어떤 한방의사. 왕서방은 말없이 돈주머니를 꺼내어 십원짜리 지폐 석 장을 복녀의 남편에게 주었다. 한방의사 손에도 십원짜리 두 장이 갔다.

③과 ④는 김동인의 「감자」의 서두와 결말 부분이다 서두에서는 남편의 게으름으로 생활이 파탄되고 칠성문 밖 빈민굴로 오게 된 농민 출신인 이들 부부가 작품의 결말에서는 처참하게 몰락하게 됨을 보여주고 있다. 복녀의 죽음도 비극적이지만 아내의 죽음을 방조하고 살아오다가 결국에는 그 죽음까지도 돈을 받고 파는 남편의 처지도 복녀와 함께 파멸되었음을 알 수 있다. 사농공상의 제2위에 드는 복녀 부처가 이렇게 몰락하게 되는 과정이 소설 플롯의 중심틀이 된다.

⑤일요일인데도, 그는 죽으러 나가려고 구두끈을 매고 있었다. 그의 손가락들은 조금씩 떨리고 있었다. 마음의 긴장이 손가락 끝에까지 미치고 있는 모양이었다. 3년 동안이나 그의 체중을 견디어내준, 그의 검정색 구두는 이제 더이상 참아낼 힘이 없다는 듯이 피곤하고 악에 바친 표정을 하고 있었다. 일찍이 초식동물(草食動物)의 가죽이었던 부드러움과 제화공의 숙련된 솜씨가 빚어낸, 한때의 윤택은 이제 굳어지고 찌들어서 본래의 모습과는 다른 것이 되어 있었다.

⑥ ─ 나는 아직 한 쪽은 신고 있구나 하는, 이 아무렇지도 않을 수 있는 깨달음은 그를 놀라게 했을 뿐만 아니라 그의 마음을 어떤 신선한 감명으로 떨게까지 했다. 아, 나의 또 하나의 발은 아직도 살아 있었구나! 이 발은 그리고 따뜻하고 편안하구나! 이것은 튼튼하구나! 마치 반석과도 같군! 아내의 둥근 배가 머리에 떠올랐다. 그녀 뱃속의 태아가 하고 있을 몸짓이 상상돼왔다. 그래, 그건 죽음의 싹이 아니다. 그렇게 불러선 안돼. 그는 걸음을 빨리했다. 아내에게는 지금 단백질이 필요하리라고 그는 생각했다. 주머니에는 지금, 일금 5

제5장 인물

백 90원이 들어 있다. 그래, 쇠고기를 한 근 사자. 식육점의 문이 닫히기 전에……. 저 앞에, 펄펄한 소를 때려잡아서 피가 뚝뚝 듣는, 싱싱한 고기를 팔고 있을 듯한 식육점의 불그레한 불빛이 보이기 시작했다.

⑤와 ⑥은 조해일의 「매일 죽는 사람」의 서두와 결말이다. 서두에서 일요일인데 죽으러 가면서까지, 손가락이 떨리도록 긴장해서 구두끈을 매고 살아가는 '그'는 자기 삶과 그 삶을 조건지워주는 상황에 대해 예민하게 반응하는 인물임을 보여준다. 그는 매일 영화 촬영장에 나가 죽음의 연기를 하면서 한 번 출연하면 300원씩 받고 살아간다. 그러나 그러한 가짜 죽음의 반복, 즉 엄격한 중앙 통제하에서 이루어지는 죽음의 연기를 반복하노라면 언젠가 진짜 죽음을 만날지도 모른다는 자의식 때문에 극심한 절망에 이르게 된다.

그러나 결말에서 그는 자신의 삶과 그 상황에 대해 정직하고 치열하게 인식했기 때문에 그 절망에서 다시 헤어날 수 있게 된다. 「매일 죽는 사람」은 결국 그가 절망에 이르고 거기에서 다시 살아날 수 있는 논리성을 뒷받침해주는 과정으로 짜여졌다. 이렇게 서두에서 드러난 인물이 결말에서 큰 변모로 나타내는 인물 변모 과정이 곧 소설 플롯의 바탕이 된다.

일반적으로 전통적인 플롯은 발단 - 전개 - 위기 - 클라이맥스 - 종결의 과정을 거친다. 이것은 발단에서 제시된 인물이 결말 인물로 변화해 가는 과정을 말하는 것이다. 앞에서 예를 든 「감자」의 경우 농민 출신인 복녀 부처가 반인간적인 모습으로 추락하기까지 과정이 차차 상승되어간다. 우선 복녀의 불행은 그 부모네가 그녀를 게으른 농민에게 시집보내면서 시작되지만, 결정적인 계기는 기자묘 송충이잡이 사건에서부터였다. 그후로 그녀는 남편의 묵인하에 자의적으로 매음을 하고 돈을 모으고……. 그러한 과정에서 복녀의 면모가 차차 드러나는데, 그것이 플롯의 몇 단계 과정을 거쳐 심화되면서 결국 죽음의 결말에 이르게 된다.
　「날개」의 경우도 플롯의 진전됨에 따라 '나'가 차차 변모해나간다. 정신분열증 환자와 같은 인물이 외부로부터 충격을 받는 데서부터(현란한 야경, 아내의 도발적인 체취 등) 시작해서, 아내 방에서 자고 싶은 욕망과 돈의 필요성을 느끼게 되고, 드디어 아내가 준 감기약을 의심하게 되면서 차차 잃어버렸던 사회적 자아를 회복하게 되는데, 여기에 맞추어 플롯이 전개된다.
　이러한 작품들은 특히 인물 중심의 플롯이기 때문에, 인물의 변모양상과 플롯의 전개가 긴밀하게 호응된다. 설령 인물의 변모와 플롯이 꼭 병행되지 않는다 하더라도 이 양자의 관계는 상호 보완적이다. 즉 플롯은 인물의 변화를 가져오고, 이 변화된 인물은 다시 플롯을 지배하면서 인물과 플롯은 작가가 의도한 결말을 향해 전개되어나간다.
　이청준의「별을 보여드립니다」에서도 플롯 전개에 따라 변하는 인물 모습의 한 예를 볼 수 있다. 세상에서 소외되어 사는 천문학도인 '그'는 항상 외톨이로 살아간다. 친구들의 물건을 몰래 가져가거나 남에게 거짓말하는 것도 이상하게 생각하지 않는 유다른 인물이다. 세상사람들과는 다른 사랑 방법으로 여자를 사랑하지만 결국 실패한다. 그는 망원경으로 하늘의 별을 찾는 것으로 그의 소외를 극복하려 한다. 인간을 사랑할 수 없는 사람들에게는 하늘의 별도 볼 자격이 없다고 생각한다.
　이 작품 서두에서 '그'와 1인칭 화자 '나'의 엇갈림이 제시된다. 그러한 정황을 통해서 '그'의 모습이 부각된다. 이후 플롯에서는 '그'가 점점 외톨이로 빠져가는 삶의 양상들이 심화되어 나타난다. 그러다가 후반부에 가서 그의 모습이 전환된다. 비로소 서로 엇갈린 관계에 있던 '나'에게 자신의 거짓말을 시인하고, 망원경으로 하늘의 별을 보여준다. 그리고 하늘의 별만을 찾아 살아가던 그가 그 망원경을 장사지내고 다시 지상으로 돌아오게 된다. 그의 삶은 일대 전환을 이루면서 삶의 태도도 변화한다. 이 변화 과정을 추격해나가는 것이 이 작품의 플롯이고, 플롯은 주인공의 변화된 모습을 보여주기 위해서 필요한 것이다.

(4) 상황이나 모티브에 대한 태도와 반응 그리고 굳어진 습관

① 남의 물건을 허락없이 집어간다는 것은 분명 절도에 속하겠으나 피해자가 범행 전말을 뻔히 알도록 한다는 점에서, 더욱이 그가 가까운 지면일 경우에는 간단히 그렇게 말하기가 어렵다. 어떻게 보면 그는 마땅히 가져가야 할 것을 가져가는 사람처럼 그런 짓을 저지른 뒤에도 사과 비슷한 말 한마디 없이 천연스런 얼굴이었다. 놈의 주변에서는 누구나 한두 번씩 당해본 일이었다. 말하자면 낯간지럽게 구걸질을 하느니보다 웬만큼 양해가 될 처지면 보지 않은 데서 그냥 가져가는 것이 한결 수월한 수속이 아니겠느냐는 식인 모양이었다. 거인다운 대범성이라고 해야 할지 모르겠다.

①은 이청준의 「별을 보여 드립니다」의 한 대목이다. 남의 물건을 허락없이 집어가는 '그'의 기괴한 습벽과 그것을 아무렇지도 않게 생각하는, 말하자면 낯간지럽게 구걸질하느니보다 웬만큼 양해가 될 처지면 보지 않는 데서 그냥 가져가는 것이 한결 수월한 수속이 아니겠냐는 식인 그의 생각에서 '나'와 그의 관계 파탄, 또는 일상적인 가치를 배반하면서 살아가는 '그'의 모습을 단적으로 보여준다. 더구나 그는 도벽뿐 아니라, 친구들에게 거짓말을 아무렇지도 않게 하는 묘한 인물이라는 점에서도 그 특이함이 엿보인다. 그런데도 화자는 그에게서 거인다운 대범성을 느낀다.

② "그느무 속앓이병인가 먼강은 담배 탓이지. 구십이 다 된 늙은이가 무신 담배는 저래 지독시리 꿉는지. 내 시집가니간 안죽 미구처럼 시파란 색시가 야시(여우)같이 토구라고 앉아 담배를 빠꼼빠꼼 피우고 안 있나. 그때부터 피아댄 줄담배니 담배값만 모아도 집 한 채는 샀을 끼다." 밥을 벅으며 어머니가 다시 할머니의 흥을 잡고 늘어졌다. "대담배는 독해서 몬피운다고, 담배를 피아도 꼭 마구초만 피

우니깐 담뱃값이 곱절로 더 들제. 거기다 한번 피우모 몇 시간을 참는 기 아니고, 껐다 피았다 껐다 피았다 카니 알라들 장난도 아니고 성냥이 오죽 헤푸나. 큰 성냥통도 일주일이 몬 갈끼다."

②는 김원일의 「미망」(未忘)의 한 대목이다. 담배를 피우는 할머니 습벽이 어머니 대화에서 드러나고 있다. 이 대목에서 담배를 통해서 어머니와 할머니가 서로 엇갈려 있을 뿐만 아니라, 두 여자의 살아온 일생과 세상을 살아가는 태도까지 알 수 있다. 담배 피우는 일을 돈으로 생각하는 어머니, 그리고 껐다 피웠다 하는 할머니 줄담배 등이 이들 인물의 삶의 실상과 내면적 정황을 설명해주고 있다.

　③그는 웃으면서 스푼을 젓는다. 그때였다. 그는 무슨 소리를 들었다. 공기를 휘젓고 가볍게 이동하는 발자국 소리였다. 그는 귀를 기울였다. 그는 욕실 쪽에서 무슨 소리가 들려오고 있는 것을 눈치챘다. 그는 난폭하게 일어나서 욕실 쪽으로 걸었다. 그는 분명히 잠근 샤우어에서 물이 쏟아져내리고 있는 것을 보았다. 제길헐. 그는 투덜거리면서 물을 잠근다. 그리고 다시 소파로 되돌아온다. 그러자 이번에 부엌 쪽에서 소리가 들려오기 시작한다. 그는 될 수 있는 한 불평을 하지 않으려고 이를 악물고 부엌 쪽으로 간다. 부엌 석유곤로가 불붙고 있다. 그는 투덜거리면서 그것을 끈다. 그리고 천천히 소파 쪽으로 왔을 때, 그는 재떨이에 생담배가 불이 붙여진 채 타고 있음을 발견한다. 그는 반사적으로 주위를 둘러본다. 그는 엄청난 고독감을 느낀다.

　③은 최인호의 「타인의 방」의 한대목이다. 여기에서는 소리에 대한 예민한 반응을 통해 인물의 내면의식이 나타난다. 발자국소리를 듣고, 그는 난폭하게 일어나서 욕실 쪽으로 걸어갔다. 그러나 욕실에는 아무 것도 없었다. 다시 거실로 돌아왔을 때 부엌 쪽에서 소리가 들려오기 시작했다. 그는 그 소리에 대해 고통스럽고 예민하게 반응한다. 일종의 환

제5장 인물

청인 이 소리에 대한 인물의 반응과 태도는 결국 고독 때문이라고 화자는 설명하지만, 그러한 설명이 없더라도 이미 독자는 주인공의 특이한 모습을 통해 그의 고독을 구체적으로 느끼게 된다.

　④ 낮잠이라야 겨우 한 시간 정도, 그동안 피로가 풀려봤자 그게 그 거였지만 그러나 이 한 시간의 낮잠이란 인부들에겐 여간 달콤한 것이 아니었다. 설령 오리나무 그늘이 엷다 하더라도 그놈의 송충이 등쌀만 없다면 그런 대로 잠들 수 있을 것이다. 그게 항상 징그러우면서도 딴은 점심시간이면 이곳으로 기어들 수밖에 별 도리가 없었다. 달리 그늘진 곳이 있는 것도 아니고 또 오후 작업을 위해서 낮잠을 자 두지 않으면 안되었기 때문이다.

　입환(入換)작업이 시작되자면, 아직도 이십여 분이 남아 있다고 어림하며 나는 인부들에 섞여 나무 밑에 가마니를 깔고 누웠다. 지열(地熱)이 욱하고 모가지로 넘어왔다. 그 흰 건물은 더위 속에 가만히 엎디어 있었다. 서로 엿가락처럼 엇갈린 레일 위로 햇볕은 이글이글 볶이고 있었다. 멀리 바라보이는 조역실에서 전화 거는 목소리가 아득히 들려왔다.

　④는 김주영의 「달밤」의 한대목이다. 저탄장에서 연탄 수송작업을 하는 인부들의 낮잠 습관을 통해서, 독자들은 그들의 일상적 삶의 실상을 파악할 수 있다. 이 경우 주인공인 한 인물에 대한 정보가 주를 이루고 있지는 않지만, 어떤 특수한 계층이나 직업을 가진 사람들의 집단성을 보여주고 있다.

　이 낮잠은 인부들이 단순히 휴식시간을 이용 오후 작업을 위해 잔다는 표면적 의미 외에, 그들의 굳어진 삶의 단면과 현재성만이 그들의 생활에서 중요한 의미를 지니고 있음을 설명하고 있다. 그러면서 한편으로 그렇게 모두들 잠을 즐기고 있는데, 나는 누워 있으나 깨어 있다는 사실에서, 집단성에서 이탈된 '나'의 모습까지 보여준다. 이렇게 어떤 상황이나 모티브에 대한 서로 다른 반응이나 대응양식은 인물들의 서로 엇갈린 모습을 보여주는 데 중요한 역할을 한다. 다음과 같은 예에서도 그러한 점을 확인할 수 있다.

⑤ "쬐끔 남었응께 마저 보구……."
아내는 그냥 해찰을 부렸다.
"게 뭐디 그려?"
"허부인……."
"네밋 — 그 속에 더진 니미가 살아오네, 늬 할애비가 저기허네? 낮에는 더워더워 하메 꼼짝 않구, 밤에는 테레비 서방삼어 저기허구 ……. 내 이 집안 망헐늠의 것 당장 저기허구 만다……."
결김에 뜰방에서 손에 닿는 것을 집어던지려다 보니 접때 젖 뗀 애 고무신짝만한 강아지였다. 강아지가 금방 올라가는 소리를 더럭더럭 지르는 바람에 엉거주춤 하자 아내는 마지못해 질뚱바리처럼 무릎을 끌고 고시랑거렸다.

……중략……

그는 걸으면서 식구들한테 졸리다 못해 봄누에 쳐서 텔레비전부터 산 것을 못내 후회했다. 텔레비전을 들여놓고부터 아이들은 숙제나 간신히 때울 뿐 장난삼아 책자 한 장 들여다보는 법이 없었고, 전같으면 저녁 숟갈 놓기 바쁘게 쓰러지고 샛별 있어 일어나곤 하던 아내마저 연속극에 팔려, 밤이 이슥토록 전기를 닳리면 앉았다가 한나절은 되어야 꿈지럭거렸다. 그것은 온 동네 집집이 그 모양이어서 하루 품을 식전에 절반이나 삶던 엊그제가 아득한 옛날 같았다.

⑤는 이문구의「우리 동네 황씨」의 한 대목이다.
변하는 농촌의 실상과 그런 현실에 대한 화자와 식구들의 의식이 텔레비전에 대한 서로 다른 반응을 통해 나타난다. 텔레비전을 집에 들여놓은 이후부터 식구들은 저녁만 마치면 모두 그 앞에 붙어앉아 만사를

제5장 인물

잊어버리고 있다. 그러한 집안 꼴에 화난 김은 식구들을 타박하지만, 오히려 그러는 그가 식구들에겐 이상하게 보일 뿐이다. 그래서 봄누에 쳐서 식구들의 성화에 텔레비전부터 산 것을 후회한다. 이 텔레비전은 변하는 농촌의 풍속도와 그 변함에 따른 사람들 반응을 설명하는 중요한 모티브이다. 이러한 도시화 또는 문명화에 대한 인식의 차이가, 문명의 산물인 텔레비전에 대한 엇갈린 태도와 반응에서 포괄적으로 드러난다.

또한 위 방법과 같이 직접적으로 인물을 제시하지 않고, 어떤 상징물이나 매개물을 통해 인물 모습을 드러낼 경우도 있다. 나도향의 「물레방아」 서두에서처럼 쉬임없이 돌아가는 물레방아간의 설정은, 욕망대로 살아가는 원초적인 인간(이방원, 그의 아내, 신치규)의 모습을 상징적으로 제시하고 있다. 이효석의 「메밀꽃 필 무렵」에서는 직접적으로 매개물과 인물이 호응되도록 처리하고 있다. 우선 더운 한낮 쓸쓸한 파장터의 정경, 까스라진 목뒤 털과 개진개진 젖은 눈에 눈곱이 흐르는 눈, 몽당비처럼 짧게 쓸린 그 꼬리, 닳아 없어져서 절 사이로 피가 빼짓이 흐르는 발굽…… 등으로 그려낸 늙은 암나귀는 바로 그 주인 허생원의 모습을 설명하고 있다.

또한 소설 인물은 다른 등장인물의 반응이나 태도, 또는 그에 대한 논평을 통해서 직접적이고 경제적으로 그 모습이 밝혀진다. 이런 경우 그 인물의 처지나 성격을 전지적 화자의 개입으로 드러내기가 어렵거나 자연스럽지 못할 경우에 잘 쓰인다. 또 순전히 한 인물의 정황이나 처지를 말하기 위해서 임시로 기능적인 인물을 등장시켜 처리할 수도 있다. 이 경우에도 화자로 인한 인물 그리기의 제한을 자연스럽게 극복할 수 있다.

소설쓰기에서 인물을 창조한다거나 제시한다는 것은 어떤 특별한 방법이나 요령에 의해서 가능한 것이 아니다. 소설의 시작에서부터 인물이 나타나서는, 소설이 끝나면 비로소 그 인물 모습이 전부 독자에게 내보여지는 것이다. 그러기에 한편의 소설을 이루고 있는 모든 소설 언어가 직·간접적으로 소설 인물을 형상화하는 데 적절하게 기여하고 있는 것이다. 단지 여기에서는 그러한 몇몇 예를 기성 작가의 작품을 통해서 보여주었을 뿐이다.
　소설 인물은 이처럼 작가가 의도한 바대로 그가 선택한 요령에 의해서 형상화되지만, 그 결과는 꼭 작가가 의도하는 대로만 독자에게 전해지는 것은 아니다. 이처럼 소설 인물을 그 창조과정이나 그것이 구체적인 모습으로 독자에게 다가오는 결과이거나간에 복잡하고 다양하다. 그것은 인간 존재의 불가사의함과 다층적인 점에서 비롯되는 것이다. 그러나 소설 인물도 짜여진 소설의 틀 속에서 쉬임없이 살아 있어 활동하면서 그를 에워싼 모든 환경과 조건에 대해서 살아 있는 사람처럼 반응하고 대응하여 차차 그 모습을 독자에게 내보인다. 아마 이것을 '인물의 성장'이라고 말할 수 있을 것이다. 그런 의미에서 소설 인물의 창조는 그 인물의 삶을 제한하고 구속하는 세계에 대한 반응을 고려해야 할 것이다.

　⑥내가 다닌 대학을 중퇴한 후배로서 꽤 뛰어난 몇 편의 희곡을 써낸 극작가가 있다. 신문의 장막희곡 모집에 당선이 되어 국립극장에서 공연된 일이 있을 뿐만 아니라 잡지에 더러 발표도 되었고, 다방이며 카페 테아트르 같은 데서 단막이 공연된 일도 있었다. 아직 유명한 존재는 못 되지만 장래가 촉망되는 극작가임에는 틀림없는 이 후배가 아주 오랜만에 직장으로 나를 찾아왔다. 원래 초췌한 면이 있는 몰골이 더욱 초췌해보였다. 다방에서 무얼 들겠느냐고 하자 반숙을 들겠다고 말했다.
　"결혼식 때 만나고 처음이군."
　"네. 그동안 새끼가 두 개나 생겼죠."
　"개?"
　"마리라고 하는 것보다는 낫지 않아요?"
　"핫하, 아들하고 딸?"
　"아들만 둘인데 정신 못 차리겠어요. 아주 낳지를 않아버리는 건데

정관수술이라는 건 생리적으로 싫고, 고무주머니는 쓰기가 귀찮고, 질외사정이라는 건 너무 맛대가리가 없고……. 낳았으니 결국 키울 수밖에 없을 것 같은데 요즈음 같아선 환장하겠어요."
"왜?"
"좀더 유치해져야겠는데 유치해지지가 않아서요. 삼 단계, 사 단계까지도 유치해졌는데 그 이상은 도저히……."
　이야기가 아무래도 길어질 것 같아 내가 퇴근할 때까지 삼십여 분 동안 다방에서 기다리게 한 후 다시 만나 소주를 마셨다. 작은 것 두 병을 비우고도 더 마시려고 하면서 후배는 자꾸 격렬해졌다. 이야기의 자초지종은 이러했다.
　대학 졸업이 아니고 중퇴라는 학력 때문에 마땅한 데 취직을 할 수 없을 뿐만 아니라 또 직장생활이라는 게 체질적으로도 맞지 않아 그동안 나(후배)는 그냥 버틸 수밖에 없었다. 결혼 전엔 부모 덕으로 그럭저럭 견뎠고 결혼하고 나선 아내 덕으로 그럭저럭 견뎠다.

　⑥은 최창학의 「아무 말도 할 수 없었다」의 한 대목이다. 이렇게 복잡한 인물(후배)의 성격이나 생활과 지금의 정황을 독자에게 알리기는 쉽지 않다. 여기에서는 대학 중퇴, 아내와 부모덕에 살아가는 처지, 그리고 그의 술마심, 대화하는 투에서 인물의 처지, 내면적 정황, 삶의 방식까지 짐작할 수 있다.

(5) 인물의 속성을 과장해서 처리하는 경우

　① 二十八관 하고도 六百몸메!…….
　윤직원 영감의 이 체중은 그저께 춘심이년을 데리고 진고개로 산보를 갔다가, 경성 우편국 바로 뒷문 맞은편, 아따 무어라더냐 그 양약국 앞에 놓아 둔 앉은뱅이 저울에 올라서 본 결과, 춘심이년이 발견을 했던 것입니다.

이 二十八관 六白몸메를 그런데 좁쌀계급인 인력거꾼은 그래도 직업적 단련이란 위대한 것이어서, 젖먹던 힘까지 아끼잖고 겨우겨우 끌어올려, 마침내 남대문보다 조그만 적은 소슬대문 앞에 채장을 내려놓곤, 무릎에 들렸던 담요를 걷기까지에 성공을 했읍니다.

윤직원 영감은 옹색한 좌판에서 가까스로 뒤를 쳐들고, 자칫하면 넘어 박힐 듯싶게 휘뜩휘뜩하는 인력거에서 내려오자니 여간만 옹색하고 조심이 되는 게 아닙니다.

"야 이 사람아!"

윤직원 영감은 혼자서 내리다 못해 필경 인력거꾼더러 걱정을 합니다.

"좀 부축을 하여 줄 것이지. 그냥 그러구 뼈언허니 섰어야 옳단 말인가?"

실상인즉 뻔히 섰던 것이 아니라, 가쁜 숨을 돌리면서 땀을 씻고 있었던 것이나, 인력거꾼은 책망을 듣고보니 미상불 일이 좀 죄송하게 되어, 그래 얼른 팔을 붙들어 부축을 해드립니다. 내려선 것을 보니, 진실로 거판진 체집입니다.

② 이놈이 썩 묘하게 생겼읍니다. 우선 부룩송아지 대가리 같이, 머리가 곱슬곱슬하고, 노랗기까지 한게 장관이요, 그런 대가리가 어쩌면 그렇게도 큰지, 남의 것 같습니다. 눈은 사팔이어서 얼굴을 모로 돌려야 똑바로 보이고, 코는 비가 오면 고개를 숙여야 합니다.

나이는 스무 살인데 그것은 이애한테만 세월이 특별히 빨리 갔는지, 열 살은 에누리 없이 모자랍니다.

그러나 이애야말로 윤직원 영감한테는 대단해 보배스러운 도구(道具)입니다. 윤직원 영감은 상노아이 놈을, 똑똑한 놈을 두는 법이 없읍니다. 똑똑한 놈이면 의렛것 훔치훔치 즉 태을도(太乙道=도적질을)한대서 그리는 것입니다.

실상, 전에 시골서 살 때는 똑똑한 상노놈을 더러 두어본 적도 있었으나, 했다가 번번히 그 태을도를 하는 바람에 뜨거운 영검을 보았었읍니다.
 이 삼남이는 시골 있는 산직이 자식으로, 못난 이름이 근동에 널리 떨친 것을 시험 삼아 데려다가 두고 보았더니 미상불 천하 일품이었읍니다.

 ③사십이 가까운 처녀인 그는 죽은깨투성이 얼굴이, 처녀다운 맛이란 약에 쓰랴도 찾을 수 없을 뿐인가, 시들고 꺼칠고 마르고 누렇게 뜬 품이 곰팡스런 굴비를 생각나게 한다.
 여러 겹 주름이 잡힌 훌렁 벗겨진 이마라던지 숱이 적어서 맘대로 쪽지거나 트러올리지를 못하고 엉성하게 그냥 빗겨넘긴 머리꼬리가 뒤통수에 염소 똥만하게 붙은 것이라던지 벌써 늙어가는 자취를 감출 길이 없었다. 뾰족한 입을 앙다물고 돗보기 넘어로 쌀쌀한 눈이 놀랠 때엔 기숙사생이 오싹하고 몸서리를 치리만큼 그는 엄격하고 매서웠다.

 ①은 채만식의 「태평천하」의 한 대목이다. 윤직원 영감의 인물됨을 그의 몸무게와, 춘심이, 그리고 인력거꾼과의 관계를 통해서 설명하고 있다. ②도 「태평천하」의 일절인데, 윤직원 영감과 대응되는 인물인 삼남의 외모를 회화적으로 처리함으로써 그의 모습과 상전 윤영감의 인물됨까지 드러내고 있다. ③은 현진건의 「B사감과 러브레터」의 일절이다. 노처녀이며 사감인 여자의 외모를 과장스럽게 그리고 있다. 특히 '죽은깨'와 '주름잡힌 이마' '다문 뾰족한 입' 등 그녀의 신체조건 중에 특징적인 것들을 제시하여, 노처녀의 모습뿐만 아니라 그의 내면까지 독자가 이해할 수 있도록 처리했다.
 이렇게 인물의 외향을 과장되고 회화적으로 그리기 위해서는, 우선 작가가 의도하는 인물을 형상화하는 데 적절한 신체적 요건이나 습관 등 특징적인 것을 찾아내어, 그것을 잘 배합해서 처리해야 한다. 그러나

그 요건이 너무 판에 박은 듯이 고정되어 있거나, 너무 과장되게 처리함으로써 작품에서 추구하려는 인물 모습과 엇갈린다면 오히려 인물이 죽어버릴 수 있다. 위 세 작품 인물들은 다소 엉뚱하고 특이하긴 하지만, 너무나 뚜렷하게 그 외모와 내면이 드러나 작가의 의도가 직접적으로 노출된 감이 없지 않다. 어쩌면 바로 그 점이 작가가 의도했던 작품 주제와 호응될 수도 있다.

(6) 인물의 종합적 해석

지금까지 실제 작품을 통해서 살펴본 것처럼, 작가는 다양한 방법으로 인물들을 제시해서 각각 제 몫을 감당하게 한다. 그러나 인물 창조는 어떠한 방법이나 틀에 의해서 만들어지지 않는다. 살아 있는 인물이기 때문에 소설의 여러 요소들과 관계를 맺어가면서 차차 구체적인 모습으로 형성되어간다.

그런데 소설 인물들은 실제 인간들처럼 어떤 명확한 모습이 드러나지 않을 경우가 많다. 그래서 작가는 점진적으로 독자 앞에 내보여지는 인물에 대해서, 어느 경우에는 그 인물의 내면적 모습을 분명하게 독자에게 밝혀둘 필요가 있다. 화자의 직접 개입을 통해서 혹은 다른 등장인물의 입을 빌려서, 특정 인물에 대해 통합적으로 또는 집중적으로 언급함으로써 의도하는 인물 모습을 분명하게 제시한다.

이러한 경우 인물 모습뿐만 아니라, 인물이 사건이나 문제에 대한 태도나 입장을 밝힘으로써 간접적으로 인물이나 소설의 문제를 정리한다.

① ······ 몇 포기 시들어가는 풀꽃 옆에 초헌이 서화꾸러미를 내려놓자, 고죽이 다시 소리높여 명령했다.
"불을 질러라."
그제서야 방안이 술렁거렸다. 일부는 고죽을 달래고 일부는 달려나와 초헌을 붙들었다. 모두가 쓸데없는 소란이었다. 자기를 달래는 사

제5장 인물

람들은 거들떠보지도 않은 채 고죽이 돌연 벽력 같은 호통을 쳤다.
"어서 불을 붙이지 못할까!"
그런데 알 수 없는 것은 초헌이었다. 그 역시 까닭 모르게 노한 얼굴이 되어 잠깐 고죽을 노려보더니, 말리려는 사람을 거칠게 제쳐버리고 불을 질렀다. 뒷날 고죽을 사이비(似而非)였다고까지 극언한 것으로 보아, 그의 내면에 숨겨져 있던 석담선생적(的)인 기질이 고죽의 그 철저한 자기부정(自己否定) 또는 자기비하(自己卑下)에 반발한 것이리라. 마를 대로 마른 종이와 헝겊인 데다가 개중에는 기름까지 먹인 것도 있어 서화더미는 이내 맹렬한 불꽃으로 타올랐다. 신음 같은 탄식과 숨죽인 흐느낌과 나지막한 비명들이 여기저기서 터져나왔다.

①은 이문열의 『금시조』(金翅鳥)의 한 대목이다. 자신이 평생 동안 이룩해놓은 작품들을 모아 불살라버리는 이 극적 상황을 통해서, 고죽의 예술정신과 고죽과 초헌과의 관계를 결론적으로 제시하고 있다. 특히 "불을 질러라", "어서 불을 붙이지 못할까" 하는 그의 명령과 호통은 작품의 극적 전환을 도모하면서, 동시에 지금까지 드러나지 않았던 고죽의 특징적 면모가 드러난다.

② 대학생 차림의 젊은이는 하고 싶은 말을 다 하고서 자리에 앉았다. 나는 입을 다물고 있다가 자리에서 일어났다.
"그래, 여러분들이 바로 송여인이 되어보세요. 역사적 발전보다 더 소중한 것은 개인의 삶입니다. 역사를 이념화할 때 개인의 진실은 은폐되기 쉽고, 더하면 개인의 삶 자체를 말살할 수도 있습니다. 이념은 시간이 지나면 퇴색되어 그 허구성이 드러나지만, 개인의 진실은 영원합니다."
나는 겨우 이 한마디를 내뱉듯이 하고 회의장을 나와버렸다.

②는 필자의 『껍질과 속살』의 일절이다.
 '나'는 화자이면서 동시에 작품의 보조인물과 주인물적인 기능을 동시에 감당하고 있다. 해녀사건에 대한 '나'의 발표에 이의를 제기하는 대학생투의 논리에 대해서 위와 같이 반박한다. 화자는 개인의 삶의 진실이 어떤 이데올로기에 의해서 왜곡되는 억압적 상황을 말한다. 이러한 화자의 발언은, 내화(內話)의 주인공 송여인의 모습과 해녀사건을 취재하고 그 삶의 진실을 이해하려는 '나'의 모습을 분명하게 정리해 준다.

　③내 이야기를 가만히 듣고 있던 그 남자교원은 나중에야 어쩔 수 없다는 표정으로 그렇게 수긍했다. 나는 기회를 놓치지 않고 있다가 물었다.
　"그런데 어째서 남자분들까지 그 사람의 존재를 묵인하죠?"
　"여러 가지 이유가 있겠지만…… 우선 두 가지로 말할 수 있지 않나 싶습니다. 그 하나는 얄팍한 자존심이고 다른 하나는 영악한 계산일 겁니다."
　"자존심과 계산?"
　"얄팍한 자존심이란 자기가 당했을 경우에 해당됩니다. 깨철이에 대한 우월감을 지키기 위해 그 따위 인간에게 아내를 빼앗긴 것을 스스로가 인정할 수 없죠. 그보다는 멀쩡한 그를 병신이라고 우기는 편이 속 편합니다. 또 영악한 계산이란 남이 당했을 경우에 깨철이를 용서하는 방식이죠. 아시다시피 이 마을은 전부가 한 문중이고 아니면 인척들입니다. 생피(相避)붙거나 사돈끼리 배가 맞아 집안 망신을 당하느니보다는 차라리 뒤탈 없는 깨철이 쪽이 낫지 않겠읍니까?"
　"그렇다면 저번에 동네 가운데서 깨철이를 두들긴 사람은 어째서죠?"

　③은 이문열의 「익명의 섬」의 한 대목이다. 한 동족부락에서 익명으

로 살아가는 기괴한 인물에 대한 남자교원의 해석적 대화는, 그 기괴한 인물과 얽혀 있는 문제를 풀어가게 한다. 그뿐만 아니라 이 기명화(記名化)된 동족부락 안에서 유일하게 익명성을 띠고 떠도는 그 괴짜 사내의 삶의 의미와 그러한 익명성이 가능할 수 있는 문제까지 밝히고 있다. 익명으로 인한 자유로움이나 그와의 관계에서 빚어지는 사태에 대한 묵계가 엄청난 무게로 다가오는데도 역시 당사자인 화자 '나'까지도 그것을 문제로 의식하지 않는다. 그 괴짜 사내의 익명성을 통하여 그는 폭력을 모든 사람의 묵계 속에 제왕처럼 누리게 된다.

④ "떠나는 마당이라 묻습니다만, 김형은 우리 가막도를 어떤 고장으루 생각하십니까?"
무슨 대답을 기대하고 한호가 인규에게 이런 질문을 하는지 알 수 없다. 그의 속뜻을 알 수가 없어 인규는 끝내 입을 다문다. 그러나 더 묻지 않는 한호의 침묵이 인규에게는 불만이다. 그는 이런 때를 대비하여 준비해둔 대답이 있는 것이다.
(……가막도는 거짓의 땅입니다. 당신들이 우상으로 섬겨오는 바다는 진실을 은폐하는 거대한 뚜껑일 뿐입니다. 당신들은 불행하게도 진실을 믿지 않습니다. 그래서 진실이 비록 일시적으로는 손해를 끼친다 해도 반드시 밝혀져야 한다는 올바른 생각을 하기보다는, 손해를 불러오는 진실이라면 덮어두는 것이 이롭다는 그릇된 생각을 지닌 사람들이 당신들 중에는 더 많습니다. 당신들의 얼굴에서 웃음을 좀처럼 볼 수 없는 것은 무수한 진실들을 목졸라 죽인 공범자의 죄의식이 도사리고 있기 때문입니다. 뭍은 유난히도 당신들에게만 힘과 폭력을 자주 행사하는 편입니다. 그것은 당신들 모두가 그들의 폭력을 고발하지 않았기 때문입니다. 당신들은 그들을 고발하는 대신 엉뚱하게도 당신들 나름으로 역시 그들에게 폭력으로 맞서곤 했읍니다. 그러나 이 싸움에서 지는 것은 언제나 당신들 쪽입니다. 왜냐하면 당신들이 잘못된 폭력을 행사했기 때문에, 뭍은 당신들의 약점을 쥐고 더

세찬 폭력으로 당신들을 대접하기 때문입니다. 당신들이 좀더 현명하다면 닫힌 바다를 섬기지 않고 열린 바다를 사랑할 것입니다. 당신들이 지금까지 섬긴 바다는 진실의 출입을 가로막는 보기 흉한 우상일 뿐입니다)

뱃고동소리가 들려온다. 뭍으로의 출발을 알리는 전셋배의 뱃고동소리다.

④는 홍성원의 「마지막 우상」의 한 대목이다. 입 밖으로 말하지는 않으면서 준비해둔 대답을 통해서, 인규는 가막도의 실상을 밝힌다. 물론 생각으로만 준비해둔 인규의 말은 어떤 대상이나 세계에 대한 인규의 입장을 밝히는 것이기에, 결국 인규의 참 모습을 드러내는 기능을 하게 된다.

이처럼 인물에 대한 종합적·해석적인 드러냄이 아니라도 소설 인물을 형상화하는 과정에서, 상황에 따라 화자나 제3의 인물에 의해서 대상이나 문제를 집중적으로 요약 설명하는 경우가 많다.

4. 종합

작가는 작품을 쓰려고 할 때 인물을 먼저 생각할 것이다. 그 인물이 추상적인 모습으로 시작되든지, 아니면 추상성이 전혀 배제된 (사상이나 정신 같은 것이 고려되지 않는) 아주 구체적인 인물이든지, 작품을 구상하고 계획을 세워 집필하는 과정에서 그 인물은 살아 있는 인물로 나타나게 된다. 작가는 그 앞에 나타난 추상적인 인물을 소설의 틀 안에서 작가가 의도한 대로, 아니면 그 이상으로 형상화된 구체적 인물로 독자에게 보여줘야 한다. 그러기 위해서는 다음과 같은 순서를 고려할 필요가 있다.

① 그리려는 인물을 확실하게 설정한다.

② 인물의 내적·외적 조건을 구체적으로 부여한다. 그것은 그 조건 또는 요소마다 호응이 되어야 하고, 그것들은 구상하는 작품의 여러 요소와의 관계를 고려해야 한다.

③ 창조하려는 인물을 형상화하는 구체적인 방법을 생각해야 한다.

④ 그러한 인물은 소설의 다른 요소들과 잘 어울리도록 한다. 소설 인물은 인품만으로 존재할 수 없다. 인물이 중요하더라고 그것은 소설이라는 작은 우주를 이루는 한 요소에 불과하다.

이렇게 각각 다른 소우주속에서 탄생된 인물들의 의미는 무엇일까. 작가가 소설을 쓴다는 것은 결국 세계에 대한 해석을 시도하는 일이다. 그러므로 인물을 통해 인간에 대한 탐구를 대신하는 것이다. 작가는 이 추상적인 인간들에 대해 이해하고 탐구한 대로 그 인물 또는 인간형을 소설 속에 구체화시켜서 세상에 내놓는다. 이러한 작업의 결과로 수많은 개별적 인간들에 대해 어떤 해석과 그에 따른 보편적인 질서가 부여되면서 유형화작업이 가능하게 된다.

이것을 인물의 전형 창조라고 말할 수도 있다. 그런데 그 전형은 이미 일반화되지 아니한, 작가가 새로 찾아낸 인물의 문제이기 때문에 창조적인 의미를 갖는다. 전형은 구체적인 인간들의 모습을 통해 보다 보편적이고 일반적인 면을 탐구한다. 그러기에 이는 시대와 그 사회상황에 따라 같은 사회배경에서도 인간에게 주어진 조건에 따라 각각 다른 모습으로 나타난다. 이러한 전형을 창조함으로써 그것이 사회와 인간 본질과 법칙의 한 측면을 드러낼 수도 있다. 그런데 이 전형은 집단적 의미, 즉 사회·역사적인 의미와 인간의 유형화의 한 몫으로의 의미를 동시에 갖지만, 그것은 또한 개개 인물의 독자적인 모습을 전제로 하기도 한다.

비유컨대 자연과학자들이 실험의 결과로 얻은 자료를 체계화했을 때에 어떤 자연의 법칙, 즉 질서를 찾아내면서 어떤 문제에 대해 해명을 하게 된다. 여기에서 그 자연의 법칙이라는 보편적 진실은 바로 개별적인 사항이나 사태(즉 실험의 결과에 따를 개개의 자료 또는 데이터)를 근거로 해서 그것을 종합하고 체계화시켜 얻어낸 것이다. 그러므로 전형을 창조하는 일은 개성을 가진, 그래서 작품에서 제 몫의 진실을 가장 정직하게 풍겨주는 인물을 통해서 가능하다.
 아리스토텔레스가 말한 개연성도 일종의 전형을 뜻한다. 즉 현실에서 인간과 세계의 본질적 법칙을 발견하는 것을 의미했다. 엥겔스가 민 코츠즈에게 보낸 편지는 이러한 개별성과 전형성의 관계를 잘 설명해주고 있다.

 각 개인은 모두 전형이지만 동시에 일정한 하나일 뿐인 개인이다. 즉 개별을 통해서 일반을 반영하고 구체적인 예술 형상을 통해서 보편적인 사회법칙을 반영하는 것이 전형의 기본 특징이라고 할 수 있다. 그러므로 소설 인물을 창조하는 것은, 밖에 드러나지 않고 잠복해 있는 인간의 전형을 찾는 일이라 할 수 있다. 그런데 그 전형은 인물 단독으로 가능하지 않다. 소설을 이루는 다른 여러 요소와의 관계에서만 가능하다. 그러기에 앞서 논의한 대로, 인물의 전형을 찾는 일은 사회와 역사를 이해하여 해석하는 일과 통한다. 즉 소설을 쓰는 데는 인간과 사회와 역사에 대한 작가 특유의 인식의 틀을 필요로 한다. 위대한 작품의 인물창조에 대해서는 다음과 같은 글에서 종합적으로 이해할 수 있을 것이다(정경임 편역, 『예술의 새로운 시각』, 49쪽).

 위대한 걸작이 되기 위해서는 그 등장인물들의 상호관계와 그들의 사회적 생존과 그것에서 발생하는 커다란 사회적인 문제들과 다각적인 상호 연관관계로 긴밀하게 묘사되어야 한다. 이러한 관계가 깊이 있게 포착되고 다양한 양태로 발전하면 할수록 작품은 더욱 위대한 걸작이 될 것이다.

제6장
플롯

1. 플롯과 세계 인식

(1) 플롯

플롯(plot)은 이야기를 소설로 만드는 데 필요한 내적 질서라고 말할 수 있다. 우리 주변에서 일어나는 어떤 사건이나 그것을 바탕으로 한 소설은 모두 서사성을 지닌 일종의 이야기들이다. 사건으로서의 이야기와 소설로서의 이야기의 차이는 플롯에 있다. 흥미있는 사건이나 어떤 개인이 체험한 특이한 이야기는 소설보다 더 재미가 있고 또 어떤 교훈적 의미를 사람들에게 줄 수 있을지라도 그것은 소설이 될 수는 없다. 그런 사실로서의 이야기가 작가의 해석을 통해서 새로 만들어졌을 때 소설이 된다. 즉 플롯은 사실로서의 이야기를 소설로 만드는 데 필요한 요소가 된다.

실제 일어난 사건으로서의 이야기(story)와 소설(fiction)의 차이는 무엇인가. 아침 출근길에서 중앙선을 침범해 들어온 덤프트럭이 마주오던 승용차를 들이받은 사고가 일어났다. 그 상황을 출근하던 어떤 사람이 직접 목격했다. 사건의 자세한 내용은 그 사건을 직접 목격하지 않은 사람도 그날 석간신문에서 읽게 된다. 승용차에 탔던 젊은 중견사원 둘이 즉사했고 덤프트럭 운전기사는 부상을 당했다. 죽은 청년들은 서로 친구간인데, 재벌그룹의 촉망받는 사원으로 각각 2살과 3살 된 아들과 딸이 있다. 그들은 같은 아파트에 살기 때문에 교대로 차를 몰아 출근하던 길이었다. 이러한 개인적인 사고 사건 외에도 우리 주변에서는 번잡스러운 정치사건들이 자주 터지고 있다. 신문이나 방송으로 그 내용을 알게 되고, 조금 후에 월간지 기자들이 쓴 기사를 통해서 더 재미있게 읽을 수 있다. 이런 이야기들은 어쩌면 소설보다 더 흥미있을 뿐만 아니라, 직접 우리들 생활과 밀접하게 관계되어 있기도 하다. 그러나 그것은 소설이 아니다.

왜 그것은 소설이 아닐까. 첫째, 그것은 작가의 창작물이 아닌 실제 일어난 일회적인 사건이기 때문이다. 그렇다면 그 사건 이야기와 창작품인 소설의 차이는 무엇일까. 이 사건 이야기들도 우리가 사는 땅에서 일어난 사실이기에 우리들 삶이나 현실에 대해서 무엇인가 제시해줄 수도 있다. 아무런 이유도 없이 죽어간 그 젊은 청년의 비극은 바로 내일 나에게 닥칠 문제가 될 수도 있고, 그러한 불확실한 시대에 살고 있다는 사실이 무의식적으로라도 현대인의 삶에 작용하게 될 것이다. 더구나 시민들의 삶과 직접적인 관계를 갖는 정치사건은 개개인의 생활에 작용되어 한 시대의 사회상을 설명해준다. 그러나 그 실제 사건으로서의 이야기가 그러한 의미성을 가졌다고 해도 소설은 아니다. 그것은 의미있는 이야기이긴 하지마는 일회적 사건일 뿐이다. 이 일회성 사건은 보다 보편적인 의미성을 가진 세계와 인간의 어떤 진실을 드러내는 데는 한계가 있다. 왜냐하면 우리들이 살아온 역사에서 꼭 같은 사건은 두 번 일어나지 않기 때문이다. 물론 비슷한 사건은 일어날 수 있으나 결코 같은 사건은 아니다. 그러므로 개별적인 사건으로 보편적인 진실을 설명하는데는 한계가 있다. 같은 사건은 두 번 다시 일어나지 않는다.

둘째, 어떤 사건을 사건 그 자체로만 볼 때에는 극히 우연적인 경우가 많기 때문에 그 사건만으로서는 보편적인 진리나 진실을 드러내는 데 부족하다. 우연히 일어난 사건은 그 사건만으로서 의미를 지닐 뿐, 그외

제6장 플롯

다른 사실과 관련되어 있지 않다. 그것이 보다 보편적인 의미를 지니려면 다른 문제와 관계를 맺어야 한다. 그러기 위해서는 그 개별적인 사건을 전체성 위에서 그 의미를 찾아내어야 한다.

 소설은 어떤 개별적인 사건이나 체험이 인간과 세계의 전체성 위에서 그 의미를 찾아내는 과정을 거쳐야만 된다. 그렇게 될 때 그 개별적인 사건이 다른 세계의 현상이나 작가의 체험과 관계를 맺고 있음을 알게 된다. 여기에서 우연으로 생각했던 사건에서, 그 사건을 낳게 한 어떤 문제를 찾게 됨으로써 사건의 우연성이 극복되면서 전체를 구성하는 일부의 사건 또는 그 요인이나 결과로서의 의미가 드러나게 된다. 이러한 과정은 바로 그 사건 자체의 이해이고 해석이다. 이것은 앞서 논의한 대로 소재에서 주제를 찾는 일에 해당된다. 그러므로 그 주제를 찾는 일이 바로 플롯을 짜는 밑받침이 된다. 소설의 플롯과 주제는 서로 밀접하게 연관되어 있다. 여기에서 사실로서의 이야기와 창작된 소설, 우연과 필연의 의미와 그 차이를 이해할 수 있다. 사실을 바탕으로 소설을 창작하는 데 있어서, 플롯은 그 사실의 우연성과 일회성을 더 넓은 세계 위에서 의미지워주는 데 필요한 장치라고 말할 수 있다.

 그런데 하나의 사건에서 필연성과 전체성을 부여하는 데는 사건 자체에 대한 이해와 해석이 필요하고, 다른 사건이나 작가의 체험의 세계를 바탕으로 한 상상력의 도움이 필요하다. 즉 개별적인 사건을 이루는 모티브들을 찾아내고 그것들 서로간의 관계를 이해하고 해석하여 그 질서를 찾아내고, 다른 세계의 현상이나 작가가 상상한 세계와의 관계를 설정함으로써 그 전체성 위에 의미를 얻게 된다. 여기에 플롯은 바로 우연적으로 생각되는 어떤 사실에 대해서 그 논리성을 부여하는 일이 되기도 한다.

 이러한 사실로서의 이야기와 소설로서의 플롯 관계를 러시아 형식주의자들은 우화(fable)과 주제(sujet)라는 개념으로 설명한다. 우화는 스토리, 즉 실제로 일어난 사건인데, 그것은 시간의 경과에 따라서 사건이 진행되어나간다. 그것을 규제하는 것은 시간의 논리이다. 시간이 흐름에 따라 전개되므로 소설의 전개양식과는 다르다. 반면에 주제는 그 우화를 이루고 있는 하위 단위 사건이나 모티브와의 관계를 바탕으로 해석하여 새롭게 짜놓은 것이다. 그 근거는 시간성이 아니고, 그 모티브와 모티브들과의 관계성이다. 그러므로 전자는 사건의 외형이 보다 강조되지만, 후자는 그 사건에 따른 해석이 중요한 몫을 한다.

 소설은 소설가에 의해서 의도적으로 독자에게 전하는 이야기이기 때문에, 이야기하는 사람의 의식이 플롯을 통해 각각 다르게 나타난다. 그러므로 대부분의 소설에서는 물리적인 시간성을 무시한다. 설령 그러한 시간성을 고집하는 경우가 있다 하더라도, 예를 들면 김동인의「감자」나 염상섭의『만세전』, 조선시대의 고전소설 등에서는 그러한 시간의 연속성에 의지하여 소설을 전개해야 하는 또다른 논리성이 있다(플롯 유형에서 논의할 것임). 그러므로 그것은 단순히 시간의 순차적 흐름에 의지하여 소설 플롯을 짜놓은 것과는 다르다.

(2) 스토리에서 플롯으로

 우화 즉 스토리를 지배하는 것이 시간이라면, 인간의 삶 자체를 시간의 지배에서 인식하는 것은 소극적인 태도이다. 그것은 동물의 삶과 다르지 않기 때문에 소설은 그것을 용납하지 않는다. 그래서 설사 인간이 시간의 지배를 받는다 하더라도, 그것을 다시 해석해서 그 시간의 지배를 극복하려는 노력으로 이루어진 것이 바로 소설이다. 그러면 이야기와 소설(플롯)의 차이를 시간성과 인과관계에서 생각해보자.

 ① 1. 봄에 한 소년과 소녀가 우연히 만나게 되었다.
 2. 차차 시간이 지나 여름이 되면서 그들은 서로 친해졌고 결국 사랑을 하게 되었다.
 3. 가을이 되었는데, 그들 부모들이 그 자녀들의 관계를 알고는 그들의 사랑을 용납하지 않으려 했다.

제6장 플롯

4. 겨울이 되면서 소년과 소녀의 사랑은 고통스럽게 되었다. 그래서 잠시 헤어져 있기로 했다.

5. 이듬해 봄에 그들은 헤어져 있는 동안에 각자 자신의 사랑을 확인하고는 부모들의 반대에도 불구하고 다시 만나 사랑을 회복하게 된다.

①의 이야기는 우리 주변에 많다. 그러나 이 이야기에서는 사랑의 아픔이나 고통은 시간이 지남에 따라 자연히 해결된다는 식으로 이해될 수 있다. 그러기에 외형적인 사건만 있는 이야기일 뿐이고 어떤 상황에 대응하는 인간의 의지가 약화되어 있다. 이들의 문제는 시간에 갇혀 있다. 그런데 ①을 다음과 같이 변형시켰을 때 그 의미는 달라진다.

우선 이야기를 소년을 중심으로 전개되는 양식으로 새로 짜면, 다음 ②와 같이 변형될 수 있다.

② 3. 소년은 그에게 닥친 소녀와의 사랑의 시련을 고통스럽게 생각하고 슬퍼한다.

1. 소년은 소녀를 만났던 그 봄을 생각한다.

2. 그럴수록 소년은 소녀와의 사랑의 아름답고 소중함을 더욱 절실하게 깨닫게 된다.

4. 소년은 그에게 닥친 사랑의 장애를 이겨야 하겠다고 결심한다.

5. 결국 소년은 소녀와의 사랑을 생각함으로써 힘을 얻고 어려움을 극복하여 사랑을 회복한다.

이렇게 그 시간 순서를 무시하고 소년과 소녀의 사랑과 고통의 과정을 이루고 있는 문제를 찾아내어 그것들끼리의 관계를 설정해서 재구성할 때, 두 사람의 사랑의 고통과 그것을 극복한 과정은 의미를 지니게 되면서 더 재미있게 된다(김병욱 편,『소설의 이론』, 226~27쪽). 그래서 플롯은 이야기를 낯설게 하여 재구성해놓은 것, 즉 이야기의 소원화

(defamiliarize)라고 말하기도 한다(김병욱, 같은 책).
 또한 이렇게 단순한 이야기를 플롯화해서 재구성했을 때, 이야기성에서 벗어나서 사랑을 인식하는 주인공의 태도와 극복을 위해 애쓰는 모습이 드러난다. 즉 사람이 세상을 바라보고 살아가는 그 태도를 읽을 수 있다. 그러므로 이것은 곧 인간과 세계를 해석하는 한 방법이 된다. 즉 ①에서는 시간이 사건을 지배하지만 ②에서는 소년의 의지가 사건을 이끌어간다.
 플롯이 바로 세계 해석의 한 양식이란 점은 다른 학문 방법과 더불어 생각해보면 이해가 확실해질 것이다. 자연과학자가 실험실에서 얻어낸 실험 결과는 1차적으로는 하나의 사건이다. 사회학자가 공장노동자의 노동의식을 연구하기 위해서, 직접 작업현장 실태를 파악하고, 노동자들을 면담하고 설문지를 통해 조사한다. 그러한 개별적인 사항들은 하나의 사실(fact)이다. 아무리 좋은 자료나 실험 결과를 얻었다 하더라도, 그것을 바탕으로 개별적인 자료와 자료들끼리 관계를 설정하고, 그것이 더 넓은 다른 사실과 관계맺을 수 있도록 체계를 세웠을 때에, 그 과정에서 어떤 의미를 찾아낼 수 있다. 이것을 체계화하면 세계 현상을 이해하거나 질서를 새로 찾아낸 논문이 된다. 이 일은 사실로서의 사건을 플롯화하여 소설을 만들어내는 일과 같다.
 그러므로 소설을 쓴다는 것은 넓은 의미에서 인간과 세계에 대한 탐구이다. 단지 인식방법이 다르고, 그 결과를 소설언어에 의해 서사양식으로 형상화한다는 점에서 다른 과학으로서의 학문 영역과 다르다. 즉 과학은 인간과 사회와 자연의 질서를 파악하고 해명하는 일이지만, 예술은 그 이해하고 밝혀진 것을 바탕으로 해서 새로운 것을 다시 만들어낸다. 그것은 인간이 동경하는 세계에 대한 소망을 변형시켜 형상화하기도 한다. 인간의 모든 과학은 결국 인간과 사회와 자연에서 그 드러나지 않은 문제를 찾아내는 일이다. 그 문제는 무궁한 것이기에 소설도 영원히 존재할 것이다.
 소설 플롯을 만드는 일은 작가가 세계의 문제를 찾아내는 하나의 방법과 관계있다. 그러므로 쓰려는 문제에 따라 그 플롯도 달라질 수밖에 없다. 이러한 플롯의 개별성이 바로 작품의 개별성을 가능하게 하는 중요한 요소이다. 어쩌면 비슷한 소재로 작품이 씌어졌다 하더라도 같은 작품이 아닌 이유는 그 플롯의 차이 때문이고, 같은 소재를 가지고도 작가마다 전혀 다른 의미의 작품을 쓸 수 있는 것은 작가가 세계와 인간을 보는 안목이 다르기 때문이다. 이런 점에서 소설의 플롯은 바로 작가의 세계관의 표현이라고 말할 수 있다.

2. 플롯의 원형과 기본틀

(1) 플롯의 원형과 질서의 아름다움

애초에 소설을 쓴 사람들은 그 플롯의 원형을 어디서 찾았을까. 모든 원리는 그 원형이 있기 마련이다. 그래서 학문은 발달하고 사물을 인식하는 인간의 인지도 변모하게 된다. 그렇다면 지금 일반적으로 플롯의 기본태라고 하는 시작 – 중간 – 끝 또는 발단 – 전개 – 위기 – 클라이맥스 – 대단원이라는 이 틀은 어디에서 연유되었을까. 아리스토텔레스는 그의 『시학』에서 처음과 나중이 있는 것은 아름답다고 했다. 그래서 아름다움을 추구하는 문학의 플롯도 그것을 취했을 것이다. 여기에서 아름답다는 의미는 우리가 관념적으로 생각하는 미(美)라기 보다는 어떤 진실이나 참의 의미에 가깝다고 생각된다.

이 아름다움의 기준이 되는 처음 – 중간 – 끝이라는 틀은 어디에서 얻어왔을까. 최초로 인간 사유 한계 안에서 아름다움을 인식할 수 있는 계기는 자연과의 만남이었을 것이다. 자연을 현상적으로만 인식하지 않고 그 내면의 질서를 파악하는 과정에서, 인간은 아름다움을 찾아내었을 것이다. 우선 제일 가깝게 체험할 수 있는 대상은 아침과 낮 그리고 저녁으로 이어지는 하루라는 시간 단위였을 것이다. 인간은 그 시간 속에

매일매일 살았다. 그 과정에서 다시 4계절의 변화를 알게 되고, 그러한 환경에서 살아가고 있는 인간들 자신도 유아기에서부터 차차 자라서 어린아이 기간을 거쳐 청장년이 되고, 다시 늙어서 결국 죽음에 이르는, 그 시작과 끝을 비로소 자신의 문제에서 확인했을 것이다. 그런데 시작과 중간까지는 설사 아름다움으로 인식했다 하더라도, 끝의 그 절망을 어떻게 아름답다고 보았을까. 그것은 위대한 깨달음이었다. 매일매일 반복되는 날에서, 저녁이 지나고 한밤이 지나면 바로 새날이 돌아오는 것을 확인했다. 그리고 겨울이 가면 봄이 온다는 것도, 그래서 인간은 시작과 끝으로 이어지는 하나의 현상과 그것들이 새로운 순환의 틀 속에 다시 시작의 의미성을 갖게 된다는 것을 깨닫게 되었다. 이것은 놀랄 만한 인식이고, 소설을 쓸 수 있게 만든 계기가 되었다고 생각한다. 즉 죽음의 종말이 아니라 어떤 더 큰 질서 안에 다시 새롭게 포함된다고 인식할 때, 비로소 '시작과 중간과 끝'의 구조를 가진 것이 아름답다고 확인하기에 이르렀을 것이다.

  뿐만 아니라 자연을 보면 서로 상관없는 것, 더구나 어떤 경우에는 서로 반대되는 것까지 한데 모일 때 거기에서 어떤 질서와 조화가 있음을 발견하게 되었다. 산과 골짜기, 하늘과 땅, 숲과 돌짝밭, 육지와 바다, 남자와 여자, 동물과 식물, 노인과 아기…… 등, 모든 대립되는 것끼리의 조화를 발견하게 되었다. 그리고 한 채의 초막을 짓는 데도 나무와 띠와 넝쿨이, 그리고 돌과 흙들이 필요하다는 것을 알았다. 그것들을 개별적으로 흩어놓았을 때에는 초막과는 전혀 관계없는 것들이었는데, 그것들이 모여 협력하여 적절하게 조화를 이룰 때에 훌륭한 띠집이 되었다는 사실은 인간의 삶의 현장에서 어디에서나 적용되는 일이라는 것을 알았다. 우리 신체도 그렇다. 심장과 뇌라는 중요한 기관이 필요하지만, 손톱이나 콧수염 같은 겉으로 보기에는 아주 쓸모없는 것도 한데 모여서 우리들 신체를 구성하고 있고, 그들이 서로 적절하게 활동함으로써 인간의 신체는 제 구실을 다하게 된다.

  '끝'이 종말이 아니고 어떤 질서 속에 편입되어 새로운 시작을 이룰 수 있다는 결론은 결국 우주 만상과 인간과 세계는 큰 질서속에 편입되어 있다는, 모든 개체를 전체성 속에 놓고서 존재 의미를 확인하기에 이르렀다. 그리고 그 바탕에는 조화와 질서가 있음도 깨달았고, 그것이 바로 아름다움임을 알았다. 그리고 그 아름다움은 삶의 현장이나 우주현상에서 질서를 찾아내는 데서 가능하게 되고, 그렇게 얻은 질서를 바탕으로 해서 더 많은 질서를 찾아낼 수 있고, 그러한 것들이 축적되어서 인간의 삶은 아름답고 윤택하게 된다는 어떤 믿음에까지 이르게 되었다. 그 결과로 인간은 부단하게 세계를 탐구하게 되었고, 예술가는 새로운 작품을 만들어내게 되었다.

세계를 이루는 질서의 원형이 '아름답다'는 인식은, 기독교 성경의 창세기에서도 설명해준다. 우주 창조와 인간의 시작을 기술한 창세기 기사를 보면, 야훼는 말씀으로 혼돈에서 질서의 세계를 창조한다. 그리고 한 단계 한 단계 창조한 결과를 보고, 야훼는 '좋다'라고 말한다. 창세기 1장에 이 '좋다'는 말이 무려 6회에 걸쳐 나온다. 인간과 우주의 원리의 근간은 바로 조화와 질서가 낳은 아름다움에 있다는 이 성경의 기사는, 그후 인간들이 직접 연구하고 사유하면서 확인하게 된다. 그러나 신이 창조한 세계의 불가사의함은 한없이 깊고 오묘하기 때문에, 인간 탐구는 계속되고, 작가는 그 탐구를 대신하는 새로운 세계를 작품으로 창조하고 있는 것이다.

(2) 플롯의 기본틀과 의미

고전적인 입장에서 플롯의 기본틀은 발단, 전개, 위기, 클라이맥스, 대단원으로 구분해서 생각해왔다. 이러한 틀은 앞에서 논의한 대로 자연현상의 질서에서 빌려온 것이다. 이러한 플롯의 기본틀에 대해서는 아리스토텔레스가 그의 『시학』에서 처음으로 논의했다. 일정한 길이가 있는 것은 아름다운데, 그것은 시작과 중간과 끝으로 이루어졌다는 이 플롯의 원칙은 그 이후 현재까지도 희곡과 소설구성의 중요한 요건이 되었다.
 이러한 플롯의 기본틀은 희곡에서 보다 철저하게 적용된다. 소설은 그래도 여유가 있다. 그것은 바로 사물이나 세계에 대한 인식의 방법이나 태도가 자유롭게 열려져 있다는 의미이다. 소설은 그만큼 상당히 반전통적이고 파괴적이다. 그런 면에서 오히려 소설의 플롯은 더 다양하고 자유롭기 때문에 작가 나름으로 자기의 플롯을 만들어내는 데 더한 노력이 필요할 것이다. 그 기본틀을 바탕으로 새로운 자기 틀을 만들어내야 할 것이다. 그러나 아무리 작가 개인에 따라 플롯이 다소 자유롭다 하더라도, 시작과 중간과 끝이라는 기본틀을 바탕으로 한 것임에는 틀림이 없다.
 발단은 말 그대로 소설의 시작이다. 이 대목에서 문제가 제시되고, 그것이 다음에 계속되는 플롯을 의도한 방향으로 진행시켜나간다(소설의 시작과 결말에 대한 논의는 따로 할 것임).
 이 발단부에서는 직접적으로 문제를 제시하거나 또는 상징적인 틀에 의지해서 제시하기도 한다. 인물을 통해서, 배경으로, 상직적인 상황의 설정으로, 그외 여러 방법으로 발단부를 처리한다. 그러나 어떤 방법으로 처리되든 간에 그 작품을 이루고 있는 중요한 요소들을 놓쳐서는 안된다. 주인물, 소설의 뼈대가 되는 갈등양상이나 문제 등은 직접적으로 또는 간접적으로 제시해야 한다. 한마디로 발단부는 소설의 문제와 앞으로 소설 전개를 위해 필요한 요소들을 포함하고 있어야 한다.
 전개는 발단에서 제시되거나 암시된 문제가 점점 구체적으로 나타나 뚜렷하게 문제를 내놓고 그것을 처리해나가는 과정이다. 소설 인물들이 대부분 나타나고, 그들을 통해서 갈등이 구체화되면서 점점 심화되고, 다시 그 갈등은 인물을 변모시켜가면서 점점 사건은 복잡하게 되고 심각해진다. 인물의 경우에도 각각 그들의 성격과 기능이 확실하게 드러나고, 행동 방향이 결정되어 그대로 행동해나간다. 그런데 그 과정에서 나타나는 사건이나 인물, 그리고 갈등 등은 서로간에 긴밀한 관계망으로 얽혀져 있어야 한다.

제6장 플롯

 전개가 몇 단계의 문제를 만들어놓고 해결해나가는 과정을 거쳐 그 결말 직전에 절정에 이른다. 그래서 결국에는 어떤 형태로든지 문제가 터지지 않으면 안되는데, 여기에서 새로운 문제가 제시된다. 그것은 일종의 반전(反轉)이다. 모든 전개에서 심화된 문제는 해결을 봐야 하는데, 그것은 급작스럽게 이루어지는 것이 아니라 어떤 단계를 거치게 되어 있다. 그 해결을 미리 예견하게 만드는 것이 위기상황이다. 예를 들면 정오는 오전의 끝이면서 오후의 시작이다. 이 분기점이 바로 위기라고 한다. 그런데 위기는 전 단계로서 전개부를 마무리하면서 새로운 전개를 위한 준비, 즉 반전의 발단과 같은 의미를 지닌다. 그래서 희곡에서는 이 단계를 전반부의 종결부이자 후반부의 발단부라고 한다.
 위기에서 새로운 문제가 나타난다. 그러나 그것은 돌발적인 것이 아니라 전반부의 종합적인 결과이다. 그래서 다시 새로운 방향, 즉 결말을 향해 전개되어나가게 된다. 여기에서부터 후반부에 들어서게 되는데, 전반부 흐름보다는 빠르다. 그것은 위기 이후의 상황은 이미 정해진 길따라 흘러갈 수밖에 없기 때문이다. 이렇게 반전된 상황이 어떤 해결점을 향해 나가다가 막다른 상황에 이르게 되는데, 이를 클라이맥스라고 한다. 이 단계는 바로 작품이 끝나기 직전이어서, 대부분 단편인 경우 대단원 또는 종결부와 함께 처리될 경우가 많다.
 종결에서 사건은 끝이 난다. 그리고 모든 갈등과 분규는 작품 안에서 해결을 본다. 그러나 그것은 인간들이 생각하는 해결이 아니고 새로운 문제를 제시하는 것이다. 이미 드러난 문제가 끝났다고 모든 문제는 해결되지 않는 게 인간사이다. 소설은 해결을 도모하기 위해서 씌어지는 것이 아니라, 문제를 밝히기 위해 또는 문제를 점검하고 성찰하기 위해 씌어지는 것이기에, 대단원에 이르러서 새로운 문제가 다시 나타나게 된다. 그리고 소설 인물을 통해 새로운 세계의 모습과 만나게 된다. 마치 하루가 지났다고 끝나지 않고 새날이 오는 것과 같다. 그 새날은 어제와 같은 날이면서 어제와 다른 날이라는 점에서, 소설의 끝은 새로운 세계를 만나거나 아니면 세계를 새롭게 볼 수 있게 된다는 데서 그것은 또다른 시작이다. 여기에 소설 대단원의 의미가 있다.
 이러한 플롯구조에 대해서 실제 작품을 분석하면서 그 흐름을 살펴보기로 한다.

3. 플롯 분석의 한 예 : 오정희의「동경」(銅鏡)

 플롯의 짜임을 실제 작품을 읽어가면서 확인해보기로 하겠다.
 작품 플롯을 이해하기 위해서, 우선 대상 작품을 형식 문단으로 나누어 읽을 필요가 있다. 읽어가면서 각 형식 문단을 이루고 있는 주요 상황이나 내용과 모티브를 찾아내고, 그것들의 앞 뒤 문단과의 관계를 생각해 둔다. 그리고 사건의 흐름을 체계있게 정리하고, 그것이 각 문단을 이루고 있는 상황이나 모티브들과의 관계를 살펴보는 것이 좋다.
 이 소설은 전지적 화자를 통해서 독자에게 이야기되는 양식으로 씌어졌다. 그러나 화자는 혹 1인칭 화자처럼 항상 '그'라는 주인물과 밀착되어 있어서, '그'의 눈을 통해서 세계의 실상과 인물들의 모습이나 사건을 독자에게 보여주게 된다(':'는 호응 또는 발전관계를, '-'는 대립관계를 나타냄).

 (1) 문단 나누어 읽기

(1) '그'의 점심 식사 전 산보길
*언덕배기
(2) 자전거를 타고 내려오는 아이
(3) 긴장 : 팽팽한 종아리
*아이 -'그'

⟨1-1⟩ 아내가 커다란 함지에 밀가루를 쏟아붓는 것을 보고 그는 식사 전의 산책을 위해 집을 나섰다. 두어 발짝 옮겨놓을 즈음 그는 언덕길로부터 자전거를 타고 달려오는 이웃집 계집아이를 보았다. 브레이크 장치를 움켜쥐고 가속도에 몸을 맡겨 비탈길을 내려오는 아이의 얼굴은 긴장으로 조그맣고 단단하게 오므라들어 있었다. 짧고 꼭 끼는 면바지 아래 종아리

제6장 플롯

도 팽팽히 알이 서 있었다.

　공기의 저항을 줄이기 위한 어떤 노력도 없이, 그 아이에게는 아마 지나치게 클 것인 자전거의 페달을 밟고 꼿꼿이 선 자세로 달려오던 아이가 마주 걸어오는 그에게 눈길을 주었던가, 그는 알 수가 없었다. 그의 늙은 얼굴에 떠오른 미소보다 재빨리, 맞바람에 불불이 일어선 머리칼과 아직 그을지 않은 흰 이마가 잠깐 기억되었다가 사라졌다.

　〈1-2〉절기보다 이른 더위 탓인가, 골목에는 사람의 자취가 없어 그는 늘상 다니는 길이면서도 이상한 낯설음에 빠져 달려가는 아이의 뒷모습을 눈으로 쫓았다. 회색빛 담과 낮은 지붕들이 잇대어 있을 뿐인 길을 아이는 달리고, 바람이 길을 낸 자리에 풀포기 다시금 어우러들듯 풍경은 두 개의 바퀴가 만드는 흰 공간 속으로 빨려들어갔다.

　이상하게 조용한 한낮이었다. 간혹 열린 대문으로 빈 뜨락이 보이고 안이 들여다보이지 않도록 무덥게 드리워진 불투명한 발이 보일 뿐이었다. 아직 아이들이 학교에서 돌아올 시간이 아닌 것이다.

　아이는 문득 죽은 듯한 정적을 의식했던가, 아니면 아무도 없는 빈 길에서 쉼없이 페달을 돌리는 권태로움 때문인가, 장애물도 없는 골목에서 두어 번 길고 날카로운 경적을 울렸다.

　〈1-3〉아이는 아마 필시 시간을 다 채우지 못하고 슬그머니 유치원을 빠져나왔음이 틀림없었다. 아침마다 그는 담너머로, 유치원에 가기 싫어하는 아이의 울음소리를 들었다. 그러나 아이는 결국 담장 사이에 난 샛문을 열고 그의 집마당을 가로질러 유치원에 가곤

(1) 조용한 골목
(2) 아이의 긴 경적
＊골목 정황 :
낯설음과 조용함

(1) 계집아이에 대한 정보
＊유치원생
＊그의 집에 무시로 드나듦
(2) 새로운 인물

제시
*아이 어머니 :
미장원
*아이 아버지 :
중동
*아내-아이

(1) 아이 엄마에
대한 정보

했다. 비 오는 날이면 발꿈치까지 닿는 노란 비옷을 입고 마당의 물이 괸 자리를 골라 철벅거리며 한껏 늑장을 부렸다. 유치원에서 돌아오면 자전거포에서 자전거를 빌려타거나 그의 집마당 귀퉁이에서 소꿉놀이를 하며 놀았다. 아내는 아이가 그의 집을 무시로 드나드는 것을 싫어했다. 함부로 잔디를 밟고 꽃들을 꺾기 때문이었다. 그리고 아이가 왔다 가면 무엇인가 조그만 물건들이 없어진다고 했다. 때문에 아내는 언제나 아이가 다녀간 자리를 의심스러운 눈길로 살피곤 했다.

⟨1-4⟩ 아이의 엄마는 찻길에 면해 있는, 약국과 정육점, 당구장이 들어 있는 삼층건물의 이층 미장원에서 일하고 있었다. 아이를 낳은 후 바로 중동에 나간 아이의 아버지는 이제까지 계속 연장 취업을 하고 있다고 했다.

아이의 엄마는 쪽문을 통해 그의 집을 드나드는 일이 거의 없었지만 그는 그 여자를 자주 보았다. 창문을 열어놓을 철이면 찻소리가 잦아드는 사이사이 미장원에서 찰칵찰칵 머리칼 자르는 가위소리가 길 아래까지 들렸다. 때로 찻길의 소음을 막기 위해 창문을 닫는, 찌푸린 얼굴을 보았다. 늦은 저녁이면 파마용 비닐 앞치마를 두른 채 찬거리를 사들고 종종걸음을 치는 그녀와 아주 가까이서 마주치기도 했다. 그럴 때의 그 여자에게서는 파마약과 머리칼 냄새가 강하게 맡아졌다. 한 달에 두 번 쉬는 휴일이면 그 여자는 수채에 쭈그리고 앉아 크악크악 가래를 돋구어 뱉었다. 글쎄, 목에서도 머리칼이 나와요. 그래서 난 되도록이면 머리를 자를 때 입 다물고 말을 안해요. 손님들한

제6장 플롯

테서 무뚝뚝하다는 얘기를 듣긴 하지만요. 언젠가 그는 누군가와 얘기하는 그 여자의 말소리를 들었다.

〈1-5〉느린 걸음으로 주택가의 모퉁이, 어린이놀이터에 이르렀을 때 그는 자전거에서 내려 비스듬히 기대 서 있는 아이를 보았다. 아이는 그늘 한 점 없이 쨍쨍한 놀이터의 모래밭에서 게처럼 놀고 있는 아이들에게 물었다.

"너희들, 내 만화경 못 보았니? 누가 훔쳐갔니?"
"몰라, 몰라."

아이들이 코를 훌쩍이며 대답했다.

아이는 어젯저녁 늦도록 샅샅이 뒤져본 모래더미를, 소용없는 짓인 줄 알면서도 다시금 사납게 헤집어 아이들이 만들어놓은 굴이나 두꺼비집 따위를 허물어버리고는 자전거에 올라탔다.

"누구든지 가져간 애는 내가 한 바퀴 돌아올 때까지 갖다놔. 안 그러면 가만 안 둘 테야. 난 누가 내 만화경을 훔쳐갔는지 다 안단 말야."

그는 오한이 들 만큼 새하얀 햇빛, 질식할 듯한 정적 속을 마치 장님인 양 똑똑똑, 지팡이를 촉수처럼 더듬어 한 걸음씩 떼어놓으며 위장의 미미한 움직임을 느꼈다. 그리고 그 움직임의 반동으로 그의 몸 속에 주렁주렁 매달린 크고 작은 주머니와 창자들이 꿈틀대기 시작하는 것을 느꼈다. 낡고 무력하게 늘어진 주머니는 이제야 비로소 게으르게 제 기능을 생각해내고 다소의 활기를 되찾은 것이다.

날이 더욱 뜨거워지면 그는 식욕을 돋구기 위해 필요하다고 스스로 처방한, 이십 분에서 삼십 분에 걸친 식사 전의 산책을 그만두어야 할 것이다.

(1) 그가 놀이터까지 옴
(2) 아이들이 노는 것을 봄
(3) 계집아이가 만화경을 찾음
(4) 그의 위장이 활발히 운동함
*미미함, 꿈틀거림, 활기
*놀고 있는 아이들-그의 반응

(1) 산책하다가 쉼 : 숨이 참
＊무겁게 드리워진 커튼
(2) 그의 단조로운 일상성
＊일정한 산책길
(3) 공포-단조로운 길과 풍경
(4) 의식없이 바라봄
＊지친 풍경
＊고여 있는 일상적 생활-예민한 반응

(1) 집에 돌아옴
＊만족 : 수칙
＊육체와 생활을 지배하는 규칙과 리듬을 순종하는 데서 얻는 기쁨

(1) 집에 돌아옴

〈1-6〉그는 조금씩 숨이 차하며 멈춰서서 이마의 땀을 닦거나 길가 집 열린 창으로 꼼짝 않고 무겁게 드리워진 커튼을 유심히 바라보았다.

산책길은 늘 일정했고 그는 똑같은 모양의 낮고 작은 집들이 들어찬 주택가의, 어쩌면 공포까지도 불러일으킬 정도로 단조로운 길과 풍경 따위, 망막에 들어오는 모든 것을 오랫동안 바라보곤 했다. 관찰이나 기억을 위한 목적이 없이, 바라본다는 의식조차 없이.

어쨌든 날이 더워지면 산책은 중단해야 될 것이다. 지나치게 좁아지거나 얇아지고 느슨해진 기관들은 더운 날씨를 견뎌내지 못할 것이기에 여름내 그는 그늘에 내놓은 등의자에 앉아 그가 바라보기만으로 그친 풍경들을 떠올리며 지내게 될 것이다.

〈1-7〉한껏 느릿느릿 걸었는데도 삼십 분에 걸친 산책을 마치고 집 가까이 올 무렵에는 웃옷 등에 축축히 땀이 배었다. 만족스러운 결과였다. 그는 자신의 나이에 이르면 땀이 흐를 정도의 운동은 무리라고 생각했기 때문에 몸의 움직임은 언제나 땀이 그저 조금 배일 정도의 가벼운 운동으로 그친다는 것을 수칙으로 삼고 있었다.

그는 스스로 정한 몇 가지 규칙과 질서를 지키려는 노력으로 얻어지는 성과를 중요하고 가치있게 여겼다. 하루하루가 마치 당기지 않는 입맛으로 억지로 숟갈질을 하는 듯하다고 생각하면서도 이 모든 것이 한 순간에 정지할 날이 있으리라는 것을 결코 모르는 것처럼 육체와 생활을 지배하는 규칙과 리듬에 순종하는 기쁨을 느꼈다.

〈2-1〉아내는 열두 사람 분의 칼국수를 만들 밀가

제6장 플롯

루 반죽을 준비했지만 심방(尋訪)은 취소되었다. 오랜 병을 앓던 교우(敎友)가 방금 운명을 했기 때문에 가정예배를 위해 교회를 나서던 그들은 곧장 종합병원 영안실로 간다는 전갈이 왔노라고, 산책에서 돌아온 그에게 말하며 아내는 상기도 함지 가득한 흰 반죽 덩어리에 두 손을 찔러넣은 채 잠깐 망연한 표정을 지었다.

이미 두 사람 몫으로는 지나치게 많은 반죽은 입이 넓은 함지의 전으로 넘칠 듯 부풀어오르고 있었다.

마루에는 국수를 썰기 쉽게 밀가루가 발린 도마며 밀대, 국수 위에 얹을 색색의 고명이 담긴 채반 따위가 널려 있었다.

〈2-2〉 아내는 손님을 맞을 준비로 이른 아침부터 마당청소를 하고 부엌과 마루에서 종종걸음을 쳤다. 아침상을 물린 뒤 부엌에서부터 들려오는 나지막한 도마소리, 기름 타는 냄새, 바쁘게 오가는 아내의 발소리에 그는 불분명한 평안감에 잠겼던 것을 기억했다. 그것은 그 자신 이미 그런 종류의 활기에 새삼스러운 느낌을 갖는다고 믿지 않으면서도 어울려 살아 있음의 열기에 대한 기대, 혹은 일상적 삶에 대한 향수가 아니었을까.

〈2-3〉 그가 생각하듯 심방이 취소된 데 대한 아내의 실망은 그닥 큰 것이 아닐지도 몰랐다. 그는 아내에게 그렇듯 깊은 믿음이 돌연히 생겼다고 생각할 수가 없었다.

지난달의 일이던가, 집집마다 잠긴 문을 두드려 전도를 다니는 두 아낙네가 몹시도 힘들고 딱해 보였던지 아내는 다리나 쉬어가라고 그네들을 불러들였고

(2) 밀가루 반죽하는 아내
(3) 교회 심방이 취소됨

(1) 손님 맞을 준비했던 아내
(2) 늙음에 대한 아내의 반향
*불투명한 편안
*살아 있음에 대한 기대
*일상적 삶에 대한 향수

(1) 아내의 믿음의 내력
*죽음을 거부하는 빛에 대한 상념

그것이 서너 시간에 걸친 교리강좌가 되었다.

― 죽음은 무의식입니다. 산 개만도 못하다고 했어요. 지옥이란 바로 죽음 자체이며 글자 그대로 땅에 갇힌다는 뜻이지요…….

방안에 드러누운 그에게까지 그네들의 교리강좌는 크게 들렸다.

"그저 좀 다리나 쉬었다 가랬더니……."

그들이 돌아가고 난 뒤 아내는 변명하듯 그에게 말했으나 다음 일요일에는 그네들의 회관에 나갔다. 그리고 그들은 오늘 첫 심방을 오기로 한 것이다.

땅 속에 갇힌 생명, 땅 속에 갇혀 아우성치는 빛들. 그가 영로를 땅에 묻은 것은 이십 년 전인가, 스무 살의 영로는 그가 살았던 세월 만큼 땅에 갇혀 있다.

(1) 아내의 죽음에 대한 인식 : 아들의 죽음
(2) 뜰의 정황
*정적―경적
*여름꽃―죽음의 공간

〈2-4〉아내가 그의 점심 준비를 하기 위해서인 듯 자리를 뜨고도 꽤 오랫동안 그는 그대로 마루에 앉아 아내가 바라보던 뜰을 바라보았다. 아내의 눈길이 지나고 머물던 곳을 역시 아내의 눈이 되어 열심히 바라보았다. 뜰은 장미·수국·다알리아 따위 여름 꽃이 한창이었다. 정오의 햇살에 꽃잎은 한껏 벌어져 보다 짙은 빛의 속살을 엿보이고 벌과 나비는 미친 듯한 갈망으로 꽃술 속 깊이 대롱을 박아 꿀을 찾고 있다. 꽃들은 피고자, 더욱 피어나고자 하는 열망으로 빛은 짙고 어두워지며 천천히 눈에 보이지 않게 몸을 떨고 있다. 그러나 그것은 이미 아내의 눈에 비치던 풍경이 아님을 그는 알고 있다. 땅 속에 갇힌 아우성을 들으려는 시늉으로 수굿이 귀를 기울이며 나무를 바라보는 사이 무성한 나뭇잎은 편편이 떨어져내리고 메마른 가지만 섬유질로 남아 파랗게 인(燐)처럼 타오르

제6장 플롯

 며 자랑스럽게 가지 벋었던 자리는 이윽고 냉혹한 죽음만이 떠도는 공간이 된다. 그 공간을 찢을 듯 날카로운 경적을 울리며 자전거는 대문 앞을 지나갔다. 그는 그럴 수만 있다면, 살같이 달려간 아이를 손짓해 불러 뒤돌아보게 하고 싶었다. 애야, 들어와서 세수라도 하려무나. 뜨거운 햇빛 아래 그렇게 온종일 자전거만 타다가는 뇌의 혈관이 부풀어오른단다. 할 수만 있다면 늙은이의 하찮은 친절로 그애가 살아갈 동안 내내 잊지 못할, 칼빛처럼 독한 기억을 박아주고 싶었다.

〈2-5〉아내가 상을 차려 내왔다. 그는 여느 때처럼 칼국수에 소주 한 잔을 반주로 점심식사를 했다. (1) 점심식사 – 음식 맛을 잃어버림
*틀니

국수는 색깔 맞춘 고명으로 잔뜩 치장을 했지만 아주 싱거웠다. 그는 전혀 간이 들지 않은 것을 모르는 듯 고개 숙이고 훌훌 국수 올을 말아올리는 아내를 말없이 건너다보았다.

틀이 탓인가. 그러나 틀이를 한 것은 어제오늘의 일이 아니었다. 게다가 그는 틀이를 한 뒤 단단한 음식을 씹는데 부담을 느끼게 되면서부터 점심에는 으례 칼국수를 먹었다. 아내의 칼국수 끓이는 솜씨는 나무랄 데 없었다. 그런데 늘상 해오던 일이면서도 간장 넣는 것을 잊다니. 그리고 그것을 아무렇지도 않은 낯으로 먹는 아내에 대해 그는 자신의 역할에 게을러진 그의 몸 각 기관들에 대한 것과 비슷한 분노와 미움을 동시에 느꼈다.

"간장 좀 가져와."

그는 노여움을 누르고 말했다. 아내가 굼뜨게 일어나 간장종지를 가져왔다.

이를 뽑고 틀니를 하고부터, 그리하여 음식을 씹고

	맛보는 즐거움을 태반 잃게 되면서부터 그 자신 음식에 대해 까다로와졌다는 사실을 그는 일정하려 들지 않았다.
(1) 그의 생애와 성격 ＊글씨를 잘 쓴다 ＊정년 퇴직한 하급공무원 출신	〈2-6〉틀니라니. 그는 평생을 시청의 하급관리로 살아왔다. 상사의 지시나 그의 부서에서 결정된 내용들을 기안하고 깨끗이 정서하는 것이 그에게 맡겨진 일의 거의 전부였다. 그는 글씨 쓰는 일을 좋아했고 결코 약자(略字)나 오자(誤字)를 쓰지 않았다. 자신이 올린 서류가 결재가 난 뒤면 타이핑이 되어져 곧 휴지통에 버려진다는 것을 알면서도 그는 정확하고 반듯한 글씨에 기쁨과 긍지를 느꼈다. 그의 부서 책임자들은 그가 정리한 서류를 볼 때면 한결같이 말했다. 자넨 글씨가 좋군.
(1) 정년 퇴직 후의 증상 ＊익숙지 않은 틀니-순응해 온 삶 온 삶	〈2-7〉어느 날 갑자기 이빨들이 들뜨기 시작하고 잇몸이 퍼렇게 부풀어 이빨뿌리가 드러났을 때, 결국 모조리 빼고 틀니를 해야 된다는 것을 알았을 때 그는 낭패감보다 심한 배반감과 노여움을 느꼈다. 그리고 이어 위장을 비롯한 몸의 모든 기관들이 무력해지는 증상이 나타났다. 의사는 말했다. 정년퇴직 후에 흔히 오는 증상입니다. 갑자기 일손을 놓게 된 데서 오는 허탈감으로 육체도 긴장과 균형을 잃게 되는 겁니다. 말하자면 정년병(停年病)이라고나 할까요. 누구에게나 찾아오는 일반적 현상이라는 의사의 말은 그에게 조금도 위안을 주지 못했다. 하긴 시말서 한 번 쓰지 않은 그도 정년이 되자 시간과 자리를 적당히 메꾸고 빈둥빈둥 보낸 사람들과 똑같이 궁둥이를 차밀리지 않았던가. 오래된 청사의 어둡고 환기 안 되는 방에서 몇 십 년을 불평없이 순응하며 살아온

제 6장 플롯

그도 틀니에만은 좀체 익숙해지기가 어려웠다. 단단하고 차가운 이물질이 연한 잇몸을 옥물고 조이는 느낌에 대한 저항감은 언제까지 지울 수 없었다.

〈2-8〉점심상을 물린 그는 부드러운 헝겊에 치약을 묻혀 지팡이 손잡이 부분의 은장식을 닦았다. 어루만지듯 부드럽고 단순한 손놀림을 계속하는 동안, 그리하여 은의 빛이 보얗게 살아나는 것을 보는 사이 맛없는 국수와 아내와 틀니에 대한 노여움은 차츰 사라졌다.

다 닦은 지팡이를 신발장 옆에 세워두고 마루로 올라앉아 무료히 뜰을 내다보면 그는 잠깐 졸았던 것일까.

〈3-1〉문소리도 듣지 못했느데 뜰의 구석진 곳에서 검침원 청년이 쇠꼬챙이로 수도 계량기를 덮은 콘크리트 뚜껑을 열고 있는 중이었다. 아내는 이켠에 등을 보이고 쭈그리고 앉아 청년의 손이 움직이는 대로 아래를 내려다보고 있었다. 아내의 흰 머리와 앙상하게 굽은 등허리 위로 좀체 기울지 않는 한낮의 정적이 수은처럼 무겁게 얹혀 흐르고 있었다.

"에이, 귀뚜라미 좀 보세요, 할머니. 겨울 지나면 이런 걸 죄다 걷어 태워버려야 벌레가 안 생겨요."

청년이 느닷없는 빛과 외기(外氣)에 놀라 튀어오르는 귀뚜라미를 피해 고개를 젖히며 말했다. 지난 겨울, 동파(凍破)를 막기 위해 계량기 위에 쏟아부은 등겨와 짚을 거두라는 말일 게다. 겨와 지푸라기 사이에서 겨울을 난 알에서 부화하여 어둡고 축축한 콘크리트관 안쪽 벽에 붙어 자라는 벌레들을 그도 본 적이 있었다.

아내는 청년의 말에 말없이 머리를 끄덕였다. 아내

(1) 점심 후 지팡이 손잡이 은장식을 닦음
*자기 삶에 대한 점검 : 자의식

(1) 수도검침원 내방-정적
(2) 아내의 순응과 센머리-아들의 죽음
*늙음을 호도하려는 아내의 노력

의 머리는 호호한 백발이다. 그의 머리에 희끗희끗 새치가 비치기 시작했을 때 아내는 이미 반백이었다. 영로를 묻고 돌아섰을 때 그는 문득, 그때까지도 붉은 흙더미 위에 얹힌 성근 뗏장을 다독거리고 있는 아내의 머리가 허옇게 세어 있음을 발견했다.

청대(靑竹)처럼 자라던 아들을 죽이고 머리가 온통 세어버렸다오. 아내는 집에 들인 장사아치 아낙네들에게 가끔 말하곤 했었다. 그러면서도 언제나 조발(調髮)과 염색에 신경을 쓰는 그에게는 변명하듯 말했다. 우리 친정이 원래 일찍 머리가 세는 내력이에요. 당신, 염색을 하시니까 보기좋구려. 아주 젊은이 같아요.

흰 머리올이 드러나면서부터 그는 염색하는 일을 게을리하지 않았다. 틀니를 한 뒤 그는 희고 빛나는 이빨과 검고 단정한 머리칼로 더욱 젊어졌다. 가끔 그는 이제 마흔 살된 영로를 바라보듯 거울 속의 자신의 얼굴을 오래 물끄러미 바라보곤 했다.

(1) 청년에 대한 아내의 관심
*미싯가루
*청년의 건강함
-아내의 노쇠함
(2) 아내는 청년에게 일거리를 부탁
*팽팽한 빨랫줄
(3) 청년이 돌아감

〈3-2〉청년이 나가려 하자 우두커니 계량기를 굽어보던 아내가 말했다.

"더운데 잠깐 땀이나 들이고 가우."

"그럼 냉수나 한 그릇 주세요."

청년은 손수건을 꺼내 이마와 목덜미의 땀을 닦았다. 청년이 마루턱에 엉덩이를 걸치고 앉자 아내는 부엌으로 들어가 미싯가루를 한 그릇 타왔다. 그동안 청년이 가버릴 것을 겁내는 듯 연신 숟가락으로 사발을 휘저으며 종종걸음으로 나오는 아내가 못마땅해서 그는 속으로 혀를 차며 중얼거렸다.

그러지 마라. 단지 수도검침을 하러 다니는, 어디서

나 만날 수 있는 평범한 젊은이일 뿐이야.

　청년은 쉴 짬 없이 단숨에 그릇을 비웠다. 아내의 눈길이 청년의 완강한 목의 뼈와, 함부로 단추를 연 샤쓰 깃 사이로 엿보이는, 붉게 익은 가슴팍을 탐욕스럽게 더듬으며 허둥거리는 것을 그는 놓치지 않았다.

　"잘 먹었습니다, 할머니."

　청년은 입가에 흐른 물기를 손등으로 문질러 닦고 입술을 빨았다.

　먹는 버릇도 단정치 못해. 먹는 버릇을 보면 바탕을 알 수 있다니까. 그는 또 무력하게 속엣말을 중얼거렸다.

　청년은 생각난 듯 마당을 질러가 열려진 채로인 수도관의 콘크리트 뚜껑을 닫았다. 검침원들은 누구든 열어젖힌 뚜껑을 닫아 주고 가는 법이 없었다. 그들은 한결같이 자신의 직업에 대한 경멸처럼 쇠꼬챙이로 마지못해 뚜껑을 열어젖혀 계기의 숫자를 확인하고는 그대로 가버렸다. 아내는 몹시 힘들게 끙끙대며 그것을 닫곤 했다.

　"이봐요 젊은이, 내 부탁 하나 들어 주려우?"

　아내가 막 대문을 나가려는 청년을 불러세웠다. 그리고 청년의 대답을 듣지 않고 벌써 광으로 들어가 무거운 연장통을 두 팔로 안고 나왔다.

　청년은 뻔히, 다소 무례한 눈길로 아내와, 아내가 허리가 휠 듯 무겁게 들어다놓은 연장통을 번갈아 바라보았다.

　음흉한 늙은이 같으니라구, 미싯가루 한 그릇 값을 톡톡히 받으려는 모양이군 하는 표정이었다. 아내는 그러한 청년의 기색을 짐짓 모른 체 느릿느릿 말했다.

"빨랫줄이 높아서 말야. 좀 나지막이 줄을 매 줘요. 빨래 널기가 여간 힘들어야 말이지. 늙은이들만 사는 집이라 통 손이 없어서 그런다오."
"허지만 더 낮게 매면 빨래가 땅에 끌릴 텐데요. 애들 줄넘기나 하려면 모를까."
청년이 여전히 내키지 않는 기색으로 팔짱을 낀 채 연장통을 들여다보았다.
"그리고 온통 녹슨 못들뿐이잖아요. 할머니가 원하시면 해드리는 건 어렵지 않지만 괜한 일 같은데요. 더 낮게 매면 어디 빨랫줄 구실을 하겠어요?"
청년은 연장통을 뒤져 녹이 덜 슨 못과 망치를 찾아 들었다. 못이 모두 녹슬어 있을 것은 당연했다. 망치·장도리·작은톱·대패까지 고루 갖추어진 연장들은 그 스스로 장만한 것이면서도 오랫동안 쓰지 않았던 탓에 낯설었다.
"그래, 요기는 하고 다니우?"
못을 박는 청년에게 아내가 물었다.
"그러믄요."
청년이 입에 문 못 때문에 우물쭈물 대답했다. 못 두 개 박는 일은 순식간에 끝나고 아내의 요구대로 먼젓번보다 한 뼘 정도나 낮춰진 높이에 마당을 가로질러 팽팽히 줄이 매어졌다.
줄은 그가 보기에도 너무 낮았다. 아마 오늘 오후나 내일쯤, 아내는 오며가며 줄이 목에 받힌다고 불평하며 거두어버리느라 애를 쓸 게 분명했다.
"이렇게 수고를 해줬는데 어쩌지? 그다지 바쁘게 아니라면 요기나 하고 가우. 내 금시 국수를 끓여 줄께."

제6장 플롯

　　아내가 함지에 담겨 아직도 마루 한 귀퉁이에 놓인
채로인 밀가루 반죽을 훌깃거리며 말했다. 누룩을 넣
은 것도 아니련만 더운 날씨 탓인가, 반죽은 미친듯
부풀어오르는 것처럼 보였다.
　　"여러 집을 돌아다녀야 합니다."
　　"이렇게 종일 걸어다니려면 힘들겠수. 다리는 좀
아플까."
　　"제발 개들이나 묶어놓았으며 좋겠어요."
　　갑자기 청년은 못 견디게 화가 치밀어오르듯 볼멘
소리로 대꾸하고는 침을 찍 뱉었다.
　　"바지 찢기는 건 예사고 자칫 발뒤꿈치 물리기 쉽
상이라구요."
　　청년의 뒤를 문 빗장을 걸기 위해서인 듯 아내가
멈칫멈칫 따라나갔다.

　　⟨3-3⟩ 집안은 다시 고요해졌다. 뜰의 나뭇그림자　　(1) 집안의 정적
가 조금 길어진 것으로 보아 햇빛과 시간이 흐르고　　 －자전거 바퀴소
있음을 알 수 있을 뿐이었다. 빗장 걸리는 소리도 아　 리
내의 신발 끄는 소리도 들려오지 않았다. 대신 탈, 탈,
탈, 탈, 한결 속도를 늦춘 맥빠진 자전거 바퀴소리가
들려왔다.
　　아내가 망연히 문설주를 짚고 서서 바라볼 길목을
더위에 지친 아이는 이미 만화경 따위는 까맣게 잊은,
다만 싫증을 참지 못해 하는 얼굴로 자전거를 끌고
느른히 걸어가고 있는 것일까.

　　⟨4-1⟩ 그는 방으로 들어갔다. 그리고 의자를 끌어　　(1) 책상 앞에 앉
당겨 책상 앞에 앉았다. 책상은 창가에 놓여 있어 담　　 음.
밖의 소리나 풍경이 훨씬 가까웠고 그는 오랜 버릇으　　＊아들 책상
로 의자에 앉는 것이 편했기 때문에 자주 희미한 잉　　(2) 손톱을 깎고,
　　　　　　　　　　　　　　　　　　　　　　　　　 가래를 뱉음

(3) 아내의 발자국 소리
* 그의 꼼꼼한 성격

크자국이며 칼에 패인 흠이며 긁힌 자국들을 손으로 쓸어보며 우두커니 앉아 있곤 했다.
　영로가 중학교에 다닐 때 마련한 책상이었다. 그리고 그는 무엇을 읽거나 쓰기 위해 책상 앞에 앉는 일은 거의 없었지만 층층이 달린 서랍이 요긴하게 쓰인다는 것이 이제껏 그것이 방의 웃목에 적지 않은 자리를 차지하고 있을 수 있는 이유였다.
　그는 빈 담뱃갑의 은박지를 벌려 꽃모양으로 말아 접어 가래를 뱉고 수도요금과 전기요금 영수증·돋보기 따위로 채워진 서랍들을 여닫고 손톱깎기를 꺼내 찬찬히 손톱을 깎았다.
　마루를 서성이는 아내의 조심스러운 발소리가 들렸다. 손톱을 깎고 서랍을 여닫는 일이 특별히 비밀해야 한다고 생각지 않으면서도 그는 아내의 발소리가 방문 앞을 지나칠라치면 흠칫 놀라 손을 멈추었다. 이젠 늙어 귀신이 다 되었다고, 집의 한구석에 가만히 앉아 있어도 집안 곳곳에서 일어나는 일을 모두 보고 들을 수 있다는 아내도, 그가 비듬을 털고 손톱을 깎고, 억지로 책상 앞에 앉은, 숙제 하기 싫은 아이들처럼 서랍이나 여닫는 것을 결코 알지 못하리라는 생각 때문에 아내 모르게 행하는 하찮은 손짓 하나라도 대단한 음모인 양 바깥 기척에 귀를 기울이게 되는 것이었다.

(1) 서랍에서 만화경을 꺼냄
(2) 어제 일
(3) 아이들의 빛장난-공포
(4) 만화경을 훔침

〈4-2〉 아내의 발소리가 마루에서 완전히 사라졌음을 확인하고 그는 책상서랍 깊숙이 넣어두었던 만화경을 꺼냈다. 그것은 두꺼운 마분지를 원통형으로 말아붙인 것으로 표면에는 울긋불긋 크레파스칠이 되어 있었다.
　그는 만화경을 눈에 갖다대고 빙글빙글 돌렸다. 잘

제6장 플롯

게 자른 색종이 조각들이 거울면의 굴절에 따라 모였 (5) 만화경을 가
다 흩어지며 여러 가지 꽃모양을 만들었다. 지고 놂-권태로
 만화경 속의 조화는 현란하지도 신기하지도 않았 움
다. 홑잎과 겹잎 꽃의 단순한 집합과 확산일 뿐이었
다. 옛사람들은 만화경을 돌리며 우주의 원리와 이치
를 본다고 했다.
 엊그제였던가, 점심산책에 나선 그가 주택가 골목
을 벗어나 큰길에 이르렀을 때 그는 주위를 집요하게
맴돌며 따라오는 빛무늬를 보았다. 어깨와 다리, 가슴
팍에 함부로 와닿는 빛을 털어내며 눈살을 찌푸렸으
나 하얗게 번뜩이는 그것이 길과 사람들 사이로 정령
처럼 춤추며 뛰어다니다가 다시금 그에게로 되돌아와
얼굴에 오래 머무르자 그는 문득 얼굴이 졸아드는 공
포를 느꼈다. 센 빛살에 눈을 뜨지 못하며 그는 소리
쳤다. 누구냐, 거울 장난을 하는 게. 그때 쨍쨍한 목소
리가 날아왔다. 안녕하세요, 할아버지. 아이가 미장원
층계에 앉아 있었다. 아이의 손에는 날카롭게 모가 선
거울조각이 들려 있었다. 다치면 어쩔려고 그러니. 그
러나 아이는 말했다. 유리가게에 가서 동그렇게 잘라
달라고 하면 된대요. 내일 유치원에서 만화경을 만들
거예요. 만화경은 뭐든지 다 보이는 요술상자래요. 그
러면서 아이는 길을 건너 달려갔다. 뭐든지 다 보인다
고? 그는 아이의 등뒤에 대고 물었으나 물론 진정한
호기심은 아니었다. 단지 의미없는 되물음이었을 뿐
이었다. 그리고 어제 낮, 그는 놀이터의 벤치에서 그
애의 가방과 함께 놓인 만화경을 보았다. 집으로 오는
동안을 참지 못해 도중에 유치원 가방을 팽개쳐두고
자전거 가게로 달려가는 그의 버릇을 그는 알고 있었

다. 아이는 이 요술상자를 통해 무엇을 들여다보았을까. 그는 아이의 눈이 되어 아이의 눈에 비친 모든 것을 보고자 하는 욕망으로 만화경을 집어들었다. 그것을 품에 감추고 어제 오후내내 그는 잃어버린 만화경을 찾기 위해 헛되이 모래더미를 헤치는 아이를 지켜보았다. 내 만화경을 누가 훔쳐갔어요. 전시회에 낼거라고 선생님이 그랬는데요. 아이는 울면서 벌써 수십 번이나 들여다보았을, 가방과 만화경이 놓였던 긴 의자 밑을 다시 들여다보았다.

뭐든지 볼 수 있대요. 그는 아이의 말을 흉내내어 중얼거리며 빠르게 만화경을 돌렸다. 돌리는 속도가 빨라짐에 따라 유리와 거울과 색종이가 어울려 모였다 흩어지는 모양이 다양해졌다. 그것은 어쩌면 빠른 속도로 분열하고 번식하는 병원균과도 같았다. 색종이의 선명한 색감 때문인지도 몰랐다.

. 눈꺼풀이 무겁게 내려앉고 몸이 나른히 풀려왔다. 반주 탓이었다. 낮잠이 결국 그에게, 밤에 깨어 흉몽처럼 빈 뜨락을 서성이게 할 것을 알면서도 소화를 돕기 위해 마신 한 잔의·반주로 인한 잠의 유혹을 그는 이길 수 없었다.

(1) 방을 나옴
(2) 아내는 밀가루 반죽으로 모양들을 만듦
(3) 틀니를 닦음
(4) 잠에 빠짐

〈4-3〉그는 만화경을 다시 서랍 속에 넣고 목욕탕으로 가기 위해 방을 나왔다.

아내는 마루 끝에 걸터앉아 밀가루 반죽을 한 움큼씩 떼어 손바닥 안에 궁글려 무엇인가 형체를 빚고 있었다.

"뭘 만드오?"

"그저 장난이에요."

아내가 쑥스럽게 웃으며 빚고 있던 모양을 뭉개어

제6장 플롯

버렸다. 마루턱에는 벌써 사람, 개, 말 따위가 손가락만한 크기로 서툴게 빚어져 있었다.
　목욕탕으로 들어간 그는 틀니를 빼기 위해 문을 잠갔다.
　틀니에 익숙해지려면 되도록 틀니를 빼지 말고 자신이 틀니를 하고 있다는 사실을 의식치 말라고 의사는 말했지만 그는 언제나 틀니를 빼어 깨끗한 물에 담가 손닿는 위치에 두고서야 잠이 들곤 했다. 잠으로 들어가는 잠깐의 무중력상태에서 틀니만이 무겁게 매달려 있는 듯한 느낌을 지울 수 없을 뿐더러 틀니만이 홀로 깨어 제멋대로 지껄일, 이윽고 육신은 사라지고 차갑고 단단한 무생물만이 잔혹하게 번득이며 존재할 공간이 두려운 것이다. 이야기를 하고 있을 때조차 그는 자신이 말하고 있는 것이 아니라 틀니가 제멋대로 덜그럭대며 지껄이는 듯한 느낌에 사로잡혀 자주 말을 끊곤 했다.
　틀니를 빼내자 거울 속으로 꺼멓게 문드러진 잇몸이 드러났다. 연한 잇몸은 틀니의 완강함을 감당하지 못해 이지러지고 뭉개지고 좁아들었다. 때문에 틀니를 빼어내었을 때의 입은 공허하고 냄새나는, 무의미하게 뚫린 구멍에 지나지 않았다. 잠긴 문을 확인하고 마치 헛된, 역시 덧없음을 알면서도 순간에 지나가버릴 것에 틀림없는 작은 위안을 구해 자신의 시든 성기를 쥘 때와 같은 음습하고 씁쓸한 쾌락과 수치를 동시에 느끼며 틀니를 닦기 시작했다. 치약 묻힌 칫솔로 표면에 달라붙은, 칼국수를 먹고 난 뒤의 고춧가루 따위 찌꺼기를 꼼꼼히 닦아내자 틀니는 싱싱하고 정결하게 빛났다. 틀니의 잇몸은 갓 떼어낸 살점처럼 연

분홍 빛으로 건강해 보였다. 그는 헐떡이며, 치약거품을 가득 물고 허옇게 웃고 있는 이빨들을 바라보았다. 거울 속으로, 청년처럼 검은 머리는 무너진 입과 졸아든 인중, 참혹하게 패인 볼 때문에 더 젊어 보였다.

 방으로 돌아온 그는 틀이가 담긴 물컵을 머리맡에 놓고 퇴침을 베고 누웠다. 잠에 빠지는 과정은 언제나 어둑신하고 한없이 긴 회랑(回廊)을 걸어가는 것과도 같았다. 어쩌면 이미 혼백이 되어 연도(羨道)를 걸어가는 것이나 아닐까.

(1) 밀가루 반죽으로 만든 형체
(2) 아내 조부의 흉몽 이야기
(3) 그의 의식 : 박물관 전시실 : 죽은 이의 부장품. 토우와 동경
(4) 아들의 죽음을 생각

 〈4-4〉 열린 방문으로 아내의 모습이 빤히 보였다. 혼곤하게 빠져드는 가수상태에서 아내의 손은 반죽을 궁글려 몸체를 만들고 귀와 뿔을 세우고 꼬리와 다리를 만들어 붙였다. 그가 한번도 본 적이 없는 이상한 형체였다. 아내는 그것을 이미 만들어진 다른 것들과 나란히 볕이 드는 마루턱에 세우며 웅얼웅얼 낮게 중얼거렸다. 할아버지는 돌아가실 때까지 흉몽에 시달리셨다우. 머리가 깨질 듯 아프다고 했어요. 흉몽 때문에 머리가 아픈 건지 머리가 아파서 나쁜 꿈만 꾼 것인지는 그분 자신도 몰랐어요. 무당을 불러 푸닥거리를 하고 장님에게 경을 읽히기도 했지만 그 무서운 두통을 낫게 하지는 못했어요……. 이름난 대목이었다는 아내의 조부 이야기는 그도 몇 차례인가 들어 알고 있었다……. 새벽이고 밤중이고 흉한 꿈에 눌려 비명을 지르고 깨어나면 머리가 아파서 미친 사람처럼 온 집안을 뒹굴며 다녔지요. 할머니는 그 양반이 묫자리에 집을 많이 지어 그런 거라고 말했어요……. 그는 회랑의 어슴푸레한 모퉁이에서 흰 끈을 머리에 동이고 비명을 질러대는 등굽은 노인의 뒷모습을 본

제6장 플롯

다……. 그래서 할아버지는 이상한 짐승의 모양을 손 칼로 깎았지요. 코끼리 같기도 하고 곰 같기도 하고 아뭏든 참 이상한 모양이었지요. 맥(貘)이라던가, 나쁜 꿈을 먹는 짐승이래요. 중얼거리는 동안에도 아내의 손이 쉬임없이 반죽을 떼어내어 형태를 만들고 있었다……. 할아버지는 그것을 타구와 함께 머리맡에 두었어요. 때문에 타구에 가득 고인 가래침은 마치 맥이 밤새 먹고 이른 새벽에 토해놓은 흉몽과 같았지요. 할아버지는 관 속에 맥을 넣었다라고 유언을 하셨어요. 죽은 후에도 나쁜 꿈에 시달릴 것을 겁내셨던 모양이에요. 죽은 사람도 꿈을 꾸는 걸까. 어린 내게는 그것이 퍽 이상했는데 지금은 할아버지가 그러셨던 걸 이해할 수 있어요. 옛날 사람들은 자기가 쓰던 물건, 부리던 하인들의 모양까지 흙으로 빚어 무덤 속에 같이 넣었다잖아요? 아내의 조부는 이제 길고 희미한 시간의 회랑 끝에서 편안히 잠들어 있다. 머리맡에 맥을 세워 두고, 어쩌면 그에게 최면을 걸 듯 느릿느릿 낮게 읊조리는 아내의 말소리에 손을 잡혀 그는, 더러는 망각으로 깜깜하게 묻히고 더러는 어슴푸레 떠오르는 시간 속을 자꾸 걸어간다. 그것은 마치 감광제가 고루 발리지 않은 필름과도 같다. 어느 부분은 저 홀로 발광체인 듯 환히 빛나며 뚜렷이 떠오르고 어느 부분은 아주 깜깜해서 아무것도 보이지 않는다. 그러나 그는 굳이 잊혀진 것을 되살리고자 안타까워하지 않는다. 기억하고 싶은 것만 기억하는 것은 늙은이에게 주어진 보잘것없는 특권인 것이다. 그러나 그가 지금 주춤거리고 섰는 이곳은 어디인가. 언젠가 가보았던 박물관의 전시실 같기도 했다.

그것은 토우(土偶)나 동경(銅鏡) 따위 죽은 사람들의 부장품들만을 진열한 방이었다. 땅 속에 묻혀 천 년 세월을 산, 이제는 말끔히 녹을 닦아낸 구리거울을 보자 그는 자신이 아주 오래 전에 죽은 옛사람인 듯 느껴졌었다. 관람객이 한 명도 없이 텅빈 전시실에는 두꺼운 양탄자가 깔려 있어 자신의 발소리조차 들리지 않았었기 때문이라고, 어둡고 눅눅한 회랑을 걸어 나오며 그는 잠깐 스쳐간 괴이한 기분에 대해 변명하였다.

영로를 묻었을 때 그는 그가 묻고 돌아선 것이, 미쳐가는 봄빛을 이기지 못해 성급히 부패하기 시작한 시체가 아니라 한 조각 거울이었다고 생각했었다.

(1) 계집아이가 들어옴
(2) 아이를 훔쳐봄 – 늙음
(3) 아이가 꽃을 꺾어버림
* 짐승(맥) 모양 – 무섭지 않은 꿈
(4) 아이가 맥을 팽개침 – 아내가 화를 냄

〈4-5〉"할머니, 뭘 만드세요?"

마루 앞마당에 짧게 그림자를 드리우며, 일부러 그러는 듯 혀짧은 소리가 들렸다. 흰빛 레이스천의 원피스로 갈아입은 옆집 계집아이였다. 그는 가수상태에서 빠져나오고자 힘겹게 허우적거리며 있는 힘을 다해 아이를 바라보았다.

자전거 타기에 싫증이 난 것일까, 아이는 인형을 꼭 안고 한 손에는 소꿉놀이가 든 플라스틱 바구니를 들고 있었다.

"유치원에 갔다왔니?"

아내는 여전히 기괴한 동물의 형상을 빚으며 냉랭하게 물었다. 아내는 언제나 수상쩍어하는 눈길로 아이를 바라보았다. 아내는 무엇이든 의심했다.

"오늘은 안 가는 날이에요. 토요일이거든요."

"예쁜 옷을 입었구나."

"우리 엄마가 사주였어요."

제6장 플롯

  아이는 또 꾸민 듯 혀짧은 소리로 대답했다. 그는 아이를 바라보았다. 있는 힘을 다해 예쁘다고 생각하려 하며. 그러나 언제나처럼 실패하고 만다. 햇빛을 받아 금빛으로 더욱 빛깔 엷어진 눈과 도끼날처럼 뾰죽한 얼굴은 조금도 예쁘지 않았다. 제 살림인 소꿉놀이 바구니를 들고 마당을 걸어가는 뒷모습이나 인형을 안고 그애의 집마당에서 그네를 타는 모습은 언제나 좀 고독해 보일 뿐이었다. 아이가 타지 않을 때라도 그네는 삐걱삐걱 저 혼자 흔들리곤 했다.
  그는 자주 담너머로, 함지에 받아놓은 물에 들어가 첨벙거리는 아이를 보았다. 그애는 햇빛이 내리쬐는 마당에서 발가벗고 함지의 물을 튕기며 놀았다. 뒷덜미로 늘어진, 옥수수 수염처럼 노랗고 숱 적은 머리털, 짧고 돌연한 웃음소리, 임부처럼 불룩나온 배와 분홍빛의 작은 성기를 그는, 장미꽃 덩굴이 기어간 담장 곁에 숨어서 거의 고통에 가까운 감정으로 바라보곤 했다. 지난해 여름의 일이었던가.
  "할머니, 뭘 만드세요?"
  아이는 옷의 레이스가 충분히 팔랑거릴 정도로 몸을 흔들며 거듭 물었다. 거부당하고 거절당하는, 사랑받지 못한 아이가 본능적으로 일찍 터득한 교태로.
  아이는 빙그르르 몸을 돌려 원피스자락을 꽃잎처럼 활짝 펴며 선 자리에서 그대로 쪼그리고 앉았다.
  "이상하게 생겼네요. 할머니."
  아이가 앉은걸음으로 이마를 대일 듯 아내에게 다가앉았다.
  "맥이란다. 나쁜 꿈을 먹는 짐승이야."
  "할머니도 나쁜 꿈을 꾸어요? 나는 언제나 무서운

꿈을 꾸었어요."
 아이는 손닿는 곳에 핀 채송화를 따서 손가락으로 비볐다.
 "왜 꽃을 뜯니?"
 아내가 나무랐으나 아이는 못 들은 체 계속 달라붙는 듯한 어조로 말했다.
 "새처럼 막 날아가다가, 참 나는 새가 아닌데 떨어지면 어쩌나 하는 생각이 들면 곧장 거꾸로 떨어져버려요. 얼마나 무서운지 몰라요."
 "키가 크려고 그러는 거다. 자기 전에 오줌을 누지 않아도 나쁜 꿈을 꾸게 되지."
 아이는 또 다알리아 한 송이를 뚝 꺾어 발로 문질렀다.
 "그러지 말라니깐."
 아내가 버럭 소리를 질렀다. 아이는 심술궂은 눈빛으로 빤히 아내를 바라보았다.
 "몇 번을 일러야 알아듣니? 착한 아이는 꽃을 꺾지 않는다."
 아내가 화를 누르노라 한층 나직하고 단호하게 한 마디씩 내뱉는 사이에도 아이는 수국과 백일홍을 잡아 꺾었다.
 "너는 정말 말을 안 듣는구나. 못된 아이야. 혼 좀 나야 알겠니?"
 아내가 아이를 때릴 듯이 한 손을 치켜들고 눈을 부라렸다. 그러나 곧 아이가 겁에 질린 표정으로 안길 듯이 다가들었기 때문에 맥없이 손을 떨어뜨렸다.
 "난 어떤 때는 이불이 한없이 두껍게 부풀어올라 덮쒸워서 숨도 쉴 수 없어요. 아무리 울고 소리를 질러도 우리 엄마는 듣지 못해요."
 아이는 호소하듯 떨리는 목소리로 말했다.
 "그건 꿈을 꾸는 것이 아니라 가위눌리는 거란다. 이걸 가져가서 잘 때는 꼭 머리맡에 놓고 자거라. 그럼 괜찮을 거다."
 "고마워요, 할머니."
 아이는 아내가 준 맥을 소중히 받아들었다. 신전의 기념품인 양, 혹은 뿌리를 보이면 죽는다는 묘종(苗種)을 옮기듯 조심스럽게 손바닥으로 감싸쥐고.
 "애야, 옷이 더러워졌구나."
 인형과 소꿉놀이 바구니, 그리고 맥을 들고 마치 징검다리를 건너가듯 조심스럽게 걸어가는 아이의 뒤에 대고 아내가 말했다. 뒤돌아 원피스 뒷자락에 넓게 쓸린 흙자국을 보자 아이는 울음을 터뜨렸다.
 "새옷을 더럽히면 엄마한테 매을 맞아요. 유치원에서 생일잔치를 할 때까지는 절대로 꺼내 입지 말라고 했단 말예요."
 "이리 온, 내가 털어줄께. 그러길래 아무데나 함부로 주저앉는 게 아니란다."
 아이의 느닷없는 울음에 담긴 공포가 그리도 절박하고 생생한 것에 놀란 아내가 손짓해 불렀으나 아이는 가까이 오지 않았다. 손에 들고 있던 맥을 팽개치고 마음 가득한 원망과 두려움으로 닥치는 대로 꽃을 잡아 뜯었다.
 "이런 망할 계집애, 손모가지를 분질러놓을라."
 아내는 벌떡 일어나 아이를 쫓아갔다. 아이는 달아나면서도 여전히 높은 소리로 울어대었다. 울음소리가 담장의 샛문으로 쫓겨가자 아내는 씨근거리며 마

(1) 소리에 대한 예민한 반응
*그(듣고)-아내(듣지 못함)
(2) 계속 맥을 만드는 아내
*'그'-아내

*저녁. 방안
(1) 그의 얕은 수면-아이들의 떠듦
(2) 아내가 산책을 권함
(3) 아내의 활기 띈 목소리
*죽은 사람(他人) 생각-자신의 이야기는 생각 안 남.

루턱에 다시 걸터앉아 한결 거칠어진 손놀림으로 반죽을 떼어내어 주물렀다.

〈4-6〉대문 돌쩌귀가 삐걱거리고 움직이는 소리가 들리는 것 같았다. 누가 왔는가. 어쩌면 그네 소리일까. 아이가 저희집 마당에서 그네를 타고 있는지도 모른다고 그는 생각했다. 그러나 아내는 전혀 아무 소리도 못 들은 기색이었다. 그의 귀에 들리는 것이 그녀의 귀에는 들리지 않는, 아내에게 보이는 것이 그에게는 전혀 보이지 않는 경우란 드문 것이 아니었다. 한밤중에도 가끔 그는 그네가 삐걱거리는 소리를 듣곤 했다. 아내는 퉁명스레 코대답을 하며 돌아누웠다. 어린애가 웬 청승으로 밤에 그네를 탄다우? 그러나 그는 종내 어지러운 꿈의 자락에 이끌리듯 밖으로 나와 담장 곁에 붙어서서, 사랑에 빠진 자의 어리석음으로 바람만 실린 빈 그네의 흔들림을 오래 바라보곤 했다.

아내는 지칠 줄 모르고 반죽을 빚어 맥을 만들고 있었다. 늙은 여자의 잠을 어지럽히는 나쁜 꿈은 무엇일까. 늙으면 누구나 잠은 얕고 꿈은 많은 법이다.

〈5-1〉해그늘이 많이 옮겨져 나뭇그림자들이 제법 길어졌다.

아내의 흰머리와 머리 너머 붉은 꽃과, 눈 속에서 파랗게 타오르는 나무를 보며 취한 듯 또다시 얕은 수면에 빠져드는 그의 귀에 찢어지게 높고 새된 아이의 노랫소리가 담을 타고 들려왔다.

뻐꾹, 뻐꾹, 봄이 왔네. 뻐꾹, 뻐꾹, 복사꽃이 떨어지네.

"망할 계집애, 단단히 버릇을 고쳐놓아야지."

아내는 아직도 아이에 대한 화를 풀지 못해 씨근거

제 6 장 플롯

렸다. 설핏 빠져드는 잠에 무겁게 내려앉은 눈꺼풀 위로 아이의 노랫소리는 빛살처럼 집요하게 달라붙었다.
  꽃모가지를 손닿는 대로 몽땅몽땅 분질러버리고 마니……. 중얼거리던 아내가 동의를 구하듯 그를 큰소리로 불렀다.
  "주무시우?"
  그는 안간힘을 쓰듯 간신히 눈을 떠 아내를 쳐다보았다.
  "밤에 잠들려면 낮에 운동을 해야 해요. 점심때 반주를 드는 대신 식사를 하고 나서 또 산책을 해보세요."
  아내의 말이 맞을지 몰랐다. 늘어진 위장은 이제는 점심에 곁들인 소주 한 잔으로는 꼼짝도 하지 않았다. 아내는 그의 대답을 기다리지 않고 큰소리로 이어 말했다. 아내의 목소리는 엉뚱한 활기에 차 있었다. 딱히 무슨 말을 하고 싶어서라기보다 그치지 않고 들려오는 노랫소리를 지우기 위한 안간힘인 듯도 싶었다.
  "참 이상하죠. 난 요즘 자주 죽은 사람들 생각을 한다우. 꼭 아직도 살아 있는 것처럼 그 사람들 생전의 일이 환히 떠오르는 거예요. 그러면서 정작 우리가 살아온 세월은 기억이 나지 않아요. 아무리 애를 써도 기억나지 않는 희미한 꿈 같아요. 당신은 쉰 살 때, 마흔 살 때를 기억하세요? 난 통 그때의 당신의 모습이 떠오르지 않아요. 난 아무래도 너무 오래 살고 있다는 생각이 자꾸 들어요. 뜰 손질도 이제 힘이 들어요. 하루만 내버려둬도 잡초가 아귀처럼 자라니……. 요즘 같은 계절엔 더 그래요."
  더욱 높아지는 노랫소리에 잠깐 말을 끊었다가 아

(4) 아이들 소리
  -아내 소리
(5) 지난 날 이야기가 생각 안 남.
(6) 맥의 수가 늘어감
(7) 영로 생각

내는 한층 커다란 목소리로 말을 이었다.

"내버려두라고. 예전에 그애는 그랬었죠, 굳이 꽃과 풀을 가려서 뭘 하느냐고. 어울려 자라는 것이 더 보기 좋다구요."

그의 얼굴에 미소가 떠올랐다.

"당신이 쉰 살 땐 어땠지요? 마흔 살 때는? 서른 살 때는? 통 기억이 안나요. 말해 줘요."

아내는 마치 그에게 최면을 거는 듯 안타깝고 집요하게 캐묻고는 미처 그에게서 대답이 나올 것을 두려워하여 재빨리 덧붙였다. 아내의 목소리와 담너머 아이의 노랫소리는 다투어 연주하는 악기의 불협화음처럼 높고 시끄러웠다.

"스무 살 때는 아름답고 자랑스러웠어요. 대학에 들어가던 해였지요. 어제처럼 또렷이 떠오르는 걸요. 늘 발이 가려워했지요."

그는 더이상 아내의 말을 듣고 싶지 않았다. 영로는 늘 발이 가렵다고 했었다. 그의 륙색 위에 얹혀 떠났던 피난길에서 걸린 동상이 종내 낫지를 않아 겨울밤에라도 차가운 콩자루 속에 발을 넣고 자야 시원하다고 했었다.

"기억나세요? 시공관에 발레 구경을 갔던 게 다섯 살 때일 거예요. 그때 그애는 내 쇼올을 잃어버렸어요. 그 시절 일본인들도 흔하게 갖지 못했던 진짜 비단으로 만든 거였지요. 구경을 하고 나와 화장실에 들리려고 그애 어깨에 걸쳐 주었는데 흘러내리는 것도 몰랐었나봐요. 그앤 그렇게 멍청한 구석도 있었죠. 모두들 내게 가지색이 신통하게 어울린다고 했어요. 정말 내 평생에 두 번 갖기 어려운 물건이었죠."

아내는 언제까지 잃어버린 쇼올 얘기만 할 것인가. 아내의 말소리도, 맥을 만드는 손놀림도 점차 빨라졌다. 반죽이 담긴 함지는 비어가고 마루턱에는 아내가 빚어놓은 맥이 더 늘어놓을 자리가 없을 만큼 즐비했다.

"겨우 스무 살이었어요. 스물 살에 뭘 안다고. 여드름이나 짤 나이에 세상을 뒤바꾸어놓을 수 있다고 생각하다니요. 그애가 죽었어도 우린 여전히 이렇게 살고 있잖아요."

영로는 어느 봄날 바람개비처럼 달려나갔다. 채 자라지 않은 머리칼을 성난 듯 불불이 세우고.

〈5-2〉 늙은이는 반성하지 않는다. 반성을 요구하는 어떤 새로운 삶을 기다리고 있지 않기 때문이다.   (1) 아이들 노랫소리 - 아내의 울음

높고 찢어질 듯 날카로운 노랫소리가 점점 커졌다.
뻐꾹뻐꾹 봄이 왔네. 뻐꾹뻐꾹 복사꽃이 떨어지네.
"정말 못된 계집애예요."
아내가 입을 비죽이고 느닷없이 울기 시작했다.
"애들은 다 마찬가지요."
틀니를 뺀 텅빈 입으로 말해야 한다는 것에 곤혹을 느꼈지만 그는 간신히 한 음절씩 내뱉었다.
"아니요. 죽은 애들은 특별해요."
아내는 두 손으로 얼굴을 가리고 소리내어 흐느꼈다.

〈5-3〉 "할머니, 뭘 만드세요."   (1) 아이가 만화경 유리를 자랑함
울음기가 말짱히 없어진 얼굴로 아이가 아내 앞에 서 있었다.
"저리 가라."   (2) 거울로 아내를 놀려줌
아내는 손을 사납게 내저어 아이를 쫓았다.   * 아이 - 아내

"할머니, 왜 그러세요? 왜 울어요?"
"다시는 우리집에 오지 말라니깐."
"할머니, 이건 만화경을 만들 거울이에요. 우리 엄마가 주셨어요. 유치원에서 만든 걸 누가 훔쳐갔거든요."
아이는 까딱 않고 서서 콤팩트를 열어 동그란 거울을 아내에게 내보이며 자랑스럽게 말했다.
"거짓말 마라, 아직 새것인데 네 엄마가 주었을리 없어. 네 엄마는 지금 미장원에 있잖니? 엄마 화장품에 함부로 손을 대었다가는 또 매를 맞을 거다."
사납게 눈을 치뜨고 아내를 노려보던 아이가 햇빛 환한 마당으로 뛰어갔다. 그리고는 이리저리 거울을 돌려 아내에게 비추었다. 아내가 눈이 부셔 얼굴을 가리며 손을 내저었다.
"저리 비켜."
그러나 아이는 생글생글 웃을 뿐 거울을 거두지 않았다.
"저리 치우라니까. 이 망할 계집애야, 네 엄마한테 이를 테다."
"일러라, 찔러라, 콕콕 찔러라."

(1) 아이 장난 심해짐-겁먹은 아내
*아내의 선명한 주름
(2) 아내가 애원한다.
*아이의 장난-아내의 울음

⟨6-1⟩ 아이는 마당에서 공처럼 뛰어다니며 거울을 비쳤다. 아내는 겁에 질려 마루로 올라왔다. 거울빛은 마루턱에 늘어서 하얗고 단단하게 말라가는 짐승들을 지나 재빠르게 아내의 얼굴에 달라붙었다. 구겼다 편 은박지처럼 빈틈없이 주름살진 얼굴이 환히 드러났다.
"애, 애야, 제발 저리가. 그러지 마라."
아내가 우는 소리를 내며 아이에게 애원했으나 아

제6장 플롯

 이는 아내의 돌연한 공포가 재미있는지 작은 악마처럼 깔깔거리며 거울을 거두지 않았다. 아내는 빛을 피해 그가 누워 있는 방에 주춤주춤 들어왔다.
 빛은 이제 눈물에 젖은 아내의 조그만 얼굴과 그의 눈시울, 무너진 입가로 쉴새없이 번득였다. 그것은 어쩌면 아득한 땅 속에 묻힌 거울빛의 반사일 듯도 싶었다. 아이는 보다 재미있는 놀이를 찾아낼 때까지 손에서 거울을 놓지 않을 것이다. 아마 햇빛이 완전히 사윌 때까지, 피곤한 그애의 엄마가 돌아오는 밤이 되기까지. 그러나 아이에게 늙은이를 무력한 공포에 몰아넣는 것보다 더 재미있는 놀이가 있을까.
 〈7-1〉 이미 뜰은 그늘에 잠겨 있고 땅에서 피어오르는 엷은 어둠으로 꽃은 짙은 빛으로 잎을 오므리기 시작했지만 피어 있던 꽃의 공간이 침묵과 심연으로 가라앉기까지의 보이지 않는 흐름은 얼마나 길고 오랠 것인가.
 이제는 울음을 감추려 하지 않는 아내에게 그는 무언가 위무의 말을 해주어야 한다고 생각했다. 아내에게는 다정한 말이 필요한 것이다. 그는 소년 같은 수줍음과 약간의 두려움으로 입을 열었으나 아내는 어눌하게 새어나오는 말을 알아듣지 못했다. 아내는 유언이라도 듣는 시늉으로 그의 입에 바짝 귀를 갖다대며 안타깝게 되물었다. 뭐라구요? 뭐라고 하셨어요? 누가 왔느냐구요?
 그는 칠흑처럼 검은 머리를 하고 이제는 더이상 말할 수 없는 무너진 입을 반쯤 벌린 채 누워 있었다.
 거울빛의 반사가 잠시, 천장으로 벽으로 재빠르게 움직이다가 마침내 유리컵에 머물고 밖의 빛으로 어

(1) 어두운 뜰
(2) 아내에게 위무의 말을 함
(3) 아내는 그 말을 듣지 못함
(4) 틀니만이 반짝거림
* '그'의 말 - 아내
* 검은 머리 - 무너진 입
* 정적 - 반짝이는 틀니

둑신하게 가라앉은 정적 속에서, 물 속에 담긴 틀니만이 홀로 무언가 말하려는 듯 밝고 명석하게 반짝거렸다.

(2) 플롯의 구조

우선 이 작품을 크게 7개의 형식 문단으로 나누어 읽어 보았다. 그런데 작품의 전개에서 플롯을 고려하면 구분은 다시 조정할 수 있다. 시간성을 기준으로 사건전개만을 고려한다면 다음과 같이 정리해볼 수 있다.
(1) 점심 식전 산보를 나갔다가 언덕에서 자전거를 타고 내려오는 계집아이를 만났다.
(2) 산보에서 돌아오다가 어린이 놀이터에 들려 아이들이 노는 것을 보고서 집으로 들어와 점심을 먹은 후에 잠시 낮잠을 잤다.
(3) 수도 검침원이 다녀갔다.
(4) 아내가 밀가루 반죽으로 여러 가지 짐승 모양을 만들었다.
(5) 계집아이가 집에 놀러 왔다.
(6) 계집아이는 거울로 아내를 놀렸다.
(7) 아내가 참지 못해서 울었다.
(8) '그'가 아내에게 위로의 말을 해도 아내는 듣지 못했다.

이러한 사건 외에 이따금 '그'와 아내는 죽은 아들을 생각하고, 틀니로 인한 짤막한 삽화들이 덧붙여졌다. 그러나 이러한 구분은 플롯을 이해하는 데 도움이 되지 않는다.
「동경」이 이야기가 아니고 소설이 될 수 있는 것은, 여기에서 플롯으로서의 특이한 틀을 지녔기 때문이다.
그러면 이 작품의 플롯을 살펴보기로 한다. 우선 1-1에서부터 1-7까지 큰 문단으로 묶어 생각해보자. 이 문단에서 처리되고 있는 문제들을 찾아내고, 그것들이 이 다음 문단에서 어떠한 의미를 지니는가 살펴볼 필요가 있다.

1) 발단부

전통적인 소설 플롯 짜임을 빌려서 이 부분은 발단부에 해당한다고 생각해보자. 그러면 여기에서 처리된 문제들은 무엇인가.

① 우선 중심 인물들이 제시되었다

실제적으로 등장한 인물은 '그'와 계집아이이다. 그런데 또다른 중심 인물 아내가 간접적으로 제시되었다.

아내가 커다란 함지에 밀가루를 쏟아붓는 것을 보고 그는 식사 전의 산책을 위해 집을 나섰다.

이 첫 문장에서 아내를 간접적으로 등장시키면서, 그와 가장 밀착된 '밀가루 반죽' 모티브를 식사 전 산책과 어울리게 배치하고 있다. 이 두 개의 모티브가 작품에서 중요한 역할을 하고 있기에 처음부터 제시한 것이다.

② 문제가 제시되었다

소설의 문제는 처음부터 적절한 방법으로 제시되어야 한다. 여기에서는, 산책길 오르막 언덕에서, 자전거를 타고 내려오는 계집아이와 정년퇴직한 후 소화를 위해 식전 산책을 해야 하는 '그'와의 팽팽한 긴장이 나타나 있다. 이 긴장을 통한 대립 갈등이 플롯 전개에서 중요한 요인이 되고 있음도 시사하고 있다.

③ 인물의 내적·외적 모습이 드러난다

'그'는 사물과 상황에 대해 예민하게 반응하는 인물이다. 일상인의 눈으로는 지나쳐버릴 일들이나 정황에 대해서도, 예민하게 대응해서 새로운 세계의 진실을 파악한다. 그러한 그의 면모는 우선 산책길 오르막 길에서 자전거를 타고 내려오는 계집아이와의 긴장을 통해서 나타난다. 그 상황은 비단 그날에만 있었던 것은 아니다. 그러나 그러한 긴장을 통해, '그'는 세계와 자아를 다시 돌아보게 된다.

뿐만 아니라 그의 무기력한 일상성을 말해주는 '느슨한 산책'이나, 앞으로 날이 더워지면 그것까지도 중단해야 할 처지, 그리고 주위를 에워싸고 있는 단조로운 풍경과, 그것을 바라보는 '그'의 모습에서, 그의 투명한 의식과 삶의 정황이 드러난다. 그런데 그는 그러한 무력하고 고여 있는 늙음의 정황을, 우연히 언덕길을 급히 내려오는 아이의 모습에서 인식하게 된다. 이 점은 그의 예민한 감수성의 탓이고, 고여 있는 늙음에 대한 새삼스러운 깨달음이고, 안타까운 저항의 소산이다.

④ 작품의 중요한 모티브가 제시된다

만화경을 숨겼다는 사실은 이 소설 플롯에 중요한 단서가 된다. 그것은 곧 나이 든 '그'의 내적 정황을 드러내는 단서이면서, 동시에 작품을 끝까지 밀고 나가는 중요한 소재가 된다.

이러한 발단부의 내용을 통해서 앞으로 전개될 사항을 예측할 수 있다.

아이와의 갈등이 어떻게 진전되며, 그로 인해 나타날 문제는 무엇일까. 무기력한 일상성에 대해 문제를 의식하고 있는 '그'의 처지는 어떻게 변모하게 될 것인가. 더구나 그 규칙적인 산보까지도 중단해야 할 처지에 그의 모습은 어떻게 변화되어갈까?

2) 전개부

이 작품에서 2-1부터 4-6까지를 하나의 큰 단위로 묶어서 전개부로 생각해보려 한다. 전개부는 발단부를 바탕으로 해서 전개되어 사건이 복잡하게 전개되고 인물들 모습과 행동 양식이 구체화된다. 즉 발단부는 전개부의 모태가 된다.

① 제1단계

이 전개부는 몇 개의 개별적인 단락으로 짜여져 발단부의 문제를 차츰 심화시켜 나가도록 되어 있다. 여기에서는, 우선 2-1로부터 2-8에 이르는, 식사 전 산책을 마치고 집에 들어와서 맛없는 점심을 먹고 잠깐

제6장 플롯

눈을 붙이기까지를 한 단위로 묶어 보았다.

　여기에서는 앞에서 간접적으로 제시되었던 '아내'가 등장해서 작품의 중심 일을 맡는다. '밀가루 반죽'이라는 특이한 모티브를 통해서 고여 있는 삶, 죽음 같은 삶의 실상을 제시하고 있다. 앞 단계에서 '그'의 삶의 핵심을 이루었던 '느슨한 삶', '고여 있는 삶'은 여기에 와서는 '죽음'의 문제로 발전한다. 그것은 단지 20세에 죽은 아들에 대한 정 때문이 아니다. 바로 그들 부부는 무기력한 일상성 속에서 자기와 가장 가까운 인물인 아들의 죽음을 통해 자신들의 죽음까지를 의식하게 된다. 뿐만 아니라 젊음에 대한 아내의 향수를 통해서 아이와의 대립을 지속하면서 심화시킨다. 그런 대립적인 정황은 여러 모티브들(2-1)에서, 정적과 경적, 여름꽃과 죽음의 공간, 아들의 죽음에 대한 갈등 등)을 통해서 아내의 내적 정황을 드러내고, 그것이 곧 '그'의 상념과 통하게 된다. 여기에서 발단부에서 제시되었던 '그'의 모습이 더 구체화된다. 그것은 '글씨를 잘 쓰듯'이 상황에 잘 순응하면서 살아온 그가, '틀니'에 순응하지 못하는 엇갈림을 통해서 심화되었다.

　이 발단부의 제1단계에 와서, 인물 수가 늘어나면서(아내, 아들, 영로) 사건이 다양해지고 있다. 그것은 바로 인물들의 모습이 구체화되는 것과 호응된다.

② 제2단계

　제2단계(3-1, 3-2)에 와서는 새로운 에피소드가 첨가된다. 즉 수도 검침원의 내방으로 벌어지는 사건이다.

　수도 검침원과의 만남에서, 아내는 자신의 '늙음'에 대한 의식이 구체화되고, 그에 따라 '그'의 의식도 병행되어간다. 수도 검침원의 내방은 의외의 일이며, 그것은 어쩌면 심방이 취소된 것과 호응이 될 수 있다. 모르는 청년의 등장은 아내에게 죽은 아들의 생각을 환기시키는 데 적절하다. 아내는 그 청년에게 친절하고 그 젊음을 부러워한다. 그러나 청년은 아내에 대해서 별 관심이 없어 오히려 귀찮아 한다.

청년은 쉴 짬이 없이 단숨에 그릇을 비웠다. 아내의 눈길이 청년의 완강한 목의 뼈와, 함부로 연 셔츠 깃 사이로 엿보이는, 붉게 익은 가슴팍을 탐욕스럽게 더듬으며 허둥거리는 것을 그는 놓치지 않았다.

이러한 청년과 아내의 대립은 '먹은 버릇도 단정치 못해. 먹는 버릇을 보면 바탕을 알 수 있다'는 식으로, 청년에 대한 그의 부정적인 생각과 호응을 이룬다. 바로 이것은 젊음과 늙음의 대립이다.

③ 제3단계

여기(4-1~4-6)서는 '그'와 아내가 벌이는 일들을 통해, 죽음에 이르는 늙음에 대해 정직하게 인식한다.

우선 그는 계집아이의 만화경을 가지고 몰래 장난해본다. 그러나 그것이 늙은이 손에 왔을 때 곧 권태로운 물건이 되어버린다. 만화경을 숨겨온 것은 아이와의 대결이면서, 아이의 무한한 욕망을 '그'가 대신함으로써 늙음의 무력감에서 벗어나려는 의도였다. 그러나 결국 실패하고 말았다. 여기에서 그의 갈등은 차츰 더 고조되고 자신의 늙음에 대한 인식은 치열해진다.

이러한 '그'의 처지와 호응되는 것은, 아내가 밀가루로 여러 짐승의 모양을 만드는 일이다. 아내는 밀가루 반죽으로 동물들 모양을 만들지만, 그것은 죽음의 양식일 뿐이었다. 그것으로 노인에게 다가온 늙음을 극복할 수 없었다. 아내는 즐겁게 그 짓을 되풀이하지만 '그'가 보기에는 그 일이 덧없음을 알고도 남는다. 그러한 아내의 허황된 짓을 보면서, 그는 자신의 문제에 더욱 예민해진다. 그것은 곧 '틀니'에 대한 반응으로 나타난다. 순응하면서 살아온 그도 틀니에 대해서는 순응하지 못했다. 순응해버린다면 바로 '무생물만이 존재할 입안이 두려웠기' 때문이었다. 이렇게 '틀니'에 대한 반응이 강렬해지는 것은 그 자신에 대해 정직해지려는 일과 통한다. 그래서 결국 '그'는 아내가 밀가루 반죽으로 만들어내는 형체들이 박물관 전시실의 토우나 동경(銅鏡)으로, 심지어는 죽은 사람의 부장품으로 생각한다. 그리고 이미 죽어간 아내 조부와 아들을 생각한다.
　이렇게 전개부는 각기 다른 3단계의 상황과 에피소드들을 통해 이들의 문제, 즉 늙음에서 오는 노쇠함과 무력함, 아니 그 죽음의 실상에 대한 자기 인식이 차츰차츰 더 구체화되면서 고조된다. 결국 전개부의 몇 단계를 거쳐가면서, 발단부에서 제시된 문제들을 드러내거나 또는 그 실체에 접근해가면서, 결말을 향해 더 가까워지게 된다.

3) 위기 또는 정점부
　전개부에서 구체화되던 '그'와 아내의 갈등은, 5-1과 5-2에 와서 더욱 고조되어 마무리를 짓게 된다. 즉 새로운 전환을 이룬다. 전개부 3단계를 거치면서 형성된 문제들이 어떤 종결을 향해 새로운 문제가 제기(또는 해결)되는 상황이 된다. 그래서 희곡에서는 위기부를 전부의 결산이요, 후반부의 시작이라고 그 기능을 설명하기도 한다.
　이「동경」에서는, 저녁이 되어서 '그'가 얕은 수면에 있을 때, 아이들이 들어와 사건을 만들면서, 아내와 '그'의 갈등이 첨예하게 드러난다. 전개부에서 단계적으로 전개되었던 정황들이 한데 모아져서 절정을 이룬다. 아내는 밀가루 반죽이 거의 없어질 정도로, 죽음의 맥을 많이 만들어 놓았다. 소리에 대한 '그'의 의식은 더욱 예민해진다. 아내가 피곤해서 얕은 수면에 취해 있는데, 아이들의 노랫소리가 점점 커진다. 아이와 아내의 갈등이 고조된다.
　그런데 아내는 엉뚱하게 활기 띤 목소리로 죽은 사람 이야기를 하기 시작한다. 죽은 사람 이야기는 생각이 나지만 자신들의 이야기는 잊어버리는 이 모순된 정황에, 다시 아들과 그와 관련된 기억만이 되살아난다.
　아이들과 노인들 사이 갈등이 최고조에 이른다. 새로운 일이 벌어질 어떤 전환점이 된다. 결국 아이들은 잃어버린 만화경을 만들기 위해 준비해둔 유리거울로 아내를 비추며 장난한다. 이 장난은 새로운 국면을 만드는 중요한 계기이면서, 작품의 서두에서부터 제시되었던 아이와 노인의 갈등이 최절정을 이루도록 만든다.

4) 절정과 결말부

클라이맥스는 결말을 예비하는 바로 직전 단계이다. 그러므로 이 양자의 구분은 명확하지 않을 수도 있다. 고전적인 입장에서 플롯 5단계 구조에서 클라이맥스를 말하는 것은 다분히 도식적이다.

「동경」에서, 아이의 거울 장난으로 사건은 새로운 국면에 접어들게 된다. 그것은 극히 짧은 시간에 이루어지지만, 그 상황은 매우 긴박하면서 빠르게 그 도가 더해간다.

아이는 마당에서 공처럼 뛰어다니면서 거울을 비쳤다. 아내는 겁에 질려 마루로 올라 왔다.

이렇게 시작한 아이와 아내의 싸움은 바로 지금껏 팽팽하게 긴장되어 온 갈등이 다른 양식으로, 좀더 적극적인 싸움의 양식으로 나타나면서 파국을 향해 치닫게 된다. 한 대목(6-1)에서만 봐도, (1) 아이의 장난에 아내는 겁을 먹고 질리다가, (2) 아이에게 애원을 하는데도 아이는 작은 악마처럼 깔깔거리면서, (3) 계속 장난을 멈추지 않자 아내는 울어버리는 식으로 순차적으로 고조된다.

이처럼 아내와 아이의 대결은 아내의 완전한 패배로 끝났다. 그러나 그 패배 자체가 문제가 아니다. 뜰은 엷은 어둠으로 잠겨 있을 때에, '그'는 아내에게 위안의 말을 던진다. 그러나 아내에게는 그 말이 들리지 않는다. 그것은 절망이다. 늙음의 절망, 죽음의 절망은 서로가 나누어 가질 수 없는 것이고, 아내의 슬픔에 대해 위무를 던져야 할 '그'의 입장은 더욱 슬픈 정황에 처하게 된다. 빛이 가라앉은 정적 속에 반짝거리는 틀니를 통해서, 무생물만이 죽음의 빛을 발하고 있다는 것을 확인하게 되는 데서 절망은 극도에 이르게 된다.

결말에 와서 갈등은 해결되기는커녕 오히려 더 구체적이고 새로운 양상으로 나타난다. (1) '그'가 던지는 위무의 말은 아내에게 들리지 않았고, (2) 칠흑처럼 검은 머리(염색한 머리)에도 틀니를 빼어버린 입은 무너져 있었고, (3) 빛이 가라앉은 정적 속에 틀니만이 반짝거리고 있는 것이었다.

결국 상황에 대한 회피가 아닌, 직접 그것과의 부딪침을 통한 처절한 절망에 이르면서 작품은 끝을 맺고 있다. 그것은 바로 갈등을 통해 문제를 제대로 인식하는 고통의 드러냄이다. 바로 늙음의 인식을 통해 세계를 바르고 정직하게 볼 수 있기 때문이다. 결말은 화해가 아니라, 오히려 더 큰 문제를 받아들이게 되는 아픔에 있음을 이 작품은 시사해주고 있다.

4. 작품의 서두와 위기, 결말

(1) 작품의 서두

작품의 서두는 결말과 함께 소설 구성에 있어 가장 핵심되는 부분이다. 또한 이 부분을 처리하는 문제는 소설을 쓰는 데 가장 어려운 문제이다. 그것은 시작만 되면, 그것에 의지해서 소설이 전개되어 결국 그 총화로서 결말에 이르기 때문이다. 그러면 우선 작품 서두 의미를 개괄적으로 생각해보자.

소설의 서두와 결말은 상호 밀접한 관계를 갖기 때문에 이를 상호 대조함으로써 소설 분석의 방법을 유도해낼 수 있다. 즉 서두(A)에서 결말(B)로 이행하는 중간 사슬의 고리들을 이해하는 근거가 서두와 결말에서 드러나기 때문이다. 뿐만 아니라 결말과 서두에서 작가의 세계관이 선명하게 드러나는 경우도 많다(김화영, 『소설이란 무엇인가』, 53쪽).

작품에 따라 다르겠지만, 일반적으로 서두에서는 작품의 문제가 제시된다. 그 제시 방법은 인물을 통하거나 상징물을 제시함으로써 또는 직접적으로 문제를 내놓을 경우도 있다. 그러나 그러한 문제 제시 방법과 요령은 작품이 갖는 고유한 맛이므로 작가는 특별히 관심을 갖고 처리한다. 이제 다음과 같이 서두 처리의 몇 가지 경우를 정리해보자.

1) 작품의 문제를 직접 제시한다

① 긴긴 세월 동안 섬은 늘 거기에 있어왔다.
그러나 섬을 본 사람은 아무도 없었다.
섬을 본 사람은 모두가 섬으로 가버렸기 때문이었다.
아무도 다시 섬을 떠나 돌아온 사람이 없었기 때문이었다.

② "그것이 어째 없을까?"
아내가 장문을 열고 무엇을 찾더니 입안말로 중얼거린다.
"모본단 저고리가 하나 남았는데……."
"……."
나는 묵묵부답했다.

③ 일요일인데도, 그는 죽으러 나가려고 구두끈을 매고 있었다. 그의 손가락들은 조금씩 떨리고 있었다. 마음의 긴장이 손가락 끝에까지 미치고 있는 모양이었다. 3년 동안이나 그의 체중을 견디어내준, 그의 검정색 구두는 이제 더이상 참아낼 힘이 없다는 듯이 피곤하고 악에 받친 표정을 하고 있었다.

이청준의 『이어도』의 서두인 ①에서는, 이어도의 실상에 대한 의문을 직접 제시하고 있다. 늘 거기 있는 섬인데도 그곳을 알고 있는 사람은 아무도 없다. 이어도는 어떠한 섬인가, 이어도의 실상에 대한 의문을 제시하면서, 그것이 바로 소설이 추구하는 주제에 맞물려 있음을 단적으로 보여주고 있다.

현진건의 「빈처」의 서두인 ②에서는, 전당포에 맡길 모본단 저고리를 찾는 아내와 그러한 상황에서 묵묵부답하는 주인공의 모습이 직접 드러나고 있다. 이 두 인물을 통해 가난한 문사의 문제가 제시되면서, 그것에 대응하는 아내와 남편의 모습도 부각된다. '전당포' 모티브를 통해 글쟁이의 가난과 그에 따라 전개될 사건 내용을 제시하고 있다.

조해일의 「매일 죽는 사람」의 서두인 ③에서는, 세계의 실상과 자신의 삶에 예민하게 반응하는 주인공의 모습이 사실적이면서 상징적인 매개물 '낡은 구두'를 통해 나타나고 있다. '일요일'과 '죽으러 간다'는 서로 상반된 모티브는 다시 그 다음에 '긴장하고서 구두끈을 매는' 인물의 정신적인 상황대립을 이룬다. 이 2중의 대립은 역설이다. 남들이 다 휴식하는 일요일에 죽으러 간다는 사실은 대립적이면서 역설적이고, 죽으러 가는 사람이 손끝이 떨리게 긴장하면서 구두끈을 매고 있다는 사실도 역시 역설이다. 이러한 역설의 연속을 통해서 세계에 대해 예민하게 대응하면서 살아가는 인물의 모습을 제시하면서 소설의 문제를 함축하고 있다.

2) 인물의 문제를 제시함으로써 소설의 문제를 대신한다

① 싸움, 간통, 살인, 도둑, 징역, 이 세상의 모든 비극과 활극의 근원지인 칠성문 밖 빈민굴로 오기 전까지는 복녀 부처는 (사농공상의 제2위에 드는) 농민이었다.

② '박제가 되어버린 천재'를 아시오? 나는 유쾌하오. 이런 때 연애까지 유쾌하오.

③ 계리사(計理士) 사무실 서기 송철호(宋哲浩)는 여섯 시가 넘도록 사무실 한 구석 자기 자리에 멍청하니 앉아 있었다. 무슨 미진한 사무가 있는 것도 아니었다. 장부는 벌써 접어 치운지 오래고 그야말로 멍청하니 그저 앉아 있는 것이었다. 딴 친구들은 눈으로 시계 바늘

을 밀어 올리다시피 다섯 시를 기다려 휙딱 나가 버렸다. 그런데 점심도 못 먹은 철호는 허기가 나서만이 아니라 갈데도 없었다.
"송 선생은 안 나가세요?"

④ 영달이는 어데로 갈 것인가 궁리해보면서 잠깐 서 있었다. 새벽의 겨울 바람이 매섭게 불어왔다. 밝아오는 아침 햇볕 아래 헐벗은 들판이 드러났고 곳곳에 얼어붙은 시냇물이나 웅덩이가 반사되어 빛을 냈다. 바람소리가 먼데서부터 몰아쳐서 그가 섰는 창공을 베이면서 지나갔다. 가지만 남은 나무들이 수십여 그루씩 들판가에서 바람에 흔들렸다.

⑤ 하루종일 하늘은 쪽빛이었다. 저녁 이내가 갈뫼 등성이로 천천히 내려덮여 월전리(月田里)가 온통 회색의 이내 속에 잠길 때까지 하늘은 종일토록 구름 한 점 찾아볼 수 없었던 남빛이었다. 그런데 이내가 짙어져 어둠이 깔리기 시작할 무렵, 산사태가 난 듯 바위가 굴러 떨어지는 소리가 들려오기 시작했다. 그 소리는 갈뫼 뒤편 멀리서, 아니 그보다 더 멀리 오십여 리가 떨어진 석포리(石浦里) 쪽에서 들려오는지도 몰랐다. 귀여겨 들어보면 그것은 놀랍게도 천둥소리였다. 그때, 월전리 뒤편을 감고 돌아서 갈뫼 산자락 아래로 흘러가는 긴 봇도랑길을 여인네가 허둥지둥 달려가고 있었다. 육척장한이 팔을 뻗치고 가로누워도 채 닿지 못할 만큼 폭이 큰 여울인 봇도랑 길을 천둥소리에 쫓기듯 쪽진 머리채를 흐트린 여인네가 옥수수 이랑과 나란한 못둑길을 달려가는 것을 그러나 목도한 사람은 없었다.

김동인의 「감자」의 서두인 ①에서는, 빈민굴까지 온 복녀네 부처가 농민의 후예였음을 강조하고 있다. 특히 그들이 과거 봉건왕조 신분체계에서 제2위에 드는, 도덕성을 갖추고 살아온 농민의 후예였다는 점을 강조하는데, 이 점에서 작품은 농민 신분인 이들 부처가 도덕적으로 황폐해가는 과정을 추적할 것임을 시사하고 있다.
　이상의「날개」의 서두인 ②에서 '박제가 되어버린 천재'라는 그 대립적인 모티브의 결합을 통해 서로 상반된 자아를 주체하지 못하는 정신분열증 환자인 '나'를 제시하고 있다. 또한 소설의 전개는 이 인물에 대한 탐구이면서, 그 인물의 변모과정에 특별한 의미를 두고 있음을 알 수 있다.
　이범선의「오발탄」의 서두인 ③에서, 퇴근시간이 지났는데도 '갈 데 없어' 사무실을 지키고 있는 점심을 굶은 계리사 사무실 서기 송 철호 모습을 보여주고 있다. 그는 퇴근시간이 되자마자 얼른 퇴근하는 일상인들과 대조적으로 나타나 있다. 소설 전개는 이 '갈 데 없는 배고픈' 주인공의 삶을 추적해 나갈 것이다.
　황석영의「삼포가는 길」의 서두인 ④에서, 영달이를 통해 뿌리뽑힌 인간들의 모습이 제시되고 있다. 그의 모습은 추운 새벽에 갈 곳이 정해져 있지 않은 처지, 헐벗을 들판에 서 있는 헐벗은 나무들, 창공을 베이면서 지나가는 바람소리 등에서 잘 드러나고 있다. 더구나 그가 길 위에 서서 이제 막 출발을 시도하고 있다는 점에서, 이 작품의 전개 양상을 알 수 있다.
　김주영의『천둥소리』의 서두인 ⑤에서는, 천둥소리에 쫓겨오는 한 여인의 모습을 사실적으로 처리하면서, 동시에 상징적인 효과를 내고 있다.
　여기서는 머리채를 흐트린 여인의 모습이 특징적으로 제시되고 있지만, 그와 관계지어진 상황이 중요한 의미를 갖는다. 더구나 온종일 맑게 개었던 쪽빛 하늘이 어두워지면서 갑자기 천둥이 울어터지는 이 기상의 의외성은, 불가항력적인 상황성을 제시하면서 그것에 눌려 살아가는 한 여인의 운명적 삶을 암시하고 있다.

3) 상징적 공간성을 제시한다

① 금강(錦江)…….

이 강은 지도를 펴놓고 앉아 가만히 들여다보노라면, 물줄기가 중동께서 남북으로 납작하니 째져 가지고는 (한강이나 영산강도 그렇기는 하지만) 그것이 아주 재미있게 벌어져 있음을 알 수 있다. 한번 비행기라도 타고 강줄기를 따라가면서 내려다보면 또한 그럼직할 것이다.

저 준험한 소백산맥(小白山脈)이 제주도를 건너 보고 뜀을 뛸 듯이, 전라도의 뒷덜미를 급하게 달리다가 우뚝……, 또 한번 우뚝…… 높이 솟구친 갈재(蘆嶺)와 지리산(智異山) 두 산의 산협 물을 받아 가지고 장수(長水)로 진안(鎭安)으로 무주(茂朱)로 이렇게 역류하는 게 금강의 남쪽 줄기다.

그놈이 영동(永同) 근처에서는 다시 추풍령(秋風嶺)과 속리산(俗離山)의 물까지 받으면서 서북으로 좌향을 돌려 충청 좌우도(忠淸左右道)의 접경을 흘러간다.

그리고 북쪽 줄기는…….

좀 단순해서, 차령산맥(車嶺山脈)이 꼬리를 감추려고 하는 경기 충청(京畿忠淸)의 접경 진천(鎭川) 근처에서 청주(淸州)를 바라보고 가느다랗게 흘러내려 오다가 조치원(鳥致院)을 지나면 거기서 비로소 오래 두고 서로 찾던 남쪽 줄기와 마주 만난다.

이렇게 어렵사리 서로 만나 한데 합수진 한 줄기 물은 게서부터 고개를 서남으로 돌려 공주(公州)를 끼고 계룡산을 바라보면서 우쭐거리고 부여(扶餘)로……, 부여를 한 바퀴 휘 돌려다가는 급히 남으로 꺾여 단숨에 논뫼 강경이(論山, 江景)까지 들이닫는다.

여기까지가 백마강(白馬江)이라고, 이를테면 금강의 색동이다. 여자로 치면 흐린 세태에 찌들지 안한 처녀적이라고 하겠다.

② 간조가 된 바다는 어둠으로 꽉 차 있는데, 그 막막한 어둠의 저편 끝에서 섬뜩하게 가슴으로 다가오는 것이 있었다.
　이곳으로 들어설 때에는, 동네를 싸안은 낮은 방파제 허리까지 가득찼던 바닷물이 지금은 멀리 밀려나 있다. 그 끝간 돌밭(石田)을 때리는 하얀 파도가 엷은 파도 소리와 함께 언뜻언뜻 보일 뿐 바다와 하늘과 땅은 어둠 속에 갇혀 있다. 이마를 적시는 서늘한 바닷바람에 술기에 짓눌려 있던 머리가 차차 맑게 트여왔다. 갑자기 적막이 가슴 속으로 밀려들었다. 몸을 돌리니, 가슴께에 겨우 미치는 낮은 슬레이트 지붕들이 눈앞에 촘촘히 도사려앉아 있는데, 지금까지 술을 마시고 있었던 그 집에만 불이 켜져 있다. 나는 바닷물이 밀려와서 부서지면서 만들어내는 하얀 파도를 한참이나 바라보다가, 바닷물이 말라버린 돌밭 위에 시원하게 방뇨를 하고서 허리춤을 추스리며 약간 멀리 눈을 주었다. 그 순간 어둠이 꽉 안겨오면서, 문득 언젠가 가슴을 조이게 하던, 영원한 영겁 속에 무의 세계로 녹아져버리는 죽음의 실체에 대한 아스라한 상념이 구체적인 실상으로 다가왔다.
　……중략……
　한없이 뻗쳐나간 어둠을 쫓아 눈을 멀리 주고 있었다. 너무나 막막한 어둠에 대한 절망을 건져줄 어떤 기대를 생각하여서였다. 그러나 캄캄한 어둠뿐 별빛도 없는, 너무나 삭막한 공간뿐이었다. 엷은 바람을 따라 밀려오는 파도 물결들은 결승점에 이르는 단거리 선수들처럼 돌밭을 향해 몰려왔다가 되돌아가고 있었다. 그 하얀 파도가 어둠을 잠깐씩 흔들 뿐이었다. 그런데 눈을 머물게 하는 곳이 또 있었다. 어둠을 흔드는 것은 돌밭 끝에서 부서지는 하얀 파도뿐이 아니었다. 방파제에서 얼마 떨어진 바다에서 하얀 파도가 일면서 언뜻언뜻 눈을 스치는 것이 있었다. 처음에는 환각인가 했다. 너무나 깜깜한 공간에 대한 절망감이 눈까지 혼미하게 하는가 싶어 눈을 다시 씻어보았다. 틀림없이 하얀 파도가 마치 샘이 솟아나듯 맴도는 것 같았다. 그런데 거기 다른 무엇이 또 있었다. 고깃배 같은데 불빛이 보이지 않은 게 이상했다. 등줄기에서 오싹하니 한기가 일면서 머리칼이 곤두섰다.

    채만식의 『탁류』의 서두인 ①에서는, 작품의 공간배경이 되고 있는 금강 지류에 대해 꼼꼼히 해설적으로 설명하고 있다. 화자는 사실적이면서도 보다 다른 의미에서 처리하여 작품의 의미를 시사하고 있다. 이러한 서두는, 단순히 작품 배경이 되는 공간 제시에 작가의 의도가 있지 않고, 작품의 주제를 드러내는 데 관심을 두고 있다. 금강의 흐름이 '아주 재미있게 벌어져 있듯이' 이 강가에서 벌어지는 인간들의 삶도 그러할 것임을 미리부터 말하고 있는 것이다.
    현길언의 『그믐밤의 제의』의 서두인 ②에서는, 어두운 바닷가와 그 어둠을 흔드는 하얀 파도, 이상한 불빛을 통해서 어두운 시대를 살아가는 지식인의 정신적 상황을 상직적으로 암시하고 있다. 또한 그 어둠을 흔드는 이상한 불빛은 앞으로 전개될 사건의 중요한 모티브가 되는 제의(祭儀)의식과 관련을 갖고 있다. 한밤중 바닷가의 정황을 길게 처리한 것은, 작품 전개에 있어 이런 정황과 공간이 중요한 기능과 의미를 지니고 있기 때문이다.
    이외에도 상징적인 공간성을 서두로 처리한 작품들은 많다. 이효석의 「메밀꽃 필 무렵」의 그 무더운 파장터 분위기, 나도향의 「물레방아」에서 물레방아 정경, 김승옥의 「무진기행」에서 무진으로 진입하는 길목에 세워 있는 잡초에 덮혀 있는 이정비, 그리고 버스 안 등이 적절한 예가 될 것이다.
    이러한 서두는 두 가지 의도를 고려해서 처리되었음을 유의할 필요가 있다. 작품에 등장하는 중요한 공간성을 제시하고 있다. 『탁류』는 바로 금강 하류 군산을 중심으로 살아가는 사람들의 이야기이다. 『그믐밤의 제의』에서는, 그 바닷가 무허가 술집에서 술마시던 주인공이 잠깐 바람을 쏘이려 나와서 바라보는 정경이다. 그 바닷가는 이 소설에서 중요한 공간이 된다. 「메밀꽃 필 무렵」의 파장터도 허생원이 일생 동안 삶의 터전이 된 공간이다. 물레방아도 소설의 주요 공간이다. 「무진기행」의

제6장 플롯

 이정비는 주인공의 무의식 속에 잠재해 있는 하나의 표상이다.
 그러나 이러한 공간성은 또다른 상징성을 포함하고 있다. 금강이 그렇고, 그믐밤 바다의 어둠과 그 어둠을 흔드는 빛도 상징적인 의미를 갖는다. 파장터의 분위기는 외롭게 살아온 허생원의 삶의 풍경과 통한다. 물레방아의 그 힘찬 돌아감은 바로 욕망을 따라 살아가는 인물들을 상징한다. '무진'이라는 이정비는 주인공의 무의식에 자리잡혀진 그의 초상의 상징적 매개물이다. 그러므로 소설 서두에 처리되는 공간성은 사실성과 상징성을 동시에 충족할 수 있어야 한다. 그러나 그것이 상투성에 빠진다면 재미가 덜할 것이다.

4) 시간성과 인물을 동시에 제시한다

 ① 조선에 '만세'가 일어나던 전 해 겨울이다. 세계대전이 막 끝나고 휴전조약(休戰條約)이 성립되어서, 세상은 비로소 변해진 듯싶고, 세계개조(世界改造)의 소리가 동양 천지에도 떠들썩한 때이다. 일본은 참전국(參戰國)이라 하여도 이번 전쟁 덕에 단단히 한밑천 잡아서, 소위 나리긴(成金), 나리긴하고 졸부(猝富)가 된 터이라, 전쟁이 끝났다고 별로 어깻바람이 날 일도 없지마는, 그래도 또 한몫 보겠다고 발버둥질을 치는 판이다.
 동경 W대학 문과(文科)에 재학중인 나는, 때마침 반쯤이나 보던 연종시험을 중도에 내어던지고, 급작스레 귀국하지 않으면 안될 일이 생겼다. 그것은 다름 아니라, 그해 가을부터 해산 후더침으로 시름시름 앓던 아내가, 위독하다는 급전(急電)을 받았기 때문이었다.

 ② 내가 태어났을 때 우리집의 식구는 열한 명이었다. 할아버지, 할머니, 아버지, 어머니, 누나, 나, 둘째고모, 큰삼촌, 둘째삼촌, 셋째삼촌, 막내삼촌.
 그랬는데 내가 갓 돌도 되기 전에 아홉 명으로 줄어들었다. 둘째고

모가 시집을 갔으며 그리고 아버지가 장총을 멘 순사와 함께 집을 나간 채로 돌아오시지 않았던 것이다. 대전형무소에 계신다고 하였다. 예비검속으로 수감되신 것이라고 하였다. 할아버지는 마지막으로 하나 남아 있던 선산(先山)을 팔아서 서울로 대전(大田)으로 다니며 아버지를 빼내오고자 애를 태우셨지만, 아버지는 돌아오지 않았다. 그리고 난리가 터져버린 것이었다.

③ 거의 이십 년 전의 그 시기가 조명 속의 무대처럼 환하게 떠올랐다. 그 시기를 연상할 때면 내 머릿속은 온통 청록색으로 뒤덮인 어두운 구도가 잡힌다. 그렇지만 어두운 구도의 한 쪽에 쳐진 창문의 저 쪽에서 새어들어오는 따뜻한 빛이 있는 것도 같다. 그것은 혼란이었다. 그리고 무엇보다도 아픔이었다. 그것이 미완성이었기 때문에? 그러나 삶의 단계에 정말 완성이라는 것은 있기라도 한 것인가. 아, 그 때…… 하고 가볍게 일축해버릴 수 없는 과거의 시기가 있다. 짧은 시기지만 일생을 두고 영향을 미치는 그러한 시기. 그래도 일상의 반복의 힘은 강한 것이어서 많은 시간 그 청록색의 구도 위에도 눈비가 내리고 꽃이 지고 피면서 서서히 둔감한 상처처럼 더께가 내려앉아 있었던 모양이다.

염상섭의 『만세전』의 서두 ①에서는, 작품의 배경이 되고 있는 시기를 제시하고 있다. 그런데 단지 '만세가 일어나기 전'이라는 그 시간성 제시에 그치는 것이 아니라 그러한 시간성의 의미, 즉 '세계 개조의 소리가 동양 천지에도 떠들썩할 때'라는 그 상황이 작품의 의미와 관계를 갖게 된다. 그리고 동시에 문과대학생인 인물이 제시된다. 그래서 이 시간성이 인물의 삶에 주어지는 의미가 이 작품에서 중요한 문제임을 서두에서 미리 말하려는 것이다. 이러한 점은 김성동의 「길」의 서두인 ②에서도 그대로 나타난다. '내가 태어났을 당시'라는 시간성은 열이나 되는 식구들 중에 내가 돌이 되기도 전에 '아버지의 죽음'이라는 나의 상황과 긴밀하게 연결되어 있다. 앞으로 이 작품 전개는, '내가 돌도 되기 전'이라는 시간성과 '아버지 죽음'이라는 내게 닥친 상황성과의 관계 맺음을 바탕으로 이루어질 것이다. ③인 최윤의 『회색 눈사람』에서도 '거의 이십 년 전의 그 시기'와 '그 시간을 연상할 때면 온통 청록색으로 뒤덮인 머릿속의 나'의 관계를 제시하고 있다. 이것은 앞으로 이 소설이 20년 전의 그 시간에 대한 내 어두운 의식을 바탕으로 전개될 것임을 사시하고 있다. 이러한 서두의 처리는 단지 앞으로 전개될 플롯의 성격을 말해주는데 끝나지 않고, 작품의 문제나 주제 또는 그에 대한 어떤 이해의 길잡이를 마련해준다.

5) 대립적 상황을 동시에 제시한다

① 1897년의 한가위 —.

까치들이 울타리 안 감나무에 와서 아침 인사를 하기도 전에, 무색옷에 댕기꼬리를 늘인 아이들은 송편을 입에 물고 마을 길을 쏘다니며 기뻐서 날뛴다. 어른들은 해가 중천에서 좀 기울어질 무렵이래야, 차례를 치러야 했고 성묘를 해야 했고 이웃끼리 음식을 나누다 보면 한나절은 넘는다. 이때부터 타작 마당에 사람들이 모이기 시작하고 들뜨기 시작하고 —. 남정네 노인들보다 아낙들의 채비는 아무래도 더디어지는데 그럴 수밖에 없는 것이 식구들 시중에 음식 간수를 끝내어도 제 자신의 치장이 남아 있었으니까. 이 바람에 고개가 무거운 벼이삭이 황금빛 물결을 이루는 들판에서는, 마음놓은 새떼들이 모여들어 풍성한 향연을 벌인다.

"후우이이 —. 요놈의 새떼들아!"

극성스럽게 새를 쫓던 할망구는 와삭와삭 풀발이 선 출입옷으로 갈아 입고 타작 마당에서 굿을 보고 있을 것이다. 추석은 마을의 남녀노소, 사람들에게뿐만 아니라 강아지나 돼지나 소나 말이나 새들에게, 시궁창을 드나드는 쥐새끼까지 포식의 날인가보다.

빠른 장단의 꽹과리 소리, 느린 장단의 둔중한 여음으로 울려 퍼지는 징소리는 타작 마당과 거리가 먼 최참판댁 사랑에서는 흐느낌같이 슬프게 들려온다. 농부들은 지금 꽃 달린 고깔을 흔들면서 신명을 내고 괴롭고 한스러운 일상(日常)을 잊으며 굿놀이에 열중하고 있을 것이다.

…… 중략 ……

최참판댁 사랑은 무인지경처럼 적막하다. 햇빛은 맑게 뜰을 비쳐주는데 사람들은 모두 어디로 가 버렸을까. 새로 바른 방문 장지가 낯설다.

②이 산등에 올라서면 용연동네는 저렇게 뻔히 들여다볼 수가 있다. 저기 우뚝 솟은 저 양기와집이 바로 이 앞벌 농장 주인인 정덕호 집이며, 그 다음 이편으로 썩 나와서 양철집이 면역소며, 그 다음으로 같은 양철집이 주재소며, 그 주위를 싸고 컴컴히 돌아앉은 것이 모두 농가들이다.

그리고 그 아래 저 푸른 못이 원소(怨沼)라는 못인데 그 못은 이 동네의 생명선이다. 이 못이 있길래 저 동네가 생겼으며 저 앞벌이 개간된 것이다. 그리고 이 동네 개 짐승까지라도 이 물을 먹고 살아가는 것이다.

이 못은 언제 어떻게 생겼는지 물론 아무도 아는 사람이 없을 것이다. 그러나 이 동네 농민들은 이러한 전설을 가지고 있다. 그들은 이 전설을 유일한 자랑거리로 삼으며, 따라서 그들이 믿는 신조로 한다.

박경리의 『토지』의 서두인 ①에서는, 1897년 한가위, 온통 마을이 추석 분위기에 들떠 있어 모두들 즐기는데, 최참판댁 사랑은 무인지경처럼 적막한 분위기가 대조적으로 제시되고 있다. 이러한 상반된 상황을 통해서 최참판댁 정황이 드러난다. 또한 1897년이란 특정한 시기와 추석이라는 명절이 겹치는 의미도 시사하는 바 있다. 강경애의 『인간문제』의 서두인 ②에서는, 용연동네를 이루고 있는 서로 다른 계층의 형편을 그들이 사는 집의 외형과, 원소(怨沼)라는 못에 얽힌 전설을 통해서 그 대립상을 특징적으로 제시하고 있다. 이 대립은 이 작품의 중심되는 모티브이면서 작가가 취급하려는 문제와 깊은 관계를 맺는다.

이외에도 현진건의『무영탑』에서도, 서두에 대립적인 상황을 제시함으로써 그것이 소설의 플롯을 관통하는 중요한 모티브가 되어서 그 주제를 드러내는 데 크게 기여하고 있다. 서두에는 신라 경덕왕 시절, 석가탄신일을 며칠 앞둔 경주 불국사 경내의 정황을 제시하고 있다. 석가탄신일이 되면 많은 시주를 받게 될 것을 기대하는 속화된 중들의 모습과, 그러한 분위기에는 상관없이 오직 탑을 만드는 일에 전념하는 외방사내 아사달의 모습이 대조적으로 나타난다. 즉 신라의 문화 중추 세력인 중들의 속화된 모습에 상대해서 변방에서 온 주변인이면서 중심부와는 동떨어진 채 오직 예술에만 전념하는 아사달의 모습은 지배이데올로기와 예술(사랑)의 대립상을 시사하는 것인데, 이는 작품에 일관하는 중요한 문제가 되고 결말에서 이 문제가 정리되어 처리된다.

이러한 서두는 결국 결말과 호응되어서 의도하는 주제를 드러내고 작품의 문학성을 풍기게 만든다. 그런데 서두 처리 방법은 작가 개인에 따라 다양할 수 있지만 그 처리할 문제는 한정되어 있다. 그러므로 우선 서두에서 제시할 사항을 설정하고, 다음에 그것을 어떤 방법으로 처리할 것인가를 고려해야 할 것이다. 그리고 만약 그것이 서두에서 제시하지 못했다면 발단부가 끝나기 전에 적절하게 처리해야 할 것이다.

(2) 중편과 장편의 서두

소설 플롯의 짜임을 이해하기 위해서 단편을 중심으로 그 서두를 분석해서 거기에서 처리할 사항들을 생각해보았다. 이제 중편과 장편의 서두 처리를 전상국의『우상의 눈물』과 고원정의『빙벽』을 대상으로 살펴보기로 한다.

1) 전상국의 『우상의 눈물』

 ① 학교 강당 뒤편 으슥한 곳에 끌려가 머리가 털나고 처음인 그런 무서운 린치를 당했다. 끽 소리 한번 못한 채 고스란히 당해야만 했다. 설사 소리를 내질렀다고 하더라도 누구 한 사람 쫓아와 그 공포로부터 나를 건져올리지 못했을 것이다.

 ② 토요일 늦은 오후였고 도서실에서 강당까지 끌려가는 동안 나는 교정에 단 한 사람도 얼씬거리는 걸 보지 못했다. 더욱이 강당은 본관에서 운동장을 가로질러 아주 까마득히 멀리 떨어져 있었다. 재수파(再修派)들은 모두 일곱 명이었다. 그들은 무언극을 하듯 말을 아꼈다. 그러나 민첩하고 분명하게 움직였다.

 ③ 기표가 웃옷을 벗어 던진 다음 바른손에 거머쥐고 있던 사이다병을 담벽에 부딪쳐 깼다. 깨어져 나간 사이다병의 날카로운 유리조각이 그의 걷어올린 팔뚝에 사악사악 금을 그어 갔다. 금간 살갗에서 검붉은 피가 꽃망울처럼 터져올랐다. 기표가 그 팔뚝을 내 눈앞에 들이댔다. 핥아! 기표 아닌 다른 애가 말했다. 내가 고개를 옆으로 비키자 곁에 둘러선 서너 명의 구두 끝이 정강이에 쪼인트를 먹였다. 진득한 액체가 혀끝에 닿자 구역질이 났다. 오장이 뒤집히듯 역한 것이 치밀었다. 나는 비로소 온몸을 와들와들 떨기 시작했다. 나 자신도 헤아릴 길 없는 거센 공포로 해서 나는 그 자리에 무릎을 꿇고 앉아 두 손을 비벼댔다. 그들이 나를 일으켜 세웠다. 내 바지에서 혁대가 풀려나간 다음 벗겨져 맨살이 드러난 허벅지에 칼끝이 박히는 것 같은 아픔이 왔다. 나는 그들에게 양쪽 겨드랑이를 잡힌 채 몸부림쳤다. 도저히 견딜 수 없는 고통이었다. 칼끝은 상당히 오랜 시간 허벅지에 박혀 있는 것 같았다. 나는 내 살타는 냄새를 맡았다. 칼침이 아니라 그들은 담뱃불로 내 허벅지 다섯 군데나 지짐질을 했던 것이다. 소리질러 봐,

제 6 장 플롯

죽여버릴 거니, 한 놈이 귓가에 속삭였다. 나는 드디어 허물어져 내리듯 의식을 잃어 갔다. 그런 몽롱한 의식 속에서 기표가 씨부려댄 한마디 말소릴 놓치지 않았다.

④ ― 메스껍게 놀지 마!
어처구니없게도 그들이 내게 린치를 가한 이유란 단지 그것이었다. 2학년 재수파들이 나를 첫 표적으로 삼은 것은 그들 눈에 메스껍게 보였기 때문이다.

⑤ "유대야, 너 그대로 참을거냐?"
분식집에서 만난 형우가 슬쩍 내 심중을 떠보고 있었다. 내가 입 한번 벙긋하지 않았는데 그 소문은 파다했다. 소문이 쉬쉬 떠도는 며칠 동안 나는 심한 공포에 휩싸였다. 그 소문이 학교 선생들에게 알려져 문제가 생길 경우 십중팔구 나는 결딴이 나고 말 것이다. 기표는 그런 일을 충분히 해낼 수 있는 아이였다.
"그 새낀 악마다."
형우가 동정어린 눈으로 나를 충동질했다. 그러나 나는 대답없이 빙그레 웃어보였을 뿐이다. 누구에게나 그렇게 해 보였다. 그것은 이미 겪은 자의 우월감 같은 오만이었다.

⑥ 나는 나를 충동질하는 형우의 눈에서 자기도 미지에 당해야 하는 두려움과 아울러 내게 대한 선망이 깔려 있음을 놓치지 않았다. 형우가 기표에게 당할 것은 너무나 당연했다. 그것은 기표와 같은 배에 오른 우리들의 공동 운명이었던 것이다.

『우상의 눈물』의 첫 문단이다. 이 문단은 다시 6개의 작은 의미단락으로 이루어져 있다. 나에 대한 기표네 일당의 폭력(①), 폭력의 실상(②), 나의 절망(③), 폭력의 원인(④), 폭력에 대한 소문과 형우의 대응(⑤), 형우도 그들에게 당함(⑥)을 그 내용으로 하고 있다. 이 중편의 서두는 하나의 독립된 작품처럼 견고한 플롯으로 짜여져 있다.
  (1) 나는 린치를 당했다(서두).
  (2) 린치 당한 상황(전개).
  (3) 나는 굴복했다(절정).
  (4) 소문이 퍼지고 형우의 충동질(반전).
  (5) 형우도 당했다(결말).
  이러한 짜임을 통해서 서두에서 제시하고 있는 문제는 기표네 일당의 그 잔인하고 거대한 폭력조직과 그 힘을 강조하고 있다. 우선 그 폭력의 실상이 점점 고조되어간다. 그것은 ①의 제시와 ②의 폭력의 구체화를 통해 그들의 잔인함이 상승되고, 그 결과는 '나'가 굴복하고 만다(③). 여기에 오면 그들의 잔인함과 그 힘의 거대함이 드러난다. 그러나 '나'가 굴복했다는 것보다, 그들에 대한 대응을 충돌질하던(④) 형우까지도 결국 그들에게 당하게 됨(⑤)으로써 결국 그들의 힘과 잔인함이 구체화되면서 확실하게 드러난다.
  그러나 이 서두는 단순히 기표네 일당의 실상을 드러내는 데 그치지 않는다. 이 단락은 다시 ① ② ③ ④와 ⑤ ⑥, 두 단락으로 나누어서 생각할 때 기표네 일당의 폭력의 실상과 그로 인한 '나'와 '형우'의 절망적 정황이 대층적으로 제시되고 있다. 그리고 이 대층은 또다른 대립 갈등양상을 동시에 시사해주기도 한다. 그러므로 다음으로 전개될 플롯은 기표네 일당이 어떻게 허물어지는가, 아니면 더 극악한 폭력을 행사해가는 과정을 보여줄 것이다. 또한 그 과정에서 서로 대립되는 '나'와의 관계가 중요한 모티브로서 역할을 하게 됨을 미리 준비해놓고 있다.
  중편이나 장편의 서두는 단편보다는 다소 길기 때문에 그 안에 여러 단락으로 짜여져서 이루어진다. 그 단락들은 서두에서 필요로 하는 문제를 체계 있게 하나씩 드러내기 위한 것이다. 그러므로 우선 서두에서는 거기에서 처리할 내용들을 소설 전편의 짜임을 고려해 설정하는 일이 필요하다.

2) 고원정의 『빙벽』: 소설의 템포와 재미

　장편소설의 플롯은 단편과는 달리 구성이 복잡하고 템포도 매우 빨라야 한다. 단편이나 중편의 플롯은 그 흐름 줄기가 단일하거나 아니면, 그 중심되는 흐름에서 약간 변형되지만 장편은 우선 등장인물이 많아지고 그 사건도 여러 갈래로 나뉘져서 복잡하게 전개되어나간다. 그것은 단편이 인간이나 세계의 단면을 통해서 그 진실을 추구하는 데 반하여, 장편은 세계와 인간의 문제를 여러 다른 인물들의 삶의 양식을 통해 복잡한 그들의 삶의 현장에서 추구하기 때문이다.

　복잡한 인물과 구성을 요하는 장편인 경우에, 그 복잡함을 어떻게 짜임새 있게 구축하느냐는 문제가 중요하다. 또한 긴 분량의 소설을 독자가 버리지 않고 끝까지 읽게 하는 데도 작가는 관심을 기울여야 한다. 거기에 플롯의 기교가 필요하다. 물론 독자가 즐겁게 읽을 수 있는 소설만이 좋은 소설은 아니지만, 그 점도 소설로서는 무시할 수 없다. 특히 장편을 쓰는 데는 중요한 관심사가 된다.

　독자가 지루하지 않고 흥미를 갖고 읽게 하는 데 템포가 중요한 역할을 한다. 템포를 조절하는 데는 문체의 힘이 크게 작용하지만, 우선 플롯의 상황 변화도 크게 고려해야 한다. 그러나 상황을 변화시키는 데도 한계가 있다. 공간과 시간의 배경을 변화시키면서 이야기를 끌어간다는 것은 사건 소설에서나 가능한 일이다. 그러므로 상황 변화는 작가의 특별한 배려와 기술에 속하는 문제가 된다. 이제 많이 읽혀 화제가 되었던 고원정의 대하장편『빙벽』의 첫 1장의 플롯을 분석하고 이 문제를 생각해보기로 한다.

　우선『빙벽』발단부의 일부인 1권의 〈1〉중에 첫 큰 문단 약 18쪽 분량의 사건을 작은 이야기 단위(또는 상황)로 나누어 읽으면서 인물과 사건을 정리해보았다.

1-1 (1) 탄약을 실은 트럭이 연대 탄약고를 빠져나오는데 신참 알오 소위가 차를 세워 동승을 부탁함. 지섭이 놀란다.

(2) 지섭, 알. 오 소위, 정상병, 한하사
(3) 알. 오들의 기질과 그에 대한 사병들의 반응.
* (1)은 사건 개요, (2)는 인물, 그들 중에 제일 앞에 제시된 인물은 화자와 가장 가까운 인물임. (3)은 그 상황에서 나타난 사항).

1-2 (1) 지섭은 그 장교가 현철기라는 것을 알고 놀라면서도 겉으로 드러내지 않음. 소위는 한 하사가 선탑석에 타기를 권해도 듣지 않음.
(2) 지섭, 현소위, 한하사
(3) 현소위와 한하사의 기질 성격.

1-3 (1) 현소위를 만난 지섭의 심리 정황이 복잡해짐.
(2) 지섭, 현소위
(3) 지섭과 현소위의 관계 암시.

1-4 (1) 정상병이 탄두를 갖고 논다.
(2) 정상병, 지섭
(3) 정상병의 기질

1-5 (1) 현소위가 정상병을 질책함.
(2) 현소위, 정상병, 지섭
(3) 장석천 소대원의 기질과 그 사정을 암시.

1-6 (1) 삼거리에서 차를 세우고 한하사가 다시 선탑할 것을 현소위에게 권유하나 거절 당함.
(2) 한하사, 현소위, 지섭
(3) 현소위 기질.

1-7 (1) 사병들이 물건을 사러 상점으로 몰려가는데도 현소위는 트럭 위에 남아 있음. 지섭은 지난 날 현소위를 생각함.
(2) 정상병, 한하사, 현소위, 지섭
(3) 현소위와 지섭의 관계와 그들의 기질.

1-8 (1) 현소위가 화를 내면서 모든 사병들에게 승차를 명령하는데,

술취한 최도천 중사가 나타남. 현소위가 그를 책하려는데 한하사가 만류함.
(2) 현소위, 최중사, 한하사, 지섭, 병사들.
(3) 현소위와 최중사의 심한 갈등과 그들의 특이한 기질. 현소위가 1중대 1소대장이 될 것을 암시함.

1-9 (1) 사병들은 중사와 소위의 트러블이 일어나지 않은 것을 아쉬워하는데, 현소위가 깡통맥주를 사서 사병들에게 나누어 줌.
(2) 최중사, 현소위, 한하사, 정상병, 지섭
(3) 현소위와 최중사의 기질과 1중대 1소대 분위기가 제시됨.

1-10 (1) 군기순찰대가 나타나고 현소위가 군수참모에게 질책을 당하나 현소위는 당당하게 대응함.
(2) 군수참모, 현소위, 기타 장병들.
(3) 육사출신 군수참모와 알. 오 현소위의 대립의 조짐이 나타남.

1-11 (1) 군수참모가 술취한 최중사를 보더니 그냥 묵인해 버림.
(2) 군수참모와 최중사.
(3) 최중사의 기질.

작품의 첫 상황은, 연대 탄약고에서 탄약을 수령하고 대대로 돌아오는 도중에 신참 알. 오 장교인 현소위가 동승하면서 벌어지는 사건이다. 현소위가 트럭을 타고 대대까지 오는 동안에 벌어진 탄약 수송 작업병과의 관계가 사건의 주류를 이루면서, 그 사건을 통해서 작가는 작품의 서두에서 처리해야 할 기본적인 문제들을 차근차근 처리하고 있다.

이 문단은 공간과 시간의 변동이 없고, 인물의 변화가 없기 때문에 지루하다. 단지 예외적인 사건, 잠시 휴식하는 동안에 벌어진 최중사와 군기순찰대 군수참모의 출현과 그에 따른 일들이 있을 뿐이다. 그러나 이러한 한정된 조건 안에서도 사건의 변화를 통해서 템포를 적절하게 유지하기 때문에 독자들은 지루하지 않게 읽을 수 있다.
　플롯 전개를 살펴보면, 주어진 공간과 시간배경 안에서도 그 상황들이 끊임없이 변하고 있음을 알게 될 것이다. 이 상황에서 중심되는 인물은 현철기 소위이다. 그러나 그가 트럭 안에 타고 있는 병사들과 관계를 맺으면서 상황은 자주 바뀌진다. 그러면 그 상황을 변화시키는 요인은 무엇일까. 일반적으로 상황의 변화는 인물과 공간과 시간, 그에 따른 새로운 사건이 나타나야 한다. 그런데 이 작품에서는 그러한 변화가 불가능하다. 그것은 한정된 공간인 트럭과, 거기에 타고 있는 인물들은 변하지 않았기 때문이다. 그런데도 작가는 그 인물들끼리의 관계를 유동성 있게 처리하여 그 단조로움을 극복하고 오히려 빠른 템포로 플롯을 끌어가고 있다.
　작품에서 하나의 상황은 200자 원고지 4매 내외로 처리하고 있다. 즉 한 상황은 겨우 1쪽안에서 끝내고 곧 다른 상황이 나타나고 있다. 그러나 상황의 변화에도 불구하고, 실제적으로는 아주 다른 상황이 새로 나타난 것도 아니다. 즉 이 18쪽에 달하는 분량의 원고에서 작가가 독자들에게 전하려는 정보와 문제는, 신임 알. 오 초급장교인 현철기 소위의 인물됨, 특수한 부대 장석천 중대와 그 부대 사병들의 기질, 그리고 지섭이라는 인물과 현소위·장석천의 관계 암시 정도이다. 그러면서 하나의 우상처럼 굳어진 경직된 상황과 그에 대한 현소위의 갈등, 그 중간 위치에 있는 지섭의 모습 정도를 헤아리도록 처리하고 있다. 작가는 그러한 문제들을 자연스럽게 독자에게 전하고 있다. 탄약 수송차량에 동승한 신참 소위와 군대생활에 몸이 닳고 닳은 장석천 부대 장병들, 특히 정상병과의 대립 갈등을 아주 가볍게 처리하고 있다. 그렇게 짧지 않은 이 대목을 읽어나가는 동안에 독자를 지루하지 않게 어느 정도 긴장을 유지시켜주면서 처리하고 있다.
　이러한 기법은 변화있는 인물 처리를 통해서 가능하게 하고 있다. 작가는 화자(내포된 작가)를 통해서 인물을 독자에게 여러 가지 방법으로 내보인다. 그런데 그 과정에서 화자는 인물들과의 거리를 자주 변화

제6장 플롯

시킴으로써, 즉 중심인물을 바꿔놓음으로써 상황을 변화있게 처리할 수 있었다. 실질적으로는 그 상황이 크게 달라지지 않으면서도, 변화를 가져온 것처럼 독자는 느낀다. 이제 그러한 화자와 인물들의 거리 조절에 따른 변화의 실상을 상황에 따른 인물들 관계를 종합적으로 검토하면서 살펴보기로 한다.

위에서 한 문단에 포함된 작은 에피소드들을 분석하고 그 인물들과의 관계만을 추려보면 다음과 같다.

(1) 지섭, 현소위, 정상병, 한하사
(2) 지섭, 현소위, 한하사
(3) 지섭, 현소위
(4) 정상병, 지섭
(5) 현소위, 정상병, 지섭
(6) 한하사, 현소위, 지섭
(7) 정상병, 한하사, 지섭
(8) 현소위, 최중사, 지섭, 병사들
(9) 최중사, 현소위, 한하사, 정상병, 지섭
(10) 군수참모, 지섭
(11) 군수참모, 최중사

이렇게 화자와 가까운 인물들(중심인물)이 바꾸어짐으로써 상황의 변화를 꾀할 수 있게 된다. (1)에서 (3)에 이르는 한 단락을 제외하고는 (4)부터 (10)에 이르는 작은 단락들이나 에피소드들은 각각 그 중심인물과 그가 직접 상대하는 인물이 달라지고 있다. 그렇다고 그 상황에서 다른 인물이 끼여든 경우는 (10)과 (11)뿐이다. 그외에는 탄약을 싣고 대대로 향하는 트럭에 함께 탄 병사들 간에 벌어지는 사건들이다. 이렇게 한정된 공간에서 고정된 인물들이 이루어지는 사건을 변화있게 처리함으로써 그 템포가 빨라지고 독자의 긴장감도 유지시키고 있다. 이는 바로 방대한 사건을 다루어야 할 장편소설의 경우에는 고려해볼 만한 기교이다.

그렇다고 장편에서 독자의 관심을 유지시키는 일만이 중요하지는 않다. 더구나 그 일을 위해서 템포감이 있는 플롯만이 필요하지도 않다. 단지 그것은 하나의 기술적인 문제일 뿐이다.

(3) 작품의 위기와 절정

발단부에서 제시된 문제는 전개부의 여러 단계를 거치면서 문제가 구체화되고 이것이 막판에 이른 것이 절정부이다. 작품을 쓰는 데 절정부의 처리에 따라 소설이 크게 달라진다. 이 절정부는 달리 반전(反轉)이라고도 한다. 이는 희곡적 표현으로, 절정인 위기에 이르면 전반부가 종결되고 새로운 후반부가 시작되는 전환점이라는 의미이다. 그러므로 여기에서는 전반부, 즉 발단에서 시작된 문제가 전개부의 여러 단계를 거치는 동안에 더욱 구체화되든지 또는 갈등이 최고조에 이르거나, 아니면 문제가 분명하게 드러나는 국면이 된다. 그래서 여기에서부터 사건이 차차 하강되어 발단에서 제시된 문제에 대한 결말에 이르게 된다.

그러면 몇몇 작품에 나타난 위기, 즉 정점을 살펴보기로 한다. 우선 김주영의 「달밤」의 정점은 반전의 양상을 확실하게 보여준다.

①나는 삵쾡이처럼 땅을 짚고 그 소리나는 쪽으로 기어갔다. 참으로 굉장한 장면을 나는 거기서 발견하였다.

탄더미 위로 5, 6명의 여자들이 저마다 물통 하나를 머리에 이고 올라가고 있었기 때문이었다. 탄더미에 미끄러지면서도 머리에 인 물통의 물만은 한사코 쏟지 않으려고 애쓰는 모습이 희끄무레한 하늘을 배경으로 해서 보여왔고, 그러한 몸짓들을 대여섯 명이 함께 하고 있었으므로 나는 흡사 어떤 기괴한 무용을 보는 듯한 착각에 빠졌다.

그랬다. 그것은 무용이었다. 탄더미와 탄더미 너머로 희끄무레하게 다가선 하늘과 물동이를 쏟지 않으려는 여자들의 안간힘은 이 밤의 열기와 구도를 맞춰가면서, 저것은 하나의 무용이다라고 생각되게 하

제6장 플롯

는 것이다.

　여자들은 탄더미 꼭대기에다 널찍한 구덩이를 파놓고 거기에다가 자꾸만 물을 쏟아붓고 있었다. 소리를 내지 않으려고 안간힘을 쓰면서.

　그리곤 다시 낙동강 쪽으로 내려가서 물동이를 채워 탄더미 위에 쏟아부었다. 그제사 나는 옳다고나 바로 이것이었구나 싶었다. 탄더미에 물을 먹이면 일정한 부피의 무연탄 중량은 불어나기 마련이었다. 결국 3톤 무연탄에 물을 부으면 물을 먹은 만치 중량은 불어날 테니 3톤 무연탄은 물먹인 만치 남아돌아가게 될 것이었다. 그 남아돌아갈 무연탄을 착복하기 위해 이 여자들이 밤마다 저탄장으로 나와서 물을 붓고 있었다. 나는 그 여자들이 무연탄 하역꾼의 여편네들이란 걸 대뜸 알아차렸다. 나는 드디어 내가 봐야 할 것을 본 것이다. 나는 다시 전신을 타고오르는 찌르르한 전율을 느꼈다. 한사코 말하려들지 않던 인부들의 속셈을 나는 알았고 이 무연탄 하역작업의 부정의 근원이 어디에서부터 출발되고 있는가를 알게 된 것이다.

　② 나는 마침 물동이를 이고 다시 저탄장으로 올라가는 여자를 향해 걸어갔다. 이제 내 몸을 숨길 필요는 없었다. 그때 나는 소스라쳐 놀라고 말았다. 누가 내 목덜미를 뒤로부터 가만히 잡아나꾸는 사람이 있었기 때문이었다. 놀라서 돌아보니 그건 여자였다. 나는 이상하게도 그 여자가 바로 정득수의 여편네일 거라고 생각해 버렸다. 나는 놀랐었으나 그러나 용기를 내어 그녀에게 돌아섰다.

　"왜 그러시오?"

　"저 좀 봅시다."

　"당신은 누구요?"

　이렇게 말하고 나는 어둠속에서 그 여자를 쳐다보았는데 그때 나는 다시 놀라버렸다. 한 손을 턱에 올려받치고 허리를 배배 꼬면서 여자는 나를 보면서 웃고 있었기 때문이었다. 이 작업이 들켜버렸다는 그런 공포 따위는 여자의 표정에선 찾아볼 수 없었다. 더군다나 그녀는 '당신은 누구요'라고 묻는 내 물음에는 대답할 의무조차 없다는 듯 다만 헤실헤실 웃고 있었다. 그런데 이상한 건 바로 내 쪽이었다. 나는 그 여자의 웃음에 전연 저항을 느끼지 못하고 있었다. 범법을 하고 있는 여자가 헤실헤실 웃고 있다는 것에 나는 오히려 강한 호기심조차 일었던 것이다. 어딘가 교태가 묻어 있는 듯한 이 여자를 나는 한참이나 바라보며 서 있었다.

"이리루 좀 오세요."

여자는 나를 어디로 끌고갈 작정인 것 같았다. 그러는 중에도 다른 여자들은 여전히 작업을 계속하고 있었다. 나는 일단 이 여자를 따라가 보기로 작정했다. 도대체 이 여자가 나를 어디로 끌고갈 것인가, 첫째 궁금하였고 이 부정의 더 깊은 곳을 이 여자로부터 캐낼 수 있을지도 모른다는 계산도 있었고, 또한 솔질히 말해서 나는 언뜻 그녀에게서 이상한 욕정 같은 것도 느끼고 있었기 때문이었다. 그 여자의 행동이 어떠하든 이 여자는 시방 내 손아귀 속에 있다고 나는 생각하고 있었다.

나는 그녀를 따라 나섰다. 저탄장을 벗어나면 낙동강의 방축이 가로질러져 있었다. 여자는 나를 뒤에 세우고 방축을 넘어 낙동강의 모랫벌로 나를 유인하고 있었다. 그동안 우리들은 아무말도 주고받지 않았다.

모랫벌로 내려서자, 바람이 불어왔다.

"잠깐만 기다리세요."

여자는 애써 서울말 흉내를 내고는 옷을 입은 채로 강물 안으로 기어들어갔다.

도대체 이 여자가 무엇을 하려고 저러는 것일까. 나는 모랫벌에 앉아서 그 여자를 지켜보았다.

여자는 목욕을 하고 있었다. 그녀는 많은 옷을 입고 있지는 않았다. 그녀는 물속에서 바지를 벗어냈는데 그때 나는 그녀의 엉덩이에 걸린

제 6장 플롯

하얀 팬티를 보았었다. 여자는 목욕을 마치고 내가 앉아 있는 모랫벌로 걸어나왔다. 그녀는 몸에 묻은 물기를 목에 걸쳤던 수건으로 대강 닦아냈다. 다시 시원한 강바람이 불어왔다. 역 쪽에선 상행하는 열차가 방금 떠나고 있었다. 나는 그때서야, 이 여자가 예비군 중대장과 좋아지낸다는 인부들의 말이 정말 옳은 것인지도 모른다고 생각했다.

통운에서는 이 저탄장의 야간경비를 그들에게 맡기고 있다는 생각이 퍼뜩 내 뇌리에 떠올랐기 때문이었다. 나는 대뜸 내 옆에 앉은 그녀의 목덜미를 쓸어안아 버렸다. 그녀는 아무런 저항없이 내가 이끄는 대로 내 팔에 감겨왔다.

"시원해요."

이렇게 말하면서 그녀는 모랫벌에 반듯이 누웠다. 그때 나는 허연 달이 동편 산구릉 위에서 솟아오르는 것을 그녀의 가슴으로 엎어지면서 바라보고 있었다.

우리는 다시 모랫벌에서 일어나 방축으로 걸음을 옮겼다. 방축을 넘어와 보니 작업하던 여자들은 벌써 자취를 감추고 없었다.

"어디 갔지?"

나는 간통한 남자답지 않게 으젓하게 그렇게 말할 수 있었던 자신에 놀랐다.

작품의 위기 부분이라고 생각되는 이 문단을 통해서 다음 몇 가지 문제를 생각해볼 수 있다.

「달밤」은 잎담배 건조용으로 쓰일 무연탄을 운송하는 역의 검수원으로 파견된 '나'가 오래 전부터 불가사의한 일로 알려진 운송 관계자들의 비리의 진상을 찾아내는 데 얽혀진 사건을 중심으로 엮어져 있다. 소설의 위기부에 해당하는 ①에서 '나'는 사고를 당한 정득수의 부인의 소재를 알게 되면서, 저탄장 여인들이 달밤에 벌이는 치열한 삶의 무용을 보게 된다. 여기에서 '나'가 의도하던 일은 끝났다. 궁금하게 생각하던 그 운송 관계자들의 비리의 실상은, 그렇게도 궁금증을 더해주던 정득수 부인의 소재와 더불어 드러난 셈이다. 그렇다면 여기에서 전반부의 문제는 해결되었다. 일상적인 이야기였다면, 아마 '나'는 그렇게 확인된 사항을 보고했을 것이고, 아니면 한밤의 여인들의 삶의 무용에 감동되어서 여전히 모른 척하고 있었을 것이다. 그래서 어쩌면 여기에서 작품은 끝맺을 수도 있다. 그런데 여기에서 '나'는 여인들과 묘한 관계를 맺게 됨으로써 새로운 사건(②)이 벌어진다.

그래서 이 위기 부분은 전반부를 종합하여 정리하는 의미의 ①과 새로운 사건을 만들어내는 ②로 이루어지면서, 사건의 반전을 예견해준다. 그런데 새로운 사건 ②는 후반부의 발단과 같은 기능을 갖기는 하는데, 작품이 아니라면 그렇게 여자와의 관계를 통해서 사건을 은폐하도록 한 그 사건을 바로 결말로 처리할 수도 있다. 그런데 이 작품의 묘미는 그렇게 사건을 처리하지 않고 ②를 통해서 전환을 도모했다는 데 있다.

③ 어느 날. 누가 다시 내 목덜미를 가만히 잡는 여자가 있었다. 그녀였다. 그러나 그녀는 예전처럼 내게 '저리로 갑시다'라고 말하진 않았다. 그녀는 내 등을 톡톡 치면서 이렇게 말했다.
"이 양반, 나한테 재미 붙였는가 봐."
여자는 입술을 실쭉하며 저쪽으로 걸어가 버렸다. 그러나 난 사표를 내던진 것을 결코 후회하진 않았다. 나는 저탄장으로 올라가는 여자의 건강한 두 어깨와 다리와 팔을 한참이나 어둠속에서 쳐다보며 서 있었다. 또 달이 뜰 것이었다.

여자의 이 한 마디는 남자를 배신하는 말이 아니고, 달밤에 강물을 지어나르는 여인들의 그 아름다운 무용처럼 그들의 진실을 더 확실히 보여주는 말이다. 여기에 이 작품의 의미가 있다. 그 점은 '…… 그러나 난 사표를 내던진 것을 결코 후회하진 않았다'는 주인공의 독백과 서로 호응된다. 즉 주인공은 그 여자들의 치열한 삶의 진실을 확인한 것이다. 그 계기가 바로 위의 그 위기 부분에서 시작되었던 것이다.

제6장 플롯

(4) 작품의 결말

　작품쓰기에 있어서 서두가 중요한 것처럼 결말처리도 역시 중요하다. 모든 일이나 물건을 만드는 일도 마지막이 잘 마무리되어야 하는 것과 같다. 인간도 관 두껑을 닫아봐야 그 인물의 일생을 평가할 수 있다는 세상사람들의 말처럼, 소설 플롯에서도 결말이 중요하다.
　소설 결말은 서두와 호응된다. 서두에서 작가는 문제를 그 나름으로 제시한다. 직접 처리할 경우도 있고, 또는 암시적으로 처리할 수도 있는데, 소설이 끝남과 동시에 그 문제가 어떤 방식으로든지 해결을 이루어 낸다.
　결말은 작품 플롯의 한 결과로서 자연스럽게 처리되어야 한다. 서두에서 시작해서 작품이 전개되어나감에 따라 차차 문제가 복잡해지다가 새로운 전환을 이루고 결말에 이르게 되는, 일련의 플롯체계에 따라 결말도 필연적으로 나타나야 한다.
　그러면 작품에서 결말처리 양식을 몇몇 작품을 통해 살펴보기로 한다.

1) 서두에서 제시했던 문제의 해답이 직접 나타난다

　① …… 밤 사이 바닷가에 불가사의한 일이 한 가지 일어나 있었다. 이어도로 갔다던 천남석이 남지나해에서 그 밤파도에 밀려 홀연히 다시 섬으로 돌아와 있었다. 기이한 일이었다. 한데 더욱더 신기하고 불가사의한 조화는 그 여러 날 동안의 표류에도 불구하고 천남석의 육신은 그 먼 바닷길을 눈에 띈 상처 하나 없이 고스란히 다시 섬을 찾아온 것이었다……. 그 심술궂은 썰물 물끝에 얹혀 용케도 다시 섬을 떠나가지 않고 있는 것이었다.

　이청준의 『이어도』의 결말이다. 서두에서 작가는 '이어도'의 실재 여부에 대한 물음을 제시한다. 작품의 플롯은 파랑도 수색작전에 참여한 남양일보 천남석 기자의 실종사건을 매개로 해서, 그의 죽음이 실종인가, 자살인가를 해명하려는 정훈장교 선우 중위와 양주호 국장의 관계에서 전개된다. 결국 이어도의 실상과 천기자 죽음, 이 두 문제를 해명하는 과정이 플롯의 중심을 이루었다. 그래서 천기자 죽음의 문제가 해명되면 이어도 문제도 해명되게 되어 있다. 결국 천기자 죽음이 자살이라는 것이 밝혀지면서 작품이 끝나가게 된다. 그런데 마지막 결말에서, 천기자의 시체가 조금도 상처를 입지 않고 제주도 바닷가에 떠오른다.

파랑도 수색작전 결과 파랑도가 이 지구상에 없다는 것을 확인하게 된다. 파랑도가 이어도라고 생각하고 있었던 사람들에게 파랑도의 부재(不在)는 바로 이어도의 부재를 의미하는 것이다. 이를 받아들일 수 없었던 천기자는 자기의 죽음으로 이어도의 부재함을 유보시키려 한다. 즉 이어도를 영원히 제주도 사람들에게 남아 있게 하려고 그는 자살을 감행한 것이다. 지금까지 모든 사람들처럼 그 역시 이어도로 들어가서 세상에 돌아오지 않음으로써 이어도는 영원히 존재하는 공간으로 섬 사람들에게 남아 있을 수 있었다. 여기까지에서 천기자 죽음은 해명된다. 그러나 그것으로 이어도의 실존(實存)에 대한 문제가 해명되는 것은 아니다. 그런데 그의 시체가 제주섬으로 되돌아옴으로써 결말에서 새로운 사태가 벌어진다. 이것은 소설의 끝남이 아니라 시작과 같은 처리이다. 그런데 이 사태로 인해서 비로소 이어도의 실체가 밝혀진다. 멀리 있다고 생각되었던 이어도가 바로 삶의 현장 '여기'임이 확인된 것이다.

현진건의 「빈처」의 결말은 가난으로 인한 문필가 '나' 가정의 문제와 아내와의 사이에 빚어지는 갈등이 결국 아내의 이해로 극복된다고 처리된다. 작품 결말, '다음 순간 뜨거운 두 입술이…… 그의 눈에도 나의 눈에도 눈물이 들끓었다'에서, 경제적인 궁핍과 사회적인 박탈감이 가져온 한 작가지망생의 문제가 아내의 이해로 해결되었다. 이러한 결말을 통해 작품의 주제가 드러난다. 그런데 이 점은 「빈처」가 가정소설의 틀에서 벗어나지 못하는 한계성이기도 하다.

제6장 플롯

　② …… 나는 아직 한 쪽은 신고 있구나 하는, 아무렇지도 않을 수 있는 깨달음은 그를 놀라게 했을 뿐만 아니라 그의 마음을 어떤 신선한 감명으로 떨게까지 했다. 아, 나의 또 하나의 발은 아직도 살아 있었구나! 이 발은 그리고 따뜻하고 편안하구나! 이것은 튼튼하구나! 마치 반석과도 같군! 아내의 둥근 배가 머리에 떠올랐다. 그녀 뱃속의 태아가 하고 있을 몸짓이 상상돼 왔다. 그래, 그건 죽음의 싹이 아니다. 그렇게 불러선 안돼. 그는 걸음을 빨리했다. 아내에게는 지금 단백질이 필요하리라고 그는 생각했다. 주머니에는 지금, 일금 5백 90원이 들어 있다. 그래, 쇠고기를 한 근 사자. 식육점의 문이 닫히기 전에…… 저 앞에, 펄펄한 소를 때려잡아서 피가 뚝뚝 듣는, 싱싱한 고기를 팔고 있을 듯한 식육점의 불그레한 불빛이 보이기 시작했다.

　조해일의 「매일 죽는 사람」의 결말이다. 영화 촬영장에서 엑스트라로서 죽음의 연기를 하면서 살아오는 주인공은, 감독의 통제하에 가짜 죽음의 연기를 되풀이하는 동안 정말 죽을지도 모른다는 자의식을 갖게 되면서 절망에 빠지게 된다. 그러다가 어느 날, 그의 삶을 지탱해주는 낡은 구두 한 짝이 벗겨졌다는 사실을 알았을 때 그 절망감은 극도에 달한다. 그래서 만삭이 된 아내의 뱃속에 들어 있는 생명까지도 죽음의 씨라고 생각하기에 이른다. 그러다가 문득 그는 아직도 한 쪽 발에 헌 구두가 신겨져 있다는 사실을 알고는 그 죽음의 절망감에서 헤어나오게 된다.
　이러한 대전환의 결말은 사실성이 약화되거나 조작적인 느낌이 없지 않다. 그런데 주인공의 이러한 인식의 전환은, 서두에 나타난 대로 상황에 대해 예민하게 반응하면서 살아간다는 데서 그 타당성을 찾을 수 있다. 서두에서 구두끈을 매면서 손가락이 떨리고 마음이 긴장하는 그 예민함은 이 작품의 플롯을 지탱하는 중요한 모티브이다. 그의 피곤한 삶을 상징하는 낡은 구두, 끊어질 것 같은 구두끈에 대한 예민한 반응, 그리고 촬영현장에서 벌어지는 그의 사유와 의식, 촬영현장에서 벌어졌던 실수의 경험, 이러한 것을 통해서 가짜 죽음의 연기가 반복되는 가운데 진짜 죽음에 이를 수도 있다는 절망적인 의식에 이르는 과정이 탄탄하게 연결되면서, 벗겨져버린 구두 한 짝으로 인한 절망적 상황을 독자는 자연스럽게 받아들일 수 있다. 또한 그 절망을 받아들일 수 있는 것처럼, 아직도 구두 한 짝이 남아 있다는 사실에서 그 절망에서 벗어날 수 있다는 결말도 수긍할 수 있는 것이다. 더구나 앞에 제시한 그 '구두끈'에 대한 짐작이 결말과 호응되면서 플롯의 탄탄함을 보여준다.

2) 인물의 모습이 드러나면서 소설의 주제가 밝혀진다

김동인의 「감자」의 결말은 왕서방에게 죽은 복녀의 시체를 앞에 놓고 한의사와 복녀 남편이 공모해서 병사로 처리하는 상황과, 서로의 묵계가 이루어져 '이튿날 복녀는 뇌일혈로 죽었다는 한방의사의 진단으로 공동묘지에 실려갔다'로 끝난다.

이 결말에서 이 소설이 단지 복녀 한 개인의 파멸의 기록이 아니고, 바로 도덕적으로 파멸에 이른 그 남편도 아울러 문제삼고 있음을 알 수 있다. '……복녀 부처는 (사농공상의 제2위에 드는) 농민이었다'는 서두에서 작가는 등장인물로서 복녀 부처를 설정했고, 그들의 출신 계층을 강조했다. 이 점에 유의할 때, 이 소설 플롯은 복녀 부처의 몰락과정에 초점을 두었음을 알 수 있다. 그 점은 결말처리에서 드러난다. 만약 복녀 한 사람의 문제라면 그녀의 죽음으로 작품은 끝나도 된다. 그러나 사족처럼 남편과 한의사와 왕서방이 공모하여 복녀의 죽음을 병사로 처리하는 결말에서 복녀 남편의 도덕적인 몰락이 부각되면서, 작품 서두에서 의도한 한 부부의 몰락과정을 극명하게 드러낼 수 있는 것이다.

이상의 「날개」 결말은 정오의 사이렌 소리와 함께, '날개야 다시 돋아라. 날자. 날자. 날자. 한번만 더 날자꾸나. 한번만 더 날아보자꾸나'로 끝난다. '박제가 되어버린 천재'로 아내와의 관계가 파탄되고, 사회와도 고립되어서 돈도 쓸 줄 모르고, 어두운 방안에서만 처박혀 살아온 그는 아내의 강권에 못 이겨서 외출을 반복하는 과정에서 새로운 의식의 변

제 6 장 플롯

모를 가져온다. 바로 이 결말은 소설 인물의 변모의 양상을 제시한다. 이 변모는 바로 소설의 주제를 뒷받침해준다.

또한 이러한 결말에 이르는 과정에서, 외출 모티브의 반복과 '나'의 의식을 깨어나게 하는 감각적 충격이 점점 강화되다가, 결국 결말에서 주인공의 의식의 대전환을 이루게 된다. 그러므로 플롯의 과정은 결국 이 결말을 준비하기 위한 것이었다.

① 철호는 점점 더 졸려왔다. 다리가 저린 것처럼 머리의 감각이 차츰 없어져 갔다.
"가자."
철호는 또 한번 귓가에 어머니의 소리를 들었다고 생각하며 푹 모로 쓰러지고 말았다.
차가 네거리에 다다랐다. 앞에 교통신호대에 빨간 불이 켜졌다. 차가 섰다. 또 한번 조수애가 뒤를 돌아보며 물었다.
"어디로 가시죠?"
그러나 머리를 푹 앞으로 수그린 철호는 아무 대답도 없었다. 따르릉 벨이 울렸다. 긴 자동차의 행렬이 움직이기 시작했다. 철호가 탄 차도 목적지를 모르는 대로 행렬에 끼어서 움직이는 수밖에 없었다. 철호의 입에서 흘러내린 선지피가 홍건히 그의 와이샤쓰 가슴을 적시고 있는 것은 아무도 모르는 채 교통신호대의 파란 불 밑으로 차는 네거리를 지나갔다.

①은 이범선의 「오발탄」의 마지막 상황이다. 처음에 제시된 주인공의 처지가 결말에서 아무런 의식이 없을 정도로 극도의 절망적인 처지에 이르게 된다. '…… 점점 졸려왔다. 다리가 저린 것처럼 머리의 감각이 차츰 없어져 갔다. …… 입에서 흘러내린 선지피가 홍건히 그의 와이샤쓰 가슴을 적시고 있는 것은 아무도 모르는 채……' 이렇게 그는 절망적인 상황까지도 의식할 수 없는 정황에 이르게 된다. 여기에서 '졸

림', '감각이 없음', '선지피' 등의 모티브가 그러한 상황을 드러내기 위해 적절하게 처리되었다.

②"삼포에서요? 거 어디 공사 벌릴 데나 됩니까? 고작해야 고기잡이나 하구 감자나 매는데요."
"어허! 몇 년 만에 가는 거요?"
"십 년."
노인은 그렇겠다며 고개를 끄덕였다.
"말두 말우. 거긴 지금 육지야. 바다에 방둑을 쌓아 놓구. 추럭이 수십대씩 돌을 실어 나른다구."
"뭣 땜에요?"
"낸들 아나. 뭐 관광호텔을 여러 채 짓는담서, 복잡하기가 말할 수 없네."
"동네는 그대루 있을까요?"
"그대루가 뭐요. 맨 천지에 공사판 사람들에다 장까지 들어섰는걸."
"그럼 나룻배두 없어졌겠네요."
"바다 위루 신작로가 났는데, 나룻배는 뭐에 쓰오. 허허 사람이 많아지니 변고지. 사람이 많아지면 하늘을 잊는 법이거든."
작정하고 벼르다가 찾아가는 고향이었으나, 정씨에게는 풍문마저 낯설었다. 옆에서 잠자코 듣고 있던 영달이가 말했다.
"잘됐군. 우리 거기서 공사판 일이나 잡읍시다."
그때에 기차가 도착했다. 정씨는 발걸음이 내키질 않았다. 그는 마음의 정처를 방금 잃어버렸던 때문이었다. 어느 결에 정씨는 영달이와 똑같은 입장이 되어 있었다.
기차가 눈발이 날리는 어두운 들판을 향해서 달려갔다.

②는 황석영의「삼포가는 길」의 결말이다. 정씨가 찾아가려던 삼포

는 육지가 되어 신작로가 난 딴 세상이 되어버렸다. 정씨가 생각하는 고향 삼포가 아니었다. 기차가 도착하자 정씨는 마음의 정처를 잃어버려서 발길을 돌려야 했다. 막연히 고향을 찾아 찬 겨울길을 걸어온 그들에게는 돌아갈 곳은 없었다. 추운 겨울길은 계속해서 걸어야 하는 정착지 없는 미완의 상황에 처하게 된다. 이런 결말은 이른 새벽 매운 바람이 부는 들판에서 갈곳을 생각하며 망설이던 영달의 처지와 호응된다. 출발은 했으나 도착지가 없는 추운 길에서 방황하는 군상들의 삶의 정황이 서두보다 더 절실하게 드러난다. 이 뿌리뽑힌 군상들의 삶을 드러내 보이려는데서 작품의 문제를 찾을 수 있다.

3) 공간성의 상징적 의미가 밝혀지면서 소설의 주제가 드러난다

① "그렇게 할까요? 하라구 허시믄 하겠어요! 징역이라두 살구 오겠어요!" 하면서 조르듯 묻는다. 의외요, 그러나 침착한 태도였다.

승재는 그렇듯 어떤 새로운 긴장을 띤 초봉이의 그 눈이 무엇을 말하며, 하는 그 말이 무엇을 의미하는 것인지를 잘 알 수가 없었다. 알고 나니 대답이 막히기는 했으나 그는 시방 이 자리에서 초봉이가 애원하는 그 명일의 언약을 거절하는 눈치를 보일 용기는 도저히 나질 못했다.

"뒷일은 아무것두 염려 마시구, 다녀 오십시오!"

승재의 음성은 다정했다. 초봉이는 저도 모르게 한숨을, 안도의 한숨을 내쉬면서,

"네에."

고즈너기 대답하고, 숙였던 얼굴을 한번 더 들어 승재를 본다. 그 얼굴이 지극히 슬프면서도 그러나 웃을 듯 빛남을 승재는 보지 못했다.

채만식의 『탁류』의 결말부분인 ①에서는, 혼탁한 역사의 물결에 휩

쓸려 살아온 인물들이 그 상황에서 뛰쳐나가려는 모습을 보여주면서 소설이 끝나고 있다. 이러한 결말에서 서두에 제시되었던 금강의 의미가 상징적으로 드러난다. 탁류에 휩쓸려 기구하게 살아온 한 여인이 삶에 어떤 새로운 변화를 시도하는 징조를 내보이고 있다. 이 결말은 결말이면서 새로운 세계에 진입하는 서막인 것이다.

 ② "선생님, 그 장수여가 보입니까?"
 여자가 곁으로 다가왔다. 내 눈에는 황혼에 붉게 타는 아름다운 바다밖에 없었다.
 "예전엔 대낮에는 안 보였는데, 요즈음에야 저는 언제고 그 장수여를 볼 수 있읍니다."
 고운 황혼이 깔린 바다밖에 안 보인다고 말하려다가, 그 말에 나는 갑자기 부끄러워졌다. 내 눈이 그렇게 무디어졌는가.
 "바로 저기예요. 가만히 보고 계십시오. 물결의 흔들림이 다르지 않습니까."
 여자가 손을 들어 어느 한 곳을 가리키고 있었으나 나에겐 그저 온통 붉은 노을이 펼쳐진 수면만 눈에 들어왔다.
 "가만히 보고 계세요, 가만히."
 여자의 목소리가 바다 건너에서 들려오는 파도 소리 같았다. 나는 장수여를 찾으려 하지 않았다. 그동안 무디어진 눈이 그것을 볼 수 없다는 걸 자신이 너무나 잘 알고 있었다.
 물이 점점 차고 있는 바다인데 지금 장수여가 나타날 리가 없다. 그러나 여자는 내게 그것을 보이려 하고 있었다. 나는 장수여보다도 여자의 얼굴이 더 보고 싶어 고개를 돌렸다.
 "자, 보이지요. 저깁니다. 저기."
 여자는 내가 고개를 돌리고 있는 줄도 모르고 오른손 검지손가락으로 황혼이 붉게 깔려 있는 망망한 바다를 가리키면서 소리지르고 있었다.

②는 『그믐밤의 제의』의 결말이다. 어둠의 한밤중에 나타났던 그 장수여의 제의식은 마을이 옮겨짐에 따라 없어졌으나, 그날 밤 무허가 술집 여인은 아직도 그 제의를 붙잡고 살아가고 있음이 결말에 나타난다. 어두운 시대상황에 짓눌려 방황하던 '나'는, 시국사범으로 형기를 마치고 출옥해서 그 바닷가를 찾아가 그녀를 만나게 되면서 그 자신도 새로운 제사를 준비하게 된다. 여기에서 어둠이 쌓인 간조가 된 바닷가와 어둠을 흔드는 불빛의 의미가 드러나며, 그것이 결말에서 만조된 바다에서도 장수여를 찾듯 제의를 준비하며 살아가는 여인의 모습과 호응되면서 소설의 주제를 드러내는 데 한몫을 감당하게 된다. 제의식은 삶의 이데올로기이면서 취약한 삶을 지탱해주는 큰 힘이 됨을 말하고 있다.

4) 서두에 제시된 시간성과 작중인물의 변모가 호응되면서 소설의 의미가 뚜렷하게 된다

① 나는 한 열흘 더 있다가, 졸업논문도 있고, 아무래도 학교 일이 걱정이 되어서 떠나고 말았다. 정거장에는 큰집 형님, 병화 내외, 을라들이 나왔다. 을라는 입도 벌리지 않고 오도카니 섰고, 병화 내외도 플랫폼의 보꾹에 매달린 시계만 치어다보며 선하품을 하고 섰었다. 그러나 병화의 얼굴에는 그렇게 보아서 그런지 모든 오해를 풀고, 인제는 안심하였다는 듯한 화평한 기색이 도는 것 같았다.
  차가 떠나려 할 제 큰집 형님은 승강대에 섰는 나에게로 가까이 다가서며,
  "내년 봄에 나오면, 어떻게 속현(續絃)할 도리를 차려야 하지 않겠나?"
하고 난데없는 소리를 하기에 나는,
  "겨우 무덤 속에서 빠져나가는데요? 따뜻한 봄이나 만나서 별장이나 하나 장만하고 거무럭거릴 때가 되거던요……."
하고 웃어버렸다.

①은 염상섭의 『만세전』의 결말이다. '나'는 아내의 위독하다는 전보를 받고 동경을 떠나 하관, 부산, 김천을 거쳐 서울 집까지 오는 동안 비로소 빼앗긴 나라 조선의 청년임을 자각하게 된다. 변동기 일제 침략을 받은 조선의 문제와 그에 대응해서 살아가는 사람들의 의식을 확인하게 된다. 그가 이제 동경으로 다시 돌아가게 되는 상황에서 여러 사람들과의 관계가 청산된다. 아내는 죽었고, 아기는 맡겼고, 아버지와 형님에 대한 생각, 어정쩡한 관계에 있었던 병화와의 감정도 정리되었다. 이제 동경으로 돌아가면, 고향으로 돌아올 때까지의 '나'와는 다른 새로운 모습으로 변하는 세계로 진입하게 될 것이다. 동경을 떠나던 서두와 다시 동경으로 돌아가는 결말의 호응은 단순한 순환이 아니다.

마지막 결말에서는 아주 담담한 '나'의 모습이 드러나는데, 그것은 동경을 떠날 때의 그 모습과는 판이한 것이다. 이는 그의 여행에서 경험한 삶의 무게 때문이다. 즉 이 결말은 서두에 제시된 시간성과 그 동경을 떠날 때의 그의 모습과의 편차를 통해서 작품의 의미를 만들어내고 있다.

② 나는 시골로 내려가는 기차를 타기 위해 역 쪽으로 걸었다. 어쩌면 이 계절의 하늘은 이토록 무연히 맑을까. 그리고 그 시절의 아픔은 어쩌면 이리도 생생할까. 아픔은 늙을 줄을 모른다. 아픔을 치유해 줄 무언가에 대한 기구가 그만큼 생생하고 질기기 때문일까. 이번 겨울에는 동네 아이들을 모아 비어 있는 들판에 커다란 눈사람에 긴 가지로 안테나도 꽂고…… 그러나 사람이 죽은 다음에 별이 되지 않는다는 것은 누구보다도 그 아이들이 더 잘 알고 있지 않은가. 아프게 사라진 모든 사람은 그를 알던 이들의 마음에 상처와도 같은 작은 빛을 남긴다.

최윤의 『회색 눈사람』의 결말이다. 서두에 제시된 시간성의 의미가 결말에 드러난다. 20년 전의 시간을 현재의 기점에서 해석하는 것이다.

'나'는 20년 전과 오늘을 오가면서 두 시간의 축을 헤매고 있다. 그 결과 생생한 아픔으로 다가왔으나, 그것을 의식하는 이 '현재'는 '무연히 맑다'는데 과거를 인식하는 현재의 '나'의 의식이 밝혀진다. 이러한 시간성(또는 계절감)에 대한 선명한 인식은 이 소설의 플롯에서 나타나는 나의 의식과 행동에 대한 종합적 해석이기도 하다. 그렇다면 이 소설의 의미는 서두와 결말을 통해서 그 윤곽이 잡혀질 것이다.

5) 서두에서 제시된 대립적 관계가 드러나면서 소설의 의미가 명확해진다

① "졌소꼬마! 볼을 잘 차드구마도 왜 퍽퍽 꺼꾸러지기를 잘 해. 아마 먹지를 잘 못했는지? 아이 그거야 애처러워서 어디 보겠드라구…… 저편 선수들은 무엇을 잘 먹이는 모양이두먼. 그냥 운동장에서까지 뭘 자꾸 먹이두먼 그래. 그런데 이편은 냉수만 들이키어 아이 볼 수 없어. 다리를 채어 피가 흐르고 한 학생은 골이 터져서……."
　부인은 눈알을 찌푸리며 머리를 설든다. 그리고 눈에는 눈물이 그득 고인다.
　그들은 졌다는 말에 그만 온전신이 화사 분해서 다시 두말도 못하고 멍하니 서 있었다.
　"학교에 아마 친척이 다니나 보우……. 나는 친척도 아무것도 다니는 것 없으나……."
　말끝을 흐리며 머리를 돌리는 부인의 눈에는 선수들의 피나는 다리와 골머리가 확실히 보이는 모양이다.
　"어서 가 보우. 그리고 위로나 잘 해 주우."
　그들은 울음이 북받쳐 어쩔 줄을 모르다가 부인이 앞을 떠나감을 알았을 때 휘끈 돌아보니 아주 남루한 옷을 입은 부인임을 새삼스럽게 발견하였다.
　그들은 순간에 어떤 힘을 불쑥 느끼며 축구장으로 달려왔다. 벌써

동무들은 행렬을 지어 한끝은 시가로 향하였다. 행진곡이 쾅쾅 울린다. 얼핏 바라보니 승호가 깃발을 쥐고 앞장섰다. 행진! 그 뒤로는 군중이 물밀듯 따라섰다. 마저 넘어가는 햇볕에 D학교의 깃발은 피같이 붉었다.

강경애의 『인간문제』의 결말이다. 축구의 승패는 바로 생존과 직결된 것으로 인식한다. 두 계층의 축구시합은 바로 계층간의 싸움이기에, 시합의 승패는 그들 생존권과 관계되는 것이다. 그래서 열심히 공을 찼으나 힘이 다해서 게임에는 패했다. 그러나 그것으로 끝난 것은 아니다. 그들은 그 축구시합을 통해서 대중의 의식을 결집시키고 새로운 일을 도모하게 된다. 소설의 플롯은 바로 새로운 일을 도모하도록 하는 데 필요한 과정으로서의 의미를 지니게 된다. 여기에 소설의 결말은 끝남이 아니라 새로운 시작임을 시사해준다.

이렇게 서두에서 대립적 상황을 동시에 제시하는 경우는 그 대립되는 상황이 만들어내는 과정을 통해서 작품의 결말에 이르게 된다. 그 예로서 현진건의 『무영탑』은 좋은 예가 된다. 서두에서 속화된 불교문화의 한 중심으로서 4월 초파일을 기다리는 불국사 경내의 세속화된 중들의 모습과, 그에 맞서 세속을 초월하여 오직 탑 만드는 일에만 전염하는 변방 석공 아사달의 모습이 대립적으로 제시되었다. 이는 통일신라의 지배이데올로기와 그에 맞선 초월적 예술성의 관계를 설정한 것이다. 예술성은 사랑으로 통하여, 결국 신라 귀족 경신의 딸 주만은 부모의 뜻(지배이데올로기)을 배반하고 외방에서 온 보잘것 없는 석공을 사랑하게 된다. 주만은 신라 관습에 의해서 부모의 뜻을 거역하고 외방 사내를 사랑한 죄로 화형을 당하게 된다. 그때 경신이 주만을 구해줌으로써 화해적인 결말에 이르게 된다.

경신은 주만 부모네가 선택한 신라 귀족의 후예로서 장차 신라를 이끌어갈 청년이었다. 주만 역시 그를 존경한다. 여기에서 사랑의 성취(주만과 아사달과의 사랑), 즉 유토피아 의식은 정치성과의 결합을 통해서

만 가능함을 시사하고 있다.
　이러한 서두와 결말의 호응은 소설 플롯의 핵심이면서 소설의 주제를 드러내는 데 직접적으로 기여한다. 이것은 작품의 플롯이 전개되는 과정에서, 각각 그 플롯 단위마다 긴밀한 관계를 유지하면서 논리성을 지니고 있기 때문이다. 즉 서두와 결말의 호응은 소설 시작에서부터 결말에 이르는 전 과정에서, 하나하나의 구성 요소들의 서로 밀접하게 연합하여 하나의 플롯이라는 질서의 끈에 아름답게 꿰어진 결과인 것이다.

6) 특이한 반전을 통해서 결말을 처리하는 경우

　① "말두 말우. 거긴 지금 육지야. 바다에 방둑을 쌓아 놓구. 추럭이 수십 대씩 돌을 실어 나른다구."
　"뭣 땜에요?"
　"낸들 아나. 뭐 관광호텔을 여러 채 짓는담서, 복잡하기가 말할 수 없네."
　"동네는 그대루 있을까요?"
　"그대루가 뭐요. 맨 천지에 공사판 사람들에다 장까지 들어섰는 걸."
　"그럼 나룻배두 없어졌겠네요."
　"바다 위루 신작로가 났는데, 나룻배가 뭐에 쓰오. 허허 사람이 많아지니 변고지. 사람이 많아지면 하늘을 잊는 법이거든."
　작정하고 벼르다가 찾아가는 고향이었으나, 정씨에게는 풍문마저 낯설었다. 옆에서 잠자코 듣고 있던 영달이가 말했다.
　"잘됐군. 우리 거기서 공사판 일이나 잡읍시다."
　그때에 기차가 도착했다. 정씨는 발걸음이 내키질 않았다. 그는 마음의 정처를 방금 잃어버렸던 때문이었다. 어느 결에 정씨는 영달이와 똑같은 입장이 되어 있었다.
　기차가 눈발이 날리는 어두운 들판을 향해서 달려갔다.

② ― 나는 아직 한 쪽은 신고 있구나 하는, 이 아무렇지도 않을 수 있는 깨달음은 그를 놀라게 했을 뿐만 아니라 그의 마음을 어떤 신선한 감명으로 떨게까지 했다. 아, 나의 또 하나의 발은 아직도 살아 있었구나! 이 발은 그리고 따뜻하고 편안하구나! 이것은 튼튼하구나! 마치 반석과도 같군! 아내의 둥근 배가 머리에 떠올랐다. 그녀 뱃속의 태아가 하고 있을 몸짓이 상상돼 왔다. 그래, 그건 죽음의 싹이 아니다. 그렇게 불러선 안돼. 그는 걸음을 빨리했다. 아내에게는 지금 단백질이 필요하리라고 그는 생각했다. 주머니에는 지금, 일금 5백 90원이 들어 있다. 그래, 쇠고기를 한 근 사자. 식육점의 문이 닫히기 전에…… 저 앞에, 펄펄한 소를 때려잡아서 피가 뚝뚝 듣는, 싱싱한 고기를 팔고 있을 듯한 식육점의 불그레한 불빛이 보이기 시작했다.

①은 황석영의 「삼포가는 길」의 결말이다. 고향인 삼포로 가기 위해 먼 겨울 눈길을 온 정씨는 고향으로 가는 기차를 타지 않는다. 그리고 영달이와 똑같은 입장이 되었다. 그것은 단순히 고향이 너무 변했거나 영달에 대한 정이나 관심 때문이 아니었다. 그들은 원래 고향을 찾아갈 수 없는 사람들이기 때문이다. 이 반전(反轉)의 결말은 고향을 포기한, 혹은 포기할 수밖에 없는 떠돌이 계층의 삶을 설명하는 데 아주 적절한 처리인 것이다.
②는 조해일의 「매일 죽는 사람」의 결말이다. 낡은 구두 한 짝이 벗겨져 없어졌다는 사실을 확인하는 순간부터 그는 극심한 절망에 빠진다. 모든 것이 죽음의 실상으로 다가온다. 심지어는 부인의 뱃속에 들어 있는 태아까지도 죽음의 싹으로 생각한다. 아내는 죽음을 배고 그것을 키우고 있다고 믿을 정도로 극도의 절망상태에 빠지게 된다. 그러다가 그는 아직도 한 쪽은 신고 있구나 하는, 이 아무렇지도 않을 수 있는 깨달음으로 그 절망에서 벗어나게 된다. 이러한 반전은 상당히 작위적일 수도 있지만, 작품의 주제가 바로 이 부분에 응축되어 있기에 놀람과 함께 어떤 신선함을 느끼게 한다.

그런데 이러한 결말의 반전은 작위적으로 만들어낼 수 없다. 결말은 이미 위기부에서부터 점진적으로 준비되어지다가 마지막 클라이맥스에서 그 방향이 대개 결정된다. 그래서 논리적인 플롯이 형성된다. ①을 보면, 우선 고향으로 돌아가는 백화란 여자에 대해서 촌생활을 못 배겨서 다시 뛰쳐나올 것이라는 암시와, 몰라보게 변한 삼포에 대한 노인의 정보가 이들의 고향 포기를 사실로 받아들이게 만든다. ②에서도, 구두에 대한 그의 예민한 반응과 죽음의 연기에 대한 과민 대응, 이러한 삶에 대한 진지함이 독자로 하여금 주인공이 새 탈출구를 마련할 수 있을 것이라는 기대를 갖게 만들었던 것이다.

결말 처리는 소설쓰기의 최종 작업이다. 작가가 의도하는 바를 적절하게 형상화시키는 데 결말은 마지막 마무리 작업이다. 결말은 주제성을 드러내는 데 직접 기여한다. 앞에서 논의한 것들을 종합하여 다음 몇 가지 사항을 유의할 필요가 있다.

첫째, 독자에게 새로운 세계의 실상을 깨달을 수 있도록 처리해야 한다. 이 경우 반드시 인간과 사회의 깊숙한 곳에 숨겨져 있는 사태나 문제를 드러내는 고발적인 성격을 띨 필요는 없다. 소설이 세계와 인간에 대한 탐구라면, 그 탐구 내용이 소설로서 형상화되어서 독자 앞에 제시될 수 있으면 된다. 김동인의 「감자」나 현진건의 「운수 좋은 날」 또는 「B사감과 러브레터」 등이 그 적절한 예라고 생각한다. 이 경우 독자 앞에 제시된 세계는 추악하거나 비극적인 세계, 그리고 전혀 예상할 수 없었던 새롭게 나타난 인간의 새로운 측면이다.

둘째, 역전의 결말로 독자에게 충격을 줌으로써 새로운 세계의 진실에 대한 감동과 신뢰를 동시에 갖도록 한다. 이 경우에 역전의 결말은 플롯의 논리성을 바탕으로 짜여진 것이어야 한다. 「운수 좋은 날」 『이어도』 「별을 보여드립니다」 「매일 죽는 사람」 「날개」 등이 그 대표적인 예이다. 이 경우에 대부분의 주인공들은 변모된 모습으로 독자 앞에 나타나면서 사태를 역전시킨다. 그러므로 독자들은 변한 인물을 통해 세계의 진실을 충격적으로 받아들이게 된다.

셋째, 미해결의 문제를 남겨둠으로써 독자로 하여금 또다른 세계의 실상에 접근하도록 하는 일이다. 「삼포가는 길」이나 이청준의 『당신들의 천국』 등은 독자들로 하여금 계속해서 그 작품이 제시한 문제를 붙들고 생각하게 만든다. 설사 결론이 분명하게 드러나지 않다 하더라도 그 불분명함이 바로 세계를 다시 생각하게 한다. 그것이 소설의 특이한 맛이다.

넷째, 소설의 끝남과 동시에 인물 모습을 인상적으로 독자에게 심어줄 수 있어야 한다. 소설이 인간 탐구라면 그것은 새롭고 인상적인 충격을 주는 인물로 독자에게 제시된다. 그러한 인물들은 일상인으로서는 자주 만날 수 없다. 그렇다고 비범하거나 특이한 인물을 뜻하지는 않는다. 우리들에게 신선한 충격을 줄 수 있는, 흔히 우리가 만나면서도 그가 간직하고 있는 그 진실을 의식하지 못했던 그 모습을 새롭게 확인시켜주는 인물인 것이다. 또한 소설인물 자신이 새로운 세계나 그 문제를 충격적으로 인식하게 되는 모습으로 나타날 수도 있다.

오정희의 「동경」에서, 어린아이가 장난하는 거울에 눌려 쩔쩔매는 부인과 그를 위무할 말을 할 수 없는(사실은 했으나 들려줄 수 없는) 그의 절망적인 모습이 결말에 부각된다. 사실 그러한 노인들의 모습은 우리 주위에서 얼마든지 만난다. 그러나 우리는 노인의 절망적인 상황을 구체적으로 인식하지 못했는데,「동경」이 그 점을 우리 앞에 보여준 것이다. 김원일의 「미망」에서, 어머니와 할머니 모습. 아들의 색 바랜 사진과 보도연맹증을 갖고 있는 할머니와, 그렇게 겉으로는 할머니를 미워하면서도 산갈치를 사온 어머니 마음, 선우휘의 「불꽃」에서, 마지막 죽음의 직전 상황에서 자기의 살아온 허깨비 모습을 비로소 확인하고 두꺼운 껍질에서 새롭게 튀어나오려는 고현의 몸부림 등은 매우 인상적이다. 이러한 결말 처리에서 풍겨주는 강렬한 인상을 지닌 인물을 드러내놓으므로써 작품이 살아 있게 된다.

그러나 작품의 결말을 만드는 데는 어떤 고정된 틀이 있지 않다. 그것은 전적으로 작가의 몫이다. 그러나 중요한 것은 그것이 소설 플롯의 한

완성으로서의 형식과 의미를 지녀야 한다는 점이다.

5. 플롯 만들기

(1) 플롯의 법칙

　지금까지 플롯에 대한 일반적인 사항들을 작품을 통해 살펴보았다. 이제 실제로 소설을 쓰는 과정에서 플롯 만들기 문제를 생각해보기로 한다. 우선 플롯을 만드는 데 몇 가지 유의해야 할 사항이 있다.
　첫째, 플롯은 독자가 소설을 믿을 수 있도록 짜야 한다. 소설의 허구성은 보편적인 진실성을 위한 하나의 방편인 것이다. 허구이면서도 사실보다 더 진실되기 때문에 의미가 있는 것이다. 즉, 플롯은 소설이 허구이면서도 독자가 사실처럼 받아들이게 하는 데 필요한 장치인 것이다.
　그러기 위해서는 소설의 서사성은 현실에 바탕을 두고 이루어져야 한다. 여기에 기법으로서의 리얼리티가 중요하게 작용한다. 인물의 설정이나 상황과 관련되는 시간과 공간배경 처리도 현실에 바탕을 두어야 한다.
　그리고 소설이 진실성을 확보하기 위해서는 전체 플롯을 이루고 있는 하위 모티브나 소재들과 개개의 에피소드들을 사실적으로 처리해야 한다. 사실성을 확보하기 위해서는 현실을 구체적으로 파악하고 그 의미를 찾아 그것을 바탕으로 플롯을 짜야 하며, 그것은 사실성에 의지해서 형상화시켜야 한다.
　예로 조해일의 「매일 죽는 사람」을 생각해보자. 이 작품은 사건 자체로만 생각한다면 터무니없는 이야기이다. 매일매일 죽는 엑스트라 일을 하면서 그럭저럭 생활을 꾸려가는 '그'가, 어느 날 밤 일을 마치고 돌아오는 버스 안에서 한쪽 구두가 벗겨졌다는 사실로 인해 절망에 빠진다.

세상이 온통 그에게는 절망뿐이었다. 세상의 모든 사물, 심지어는 아내의 뱃속에 들어 있는 생명까지도 소멸의 과정에 있다고 생각한다. 그러다가 아직도 한쪽 구두가 남아 있다는 사실을 확인하고는 그 절망에서 헤어난다. 이처럼 다소 황당스러운 사건임에도 우리가 주인공의 의식의 전환에서 진실성을 느낄 수 있다. 그것은 그 상황과 사건 처리에서 사실성을 확보했기 때문이다.

① 그러나 그는 몇 번이나 줄을 갈아가면서까지 이놈을 묶어두고 있었던가? 그런데 이놈은 또 다시 말썽을 부리려 하고 있다. 오른쪽 구두의 양날개를 잡아매기 위하여 좌우 세 개씩의 구멍을 엇지르며 나란히 꿰어져 나간, 실로 짠 구두끈의 오른쪽 두번째의 구멍과 닿아 있는 부분이 닳아빠져서 끊어지기 직전에 있었다.

그것은 마치 사람의 발에 밟혀 허리가 처진 한 마리 작은 송충이의 형상을 닮고 있었다. 그는 어린애를 다루듯 조심조심 손끝을 움직였다.

② 지난 여름, 유난히도 무덥던 어느 날 저녁 무렵이었다. 장소는 양 옆으로 울창한 소나무 숲을 낀 꽤 널찍한 개활지였다.

아침서부터, 점심도 먹지 못한 채 혹사당하여 어느덧 저녁이 다가오고 있었는데 그는 백여 명의 다른 사람들과 함께 그날의 마지막 작업을 위해 거기 시체가 되어 누워 있었다. 그것은 개활지 전체가 시체로 뒤덮혀 있는, 한마디로 말해서 처절을 극한 장면일 것이었는데 이제 이날의 주인공인 박도식이 자기의 칼 한 자루에 쓰러져나간 이 무수한 시체들 사이를, 일말의 수심 띤 표정으로 천천히 걸어 지나감으로써 대단원의 막이 내려질 것이었다.

…… 중략 ……

여름날, 해떨어질 무렵의 무더운 열기는 개활지 전체를 삶아 버릴 듯이 짓누르고 있었고 종일을 굶은 그의 위장은 자갈 때문에 고통을 받고 있는 등뼈와 공모하여 반란이라도 일으킬 기미를 보이고 있었다. 처음에 그는 선무(宣撫)정책으로서 조금만 더 기다려 달라고 이들에게 호소했으나 마침내는 중앙집권체제를 강력히 재인식시킴으로써 이들의 반란태세를 누르는 수밖에 없었다. 그리고도 한참을 더 기다린 뒤에야 '레디 고'는 떨어졌다. 주위에서 수선스럽게 숨을 길에 들이마셨다가 반쯤 토해 놓는 소리들이 들려 오고, 노출된 신체 각 부분의 통제상태를 점검하기 위한 부시럭 소리들이 잠시 들려 온 뒤, 사방은 드디어 거짓말 같은, 쥐죽은 듯한 정적 속으로 빠져들기 시작했다. 그리고 그날따라 기묘하게도 새소리, 바람소리 하나없는 적막 사이를 촬영기의 저 가냘프고 둔탁한 소리, 타르르르 하는 필름 돌아가는 소리만이 외롭고 규칙적인 음향으로 들려오기 시작했다. 그는 눈을 감고 호흡을 정지한 채 그 소리를 듣고 있었다. 모든 호흡기관이 중앙집권체제에 반대하여 자꾸 들고 일어나려 했으나 그는 역시 강압책으로 이를 누르고 있었다. 여름날 저녁의 무더운 열기가 내리누르고 있는 가운데 개활지 일대는 이제 완전히 죽음과도 같은 침묵 속으로 잠겨들어갔고 외롭고 규칙적인 소리를 내는 촬영기만이 계속 타르르르 하고 둔탁하고 가냘픈 음향을 토해내고 있었다. 그때부터였다. 그가 저 기묘한 느낌 속으로 빠져들기 시작한 것은…… 모든 것이 다 죽어 있는데 유독 저 소리나는 기계만이 살아 있다는 느낌…… 그리고 그것은 허구 속의 죽음이 실제의 죽음으로 서서히 뒤바뀌고 있는 듯한 착각을 거쳐 마침내는 온 세계가 순식간에 커다란 죽음의 침묵 속으로 잠겨 버리고 만 듯한 느낌이 되었다. 그러자 그의 신체 각 부분에 어떤 변동이 오기 시작했다.

우선 작품 ①에서처럼, 발단 단계에서부터 주인공의 의식의 예민함이 드러나 있다. 끊어지기 직전의 구두끈에 대한 예민한 반응과 그것을 제대로 매지 못했을 때 당하게 되는 어떤 위기감이 이 작품의 긴장을 계속 유지시켜주었다.

②의 경우처럼, 감독의 계획과 명령에 의해서 이루어지는 가짜 죽음의 연기가, 진짜 죽음에 이를 수도 있다는 공포감을 갖게 된 연유가 치밀하게 처리되었다. 연기 실수로 죽을 뻔한 사건과 죽음의 연기 현장의 그 치밀한 처리 때문에 독자는 이 황당한 이야기를 절실하게 받아들이게 된다. 더구나 벗겨진 구두로 인한 절망감을 독자가 별 무리 없이 수용할 수 있는 것은 끝없이 자신을 반추하는 주인공의 의식의 과잉상태가 구두를 통해 작품 시작부터 잘 드러나 있기 때문이다.

또한 전체 플롯을 이루는 하위 단계는 물론, 그것을 이루는 하위 모티브들 간에 인과적인 관계가 긴밀하게 이루어져야 한다. 앞서 플롯의 분석에서, 발단·전개·위기·클라이맥스·종결에 이르는 여러 단계끼리 전후가 긴밀하게 연결되어 있음을 확인한 바 있다. 그런데 플롯에서 체계성 또는 긴밀성은 각 단계에서만이 아니라, 한 단계 내의 횡적인 여러 모티브들간이나 그것을 이루고 있는 다양한 플롯 요소들간의 관계도 유기적으로 체계지워 있어야 한다.

「동경」에서 그 노인네의 절망적 상황을 독자가 진실로 받아들일 수 있는 것은 플롯의 긴밀함 때문이다. 작품의 중심 모티브인 아이와 노인네의 갈등과 긴장이 여러 다른 매개를 통해서 질서있게 처리하고 있다. 서두에서 드러난 계집아이와 노인의 긴장 대립관계는 '만화경', '밀가루반죽', 그리고 정적(고요함)과 경적(시끄러움) 등의 모티브들을 통해서, 그에 부수되는 여러 상황과 관계 맺으면서 처리되어 다음 단계로 넘겨주고, 그로 인하여 다시 갈등이 더욱 심화되면서 결말에 이르고 있다. 사실 이 작품의 이야기성만을 가지고 생각한다면 어린아이의 거울 장난에 울어버리는 노인의 이야기는 다소 의외적이고 작위적이라고 말할 수도 있다. 그러나 플롯의 견고함 때문에 그렇게 절망적인 처지에 처하게 되는 늙은 부부의 정황에 공감할 수 있다.

그런데 플롯의 긴밀함은 단지 그 외적인 조건이나 형식에서만 의지할 수 없다. 긴밀함으로 말한다면 추리소설이나 사건소설이 더하다. 그런데 여기서 말하는 긴밀함은 그 작품이 보유하고 있는 독자적인 질서를 구

제6장 플롯

체화하는 데 각자의 모티브나 요소들이 다 제 기능을 다하고 있다는 의미이다.

예를 들면, 홍성원의 「산」(山)의 플롯은 그 외적 형식에만 의지한다면 가장 느슨한 작품으로 생각할 수도 있다. 작품을 이루는 작은 에피소드들이나 그 모티브들간에 전혀 연관이 없다. 모든 사건은 우연이고 불가사의할 뿐이다. 그러나 중요한 것은 그러한 우연성과 불가사의함이 바로, 이 작품을 일관하고 있는 플롯이라는 점이다. 즉 '산'처럼 그 모습이 불가사의함을, 종교 논쟁을 하다가 80살이 넘은 노스님을 살해한 신학대학생의 처사라든지, 사랑에 배반당해서 죽기로 작정했던 소녀가 사랑을 흥정하게 되기까지의 변모, 흠없이 한 세상을 살아온 그가 소녀를 범한 일, 사랑을 위해 부모까지 배반하고 시집을 갔던 딸이 사위와 헤어지기를 바라는 심정…… 등등, 이러한 인간사의 불가사의함이 예측할 수 없는 산 날씨와 변화무쌍한 산의 모습과 호응되어서 플롯의 뼈대를 이루고 있다. 그래서 겉으로는 무질서한 사건들이 나열된 듯한 플롯으로 되어 있는 작품이 바로 「산」이다. 그러나 그 '짜여지지 않음'이 바로 플롯의 뼈대라는 점에서, 이 작품은 견고한 짜임으로 이루어졌다고 말할 수 있다.

둘째, 플롯은 독자들에게 어떤 놀람을 던져주어야 한다. 그 놀람은 새로운 세계를 보여주는 것이고, 인간의 행동양식이나 진실성에 대한 경의로운 찬탄일 경우도 있다. 무엇이든 소설은 독자들에게 새로운 문제를 제시해주어서 작은 충격을 갖게 만들어야 한다.

소설은 일상성 속에 굳어지려는 사람들 의식을 흔들어놓아, 독자 자신이 쌓아올린 우상의 탑을 무너뜨리는 데 한 몫을 해야 한다. 왜냐하면 인간은 누구가 자신이 만든 욕망의 늪에서 빠져 헤어나오지 못하고 살고 있기 때문이다. 자기 내부의 억압으로부터 탈출, 외부의 압제로부터의 저항, 이것이 소설을 읽는 독자의 무의식적 욕구일 것이기에 소설은 바로 그 점을 충족시켜줘야 한다. 그렇다면 무엇보다도 소설의 플롯은 그 신선한 충격을 독자에게 줄 수 있도록 짜여져야 할 것이다. 그런데 그것은 의외적인 사건을 통해서만 가능한 것은 아니다. 물리적인 힘으로 공격을 가하는 것이 아니라, 새로운 인간의 진실을 보여줌으로써 독자의 타성을 무너뜨리는 것이다.

작품의 진실성은 주인공의 행동양식의 진실성을 통해서 드러난다. 그 행동양식의 진실성은 진지한 행동양식을 통해서 이루어진다. 플롯의 견고함에 따라 인물의 행동양식이 진지해지고 독자에게 신뢰감을 줄 수 있다. 그러나 인물의 행동양식에 대한 신뢰감이 플롯에만 의지할 수는 없다. 앞서 논의한 대로 인물 처리가 사실로 인식되도록 하는 장치가 마련되어 있어야 한다. 인물 조건부터 현실성을 띠어야 할 뿐만 아니라, 인물의 세계 인식 자체도 진지해야 한다. 다시 말하면 세상을 치열하고 진실되게 살아가는 사람들의 이야기를 작가가 해석해서 새롭게 짜놓았을 때에, 그 인물의 진실성이 플롯과 더불어 두드러지게 나타날 것이다.

흔히 소설에서 얻는 놀람은 사건의 테두리에서만 생각하기 쉽다. 사건소설이나 추리소설 또는 공상소설의 경우이다. 그러나 그것은 이미 결말이 정해진 것이므로 오히려 재미가 덜할 수도 있다. 수수께끼를 푸는 맛에 더하지 않을 것이다. 그보다는 독자가 소설을 통해서 새로운 세계질서와 인간의 작은 진실을 만나는 데서 얻는 놀람이 바로 소설적이다. 그것은 때때로 고통스러운 자기 발견일 경우도 있다. 그러므로 플롯을 통해서 작가가 만들어낸 작품이 바로 독자의 작품이 될 수 있다면 성공이다.

앞에서 예로 든 두 작품의 경우에도 우리는 그러한 놀람을 발견할 수 있다. 「매일 죽는 사람」에서 주인공의 절망감은 숨겨진 우리들의 의식을 깨우칠 것이다. 닫혀진 시대의 개인의 삶은 아마 거짓 죽음의 연기에 비유될 수 있다. 그러나 누구든 그러한 연기와 같은 삶에 대한 책임이나 아픔을 생각하지 않았다. 일부러 그것은 모두 감독의 문제이고, 엑스트라의 문제는 아니라고 강변하면서 고통을 외면하거나 무화하면서 살아왔다. 그러나 중요한 것은 그 가짜 죽음의 연기일지라도 되풀이한다면 언젠가는 진짜 죽을 수도 있다는, 의식을 통해서 비로소 세계와 자아를

제6장 플롯

철저하게 인식할 수 있다. 물론 그 값은 절망이기는 하다. 한쪽 구두는 벗겨진 상황에서 말이다. 그러나 절망만을 할 수는 없었다. 이 정황에서 의식의 전환은, 어두운 시대를 살아가는 삶의 논리성을 확보하게 한다. 이 주인공의 그 치열한 삶을 보면서 독자는 충격을 받을 것이다. 그것은 모두 플롯의 힘이다. 이 점에 있어서 「운수 좋은 날」이나, 「B사감과 러브레터」도 한가지다. 운수가 좋아서 벌이가 많았던 김첨지에게 행운이 아닌 더 큰 비극이 기다리고 있어야 하는 그 상황은 충격적이다. 그것은 김첨지와 같은 계층의 사람들에게는 작은 행운은 오히려 더 큰 비극을 안겨다줄 뿐이라는 결정론적 절망을 확인하게 되는 충격이고, 그러한 세계를 새삼스럽게 확인하는 아픔인 것이다.

「B사감과 러브레터」에서, 한밤중 노처녀 사감의 방에서 흘러나오는 야릇한 괴성의 정체를 확인한 여학생들의 놀람은, 사회적 자아와 개인적 자아라는 인간의 이원성의 한 면모(노처녀로서의 사감의 모습)를 확인하는 놀람을 대신하는 것이다. 이 놀람은 처음부터 준비된 것이어야 하며, 또한 그것을 위해서 전체 플롯은 계획적으로 마련되어 있어야 한다.

셋째, 작품 결과에 대한 독자의 관심을 증대시키면서 작가와 독자가 함께 플롯을 마련해나가야 한다. 이 점은 플롯의 견고함의 결과이다. 처음부터 작가는 이 점을 고려해서 플롯을 짠다. 양귀자의 「한계령」은 좋은 예가 될 것이다.

'혹시 기억할지 모르지만 난 박미화라고, 찐빵집하던 철길 옆의 그 미화인데…….' 어느 날 '나'에게 옛날 고향 친구 박미화 전화가 걸려왔다. 그녀는 부천의 한 밤업소에서 무명가수로 노래를 부르는 '미나 박'이었다. 나는 한없이 반가웠다. 미화는 돈을 벌고 신사동에 카페를 개업하게 되어서 앞으로 5일 후면 이곳을 떠나게 되었다. 오늘이 수요일인데 이번 주 일요일까지면 계약이 끝이니 그 전에 한번 만나자고 약속을 했다. 25년 만에 만나는 친구라서 '나'도 미화를 보고 싶었다. 서로가 만나기로 약속하고 통화를 마쳤다. 그러나 '나'는 그날 저녁에도 뒷날 저녁에도 그녀의 밤업소를 찾아가지 못했다.

　금요일 오후에 다시 미화에게서 전화가 걸려왔다. '오늘 꼭 와야 된다. 니네 집에 자가용 있지? 잠깐 몰고 나오면…… 뭐라구?…… 기다린다.' 이렇게 통화를 마치고서도, 그날 저녁 '나'는 미화를 찾아가지 못했다. 그 다음날 어김없이 미화에게서 전화가 걸려왔다. 토요일이었다. 그녀가 부천에 있을 날은 이제 오늘 밤과 내일 밤뿐이었다. 미화는 그렇게 강조하면서 꼭 오늘 저녁에는 와야 한다고 다그쳤다.

　이렇게 소설은 미화와의 전화로 둘이 만나기로 약속하고, 그러나 만나지 못하는 정황을 반복하면서 전개한다. 독자들은 둘이 만나서 무슨 사연을 만들어낼까 궁금해한다. 설사 만나지 않을 것이라는 것을 예측하면서도 만나기를 기대하면서 소설을 읽어나간다. 결국 작품은 독자의 기대를 은근히 배반하면서, 그 만나지 못함을 준비하기 위한 사연으로 채워져 있다.

　'마침내 나는 일요일 밤에 펼쳐질 미나 박의 마지막 밤무대를 놓치지 않겠다고 작정했다…….' 그리고 미화의 밤업소를 찾아간다. 거기에서 '한계령'이라는 노래를 듣는다. '나'는 노래에 빠져 미화를 만나지 않았다. 겉으로 나타난 그럴 만한 이유는 없다. 결국 독자가 기대하며 기다리던 두 사람의 만남은 이루어지지 않았다. 뒷날 '나'는 미화의 전화를 받는다. 그녀는 화를 참으면서 신사동에 개업한 '좋은 나라'라는 이름의 카페로 찾아와주기를 부탁한다. 물론 이 작품에서 작가가 미화를 만나지 못한 이유는 다른 데 있다. 그것이 이 작품의 핵심이지만 플롯으로 볼 때, 작품 서두에서부터 독자를 붙들고 작품이 끝날 때까지 놓지 않게 하는 그 힘은 바로 그 '만남'이라는 끈을 통해 엮어지는 플롯이다. 이것이 결국 플롯의 힘을 만들어 소설의 맛을 즐겁게 해주었다.

　플롯은 처음부터 독자의 기대를 부풀려놓고서, 혹 그 기대를 충족시켜주기도 하고 혹 배반하기도 하는 방향으로 전개되어나간다. 이러한 점이 플롯의 견고한 틀을 형성해서 소설의 힘을 만들어준다. 이는 바로 작품의 고유한 미학으로서 소설의 재미를 더하게 해준다.

다른 작품의 예를 더 든다면, 이청준의 『이어도』에서 그 점을 확인할 수 있다. 천남석 기자의 죽음을 추적하는 선우 중위와, 해명되어지는 그 죽음의 비밀과 이어도의 실상이 병치되면서 플롯은 전개되어나간다. 여기에 독자도 두 문제를 해명하는 일에 관심을 갖고 참여한다. 천기자의 죽음과 이어도의 실상을 추적하는 일은 작가의 몫이면서 독자의 몫이 되었다.

현진건의 「운수 좋은 날」에서, 벌이가 많아질수록 불안이 더해지는 이 병치된 플롯을 통해서, 이미 독자들은 김첨지에게 당할 불행을 예감한다. 그것은 서두에 드러난, '눈이 올 듯하더니…… 비가 왔다'는 그 역전의 전조(前眺)에 의지하여 예측했을 것이다. 예측은 바로 결말에 그대로 나타난다. 이러한 독자의 기대와 작품의 결말이 일치되는 것은 소설의 맛을 반감하게 하는 요인이 될 수도 있으나, 이 작품에서는 그 점이 바로 주제를 뒷받침한다는 의미로 해석되어야 할 것이다. 즉, 운수가 좋아도 좀처럼 개선되지 않는 김첨지와 같은 계층의 삶의 실상을 추구하는 의미에서이다.

경우에 따라서는 반전을 통해서 소설 결말이 독자의 기대를 배반하는 경우도 있다. 그러나 그 배반은 도리어 독자의 의식에 충격을 준다는 의미에서, 또한 그 반전이 견고한 플롯의 결과라는 점에서 오히려 의미있는 것이다. 일반적으로 서두에서 문제를 제시함으로써 플롯의 전개양상에 대한 암시를 독자에게 주고, 전개부에서 그 암시가 차츰 기대를 갖게 하고, 결국에는 그 기대를 만족시켜주는 틀을 유지하는 경우가 많다. 그런데 여기에서 그 만족은 꼭 독자와 일치되는 것만을 의미하지 않고, 앞서 논의한 대로 독자를 배반하는 것도 포함될 수 있다.

(2) 플롯 만들기의 실제

구상 단계에서 논의했던 대로, 집필 계획을 세우는 과정에서 자연스럽게 이미 플롯도 개괄적으로 마련될 것이다. 그러나 이것은 이야기 수준에 머무는 것이지 플롯은 아니다. 그러면 이러한 이야기나 사건을 어떻게 플롯으로 만들어낼 것인가. 이제 그에 필요한 문제를 생각해보기로 한다.

(1) 플롯의 전 단계로서의 사건이나 또는 이야기 수준에서 플롯의 틀을 만든다.

어떤 소재나 문제를 가지고 소설을 쓰려고 할 때, 경우에 따라 문제가, 또는 소설인물이 먼저 떠오를 수도 있다. 그러나 문제이든 인물이든 그것은 사건이 뒤따르기 마련이다. 소설은 서사물이고 그것을 쓴다는 것은 사건을 만들어내는 일이다. 그러므로 플롯을 만드는 그 전 단계로서 사건화시킬 필요가 있다. 설사 사건으로서는 별 이야깃거리가 없을 경우라도 일단 그 개요를 정리하는 식으로 사건으로 짜놓는 것이 필요하다. 이 경우 대부분 시간의 흐름에 따라 사건이 전개되도록 처리하기 마련인데, 이렇게 되면 소설 줄거리가 마련된다.

(2) 플롯의 틀을 설정한다. 이것은 작가가 소설을 구상하는 단계에서부터 마련되는 것이나, 사건 개요를 이루는 과정에서 더 구체화될 것이다. 이 플롯 틀은 앞에서 설정한 이야기나 사건을 독자들에게 어떤 방식으로 재미있게 전하느냐는 일종의 서사구조와 관련된 플롯양식이다.

(3) 플롯의 틀이 결정되면, 다음으로는 작품 플롯을 전제하지 않고 플롯을 구체화할 수 있는 상황들을 설정한다. 그리고 그에 적절한 모티브들을 찾아낸다. 이 경우에 순서 없이 생각나는 대로 우선 관련될 만한 상황과 모티브들이면 많이 설정할수록 좋다. 그리고 나서 다시 그것들을 정리한다. 이 과정에서 상황성과의 연계성을 고려한다면 플롯은 차차 구체화된다.

(4) 플롯을 이루는 모티브들이나 상황들을 정리하여 체계를 세우는데는 우선 플롯의 틀을 무엇에 두느냐는 문제부터 정해야 한다. 플롯의 전개는 공간성이나 시간성, 또는 상황성과 인물갈등을 중심으로 전개된다. 이러한 문제는 플롯의 틀을 마련할 때부터 고려해야 할 것이다.

시간성을 중심으로 전개되는 플롯으로는 김동인의 「감자」가, 공간성

제6장 플롯

을 중심으로 전개되는 경우는 염상섭의 『만세전』을 들 수 있다. 이 경우 시간과 공간이 한 인간의 삶의 문제와 긴밀하게 관계되어 있다는 점이 우선 전제된 것이다. 오정희의 「동경」은 시간성과 공간성이 동시에 작품의 플롯을 이루는 중요한 틀이 되고 있다. 점심식사 전, 산보길 비탈에서부터 시작해서, 산보길에서 돌아오다가 놀이터에 들르고 집에 돌아와서 아내가 마련해준 국수로 점심을 한 후 엷은 낮잠에 취해 있다가 ……, 그래서 저녁에 소설이 끝난다. 이 소설의 플롯은 낮에서부터 시작해서 저녁에 이르는 시간성 위에서 전개되고 있으면서, 골목·놀이터·집의 공간에서 사건이 벌어진다고 우선 생각할 수 있다.

이러한 시간성과 공간성을 근거로 해서 거기에 적절한 모티브들이 선택되어야 한다. 그러나 이 작품이 단지 시간과 공간의 틀 위에서 플롯이 전개되는 것은 아니다. 그것은 부수적인 것이고, 오히려 아이와 노인네의 대립 상황이 플롯에 더 많이 작용하고 있고, 그것은 곧 인물들의 대립관계가 플롯에 더 큰 의미를 갖고 있기 때문이다. 이 상황과 인물의 대립을 구체화하기 위해서 시간성과 공간성이 도움을 받고 있는 것이다.

소설 플롯의 중심이 공간이나 시간 또는 인물이나 상황 그 어느 한쪽에 치우칠 수는 없다. 그렇다면 작품을 이루는 다양한 요소를 분석적으로 이해하고 그것들과의 관계를 설정해서 처리하는 일이 중요하다. 「동경」에서 인물들과의 대립은 바로 상황성을 낳고, 그것을 구체화하는 보조적인 모티브로서 시간과 공간이 기능을 담당하고 있는 것이다. 반면에 「매일 죽는 사람」은 상황성에 보다 비중을 두고 플롯을 전개하고 있다. 자의식을 강화해주는 상황들이 서로 연계되면서 가짜 죽음의 연기가 주는 그 공포감이 더해져서, 공포에 이르도록 하는 장치에 의해 플롯이 전개되었다. 이청준의 「별을 보여드립니다」는 인물들과의 관계가 다른 요소들보다 더 중시된 플롯이다. 나와 '그'의 대립 갈등이 처음부터 제시되면서 범속한 삶을 거부하고 외톨이인 '그'를 추구하는 과정으로 플롯이 이루어졌다.

플롯이 무엇을 중시하느냐는 것은 작품을 이루는 개별적인 모티브들을 선택하는 전제가 된다. 상황성을 중시한다면, 그것을 형상화시켜줄 수 있는 모티브들이 필요하다. 「동경」에서 '틀니'와 '밀가루 반죽' 그리고 '정적'과 '경적'은 상황성과 인물의 모습을 드러내는 데 필요한 모티브들이다. 이러한 것들은 어느 하나의 문제에만 치우쳐 있지 않기에 작품의 맛을 더해준다. 위에 예시한 모티브들은 인물의 모습을 상징화하면서 또한 상황성을 표현하는 데 기여하는 모티브들이기 때문에 더 매력적이다.

「별을 보여드립니다」에서도, 그와 나(또는 친구)의 관계를 단절해버리는 모티브로서의 '거짓말'이나 '도벽', 그리고 '만원경'은 적절한 것들이다. 이러한 중심 모티브가 소설의 전개에서 적절하게 쓰였다. 그러다가 소설의 결말에서 그 '거짓말'이 파기됨과 동시에 '만원경'까지도 장사지내게 되는 상황은 극적이면서 소설의 주제에 기여하고 있다.

그러나 소설의 플롯을 만드는 데 있어서 이러한 논의는 항상 적절하게 적용되지 않는다. 소설은 인간사처럼 다양하고 복잡한 것이고 그 나름의 틀을 고유하게 지니고 있다는 것을 전제할 필요가 있다.

제 7 장
소설의 갈등구조와 처리

1. 인간의 갈등과 소설

　사람들은 늘 갈등 속에서 살아간다. 삶의 조건이 충족되지 못한 데서 오는 갈등에서부터 사회구조의 모순과 인간 존재의 불완전성에 이르기까지 갈등은 한이 없다. 인간은 이러한 갈등과 싸우면서 살아간다. 갈등의 극복과정이 인간의 삶이라 해도 과언이 아니다. 이와 같이 인간살이가 갈등에서 시작되는 것처럼 소설에서도 갈등은 중요한 요소가 된다.
　애초에 갈등은 인간 존재의 한계성에 대한 도전에서부터 시작되었다. 기독교의 성경 중 창세기를 보면, 신에게 도전하려는 인간의 욕망이 선악과를 범하게 된다. 이처럼 인간은 존재성의 한계에 대항하여 그것을 벗어나려는 싸움을 하면서 살아왔고 거기에서 소설은 씌어지고 읽혀졌다. 인간은 주어진 상황을 극복하여 새로운 생활을 창조하려고 한다. 새로운 삶을 추구하려는 욕망은 세계로부터 항상 저항을 받아 인간을 고통스럽게 만든다. 그러나 고통을 감수하면서라도 그것을 회피하지 않는다. 그러기에 갈등은 끝이 없는 것이다. 이러한 도전적인 삶은 갈등을 의식함으로부터 문제를 찾고, 그것을 해결하려는 욕망과 만난다. 그런데 욕망은 한계가 없으므로 갈등은 항상 존재하기 마련이다.
　욕망의 실상도 다양하다. 인간의 삶에 기여하는 욕망도 있고, 오히려 인간의 삶을 황폐하게 만드는 욕망도 있다. 이러한 욕망의 실체를 규명하고 탐구하는 가운데 갈등의 실체도 드러난다. 그러나 인간의 모든 갈등이 소설에 필요한 것은 아니다. 일상적 갈등이 곧 소설의 갈등이 되지는 않는다. 그것은 일상적 욕망에서 출발하는데, 그 욕망 자체는 진정으로 가치 있는 것이 아니기 때문이다. 그것은 대부분 지배이데올로기에 의해 지배받는 가짜 욕망일 경우가 많기에 오히려 소설이 배격해야 할 것이다. 반면에 그러한 갈등으로 살아가는 자신에 대한 성찰에서 비롯되는 또다른 갈등이 소설의 관심사가 될 수도 있다.

궁극적으로 소설의 관심사는 자유와 억압과 진실의 문제와 관련된다. 자유와 억압은 동전의 양면처럼 밀접한 관계에 있고, 우리는 대립적이면서 때때로 같은 얼굴로 나타나는 이 두 문제에 대해 혼동할 경우가 많다. 억압은 인간의 자유를 가로막는 일종의 폭력이다. 그렇다면 자유란 무엇인가. 자유라고 생각하는 것도 따지고보면 억압일 경우가 많고, 피상적으로 억압인 듯이 보이는 것도 자유에 이르는 한 과정일 경우도 있다. 그래서 자유와 억압은 다양한 모습으로 삶의 현장에 나타난다. 또 일상적인 의미에서의 억압이나 자유는 확실하게 드러나지만 참 자유와 음험한 억압은 가리워져 있으면서 호도되어 범상한 눈으로는 의식하기 어렵다. 그러므로 문학적 갈등은 사회학적 갈등이나 인간의 본능적 갈등과는 다른 경우가 많다.

문학적 갈등은 늘 새로운 모습으로 인간들 앞에 제시된다. 즉 문학은 진정한 자유에 대해 추구하면서, 또한 그것을 억압하는 새로운 억압의 정체에 대해서도 더욱 관심을 갖는다. 자유의 열망이 높을수록 그것에 대항하는 억압의 양식도 다양하기 때문에 문학이 추구해야 할 문제는 항상 새로워진다. 문학의 과제는 인간 앞에 뚜렷하게 제시되는 것이 아니라, 찾아내고 탐구하여 얻는 것이기 때문에 문학적 갈등에 대한 논의도 어려울 수밖에 없다. 자유의 문제는 욕망의 문제와 함께 생각한다면, 참 욕망은 자유에 가깝고, 거짓 욕망은 억압에 가깝다. 이러한 인식은 도식적인 것이 아니기 때문에 문학은 여러 방법으로 그러한 문제를 제대로 인식하기 위해 노력한다. 앞으로 소설의 갈등 양상들을 편리한 방법으로 나누어 생각하는 중에, 이러한 문제에 대한 해답을 정리할 수 있을 것이다.

2. 소설 갈등의 양상

인간을 행복하지 못하게 하는 원인은 존재론적인 측면과 사회적 측면, 자의식의 측면으로 나누어 생각할 수 있다. 그러나 이러한 나눔은 어디까지나 이해의 편리를 위해서이다. 이 세 측면은 서로 얽혀 있어서 서로 넘나들며 작용하고 있기 때문에 그 변별이 뚜렷하지는 않다.

(1) 존재론적 갈등

인간의 존재론적 갈등은 신과의 관계에서 출발했다. 신의 능력에 이르지 못한 인간의 한계성 또는 신과의 관계 파탄에서 오는 고통 등, 그것은 결국 죽음의 문제에 걸린다. 그러나 최근에 와서 죽음과 운명의 문제는 소설의 관심에서 멀어진 듯한 감이 없지 않다. 그것은 아마 그 문제에 대한 문학적 탐구의 한계를 절실하게 인식했기 때문이다. 소설로서는 극복이 불가능해서 미리 포기한 때문일 것이다. 아니면 그보다 더 급박하고 절실한 문제들이 가까이 많이 있기 때문일 것이다. 그러나 죽음이나 운명의 문제를 통해서 소설은 진정한 자유의 또다른 문제를 더 심도있게 다룰 수 있다는 점도 고려해야 할 것이다.

다음으로는 운명이다. 희랍 문학에서 운명은 중요한 테마였다. 근대사회로 진입하기 전까지 서사양식의 주인공들은 상층계층 인물들이었다. 그들이 세상을 살아가는데 갈등과 고통의 원인이 되는 것은 운명이었다. 그들은 현실적으로 많은 것을 다 갖추어 살아가기 때문에 모자란 것이 없었다. 그러나 운명과의 싸움에서는 승리할 도리가 없었다. 아리스토텔레스도 『시학』의 이론을 비극을 가지고 논의했다. 비극의 주인공들은 왕이나 제후, 장군, 영웅들이었다. 대표적인 예가 '오이디푸스 왕'이다. 이 점은 희극의 주인공들이 시민적 인물이라는 점과는 대조적이다. 즉 비극의 주인공들은 세상의 모든 일은 감당할 수 있었으나, 운명만은 항상 숙제로 남겨둘 수밖에 없었던 것이다. 오늘날 존재론적 문제에 대한 소설적 관점은 문제 자체를 극복하기 위해서라기보다는 그것을 통하여 인간의 또다른 면을 통찰할 수 있는 통로를 얻을 수 있기에 필요하다.

죽음과 운명 외에 인간의 본성에 대한 탐구도 여기에 속한다. 인간은 끝없이 탐구해야 할 대상이기에 그에 대한 새로운 관심은 언제나 의미 있는 것이다. 이 문제는 심리학이나 도덕적 심성의 한계를 넘어, 새로운 상황과 만나는 인간의 삶은 날로 다양해지고 있기 때문에 인간의 본성도 늘 새롭게 나타나기 마련이다.

(2) 사회적 갈등

소설은 근대 산업사회에 들어와 왕성하게 발전한 시민문학의 대표적인 양식이다. 현대처럼 다원화된 사회에서 소설도 필연적으로 다양성을 띨 수밖에 없다. 사회가 다원화될수록 문제가 복잡해지고 갈등이 증폭된다. 따라서 소설도 끝없는 변신을 해야 했다. 소설은 동시대의 문제에 대해 예민하게 반응하고 탐구해야 하기 때문이다. 이러한 리얼리티 정신은 항상 새로운 갈등을 찾아내는 데서 그 소임을 다할 수 있다. 우선 사람들은 행복하게 살 수 없는 이유를 사회구조의 모순에서 찾는다. 그 중에 중요한 것은 가난과 전쟁과 폭력 등이다. 그리고 표면에 드러나지 않는 사회의 구조적인 모순에도 관심을 둔다. 그중에 중요한 것은 은폐된 제도적 폭력, 경제적인 불평등, 반문화적인 퇴폐 등이다.

그런데 소설적 갈등은 사회적 가치나 도덕적 규범에 의한 일상인의 갈등과는 다르다. 누구나 사람들은 사회적 자아로서 자기 책임을 갖고 살아간다. 여기에서 필연적으로 자기 책임과 삶 사이에서 빚어지는 괴리로 갈등이 생기는데, 이 수준의 갈등은 소설의 관심이 되지 못한다. 왜냐하면 그것은 누구나 인식할 수 있고, 또 밖에 드러나 있어서 다른 이데올로기나 가치에 의해 판단되는 갈등이기 때문이다. 소설이 그런 갈등에 대하여 새삼스럽게 관심을 갖는다는 것은 무의미한 일이다. 소설이 문제삼아야 할 것은 표면에 드러나지 않고 숨어 있어 소설을 통해서만 드러낼 수 있는 갈등이다.

역사의 발전은 사회의 구조적 모순을 극복하려는 의지에 의한 싸움을 통해서 가능하다. 그 모순은 좀더 구체적인 삶의 현장에서 빚어지는 문제에 대해 갈등을 인식하는 데서 비롯된다. 그러므로 사회적 갈등의 소설화는 소설의 외적 의미를 제고하는 데 중요한 자리를 차지하게 된다. 그런데 이러한 갈등은 지배이데올로기에서 파생되는 여러 문제로부터 연유한다. 지배이데올로기는 의미를 보다 많이 지니게 되는 상대적인 가치체계인데도 절대적 가치처럼 오도하는 경우가 많다. 그것은 또 정치적 통제기능을 갖게 되면서 사람들의 삶을 어떠한 양식으로든지 억압한다. 이러한 겉으로 드러나지 않는 억압세력이기에 소설이 추구할 만한 문제가 된다.

(3) 자아와 자아의 갈등

자의식에 의한 인물 내면의 갈등도 소설의 중요한 문제가 된다. 그러나 이 갈등도 따져보면, 그 동인은 본질적 갈등이나 사회적 갈등에 닿아 있다. 한 예로 이상의「날개」속에 나타난 갈등은 자의식에서 시작되지만, 그 배경에는 식민지라는 닫힌 현실이 놓여 있는 것이다.

인간의 내면은 여러 자아로 되어 있다. 일상인으로서는 사회적 자아나 도덕적 자아에 묶여 살아가기 때문에, 그런 면만 겉으로 드러나게 되어 있다. 그리고 사람들은 자신들이 살아가는 데 별로 도움이 안되기 때문에, 순수한 자아의 문제가 탐구해야 할 중요한 영역이어서 문학은 여기에 관심을 두어야 한다. 이문열의 『금시조』에 나타난 예술적 욕망과 세속적 욕망 사이의 갈등도 인간 내부에 묻혀 있는 다양한 자아끼리의 갈등의 한 양상인 것이다.

내면 자아의 갈등 원인은 사회·역사적 조건에서 파생된 경우도 있지만, 인간 본성 문제에서 시작되는 것도 있다. 이런 경우 소설은 보다 더 정밀하게 그 갈등 탐구를 통해 인간의 본질적 문제에 다가가게 된다. 그러나 결국 이러한 여러 갈등은 서로 얽혀 있어서, 아무리 인간 본성적 측면의 욕망에서 연유했다 하더라도, 그것은 사회적 상황이나 조건과 무관하지 않다. 프로이드와 마르크스의 입장은 아마 인간이 공유하고 있는 두 측면일 것이고, 그들은 서로 넘나들면서 인간의 욕망을 제어하고 조종하는 것이다.

3. 소설의 갈등처리

(1) 인물의 갈등구조

1) 소설 인물의 갈등 수준
소설 인물은 그가 처한 갈등을 극복하는 양식을 통해 특징적으로 나타난다.

세상사에 있어서도 한 인물의 인간됨은 그가 처한 어려운 상황의 극복양식에 의해 비로소 드러난다고 한다. 그것은 일상적인 상황에서는 진실이 특징적으로 나타나지 않기 때문이다. 그러므로 소설은 결국 인물의 진실, 즉 소설적 인간의 모습을 제대로 드러내기 위해 의도적으로 만들어놓은 언어의 서사구조이기에 거기에 갈등구조가 중요한 역할을 한다.

일반적으로 인간의 갈등은 존재론적인 갈등, 사회적인 갈등, 자아의 문제와 관련된 갈등으로 나누어 생각한다. 그러나 소설에서는 그러한

제7장 소설의 갈등구조와 처리

분류가 가능하지 않을 수가 있다. 사람들이 살아가는 데는 그러한 갈등들이 복합적으로 작용해서 인간을 고통스럽게 만들면서 사람들의 문제를 밝혀내기 때문이다. 인물은 꼭 갈등 극복양식에 의해서만 그 모습이 드러나지는 않는다. 갈등을 극복하는 지혜는 오히려 소설 인물이 더 취약할 수도 있다. 소설 인물이 일상적 인물과 다른 것은 어떤 갈등과 만났을 때 그것을 인식하는 태도에 있다. 그리고 그것을 통해서 인물의 모습을 보여주면서, 동시에 그 인물이 확인한 새로운 세계까지 독자에게 보여준다는 데 소설의 더한 의미가 있다.

김성한의 「바비도」와 이범선의 「오발탄」에 등장하는 주인공들의 갈등이 일상인의 갈등과 다르며, 그러한 갈등을 통해서 인물들의 세계 인식을 알게 된다. 바비도는 1419년(헨리 4세 당시) 기독교 이단으로 지목되어 화형을 당한 재봉공이다. 라틴어로 된 성서만을 읽고 영어로 번역된 성서를 읽는 일을 종교법으로 금지했던 당시에, 바비도는 몇몇 사람과 같이 몰래 영역 성경을 읽는 독서회에 참가했다가 발각되어 재판을 받는다. 그는 자신의 행동이 잘못되었음을 시인하지 않는다. 그는 종교법이라는 폭력에 대항해서 인간의 종교적 양심을 지키려 한다.

이 경우에 그의 갈등은 일반인들의 그것과 같다. 절대적인 권위인 종교법에 대항해서 개인의 양심을 지키는 것은 일반인도 추구하는 보편적 가치인 것이다. 그러나 소설의 인물로서 바비도의 문제는 그 수준에 머물러 있지 않다. 그는 같이 성서를 읽으면서 끝까지 절대 권력인 불의에 대항하기로 맹세한 이웃들이, 죽음이 두려워 모두 거짓 자백을 하고 살아나는 것을 보면서 새로운 갈등이 비롯되었다. 그의 갈등은 인간에 대한 부끄러움으로 변하면서 인간 존재에 대해 회의하게 된다. 인간은 가치있고 의미있는 존재라 믿어서, 죽음을 두려워하지 않고 불의에 대항해서 싸우려고 생각하던 애초의 생각이 변하고 만다. 허약한 인간들 모습 앞에, 그는 불행의 시초는 인간들이 세상에 태어났다는 데 있다고 인식하기에 이른다. 그래서 인간이 이루어놓은 모든 가치와 판단을 부정한다. 가치에 의하지 않고 힘의 논리에 의해 역사가 진행되는 사실을 확인하게 되면서 인간을 혐오하고 부정하기에 이른다. 결국 자기가 지탱해온 삶의 논리를 포기하고, 가치와 믿음의 허무를 절감한다. 이러한 바비도의 모습은 곧 사회적 폭력과 그에 따른 억압을 극복해나가는 과정에서 또다른 문제를 인식하면서 세계를 새롭게 인식한 결과이다.

이범선의 「오발탄」에 등장하는 주인공이 갈등에 대처하는 양식도 특이하다. 전후 어려운 세대에 계리사 사무실 서기 노릇을 하는 월남한 실향민 철호는 38선 때문에 고향을 못 가서 정신질환자가 된 노모와 세상을 요령껏 살지 않고 가족을 어렵게 만든다고 비난하는 동생, 그리고 돈 때문에 미군에게 몸을 파는 누이동생, 병원에 입원한 아내의 문제로 극심한 갈등에 처하게 된다. 이러한 상황, 즉 갈등의 문제는 돈과 도덕성의 관계에서 빚어진다. 작품이 이 문제를 혼란한 시대에 양심을 지키기 위해서 경제적인 고통을 당해야 하는 철호의 고민을 그린 이야기로 끝났다면, 그리고 그러한 양심을 대신하는 인물로 철호가 설정되었다면, 별로 의미가 덜한 소설이 되었을 것이다. 그것은 소설이 아니더라도 모든 사람들이 생각하고 충분히 논의하고도 남을 문제이기 때문에, 특별히 그러한 인물을 소설 인물로서 설정할 필요가 없다.

이 작품의 갈등과 인물의 고통은 돈과 양심의 문제에 머물지 않는다. 주인공 철호가 누이동생이 미군에게 몸을 팔아 마련한 돈으로 아내가 입원한 병원에 갔을 때, 아내는 돈으로 구제할 수 없는 상황이 되었고, 집에 돌아왔을 때 동생은 강도짓을 하다가 경찰서에 구속되었다는 사실을 알게 된다. 그래서 그는 돈을 가지고도 아무것도 해결할 수 없는 상황에 이르게 된다. 돈과 양심의 갈등에서 더 큰 새로운 갈등이 나타나게 된 것이다. 그 돈으로 썩은 어금니를 뺀다. 언제부터도 빼어버리려고 했는데 돈이 없어서 못했던 일이었다. 그런데 오히려 빼어버린 이가 더 아프게 된다.

그는 이제 더할 수 없는 상황에 처하게 된다. 그의 갈등은 돈과 양심이라는 도덕성의 수준에서 한 단계 올라가 인간이 해결할 수 없는 극한적인 상황에 이르게 된다. 양심적으로 살아온 철호는 이렇게 극복할 수 없는 갈등 앞에서 비로소 세계를 다시 새롭게 인식하기에 이른다. 작품의 결말에서, 철호는 택시를 타고도 어디로 갈지 결정하지 못한다. 그는 선택을 유보한 채 목적지를 모르는 데로 행렬에 끼여 움직일 수밖에 없었다. 이러한 상황에서 그는 절망적 세계를 인식한다.

2) 인물들 간의 대립 갈등을 통한 인물 모습 드러내기

인간은 자아와 세계와의 관계 속에서 살아가는 동안 문제를 만나고 극복해가면서 차츰 자아의 본 모습을 찾아가기 마련이다. 소설에서 이 자아와 대립되는 세계는 여러 양상으로 나타나지만, 그중에서 주인공과 다른 처지에 있는 인물들과의 관계가 중요하게 작용한다. 이 경우에 주인공과 대립되는 반(反)주인공이 등장하기도 하고, 또 부차적인 인물들이 주인공과 관계를 유지해서 그를 도와주며 주인공의 인물됨을 형상화시키는 데 기여하기도 한다.

①아내가 커다란 함지에 밀가루를 쏟아붓는 것을 보고 그는 식사 전의 산책을 위해 집을 나섰다. 두어 발짝 옮겨놓을 즈음 그는 언덕길로부터 자전거를 타고 달려오는 이웃집 계집아이를 보았다. 브레이크 장치를 움켜쥐고 가속도에 몸을 맡겨 비탈길을 내려오는 아이의 얼굴은 긴장으로 조그맣고 단단하게 오므라들어 있었다. 짧고 꼭 끼는 면바지 아래 종아리도 팽팽히 알이 서 있었다. 공기의 저항을 줄이기 위한 어떤 노력도 없이, 그 아이에게는 아마 지나치게 클 것인 자전거의 페달을 밟고 꼿꼿이 선 자세로 달려오던 아이가 마주 걸어오는 그에게 눈길을 주었던가, 그는 알 수가 없었다. 그의 늙은 얼굴에 떠오른 미소보다 재빨리, 맞바람에 불붙이 일어선 머리칼과 아직 그을지 않은 흰 이마가 잠깐 기억되었다가 사라졌다.

①은 오정희의 「동경」(銅鏡)의 한 단락이다.
이 상황에서 아이와 노인과의 대립상은 자전거를 타고 언덕길을 급히

내려오는 계집아이와 마주 걸어 올라가는 노인과의 만남에서부터 시작된다. 더구나 브레이크 장치를 움켜쥐고 가속도에 몸을 맡겨 내려오는 긴장된 아이 모습, 짧고 꼭 끼는 면바지 아래 팽팽한 종아리를 대하고는 노쇠하고 흐물거리는 노인은 거부감을 동반한 강한 충격을 느끼게 된다. 그러기에 일상적인 이러한 만남이 그날 따라 유난히 낯설게 보였다. 이 정황에서 자전거를 타고 비탈길을 내려오는 긴장되고 팽팽한 아이와 그 모습을 뒤돌아 바라보는 노인의 내면을 생각할 수 있다. 여기에서 두 인물의 대립상이 분명해지면서 노인의 모습도 특징적으로 드러나게 된다. 이렇게 인물들 간의 대립 갈등을 형상화하기 위해서 비탈길의 오르고(노인) 내림(아이), 긴장된 아이 모습과 무료한 노인을 대조시키고 있다.

② 봉근이는 신으려는 운동화를 벗어버리고 대청우로 뛰쳐올로와 연화가 쥐고 섰는 콤팩트를 배앗어 그대로 뜰안에 내어던졌다. 콤팩트는 돌에 부드처 깨어저서 유리알 자박이 꽃닙같이 마당에 흩어진다.
"여보 난봉난 놈을 볼려문 당신을 보우."
봉근이의 목소리는 열이 오르고 낮은 오히려 햇슥하다.
"사회주의 하노라구 껏덕대다가 협잡군이 안돼서 내가 난봉이 났소."
말이 끝나는 대로 봉근이는 토방으로 뛰어내려 신을 끌고 대문으로 쏜살같이 걸어나간다. 세 사람은 어안이 벙벙하야 봉근이의 하는 양을 암쩍도 못하고 바라만 보고 있다.
그러나 연화는 큰 죄를 저질른 것같이 생각키어서 고무신을 끌고 대문으로 쫓아 나갔다. 계향이가 미안한듯 죄스러운듯 갈피를 잡을 수 없는 표정을 하고 있다가 방석을 들어 병걸이에게 권하면서 눈물이 글성글성하야,
"복상 미안하외다 어린게 철이 없어서."
하고 침묵을 깨트린다.

연화가 대문을 열고 내여다볼 때 봉근이는 벌서 골목을 돌아가려고 하고 있다.

②는 김남천의 「소년행」(少年行)의 한 대목이다.

봉근이는 사회주의운동에 참여했던 병걸이가 현실과 타협하여 누님과의 일상적 사랑에 취하여 안락한 생활에 빠져 있음을 알고는, 또 자신도 한순간이나마 연화라는 기생에 대해 호감을 가졌다는 사실을 깨닫고는, 그러한 정황과 인물들과의 관계를 완강하게 거부하고 나온다. 그는 믿고 그리워했던 누님의 허상을 보게 되고 존경했던 병걸이에게 나약함을 발견하게 된다. 이러한 상황에서 현실에 타협하여 안주하는 누님, 병걸, 연화와의 대립을 통해서 주인공 봉근의 모습이 두드러지게 나타난다.

이 작품에 수록된 연작형의 작품에서 '나' 또는 봉근이로 등장하는 인물들의 새로운 세계를 지향하는 꿈은 현실에 타협하는 인물들과의 대립적인 모습을 통해 형상화되어 있다. 그의 다른 작품에서도 이러한 인물형을 찾을 수 있다. 타락한 부권을 대신하는 아편쟁이나 딸을 술집에 팔아 생활을 꾸려나가려는 부도덕하고 나약한 아버지, 돈을 모아 사회적인 명예를 누리려 하고 첩이나 젊은 여자의 성을 욕심내는 욕망에 찌들은 아버지가 등장하고, 이에 대립되는 의붓아들 또는 서자를 등장시켜 대립을 구체화한다.

③ 하지만 형님은 새삼스럽게 자기 방으로 누님을 불러들여갔다. 장지문을 통해 티격태격하는 소리가 들려나왔다.
"너 그 왜눔하구 연애하니?"
"왜눔하구 연애하믄 안 되우?"
"언제부터니?"
"연애한다는 소린 안 했어. 연애하면 안 되느냐구 물었을 뿐이우."
"깊은 관계가 아니라면 어떻게 조선 여자의 그런 청을 받구 그 애비를 설복시킬 수가 있겠니?"

"오빤 인텔리답잖게 세상 일을 너무 단순하게 생각하시는 것 같아."

"난 모욕을 느낀다."

"오해하지 말아요. 오빠나 나나 아부지와는 다른 세대니까 하는 말인데, 내가 오빠를 구하려구 모종의 희생을 감수했다구 생각하우? 미안하지만 어림두 없어요. 나는 나를 위해 사는 사람이우. 부모건 형제건 나 아닌 사람을 위해 필요 이상의 자기 소모 같은 건 안해."

"네 행위를 어떻게 해석하면 되겠니?"

"해석을 꼭 해야 된다면 참고삼아 얘기하겠어. 나는 내 매력을 남성들에게 시험해보구 싶은 생각이었우. 그런 목적을 위해 오빠의 일이 안성맞춤의 기회였다는 것뿐이야."

③은 유재용의 「누님의 초상」의 한 대목이다.

이 작품에서 '누님'은 특이한 인물이다. 일본 유학까지 갔다가 전쟁 때문에 학업을 계속하지 못했지만 상냥하고 머리 좋고 아름다운 인물인데도, 그녀는 형(오빠)과 아버지와는 전혀 다르게 인생을 살아간다. 형은 사회주의이념을 위해 살고, 아버지는 재산을 모으고 지키기 위해 애를 쓴다. 그들 부자는 어떤 이념이나 가치에 의지하며 살아간다. 그러나 누님은 오빠와 아버지와는 다른 세대라서가 아니라 삶의 방식부터가 아주 다르다. 그녀는 철저한 현실주의자이다. 일본 사람들 시대에는 그 당대의 집안(오빠)의 문제를 해결하기 위해서 서장 아들과 교제를 하고, 해방이 되자 소련군 장교와 동거함으로써 집안의 어려움을 해결한다. 전쟁 중에도 그녀는 어떤 이념이나 가치 또는 명분에 의해서 행동하지 않는다. 눈앞에 다가온 어려운 문제를 그녀는 온몸으로 막고 이겨나가는 인물이다. 이 작품에서 '누님'의 초상은 형과 아버지와의 대립적인 관계에서 더욱 부각된다. 여기에 그녀는 단지 역사의 수레바퀴에 짓밟혀진 한 여인의 모습 외에도, 그들 가족들의 삶의 방식과는 다르게 세상을 살아가는 특이한 점을 보여주고 있다.

제7장 소설의 갈등구조와 처리

　이러한 인물들의 대립양상은 가족구성원 서로 간의 관계에서 나타난다. 최초의 인간들 간의 갈등은 형제간에서 시작되었다. 기독교의 성경 중 창세기를 보면, 아담과 하와의 몸에서 태어난 두 아들 카인과 아벨은 야훼께 드리는 제사 때문에 서로 다투게 되고 결국 피를 부르는 살인까지 하게 된다. 야훼 하나님이 선택한 믿음의 조상 아브라함의 손자, 즉 이삭의 아들인 에서와 야곱은 어머니 뱃속에서부터 다투었고, 세상에 나와서도 장자의 지분을 두고 싸움을 벌였다. 이런 점에서 보면 가족구성원 간의 갈등은 인간의 본성적 속성일 수도 있다.
　가족구성원 간의 갈등은 아내와 남편, 아들과 아버지, 아들과 딸, 형과 동생 사이에서 특징적으로 나타난다. 김원일의「미망」에서 어머니와 할머니, 이범선의「오발탄」에서 형과 동생, 오탁번의「아버지와 치악산」에서 부자 간, 현진건의『무영탑』에서 이손과 딸 주만이 서로 대립한다. 이들은 같은 환경에서 살았으나 세상을 살아가는 방법이나 이념의 차이 또는 여러 원인으로 갈등이 분명하게 드러난다. 이러한 식구 간의 대립 갈등으로 빚어진 인물들은 오히려 가족이라는 점 때문에 각기 다른 모습이 더 뚜렷하게 나타나게 된다.
　또한 인물들의 차이를 형상화하기 위해서는 가족구성원 간의 갈등 대립처럼, 같은 조건에 있는 사람들의 관계에서 갈등이나 문제가 뚜렷하게 나타남으로써 그 갈등양상을 부각시킬 수도 있다. 같은 직장, 친구, 같은 직업에 종사하는 사람, 동창 등 삶의 같은 상황이나 조건 하에서의 서로 다름을 통해서 그 다름이 특징적으로 드러나기 때문이다. 이문열의『금시조』(金翅鳥)에서 석담과 고죽, 황순원의「두꺼비」에서 국민학교 동창끼리, 이범선의「학」에서 친구끼리, 현길언의『그믐밤의 제의』에서 같은 처지에 있었던 천교수와 '나' 등에서 그 점을 확인할 수 있다. 해방 이후 정치 이데올로기의 대립으로 인한 민족 비극을 소재로 한 소설에서는 이러한 대립 갈등은 가족과 친구, 같은 길을 걸었던 사람들 간의 엇갈림을 통해 특징적으로 나타난다.

3) 삼각관계의 갈등과 인물

　인물의 모습은 위기를 탈출하고 문제를 극복하는 양식을 통해서 확실하게 나타난다. 그것은 일상적인 생활현장에서도 그렇다. 여기에 소설인물을 평이하게 형상화시키는 한 방법으로 삼각관계를 설정하는 경우가 많다. 대중소설의 플롯이나 장편의 경우에 전체적인 틀이나 부분적인 에피소드에 많이 쓴다.

　이광수의 『무정』은 전형적인 연애소설이면서, 그 기본구조의 틀은 삼각관계에 의지하고 있다. 즉 신진 엘리트 청년인 영어선생 이형식을 정점으로 해서 외국 유학을 준비하는 기독교 장로의 딸 선형이 한편에 있고, 몰락한 양반의 후예로서 형식과 혼인을 약속한 처지인 기생 영채가 다른 한편에 있다. 이 두 여성 중에 누구를 선택하느냐 하는 문제가 곧 이형식의 인물됨을 규정한다.

　그는 선형을 선택한다. 그것은 그에 대한 애정의 결과가 아니다. 구시대의 상징적 인물인 영채의 맞은편에 서 있는 선형을 선택했다는 것은 이형식의 세대의식과 당대 사회의 구조적인 문제와 호응된다. 즉 구시대와 신세대의 교체 양상이 이형식의 선택에서 드러난다.

　현진건의 『무영탑』은 역사소설이면서, 기본구조는 삼각관계에 의지하고 있다. 많은 삼각관계가 형성되고 소설의 전개됨에 따라 해결되고 극복되지만 끝내 해결되지 않는 문제의 삼각관계가 하나 남게 된다.

　국선도파(國仙道派)의 대표적인 인물인 이손 유종의 딸 주만은 미모와 재질과 덕성을 겸비한 신라 상층사회의 1등 신부감이었다. 그리고 그 집안에서 사윗감으로 생각해둔 신라 귀족집안 출신인 경신 역시 학식과 재능과 인물을 겸비한 신라 당대의 훌륭한 신랑감이었다. 더구나 경신은 앞으로 신라를 이끌어갈 유능한 인물로서 인격을 갖춘 청년이었다. 그런데 주만은 집안의 뜻과는 반대로 불국사 탑을 만들기 위해 외방에서 데려온 하찮은 석공 아사달을 사랑하게 된다. 주만 역시 경신을 존경하고 그가 부족함 없는 상대로 인정한다. 그러나 그녀는 경신을 배우자로 선택할 수는 없었다. 여기에 문제가 심각해진다.

제7장 소설의 갈등구조와 처리

　주만을 정점으로 하는 아사달과 경신의 삼각관계는 단지 한 여자를 놓고 두 남자가 다투는 갈등의 문제가 아니기 때문에 특이하다. 즉 주만과 경신의 결합을 바라는 주만 집안의 입장은 가장 보편적인 가치에 의한 것이었다. 그것은 단지 주만의 집안의 문제로 끝나는 것이 아니라, 당대 신라사회의 보편적 가치로 봐서는 타당한 결합의 논리였다. 그것은 같은 정치적인 입장을 갖고 있는 국선도파라는 점, 그리고 경신이 갖추고 있는 내외적 조건, 더구나 당사자인 주만 역시 한 여성으로서 또는 인간으로서 경신을 존경하고 있다는 점에서, 둘의 결합은 보편적인 가치에 의해서는 가장 이상적인 것이다.
　더구나 주만이 사랑하는 아사달은 경신과 상대할 인물이 못되었다. 그는 우선 외방 백제의 유민이고, 아무것도 가진 것 없는 석공이었다. 그런데도 주만은 아사달을 사랑하게 된다. 여기에서 아사달과 경신의 대립은 인물로서의 문제가 아니라 보편적인 이데올로기(가치)와 개인의 사랑, 정치성과 예술성, 중심부와 외방(주변성)간의 대립으로 이해할 수 있다. 그런 의미에서 주만의 선택의 바탕에는 현실을 초월하는 낭만적 정신이 깔려 있으며, 그것은 현실을 극복하는 유토피아 의식과 맥을 같이한다. 이 점을 고려한다면 『무영탑』은 단순히 낭만적 사랑을 다룬 소설이 아니다. 당대의 보편적인 이데올로기와 맞서는 주만의 사랑을 통해서, 새로운 세계를 지향하는 유토피아 의식을 형상화한 작품으로 이해할 수 있다. 더구나 화해의 과정에서 그러한 면이 두드러진다.
　신라사회의 규범에 의해서 외방 남자를 선택한 주만은 화형을 당하게 된다. 유종도 딸의 선택을 받아들이지 않고 그녀를 신라 상층계층의 관습에 의해서 처단하기를 바란다. 화형의 순간에 경신이 그녀를 구출한다. 이 결말은 너무나 낭만적이다. 그러나 따지고 보면 새로운 세계를 추구하는 유토피아적 정신은 단지 사랑이라는 초현실적 선택을 통해서만 가능하지 않고, 강력한 힘을 갖고 있는 정치성과의 결합을 통해서 가능하다는 점을 시사하고 있는 것이다. 이 점에서 식민지시대를 극복할 수 있는 삶의 길이 정신적 초월주의에만 의지하지 않고 있음을 시사받을 수 있다. 이러한 삼각관계는 그 결말이 어떻게 수습되느냐에 따라 인물의 모습과 주제성이 드러난다. 이 문제는 플롯과 관계를 갖는다.

위 두 작품의 결말은 화해로 끝났다. 그러므로 그들 인물의 모습은 바로 주제에 닿아 있다. 반면에 불행한 파탄의 결말에 이르면 인물이 갖는 어떤 측면이 부정되는 결과로 해석될 수 있다. 그 예를 나도향의「벙어리 삼룡이」에서 찾아볼 수 있다. 삼룡이는 철부지 난봉꾼 남편에게 인간적인 대접을 못 받고 살아가는 주인 아씨에 대해 순수한 입장에서 연민을 갖는다. 주인집 아들이 아씨를 학대하면 할수록 아씨에 대한 그의 관심이 차차 짙어지면서 감정이 변모한다. 그럴수록 주인 아들의 삼룡이에 대한 학대도 심해진다. 그러한 과정 속에 그는 차츰 단지 주인집 종이라는 신분에서부터 인간적인 자아에 눈을 뜨게 된다. 그리고 아씨에 대한 자기의식을 확인하기에 이른다. 그래서 아씨를 구하는 적극적인 방법을 모색하게 되고, 결국에는 집에 불을 지르고 아씨를 구하려고 한다. 그러나 의도한 대로 아씨를 구하지 못하고 함께 죽고 만다. 이러한 비극적 결말은 남의 집 종이라는 신분으로 동물처럼 살아온 벙어리 삼룡이가 비로소 자기를 의식하고 비상을 꿈꾸었으나 그것이 좌절됨을 의미한다. 이렇듯이 삼각관계에서 한 인물이 두 인물 중 하나를 선택하는 데 있어서, 선택의 이유는 바로 그 선택자의 인물됨을 드러내는 근거가 된다. 그리고 그 선택이 사회적인 의미를 가질 때, 그것은 바로 사회 구조를 설명하는 논거가 될 수 있다. 앞에서 논의한『무정』이나『무영탑』이 그러한 예이다.

삼각관계의 인물구도는 단지 사랑을 소재로 한 작품에만 한하는 것이 아니다. 설령 그 삼각관계 구도가 인물과 인물들과의 관계가 아니라, 한 인물이 선택해야 할 두 가지 상황으로 설정될 수도 있다. 이러한 경우에도 인물의 선택 방향은 바로 인물 모습을 설명해주는 근거가 된다. 이러한 의미에서 삼각관계 설정은 인물을 그려내기 위한 중요한 방법의 하나가 될 수 있다.

(2) 갈등처리와 소설의 주제

　소설의 갈등구조는 작품의 주제나 문학성을 드러내는 데 중요한 기능을 한다. 갈등은 삶의 문제를 낳게 하는 중요한 요인이기 때문에, 그 문제의 해결이나 탐구가 곧 소설의 주제와 통하게 되는 것이다. 그런데 갈등의 해결이나 탐구라는 말은 다양한 의미를 지니게 되며, 소설에서 처리하는 방법도 다양하다. 즉 그것은 세상에서 사람들이 제 문제를 풀어가는 방법과 양상이 제각각 다른 것과 같다.
　소설에서의 갈등 처리는 소설이 끝남으로 나타난다. 이제 몇몇 처리양식을 통해서 주제가 어떻게 드러나는가를 살펴보기로 한다.
　첫째, 갈등의 해결로 소설 결말이 이루어지는 경우이다. 그러나 여기에서 해결은 어디까지나 피상적인 것이다. 이청준의 「별을 보여드립니다」와 전상국의 『우상의 눈물』, 김남천의 초기소설, 그리고 일반적으로 이념 위주의 소설과 조선시대 행복한 결말의 소설들이 그러한 예가 될 것이다.
　「별을 보여드립니다」에 등장하는 주인물 그는 '나'를 위시한 모든 주위사람들과 대립되는 인물이다. 범속한 일상적인 삶을 살아가는 '나'나 이웃에 비해 '그'는 전혀 다르게 세상을 살아간다. 그것은 단순한 삶의 피상적인 외면성에 한한 것이 아니다. '그'는 친구들에게 곧잘 거짓말을 하고, 물건을 도둑질해감으로써 타인과의 단절이 심화되었음을 나타낸다. 즉 그는 천상의 별을 찾아 살아가면서 지상의 삶의 양식을 거부하였다. 그러나 작품 결말에서 그는 그렇게 고집하던 천상을 향한 삶을 잠시 유보하고 '나'(세상)와 화해하여 지상으로 내려온다. '나'에게 망원경으로 하늘의 별을 보여주고 아끼던 망원경을 한강가에 장사지내버린다. 그리고 '나'에게 자기의 거짓말을 처음으로 시인한다. 이러한 '그'의 변화가 세상(나)과 전적으로 화해하는 것이라 볼 수는 없지만, '나'와 대립되어 있었던 그의 삶에 변화를 가져왔다는 점에서 화해적이다. 그러나 이것은 '그'가 세상과 타협하는 것이 아니라, 천상에만 집착해 있던 삶을 지상으로 복귀시켰다는 의미 있는 선택이고 변화라고 생각할 수 있다.
　『우상의 눈물』에서 폭력의 주인공 기표는 무력하게 무너져버린다. 이 결말이 꼭 화해라고 볼 수는 없지만 눈에 보이지 않는 또다른 폭력을 깨달았다는 점에서, 그의 돌발적인 배반이 이루어지고 폭력 자체를 거부한다는 점에서 화해라고 생각할 수 있다. 그러나 이러한 화해는 도덕적인 측면에서가 아니라, 오히려 기표 자신이 폭력의 실상에 대해 새롭게 눈떴다는 의미로 해석이 가능하고, 여기에서 주제를 찾을 수도 있을 것이다.
　김남천의 초기소설, 이른바 문학의 볼셰비키화 이념에 의해서 씌어진 노동소설의 경우, 화해적 결말은 바로 노동운동가들의 실천 과정을 통해서 정치적 비전을 드러내고 있다고 해석할 수 있다. 이들 작품들은 와해될 처지에 있는 노동조합이 노동운동 전위들에 의해서 재건되어 새로운 운동이 시작되거나, 그러한 전망을 드러내놓고 있다. 행복한 결말에 이르는 소설들은 세계에 대한 막연하고 피상적 인식에서 단지 즐거움을 누리려는 개인(독자)의 욕망에 아부할 수도 있고, 아니면 긍정적 세계관에 의한 행복한 결말을 만들 수도 있다. 그 어느 것이든 그 결말이 바로 주제를 생각하게 하는 하나의 단서가 된다.
　둘째, 소설의 결말에서 갈등의 의미가 분명하게 드러남으로써 주제가 확실해진다. 위에서 인용한 김남천의 작품에서 아버지와 아들의 갈등이 분명해진다. 아버지의 삶을 거역하는 아들의 모습을 통해서, 아버지 시대를 극복하고 새로운 시대를 지향하는 작가의 꿈을 형상화시키고 있다. 또한 현진건의 『무영탑』에서는 신라사회를 지배해온 국선도파 지도자 이손과 딸 주만의 갈등을 통해서, 한 시대를 지배하는 이데올로기와 그것을 극복하는 삶의 양식으로서 예술과 사랑의 의미를 유토피아적 삶에 값하는 것으로 제시하고 있다. 그러한 점에서 김남천과 현진건의 작품들은 고도한 정치성을 띤 소설이라 할 수 있다.
　이런 작품들에서는 표면적으로는 갈등이 더욱 첨예하게 드러나지만,

내면적으로는 하나의 세력이 또다른 세력을 극복하는 양상으로 나타난다. 김남천의 작품에서 아버지와 아들의 갈등은 그대로 존속하고, 『무영탑』에서도 이손과 주만의 관계는 팽팽하게 맞서 있다. 어느 한편이 승리하고 패배했다고 말할 수 없다. 그러나 작가는 그 견고한 두 세력이 이미 무너져버리고 있음을 시사하고 있다는 점에서, 소설의 주제를 생각해볼 수 있다.

셋째, 작품 결말에 나타난 갈등이 독자들이나 소설 속의 한 인물에 의해 해석되면서 주제가 드러난다. 오탁번의 「아버지와 치악산」이 그 좋은 예가 될 것이다. 이 작품에 나타난 부자의 갈등은 작품 결말에서 아버지의 진실을 깨닫는 아들의 모습을 통해 해명되면서 동시에 주제를 시사해준다. 정년을 앞두고 벽지산골 분교장 책임자로 부임해서 세상을 자기 식으로만 살아가는 아버지와 현실에 안주해서 적당하게 살아가는 군청 산림계장인 아들 '나'의 대립 갈등을 통해서, 아버지라는 인물을 탐구하고 있다. 이 아버지 탐구를 통해서 곧 소설의 의미가 드러나게 된다.

"괜찮다."

나는 두번째로 괜찮다는 말을 들으며 다시 한번 부자간의 심한 차단감을 확인하고 있었다. 버스를 타고 금지로 오면서 내심으로, 불의의 사고를 당하여 고통 속에서 와르르 무너져내린 아버지의 모습을 기대하고 있었다. 여교사의 전화를 받으면서 가슴이 뛴 것도 아버지의 최초의 열등과 패배를 이제 드디어 경험하게 됐다는 데서 오는 쾌감이었다. 아들에게 의지하고 애원하는 늙고 힘없는 아버지의 얼굴을 보게 되기를 나는 기대하였다. 아들의 힘을 빌지 않고는 도저히 움직일 수 없는 곤경에 처한 아버지의 모습을 나는 벌써 오래 전부터 갈망해왔는지도 모른다. 그러나 나의 이러한 마음은 노부에 대한 효심에서 나오는 간절한 소망은 아니었다.

「아버지와 치악산」의 일절이다. 아들은 아버지의 삶에 대해 강하게 반발하면서, 그 삶이 무너지기를 바라고 있다. 그러나 결국 아들의 그러한 기대가 오히려 배반당한다. 골절상을 당한 아버지는 한사코 병원에 입원하기를 거부한다. 그것은 내면으로 수없이 아버지와의 싸움을 시도하고 있었던 '나'의 패배였다. 소설은 그러한 '나'의 패배감을 차츰 고조시키면서 전개된다.

    금지 분교가 화재로 잿더미가 된 것은 보름 후, 아버지의 정년이 한 달쯤 남은 어느 날 저녁이었다. 그날 나는 퇴근을 한 다음 대폿집에서 목을 축이고 집으로 돌아와 돌이를 배 위에 올려놓고 흥얼거리고 있는데, 고등학교 동창들이 찾아왔다. 도지사 표창을 받았으니 한턱 내라는 것이었다.
    …… 중략 ……
    내가 금지 분교에 도착하자 교사들이 울면서 말했다. 숲으로 둘러싸인 분교는 완전히 잿더미가 되어 있었다. 주민들과 학생들도 잿바람을 들여마셔가며 자꾸자꾸 울었다. 나는 울지 않았다. 나는 교사들과 함께 잿더미를 파헤쳤다. 아직도 뜨거운 불기운이 그대로 있는 잿더미에서는 연기가 피어올랐다. 재가 된 아버지의 유해를 추렸다. 사람들이 자꾸자꾸 울었다. 나는 울지 않았다. 완전한 생애를 마치려고 면밀한 준비를 하고 있던 아버지, 정년이 되어 늙고 나약해지는 노년을 거부한 아버지, 오재수 분교장의 완전무결한 힘에 눌려 몸을 가눌 수도 없는 꼴이 되어, 그의 유해를 안고 나는 금지를 떠났다.

    골절된 다리가 거의 완쾌되었다는 소식을 들었을 때, '나'의 패배는 극도에 달한다. 이제 정년을 얼마 앞둔 아버지의 영광 앞에 '나'는 몸뚱이가 왜소해짐을 느낀다. 그러나 결국 얼마 후, 아버지는 분교장에 화재가 나자 불길 속에 뛰어들어가 죽고 만다. 이러한 아버지 죽음 앞에 '나'는 새로운 아버지를 찾게 된다. 죽음을 통해서 어차피 정년이 되면

늙고 나약하게 될 자신의 노년(老年)을 거부한 아버지를 비로소 알게
되었다. 아버지와 '나'의 갈등은 아버지라는 인물의 탐구이면서 곧 소설
의 주제에 이르는 중요한 통로가 되었다.

　넷째, 갈등이 소설의 결말에서 더욱 심화되면서 그 심화된 갈등을 통
해서 주제를 생각하게 하는 경우이다. 현길언의 『껍질과 속살』, 김동인
의 「감자」, 나도향의 「물레방아」나 「벙어리 삼룡이」, 현진건의 「운수
좋은 날」 등에서 그러한 예를 찾아볼 수 있다. 『껍질과 속살』에서는 소
설의 중심인물과 사회의 고정관념, 즉 지배이데올로기와의 갈등을 통해
서 소설의 주제가 드러난다. 식민통치시대, 제주도 한 어촌에서 일제 어
용 해녀조합에 대항해서 일어난 해녀사건에 대한 평가를 둘러싸고 벌어
지는 사건이 소설의 중심이다. 작품에서는 일부 이념적인 인사들과 해
녀 연구가들은 사건을 이데올로기적 입장에서 평가하고, 관청에서는 이
사건을 통해서 민족의식 또는 도민정신을 고취하려 한다. 그러나 정작
사건의 주동자였던 당사자 송여인은 영예로운 평가를 받을 수 있음에도
불구하고, 그 사건에 대한 일반의 평가를 부정한다. 그들은 생존권을 위
협받는 상황에서 그것을 되찾기 위해 일으킨 사건임을 주장한다. 오히
려 그러한 이데올로기적 평가로 말미암아 그 여인의 삶이 크게 훼손되
었던 아픈 과거를 통해 그러한 인식의 허구를 드러내고 있다. 이러한 사
실을 확인한 기자인 '나'는 역사 속의 진실을 찾아나선다.

　기자인 '나'와 해녀사건의 주동인물인 송여인은, 역사적 사실을 고정
관념으로 해석하고 평가를 내리는 여러 세력과 갈등관계를 유지하면서,
그 왜곡된 진실을 해명해가는 과정이 이 작품의 플롯이다. 이 갈등의 해
명이 곧 주제가 된다. 결말에서 그 문제는 역시 미완으로 남는다. 이는
지배이데올로기의 광폭성에도 그에 맞서는 진실이 아직도 살아 있음을
말해준다. '나'는 해녀문제 학술대회에서 해녀사건에 대한 일반의 인식
을 거부하는 내용을 발표해서 모든 참석자들로부터 비난을 받는다. 그
러나 도민의 이름으로 건립한 해녀상 제막식에 불참함은 물론 '도민이
주는 여성상'을 거부한 송여인을 통해서, 그 양자의 긴장관계가 오히려

팽팽하게 맞서 있으면서 그 긴장이 여전히 유지되고 있음을 보여준다. 이 경우에 결말에서 오히려 갈등은 심화되는데, 이 심화된 갈등구조를 이해하면 주제에 쉽게 접근할 수 있다.

「운수 좋은 날」에서는 절망적 상황에서 벗어나려는 가난한 개인의 노력이 무력하게 무너짐을 통해서, 개인과 상황과의 갈등 대립이 더욱 심화된다. 「감자」에서도 복녀의 삶은 사회와 그를 에워싸고 있는 인물들과의 관계에서 오히려 더욱 심화된다. 부도덕한 남편은 아내의 주검을 팔고, 한의사는 돈으로 거짓 증거를 내세운다. 복녀와 그녀를 에워싼 상황은 더욱 적대적이다. 소설의 결말은 그 적대적인 관계를 심화시키고 있다. 「물레방아」나 「벙어리 삼룡이」는 결말에서 비극성이 고조된다. 이는 작품 서두에서 비롯된 문제가 전혀 해결되지 않고, 오히려 파국에 이름으로써 문제의 의미를 찾으려는 데 의도가 있기 때문이다.

이러한 소설 결말과 갈등의 문제는 다음에 논의할 플롯과 갈등문제에서 다시 생각하기로 한다.

(3) 갈등과 플롯의 구조

소설의 문제가 갈등에서 비롯되기 때문에, 플롯은 갈등양상이 변모되고 해결되는 과정을 중심으로 전개된다. 즉 플롯의 핵심요소는 갈등이다. 사건이 일어나 점점 복잡해지면서 문제를 드러내고, 몇 단계를 거치면서 결말에 이르는 일련의 과정에서, 플롯을 끌고가는 요인은 갈등이다. 이 과정에서 여러 에피소드들이나 하위 사건 또는 요소들이 플롯의 틀 속에 자리잡게 되면서 독특한 플롯양식을 만들어낸다.

1) 발단부의 갈등처리

발단부에서는 갈등의 조짐이 제시 또는 암시된다. 독자는 그것을 처음부터 찾아내지 못한다. 작품을 전부 다 읽은 후에야 비로소 깨닫듯이 알게 된다. 「동경」에서 점심식사 전에 산보 나와 비탈길을 오르는 노인과 자전거를 타고 내려오는 계집아이의 엇갈림은 흔히 있을 수 있는 자연스런 상황이다. 여기에 노인과 계집아이의 관계에 갈등이 있는 것처럼 처음부터 독자는 생각하지 않는다. 단지 이러한 서두 처리를 통해서 그들의 갈등이 자연스럽게 준비되었을 뿐이다. 「매일 죽는 사람」에서 일요일에 죽으러 가기 위해 헌 구두끈을 조심스럽게 매는 주인공의 모습을 통해서 주인공이 상황에 대해서 예민하게 대응하고 있다는 갈등의 조짐을 제시하고 있다. 『무영탑』에서는 4월 초파일을 며칠 앞둔 불국사 경내의 번잡스러운 정경과 그런 분위기에 상관없이 묵묵히 탑 만드는 아사달을 대비시켜놓고 있다. 이 두 상황은 작품의 중심을 이루고 있는 지배이데올로기와 예술성 간의 갈등관계를 시사해주는 것이다. 「별을 보여드립니다」에서는 '나'와 '그'의 엇갈림을 통해서 두 사람 간의 갈등관계를 제시하고 있다. 「빈처」에서는 가난한 문인 아내와 남편의 갈등이 나타난다. 옷을 전당포에 잡혀서 생활을 꾸려나가는 아내의 처지와 그러한 상황에 대해서 묵묵부답일 수밖에 없는 남편의 처지가 대조를 이룬다.

2) 전개부의 갈등처리

전개부에서는 발단에서 제시되거나 시사된 갈등이 구체적으로 나타난다. 전개는 몇 단계를 거치면서 차츰 상승되는데, 여러 단계를 거치는 동안 막연했던 갈등관계가 구체화되면서 점점 강화(심화)되어간다. 그러한 체계적인 단계를 만들어내는 일이 전개에서는 필요하다.

예를 들면 「동경」에서는 노인네와 계집아이의 대층적인 엇갈림을 단지 그들 관계에서만 처리하지 않고, 노인들에게 다가오는 죽음과 무기력(노쇠함)에 대한 자의식이 점점 구체화되고 심화되는 데 초점을 두었다. 무기력한 체력, 수도 검침원의 내방, 아내와의 관계, 할일 없는 부인의 무료한 행위 등. 이러한 몇 단계를 거치는 동안, 노부부의 무력감과 죽음에 대한 상념이 그들에게 심각하게 다가오게 되고, 그것이 바로 그들을 고통스럽게 만드는 갈등으로 상승되어 나타난다.

『무영탑』에서는 주만을 둘러싼 경신과 당학파의 거두 금성의 아들과의 관계를 통해, 그녀와 아사달과의 사랑이 구체화되어가는 과정으로 처리되었다. 「매일 죽는 사람」은 죽음의 연기를 반복하는 과정에서 그 고통이 구체적으로 인식되면서 어떤 공포에 이르는 과정이 전개부를 이루고 있다. 이 전개는 몇 개의 층위를 갖는데, 그 층위 사이에서도 단계가 있어서 서로 연계성을 유지하게 된다. 이렇듯 전개부에서는 갈등이 몇몇 과정을 거치면서 점점 심화되거나 상승된다. 이러한 상승은 모두 발단에 그 원인이 있다.

3) 위기부의 갈등처리

위기에서는 전개부에서 점점 상승된 갈등이 최고조에 이른다. 그 결과 갈등은 해결의 탈출구를 찾아간다. 그것은 결말에 이르는 방향을 암시해준다. 「동경」에서는 노부부가 죽음의 상념과 노쇠함이 곧 그들의 문제임을 확인하게 되면서 절망을 느끼게 된다. 『무영탑』에서는 주만은 아사달과의 사랑이 어려운 상황에 봉착하게 되고, 아사녀는 남편을 찾아 경주로 오지만 만나지 못하게 된다. 「매일 죽는 사람」에서는 가짜 죽음의 연기가 진짜 죽음에 이를 수 있다는 공포감이 최고조에 이르게 된다. 그가 그날 두 번 뛰어 일당이 배로 늘었으나, 오히려 그는 더 피로했고, 집으로 돌아오는 버스 안에서 녹초가 된다.

위기는 갈등의 최고조에 이른 상황이다. 그러기에 여기에서 결말에 이르기 위한 어떤 방향이 나타나게 된다. 즉 반전의 기미가 생기거나, 아니면 최고조에 달한 갈등이 결국 파국으로 끝을 맺는다. 또다른 빌미가 나타나서 상황을 역전시켜 다른 방향으로 결말을 맺기도 한다. 그러므로 이 위기가 반전의 시발점이 되어 갈등 양상이 변하게 되는 중요한 계기가 된다.

이 위기부에서는 발단부에서 나타난 갈등이 차차 심화되거나 고조되어서 막다른 지경에 이르러, 그것으로 파탄을 가져오게 되어 결말을 맺게 된다. 그 단적인 예가 「동경」이다. 노인과 계집아이와의 갈등이 결말에 이르기까지 지속된다. 계집아이의 만화경 장난에 아내가 울어버리는 상황은 처음에 나타난 갈등이 점점 심화되어서 결국 이 지경에 이르게 된 때문이다. 그런데 여기에서 또다른 문제는 노인의 처지이다. 틀니 때문에 아내에게 위로의 말도 전할 수 없는 이 절망적인 상황에서 이 소설의 결말은 새로운 의미를 더해준다.

    희곡 작법에서는 이 위기부를 중심으로 작품이 양분된다고 한다. 발단부에서 위기에 이르는 전반부는 갈등이 점점 심화되는 과정으로, 이를 두고 결빙부(結氷部)라고 한다. 이는 소설에서 취급해야 하는 문제가 확실하게 나타났음을 의미한다. 위기부에서부터는 그 문제를 해결하는 방향으로 플롯이 전개되어야 한다. 그래서 후반부를 해빙부(解氷部)라고 한다. 결빙부까지는 플롯이 상승되지만, 상승이 최고조에 이른 위기부에서부터 차차 하강하기 시작한다. 즉 해결을 향해서 상승시보다는 빠르게 결말로 향한다. 그러므로 위기부에 오면 새로운 갈등이 나타나거나 그렇지 않거나 간에 결말에 대한 예견이 가능하게 된다. 그 예견은 절정(클라이맥스)에서 구체화되면서 곧 그것을 이어받아 결말을 만든다. 또한 다소 다양하게 전개되던 플롯들이 여기에서는 정리되어 단일하게 나타나기도 한다.

    「동경」에서는 계집아이의 장난으로 부인이 울어버리는 상황에서 절정이 되고, 『무영탑』에서는 주만이 화형을 당하게 되는 막다른 상황이, 「매일 죽는 사람」에서는 한쪽 구두가 벗겨졌다는 사실을 알았을 때, 「감자」에서는 복녀가 낫을 들고 왕서방을 공격하다가 도리어 죽게 되는 상황이 절정에 해당된다.

    절정은 결말을 준비하는 전 단계이므로, 예상하는 결말에 대한 철저한 계획을 세워 그에 적절하게 처리해야 한다. 또한 절정을 기점으로 사건이 반전(反轉)되는 경우가 많은데, 그것 역시 전반부 종결인 위기와의 관계를 지을 수 있도록 필연성을 바탕으로 해야 한다. 「매일 죽는 사람」의 경우에, 그가 한쪽 구두가 벗겨졌다는 사실로 인한 그 절망은 다소 엉뚱하지만, 주인공의 그러한 의식을 독자가 신뢰할 수 있었기 때문에 무리가 없다. 그 신뢰를 바탕으로 해서 극적 전환도 역시 독자들이 신뢰하게 되고, 그래서 한쪽 발에 아직도 구두가 신겨져 있다는 사실에서 그 절망에서 헤어나게 됨도 역시 독자는 부담없이 받아들이게 된다. 절정은 해결을 도모하는 결말의 전 단계이기 때문에 해결의 과정이라 말할 수 있다.

 이렇듯이 갈등과 플롯의 구조는 긴밀한 분석을 통해서 계획부터 세밀하게 짜야 한다. 발단에서 갈등이 인식되고, 전개에서 그 갈등이 점점 증폭하게 되며, 위기에서 절정을 이루었다가 절정에서는 해결의 길이 구체적으로 나타나고, 이어 결말에서 갈등은 해결된다. 그러나 해결이 반드시 화해적인 결말을 의미하는 것은 아니다. 작가가 의도하는 대로 갈등을 처리하여 주제를 드러내려는(해결하려는) 일이다.

제 8장

소설의 배경

1. 배경의 의미와 한계

　소설쓰기 앞서 소재가 선택되고 그에 따라 주제와 인물과 플롯이 계획되면, 다음으로 배경설정이 필요하다. 주제, 인물, 플롯들은 추상적으로 계획할 수도 있지만, 배경은 실제 작품에 나타나는 시간과 공간을 구체적으로 마련해놓는 일이므로 계획 단계에서부터 치밀하고 구체적이면서, 소설 전체의 짜임과 긴밀한 관계를 갖도록 처리해놓아야 한다. 또한 인물이나 플롯도 일단 배경과 어우러져야만 그 형상화가 구체적으로 가능하게 된다.
　소설의 배경은 단순히 인물이나 플롯을 도와주는 보조적인 요소로만 생각할 수도 있으나, 그것은 인물이나 플롯 못지않게 소설의 중요한 요소가 된다. 근대소설인 노블이 바로 사람 사는 현장의 문제를 주로 취급하게 됨으로, 그 현장이나 시대배경 자체가 소설의 탐구대상이 된다. 즉 소설쓰기에 있어서 배경의 선택과 처리는 소설의 의미를 구체적으로 드러내는 일과 통한다. 예를 들면 「메밀꽃 필 무렵」은 왜 한낮의 파장터에서부터 시작해서 달밝은 한밤중 대화장으로 가는 도중에서 끝내어야 했을까. 차라리 그 소설이 허생원이라는 인물의 삶을 추구한다면, 시간이나 공간설정을 달리 할 수도 있지 않을까. 배경을 바꾸면 소설의 의미는 어떻게 달라질 것인가. 「삼포가는 길」은 왜 이른 새벽 매운 바람이 이는 들판에서부터 시작해서, 삼포로 가는 기차를 타는 그 역에서 끝맺었을까. 또 한겨울 눈이 많이 내린 날을 소설의 시간배경으로 택한 이유는 무엇일까. 「무진기행」은 고향 무진을 향하는 버스 안에서 시작해서 서울로 돌아가는 버스 안에서 끝맺었는데, 그런 배경설정은 작품의 의미나 맛에 어떻게 기여하는가. '무진'이란 공간은 왜 그런 도시로 설정했을까. 『광장』은 왜 하필 제3국으로 향하는 인도양 상의 타고르호 위에서 시작했을까. 주인공 이명준의 대학생활에서부터 시작하거나 그의 아버지가 월북하는, 아니면 그가 경찰서에 잡혀가는 상황에서 시작했다면 작품은 어떻게 달리 해석될 수 있을까.

위에 예시한 작품뿐만이 아니라, 대다수의 작품들이 단지 사건이나 이야기성만을 생각한다면 시간이나 공간배경을 좀 바꾸어도 괜찮을 경우가 많다. 더구나 같은 시간과 공간배경이라 할지라도, 그것을 선택하고 재배열하는 과정에서 다양하게 처리될 수 있다. 이 일이 바로 작가의 작품 의도를 충족해주는 데 중요한 요소이므로, 소설에서 배경의 선택 문제는 매우 복잡하고 다양하며, 그것에 따라 작품의 의미와 맛이 달라질 수도 있다.

소설의 배경은 작품의 전체적인 배경에서부터 작품 중의 한 상황을 이루는 하위적 배경에 이르기까지 그 층위는 많다. 작품의 전체적인 배경은 소설의 주제 또는 한 작가의 소설적 관심을 단적으로 보여주는 중요한 단서가 될 수도 있다. 그것은 소재의 성격과 긴밀한 관계를 갖는다. 역사소설을 많이 쓴 작가, 1960년대나 1970년대 이야기를 많이 쓰는 작가, 노동자의 생활(노동현장이라는 공간배경)을 많이 취급하는 작가, 주로 시골 장터를 작품배경으로 삼는 작가, 어촌, 섬, 병원, 군부대를 취급하는 작가. 이렇게 작가가 선택한 작품의 전체적인 배경에 따라 작품의 의미나 또는 더 나아가 작가의 문학세계가 결정되는 경우도 있다. 작가가 쓰려는 문제는, 시간과 공간, 또는 어떤 집단성과 관련을 갖게 된다. 그러므로 그것은 곧 배경을 선택하는 일이다. 즉 작가가 현실에 대

제8장 소설의 배경

한 관심을 소설의 틀에 형상화시키기 위해서는, 구체적으로 어떤 공간과 시간을 떠나서 시작할 수 없다. 사람은 땅 위에서 시간을 먹으면서 살아가기 때문이다. 그런 의미에서 소설의 배경설정은, 현실에 대한 작가의 관심이나 인식을 구체화하는 방법의 하나가 될 수 있다.

 소설에서 배경이란 말은 매우 한정적인 의미로 쓰일 수도 있다. 좁게는 소설의 장면이나 그 장면에 따른 시간성과 공간성을 제시해주는 경우만을 생각할 수도 있고, 넓게는 작품과 관련된 물질적인 환경조건을 모두 포함할 수도 있다. 어차피 소설은 시간과 공간 속에서 살아가는 인간의 삶을 추적하여 서사양식으로 형상화시켜놓아야 하기 때문에, 그것에 관계되는 시간성과 공간성 모두를 배경에 포함시켜야 할 것이다.

 배경은 소설 인물의 삶의 양식을 구체화시켜주면서 소설의 의미를 드러내는 데 기여하기도 하고, 또 소설을 통해서 환경으로서의 배경 자체의 의미가 드러나기도 한다. 소설은 인간들이 살아가는 과정을 통해서 인간 전체를 이해하게 할 뿐만 아니라, 그 인간이 살아온 시간과 공간, 즉 역사와 사회를 이해하게 하기 때문에, 소설 배경은 보조적인 기능을 갖고 있으면서 그 자체가 하나의 소설이 추구하는 문제가 되기도 한다. 예를 든다면 최인훈의 『광장』은, 1960년대에 씌어진 한국전쟁 당시 어느 북한군 포로의 이야기이다. 그 소설은 한국전쟁 이후의 시간과 한국이라는 공간 속에서, 이데올로기에 얽매여서 살아왔던 이명준이라는 한 청년의 삶을 추적하고 있다. 그의 삶을 이해하는 데 그 시간과 공간이 크게 기여하는 한편, 그 청년의 삶을 통해서 그 시대와 사회를 이해할 수 있다. 이러한 면에서 배경은 탐구의 대상이 되기도 하고, 그 대상을 이해하는 데 필요한 보조수단이 되기도 한다.

 배경은 직접적으로 특정한 상황에 대한 문제를 추구한다. 전쟁 공간, 식민지시대, 1960년대, 아니면 농촌, 도시 유흥가, 빈민촌, 탄광지대, 학원가 등. 이것은 소설의 관심사를 구체적으로 제시해주기 때문에 문제를 한정해주는 기능을 갖고 있다. 그러므로 우선 작품의 분석이나 이해에 앞서, 그가 취급하는 배경에 대한 시대성과 사회성의 문제에서 작가의 문학적 관심을 읽을 수 있다.

  소설에서 배경을 중시하기 시작한 것은 리얼리즘 소설 이후부터이다. 그것은 모든 문제를 객관적으로 인식하려는 사람들의 관심과 사회구조의 변화와 관련이 있다. 그런 점은 서사양식의 변모 양상을 통해서 확인할 수 있다. 신화의 배경은 신의 존재하는 공간성에 근거하기 때문에 초시간적이고 초공간적이다. 로망스나 한국의 고전소설이나 설화에 오면 그 배경은 단순하며, 때때로 초자연적인 성격을 띠기도 한다.『홍길동전』만 해도 막연한 시간 개념이 제시되었을 뿐이고, 공간성도 구체성을 띠지 않고 초현실적인 면도 없지 않다. 그에 비해서『박씨부인전』은 신화보다는 배경이 구체적으로 제시되었다. 그것은 사건이 병자호란이라는 국가적 사태를 의도적으로 소설의 배경으로 삼았기 때문이다. 그리고 고전소설은 좁은 의미의 배경인 장면 처리에 있어서는 사실성이 약화되거나 유형화되었다. 노블의 배경은 구체적인 삶의 현장을 생생하게 구체화시키는데, 장면으로서의 시간과 공간배경이 주인공의 모습을 의도적으로 드러내주고 사건의 의미를 제공해주는 데 직접적인 역할을 한다. 그런데 반소설에 오면 다시 사정은 달라진다.

> 대상과 나 사이의 거리를, 그리고 대상 특유의 거리(그것의 외적 거리, 즉 오브제의 측량)를, 그리고 오브제들 서로간의 거리를 기록하는 일, 그것은 '오직 거리일 뿐'이라는 사실을 강조하는 일은 곧 사물들이 거기에 그냥 있다는 것, 사물은 사물일 뿐으로 각 사물은 그 자체로 제한되어 있다는 것을 확인하는 일이다. 문제는 행복한 일치와 불행한 유대의식 둘 중에서 하나를 선택하는 데 있는 것이 아니다. 이제부터는 '일체의' 공모관계의 거부가 있을 뿐이다 (김화영,『소설이란 무엇인가』, 174쪽).

  반소설에서는 노블 식의 배경과 인물관계를 무시하고 배경은 배경대로 인물은 인물대로 각각으로 소설 안에 놓일 뿐이라는 것이다. 다시 말하면 리얼리즘 소설에서의 배경은 인간 중심주의였지만, 로브그리예에 오면 그 인간 중심주의에서 벗어난다는 것이다. 이러한 배경에 대한 소설 창작상의 변모는 소설의 관심이나 시각의 변화이면서, 또한 인간에 대한 문제의식의 변화이기도 하다.

그러나 소설에 인물을 등장시키는 한에서는 그 인간들은 시간과 공간 안에서 살아가기 때문에 배경 문제를 도외시할 수 없고, 또한 그러한 물질적 환경이 사람들의 삶을 구속하고 지배하는 이상 배경도 소설에서 그만큼 더 의미를 갖게 되는 것이다. 리얼리즘 소설에서는 환경이 인간 중심적이었고, 로브그리예에서는 탈인간 중심주의라면, 그것은 바로 인간의 삶에 대한 인식의 변화를 배경을 통해 설명하고 있는 것이다. 이는 그만큼 배경 문제가 소설에서 중요하다는 것을 의미한다.

2. 배경의 유형

배경은 소설과 관계된 모든 물질적 환경을 총칭한다고 할 때, 구체적으로 다음과 같이 몇 부류로 나누어 생각할 수 있다. 이렇게 나누는 것은 배경의 내용에 대한 이해를 좀더 구체화하기 위해서이다.

첫째, 시간배경과 공간배경의 짝으로 생각할 수 있다. 시간과 공간은 따로 있을 수 없다. 그러기에 이 양자는 서로 대응되면서 호응되기도 한다. 작품에는 반드시 시간성이 배경으로 자리잡고 있다. 역사소설이라 할지라도 특정한 어느 시기를 배경으로 한다. 현대소설의 경우에도 소재를 단지 작가가 살고 있는 동시대에 한정하지 않는다. 그러므로 어떠한 시간과 공간을 배경으로 삼았느냐 하는 선택의 문제는 작가의 문학성과 직접으로 관계가 있다.

한 작품을 이루는 여러 개의 장면이나 상황에서 시간과 공간배경도 그 나름의 의미를 갖는다. 이 경우에는 특별히 상징적 의미를 지니기도 한다. 아침과 저녁 또는 한밤중이나 미명, 응접실과 취사장, 거리와 바다, 배와 버스 또는 열차 안. 이런 배경은 한 작품에서 차지하는 장면이나 상황의 기능에 기여하기도 한다.

둘째, 전체적 배경과 부분적 배경으로 나눌 수 있다. 이러한 개념은 매우 불확실한 것이다. 전자는 한 작품의 중심되는 총체적 배경을 말하고, 후자는 한 작품 내에 있는 작은 사건의 배경을 의미한다. 하나의 작품은 여러 개의 작은 이야기와 사건의 결합으로 짜여져 있으며 여러 개의 시간과 공간배경이 바뀌지면서 플롯이 전개되어간다. 최인훈의 『광장』에서 공간배경의 큰 이동은 남한 - 북한 - 전쟁터 - 남한(포로) - 중립국행 바다 - 죽음으로 나타난다. 염상섭의 『만세전』은 주로 공간 이동을 주축으로 하고 있다. 동경, 하관, 조선으로 오는 배안, 부산, 김천, 서울로 가는 기차안, 서울 다시 동경행이다. 현진건의 「B사감과 러브레터」는 낮과 학교 그리고 밤과 침실이란 상대적인 공간·시간배경으로 이루어졌고, 이효석의 「메밀꽃 필 무렵」은 오후의 파장터에서 대화장으로 가는 달밤의 들판으로 이동되어 있다. 김승옥의 「무진기행」은 무진으로 가는 버스 안, 서울로 돌아오는 버스, 이렇게 이동되고 있다. 이상의 「날개」는 방안과 서울거리가 들고 나면서 반복되어 있다. 이러한 작은 상황이나 사건의 배경은 그 나름의 기능에 따라 의미가 달라진다. 한 예로 「무진기행」에서 무진으로 가는 버스 안과 서울로 돌아오는 버스 안은 꼭 같은 '버스 안' 배경이지만 그 의미는 사뭇 다르다. 『만세전』도 마찬가지이다. 같은 동경이지만 서울로 떠날 때의 동경과 서울에서 아내의 장사를 마치고 돌아가는 곳인 '동경'은 의미가 다르다.

이러한 부분적인 배경은 우선 각 에피소드의 성격이나 소설구조에서의 기능에 따라 상징적인 의미와 기능을 각기 다르게 갖게 되고, 또 그러한 이동이 어떤 구조적 의미를 가질 경우에는, 전체 배경과의 관계에서 각 단위의 배경의 의미를 생각해야 할 것이다.

셋째, 중립적 배경과 기능적 배경이다. 중립적 배경은 사건의 사실성을 위하여 필요로 하는 배경이다. 인물의 행위와 플롯이 실제 현실처럼 독자가 받아들이도록 하는 데 기여한다. 예를 들면 서울의 복잡한 퇴근

제8장 소설의 배경

시간에 어떤 중견 회사원에게 일어난 사건이라 할 때, 복잡한 서울거리와 인물을 사실적으로 내보이기 위해 설정된 배경이다. 이 경우에 서울의 실상과 중견사원의 모습을 사실적으로 재현해놓을 필요가 있다. 그런데 중립적 배경이라 할지라도 사실과 꼭 닮은 복제로서의 배경은 불가능하다. 현실을 토대로 하여 그려낸 배경이라 할지라도 거기에는 작가의 주관적인 선택이 작용하기 때문에 무의도적인 의도가 숨겨 있기 마련이다. 그러나 여기에서 중립적 배경이라는 것은 단지 특별한 의도에 의하여 창안된 배경이 아니라는 뜻이다. 이 경우 중요한 것은 그 배경을 통해서 소설의 진행상 필요한 정보를 자연스럽게 제공해줄 수 있는데, 이때 중립성도 가능성을 갖게 된다. 그러므로 사실 중립성의 한계는 매우 모호한 것이다.

한 예로 현진건의 『무영탑』의 서두에서, 사월 초파일을 앞둔 불국사 경내의 번잡한 정경이 사실적으로 그려져 있다. 불교 전성시 경덕왕 시절 사월 초파일 대명절을 앞둔 불국사 경내의 정경으로서는 아주 자연스러운 것이라서 중립적 배경이라고 할 수 있다. 그러나 소설이 전개되어감에 따라서 화려하고 요란스러운 불국사 경내 사정은 바로 퇴폐한 불교 문화의 어떤 부정적인 측면을 드러내려는 의도가 포함되어 있음을 발견하게 된다. 반면에 그 분위기와는 관계없이 아사달의 탑 만드는 정경 또한 사실적이면서 중립적이나, 결국에는 의도적으로 설정한 배경임을 알게 된다. 작가가 어떤 대상을 그려서 작품의 현장성을 드러내었다 해도, 정작 그러한 대상이 간직하고 있는 많은 요소 중에서 그 일부를 선택하고 재구성하면서 그 대상과 닮게 그려내기 때문에 모든 작품에 나타난 배경에 대한 묘사나 진술은 모두 의도적이라고 할 수 있다. 이러한 의미에서 소설의 배경은 모두 소설의 구조 속에서 어떠한 의미 요소로서 작용하고 있는 것이다.

기능적 배경은 상징성을 가질 경우가 많다. 그것은 매우 의도적인 것이고, 때로는 현실을 왜곡시키기도 한다. 그러나 작품은 현실을 왜곡시킴으로써 그 현실의 의미를 찾아내는 작업인 것이다. 「물레방아」에서

'물레방아'는 인간의 원초적 욕망을 상징하고, 김유정 소설에 많이 등장하는 '소나기'도 본능적인 정욕을 상징한다. 이상의 「날개」 배경인 유곽 동네는 사실적이면서 비사실적이고 그러기에 기능적이다. 더구나 현진건의 『무영탑』의 배경은 신라 당시의 풍속과는 거리가 있는 1930년대 의식으로서 신라 경덕왕대를 그려내고 있는 것이다.

기능적 배경은 인물의 내면 정황이나 사건의 전개에 대한 예시, 또한 상황성에 대한 해설적 의미를 지닐 경우가 많다. 그러므로 배경에 나타나는 소도구에 대한 본래적 의미와 상징적 의미, 그러한 소도구가 모여서 이루어진 전체적인 의미를 파악할 필요가 있다. 때때로 이러한 기능적 배경이 작품 전체의 의미를 드러내는 데 절대적인 의미를 갖는 경우가 많다. 「날개」의 방이나, 『광장』의 중립국으로 향해 항해하는 선상, 「무진기행」에서 무진을 오가는 버스 안, 「매일 죽는 사람」에서 죽음의 연기를 하는 촬영현장, 선우휘의 「불꽃」에서 동굴, 그외에도 많은 작품 배경이 소설의 주제를 드러내는 데 적극적으로 기여하고 있다.

기능적 배경은 특정한 시대와 지역의 사회·문화적 특성을 드러내기도 하면서 작가의 문학세계를 밝히는 데 한 몫을 한다. 이청준의 소설 『당신들이 천국』이나 『이어도』에 등장하는 섬이나, 『자유의 문』에 등장하는 특수지대, 이동하의 『장난감 도시』에서 보는 유년기의 도시, 김원일의 여러 소설에서 만나는 유년기의 우울한 분위기, 현기영 소설의 제주도 풍경 등은 한 시대의 시대상과 특정한 지역의 문화적 특성, 그리고 한 작가의 소설세계를 보여주는 데 기여한다.

3. 기능적 배경의 양상

소설에서 배경은 작품의 한 요소로서 의미를 지니고, 또한 어떤 상황성의 리얼리티를 증대시켜주고, 인물의 모습을 형상화시키는 데 적절하게 쓰여진다. 이러한 작품의 배경 기능이 좀더 강화되면 주제를 드러내는 데 결정적인 역할을 한다.

(1) 주제를 결정하는 배경

1) 현진건의「B사감과 러브레터」
「B사감과 러브레터」는 배경에 따라 한 여학교 사감의 두 측면, 즉 사회적 자아와 개별적 자아가 각각 다르게 나타난다.

① C여학교에서 교원 겸 기숙사 사감 노릇을 하는 B여사라면 딱 장대요 독신주의자요 찰진 야소군으로 유명하다. 사십에 가까운 노처녀인 그는 주근깨투성이 얼굴이 처녀다운 맛이란 약에 쓰랴도 찾을 수 없을 뿐인가, 시들고 마르고 누렇게 뜬 곰팡 슬은 굴비를 생각나게 한다.
……중략……
이 B여사가 질겁을 하다시피 싫어하고 미워하는 것은 소위 '러브레터'였다. 여학교 기숙사라면 의례히 그런 편지가 많이 오는 것이지만 학교로도 유명하고 또 아름다운 여학생이 많은 탓인지 모르되 하루에도 몇 장씩 죽느니 사느니 하는 사랑 타령이 날아들어 왔다. 기숙생에게 오는 사신을 일일이 검토하는 터이니까 그따위 편지도 물론 B여사의 손에 떨어진다. 달짝지근한 사연을 보는 족족 그는 더할 수 없이 흥분되어서 얼굴이 붉으락 푸르락, 편지 든 손이 발발 떨리도록 성을 낸다.

② 세째 처녀는 대담스럽게 그 방문을 빨끄이 열었다. 그 틈으로 여섯 눈이 방안을 향해 쏘았다. 이 어쩐 기괴한 광경이냐! 전등불은 아직 끄지 않았는데 침대 위에는 기숙생에게 온 소위 '러브레터'의 봉투가 너저분하게 흩어졌고 그 알맹이도 여기 저기 두서 없이 펼쳐진 가운데 B여사 혼자 — 아무도 없이 제 혼자 일어나 앉았다. 누구를

끌어 당길 듯이 두 팔을 벌리고 안경을 벗은 근시안으로 잔뜩 한 곳을 노리며 그 굴비쪽 같은 입을 쫑긋이 내어민 채 사내의 목청을 내어 가면서 아깟말을 중얼거린다.

B사감의 모습을 보여주는 이 두 장면은 전혀 다르다. ①에서는 여학교 사감의 모습이, ②에서는 애정에 굶주린 노처녀의 한탄스런 정황이 나타났다. 이러한 서로 다른 행동 때문에 이 작품에 대해서 B사감의 이중적인 성격을 드러내어 풍자했다고 이해해왔다.

그런데 여기에서 관심 가질 문제는 이러한 두 개의 상반된 정황에서 한 인물의 이중적인 모습을 찾는 것은 쉬우면서, 이중성 자체는 얼른 이해할 수 없다는 점이다. 그것은 예수쟁이요, 철저한 독신주의자요, 기숙사 사감이라는 한 여자의 사회적인 면만을 생각한다면, 그녀의 또다른 면을 위선으로밖에 이해할 수 없을 것이다. 그런데 여기에서 소설배경을 고려할 필요가 있다. 어떠한 경우에 사감에게서 그 상반된 이중성이 드러나는가. 이 점은 배경을 검토함으로써 밝혀진다.

사감은 낮에 학교에서 학생들을 상대할 때에는 ①과 같은 모습으로, ②와 같이 순수한 여자로서 자기 감정을 배설하는 것은 깊은 밤 기숙사의 자기 침실에서이다. 여기에 낮과 밤, 그리고 학교와 기숙사, 학생들과의 관계를 가질 공적인 신분과 단독자로 혼자 있을 때라는 시간과 공간성의 문제를 고려할 필요가 있다. 인간은 여러 자아를 갖고 있다. 일반적으로 타인들이 인식하는 면은 한 인간의 사회적 자아의 일부일 뿐이다. 그러나 한 인간은 사회적인 면모, 가정적인 일원으로서의 면모, 또는 개별적인 모습 등 다양한 자아를 지니고 있다.

그리고 그러한 여러 면모는 그 시간성과 공간성, 즉 주체자가 놓여 있는 정황에 따라 각각 다르며, 어느 한 면만이 혹 더 부각되어 드러날 수도 있다. B라는 노처녀는 사회적으로는 여학교 기숙사 사감이지만, 개인적으로는 시집을 가고 싶어하는 노처녀임에는 틀림없다. 그러한 여러 모습은 인간이 본래 지니고 있는 복합성이다. 단 삶의 정황에 따라 그중

부분적인 것만 특징적으로 나타난다. 낮 시간 학교에서 공인으로 생활할 때에는 어디까지나 기숙사 사감이요, 독신주의자로서 여학생들의 생활을 모질게 간섭한다. 그러나 한밤에 혼자 침실에 들어왔을 때에는 본래적인 모습인 노처녀로 돌아간다. 그러므로 한 여자의 이러한 다중적인 모습은 그가 처한 시간과 공간에 따라 다르게 나타난다는 것은 당연한 일이다. 그것은 허위가 아닌 인간의 진실이다. 여기에서 그러한 면을 특징적으로 나타내게 하는 데 배경이 중요한 역할을 한다는 점을 확인할 수 있다.

여학생들에게 온 편지에 대한 B사감의 이 이중적인 반응에서, 시간과 공간의 변화에 따라 인간의 각각 다른 면모가 나타남을 확인시켜준다. 그래서 인간의 행동에 배경이 큰 역할을 한다고 말할 수 있다. 즉 인간은 상황의 지배를 받는다는 의미이다. 그것은 배경이 소설에서 의미가 보다 강화됨을 뜻한다. 한 인간의 사회적인 변모는 그가 공인으로서 활동하는 상황에서의 모습일 뿐이다. 한 중견사원을 생각해보자. 그가 직장에서 퇴근하고 집에 돌아오면 아버지요, 남편이요, 어른들에게는 아들일 뿐이다. 그리고 한밤중에 침방에 들면 그는 영락없이 한 여성의 남성일 뿐이다.

2) 이효석의 「메밀꽃 필 무렵」

배경이 소설의 의미를 한정해주는 또 한 작품은 이효석의 「메밀꽃 필 무렵」이다. 이 작품의 중요한 배경은 오후의 파장터와 대화장으로 가는 한밤중 달밤이다.

① 여름 장이란 애시당초에 글러서, 해는 아직 중천에 있건만 장판은 벌써 쓸쓸하고, 더운 햇살이 벌여 놓은 전 휘장 밑으로 등줄기를 훅훅 볶는다. 마을 사람들은 거지반 돌아간 뒤요, 팔리지 못한 나무꾼 패가 길거리에 궁싯거리고 있으나 석유병이나 받고 고깃마리나 사면 족할 이 축들을 바라고 언제까지든지 버티고 있을 법은 없다. 춥춥스

럽게 날아드는 파리 떼도, 장난꾼 각다귀들도 귀치 않다. 얼금뱅이요 왼손잡이인 드팀전의 허생원은 기어코 동업의 조선달에게 낚아 보았다.
"그만 거둘까?"
"잘 생각했네. 봉평장에서 한번이나 흐뭇하게 사본 일 있을까 내일 대화장에서 한몫 벌여야겠네."
"오늘밤은 밤을 새서 걸어야 될걸?"
"달이 뜨렸다?"
절렁절렁 소리를 내며 조선달이 그날 산 돈을 따지는 것을 보고 허생원은 말뚝에서 넓은 휘장을 걷고 벌여 놓았던 물건을 거두기 시작하였다. 무명 필과 주단 바리가 두 고리짝에 꼭 찼다. 멍석 위에는 전조각이 어수선하게 남았다. 다른 축들도 벌써 거진 전들을 걷고 있었다. 약빠르게 떠나는 패도 있었다. 어물장수도, 다쟁이도, 엿장수도, 생강장수도 꼴들이 보이지 않았다.
내일은 진부와 대화에 장이 선다.

② 조선달 편을 바라는 보았으나 물론 미안해서가 아니라 달빛에 감동하여서이다. 이지러는 졌으나 보름을 갓 지난 달은 부드러운 빛을 흐뭇이 흘리고 있다. 대화까지는 팔십리의 밤길, 고개를 둘이나 넘고 개울을 하나 건너고 벌판과 산길을 걸어야 된다. 길은 지금 긴 산허리에 걸려 있다. 밤중을 지난 무렵인지 죽은 듯이 고요한 속에서 짐승 같은 달의 숨소리가 손에 잡힐 듯이 들리며 콩포기와 옥수수 잎새가 한층 달에 푸르게 젖었다. 산허리는 온통 메밀밭이어서 피기 시작한 꽃이 소금을 뿌린 듯이 흐뭇한 달빛에 숨이 막힐 지경이다. 붉은 대궁이 향기같이 애잔하고 나귀들의 걸음도 시원하다. 길이 좁은 까닭에, 세 사람은 나귀를 타고 외줄로 늘어섰다. 방울소리가 시원스럽게 딸랑딸랑 메밀밭께로 흘러간다. 앞장선 허생원의 이야기 소리는 꽁무니에 선 동이에게는 확적히 안들렸으나, 그는 그대로 개운한

제8장 소설의 배경

제 멋에 적적하지는 않았다.

①에서 여름 파장터의 쓸쓸한 분위기를 통해서 허생원의 외롭게 살아온 반생이 드러나고 있다. 와자지껄 떠들던 장꾼들과 사람들이 다 흩어져버리고 축축스럽게 파리떼나 날아들고 장난꾼 각다귀들이나 돌아다니는 장바닥을 배경으로 해서 벌이도 신통치 않은 허생원의 모습이 선명하게 드러난다. 달빛에 젖으면서 장에서 장으로 걸어다니며 살아온 주인과 나귀였다. 그러기에 작자는 '가스러진 목뒤 털은 주인의 머리털과도 같이 바스러지고, 개진개진 젖은 눈은 주인의 눈과 같이 눈곱을 흘렸다'고 표현하고 있다. 냄새만 맡고도 주인을 알아보는 나귀와 허생원은 한몸이다. 파장터를 배경으로 나귀와 허생원의 외롭고 고달픈 모습은 잘 어울려 나타난다.

②에서 배경은 대화로 떠나는 밤길로 옮겨진다. 신통한 벌이도 안되었고, 별로 쉬어보지도 못하고서, 팔십리의 밤길을 걸어 대화로 가는 것이다. 그 길은 피곤하고 외로운 길이다. 그런데 허생원에게 밤길은 그렇지만도 않다. 밤길이 외롭지 않게 만들어주는 것은 달빛이다. 보름 갓 지난 달은 부드러운 빛을 흐뭇이 흘리고 있다. 밤중을 지난 달빛은 짐승 같은 숨소리가 손에 잡힐 듯이 들렸다. 그 다음에는 산허리 메밀밭에서 소금을 뿌린 듯이 핀 메밀꽃의 숨막힐 듯한 정경이고 나귀방울 소리다. 그러한 분위기는 아프고 고달픈 허생원으로 하여금 그 생활을 잊고 아름다운 추억에 잠기게 한다. 허생원은 일생에 단 한번 있었던 여인과의 달콤한 추억을 다시 되풀이한다. 그리고 동이의 등에 업혀 그 따스한 체온을 느끼면서 가다가 동이가 왼손잡이인 것을 우연하게 알게 된다. 그것은 아름다운 여인에의 꿈을 좀더 다가오게 하면서, 외롭고 고달픈 생활을 잠시 잊고 아름다운 꿈에 젖게 만든다.

「메밀꽃 필 무렵」의 의미는, 파장터에서 메밀꽃이 핀 달밤으로 이동되는 두 배경이 풍겨주는 맛에서 확실해진다. 여름날 파장터와 같이 외롭고 쓸쓸한 허생원의 반생이 한 여인과의 아름다운 이야기를 매개로 메밀꽃이 시원하게 피어 있는 달밤의 분위기로 승화하는 데 있다.

(2) 상징적 배경의 여러 양상

1) 재생의 공간으로서 동굴

① 산과 산 또 산 이어간 산줄기와 굽이치는 골짜기, 영겁의 정적.
멀리서 보면 북에서 남으로 흐르는 이 골짜기가 마치 푸른 모포를 드리운 것같이 부드러운 빛깔로 보였다.
그러나 골짜기를 뒤덮고 있는 관목의 가지와 잎사귀에 가리어 험한 바위가 짐승처럼 엎드리고, 담그면 손목이 끊길 것 같은 차디찬 냇물이 그 밑을 흐르고 있었다. 이 골짜기가 내려다보이는 서녘. 부엉산 산마루. 거기 동굴이 있었고 그 동굴을 등지고 고현(高賢)은 앉아 있었다. 기대고 있는 바위가 퍽 차가왔다. 해가 산마루 뒤로 기울기 시작하면서 골짜기의 이편에 지어졌던 그늘이 차차 저편 산허리로 물들어 갔다. 그곳 검푸르게 우거진 솔밭 가운데 현의 증조부의 산소가 보였고, 거기서 눈길을 북으로 돌리면 보이지 않는 오욕(汚辱)의 날(刃)이 영겁의 산줄기를 끊어놓고 있었다. 아니 지금은 그 흔적뿐, 포성과 함께 피를 뿜고 남쪽으로 옮겨간 오욕의 날. 오욕, 인간이 땅과 인간에게 가는 오욕.

② 산과 산. 어디까지나 이어간 산줄기. 굽이치는 골짜기. 영겁의 정적은 깨뜨려지고 거기 새로운 생명이 날개를 치며 퍼득이기 시작했다.

③ 굴 속에 앉아서 내다보면, 훨씬 오른편으로 위쪽 절반이 뚝 부러져 나간, 고압선 탑이 바라보였다. 그 위로 흰 구름이, 뭉실하니 걸려 있다. 소학교 다닐 때, 보고 그리기 시간에 십센티 평방의 그물을 만

들어 가지고, 그 네모진 틀 속에 들어오는 풍경을 그린 적이 있다.
 그 틀을 쓰면, 헤 넓기만 해서 어디서부터 그려야 할지 모를 풍경을, 마음내키는 대로 도려낼 수 있었다. 이 동굴의 입구는, 그 틀처럼 모서리가 반듯하지는 않았다. 모서리가 부숴진 네모꼴처럼 엉성한 데다가, 가장자리에 길죽길죽한 잡초가 무성하게 뻗어 있다. 그러나 그런 대로 열린 공간이 뚜렷했고, 맑은 날씨로 아물거리는 아지랑이 속에 펼쳐진 풍경은 아름다웠다. 이 굴에서 풍경을 보기 비롯하면서, 세상에 있는 모든 풍경은 다 아름답다는 것을 알았다. 왼쪽으로 막히고, 오른쪽으로 막히고, 아래위도 가려진 엉성한 구멍을 통하여 명준은 딴 세계를 내다보고 있었다. 굴 속, 손바닥만한 자리에 짐승처럼 웅크리고 앉아서, 전차와 대포와 사단과 공화국이 피를 흘리고 있는 저 바깥세상을 구경꾼처럼 보고 앉은 자기의 몸가짐을 나무라기에는, 이명준은 너무나 지쳐 있었다. 이명준은 훈훈한 땅김이 자기 체온처럼 느껴지는 동굴 속에서 땅굴 파고 살던 사람들의 자유를 부러워했다. 땅굴을 파고 그 속에 엎드려 암수의 냄새를 더듬던 때를 그리워했다. 이렇게 내다보는 풍경은 아름다웠다. 원시인의 눈에는 모든 게 아름다왔을 게다. 저 푸짐한 햇빛들의 잔치. 이 친근한 땅의 열기. 왜 우리는 자유스럽게 이 풍경을 아름답다고 보지 못하는가. 바스락 소리가 났다. 은혜였다. 그녀는 몸을 구부리고 입구를 빠져들어와, 명준의 곁에 드러누웠다. 약품 냄새가 풍긴다.

 ①은 선우휘 「불꽃」의 서두 부분이고 ②는 결말 부분이다. 주인공 고현은 동굴 속에서, 조부를 앞세우고 자기를 찾아오는 연호를 눈앞에 대하고서, 지금껏 한번도 현실에 대해 제대로 싸워보지 못하고 살아온 자기 삶에 새로운 전기를 도모하려 한다. 서두는 그가 마을에서 도피해서 조부의 무덤이 보이는 산 동굴에 숨어서 새로운 싸움을 생각하는 정황이다.
 마지막 결말 부분은 조부를 앞세워 자기를 찾으러 오는 연호와 총으

로 대결하고는, 그의 총탄에 맞아 흐려지는 의식 속에서 새로운 자기 생을 도모하는 순간이다. 실제적으로 고현은 지금 죽어가고 있다. 그러나 죽음을 통해서 지금까지 한번도 시도해보지 않았던 새로운 자기를 위한 치열한 싸움을 경험한 것이었다. 그러기에 그의 육신은 죽어가나, 그는 새롭게 태어나고 있었다. 그러한 생의 전기를 이루는 공간으로서의 동굴은 상징적인 의미를 지닌다. 바로 죽음으로 들어서는 그 순간에 그는 '영겁의 정적'은 깨뜨려지고 새로운 생명이 날개를 치며 퍼득이기 시작하는 자기의 재생을 의식하게 된다.

③은 최인훈의 『광장』의 중간 부분이다. 이명준은 남에서 북으로 넘어갔다가, 한국전쟁 때 북쪽 전사로서 참여한다. 그는 전쟁의 와중에서 북의 선택에 회의를 갖는다. 그것은 남과 북의 이데올로기 차이에서가 아니라 생존을 억압하는 이데올로기의 폭력성을 인식했기 때문이었다. 그래서 그는 죽음과 삶의 고비가 수없이 반복되는 전쟁터에서 간호 군관인 은혜와 정사를 벌인다. 그것은 전쟁을 반역하는 행위이다. 그러나 그는 동굴 속에서, 전차와 대포와 사단과 공화국이 피를 흘리고 있는 바깥세상을 구경꾼처럼 내다보고 있었다. 동굴은 바깥세상과는 다른 세계이고, 그가 한 여자를 만나서 죽도록 사랑하는 수컷으로서만 만족하는 새로운 자기를 이루어내는 재생의 공간이었다.

이 동굴은 그를 새롭게 만들어내는 새로운 탄생의 공간이다. 은혜와의 사랑으로 그는 이데올로기의 허무함에서 구제를 받을 수 있었고, 스스로 선택한 중립국행까지 포기하고 영원한 사랑을 찾아 떠나게 된다. 그것은 중립국행 자체가 이데올로기에 의한 선택으로 믿었기 때문이다. 그리고 그러한 선택을 결행할 수 있었던 것은 뒤따라오는 갈매기로 표상되는 은혜 때문이다.

이런 점에서 동굴은 재생의 공간이다. 동굴이 재생의 공간이라는 점은 원형적 심상에 닿아 있는 것이다. 모태의 고향 관념과 예수의 죽음과 부활의 공간으로서의 동굴, 그리고 단군신화에 나타난 금기를 통해서 인간이 될 수 있었던 곰의 시련과 재탄생으로서의 공간과 맞먹는 것이다.

선우휘의 경우는 죽음을 통한 부끄러운 삶의 청산 극복이라는 의미에서의 동굴이었고, 최인훈의 경우는 이데올로기로 얽매인 삶을 거부하고 새로운 사랑을 확보할 수 있는 공간으로서의 동굴이었다. 전자는 피흘림이었는데, 후자는 반이데올로기성을 지닌 사랑이었다. 이러한 배경은 작품의 한 작은 사건에 한한 것이나, 작은 에피소드가 작품에 큰 몫을 차지하고 있는 것이다. 「불꽃」의 경우에 동굴에서의 죽음은 고현의 생을 전환시키는 대역전 결말이 되며, 이명준의 동굴에서의 정사는 그를 이데올로기의 허무에서 구해주는 하나의 단서가 된다.

2) 길(道)과 여행지

김승옥의 「무진기행」에는 특징적인 배경이 나타난다. 그것은 '무진'을 오가는 버스 안과 골방 그리고 길, 바다로 길게 뻗은 방죽이다. 작품은 고향을 떠나 서울에서 부잣집 딸을 만나 성공한 젊은이가 어느 날 고향을 찾아왔다가 돌아가는 며칠 동안의 이야기이다. 그런데 이 이야기는 '무진 Mujin 10Km' 지점에서 무진으로 가는 버스 안에서부터 시작한다. 그리고 마무리 공간도 역시 며칠간 무진에서 지내다가 서울로 돌아가는 버스 안이다. 이 작품배경이 된 공간은 그의 음울한 추억을 간직하고 있는 무진으로 설정되어 있는데, 이는 그의 모태와 같은 고향이다. 그는 며칠 간의 휴가 동안 잊어버리고 살았던 그의 모태를 찾아가 자신의 원 모습을 들여다보았다. 그 '무진'이란 이정비는 현실과 고향을 구분지워주는 경계이다. 또는 이 작품의 시작과 마지막 공간배경이 달리는 버스 안이라는 것은, 어느 한 순간에 이루어졌던 자기 원 모습에 대한 인식의 양상을 말하는 것이다. 그러므로 소설은 그의 일생의 긴 여행의 한 토막일 뿐이다. 이제 그는 번잡스런 서울에서의 삶 속으로 들어간다.

염상섭의 『만세전』도 동경에서 출발해서 경성에 이르는 동안 거쳐갔던 여행지들이 작품의 배경이다. 그러한 공간들은 앞에 제시한 시간성과 호응되고, 공간에서 만나는 인물들과의 관계가 설정되면서 견고한 플롯을 이룬다. 이러한 공간과 시간과 인물들이 하나의 틀을 만들어내어 작품의 의미를 드러내놓는다.
　황석영의 「삼포가는 길」은 처음부터 끝까지 길 위에서 사건이 전개되고 있다. 혹 식당에서 잠시 쉬기도 하지만 작품의 전 배경은 길이다. 그런데 그 길은 작품의 결말에서도 끝나지 않는다. 처음부터 그들은 길이 끝나지 않기를 바라거나 독자들도 그렇게 되기를 기대하지 않았다. 그들은 바로 고향을 찾아가는 사람들이었다. 그러나 그들에게 피곤한 길이 끝나고 고향은 나타나지 않은 채 작품은 끝났다. 이 '고향없는 길'의 소설은 바로 그 인물들의 삶의 모습을 설명하는 요체이다.
　최인훈의 『광장』도 남과 북 어느 한 쪽을 선택하지 않고, 제3국인 인도로 향하는 배 위에서 시작해서 종착지에 도착하지 못한 채 끝난다.

　　바다는, 크레파스보다 진한, 푸르고 육중한 비늘을 무겁게 뒤채면서, 숨을 쉰다.
　　중립국으로 가는 석방 포로를 실은 인도 배 타고르호는, 흰 페이트로 말쑥하게 칠한 삼천톤의 몸을 떨면서, 물건처럼 빼곡히 들어찬 동지나 바다의 훈김을 헤치며 미끄러져 간다.
　　석방 포로 이명준(李明俊)은, 오른편에 곧장 갑판으로 통한 사다리를 타고 내려가, 배 뒷쪽 난간에 가서, 거기 기대어 선다. 담배를 꺼내 물고 라이터를 켜댔으나 바람에 이내 꺼지고 하여, 몇 번이나 그르친 끝에, 그 자리에서 쭈그리고 앉아서 오른팔로 얼굴을 가리고 간신히 당긴다. 그때다. 또 그 눈이다. 배가 떠나고부터 가끔 나타나는 허깨비다. 누군가 엿보고 있다가는, 명준이 휙 돌아보면, 쑥, 숨어 버린다. 헛것인 줄 알게 되고도 줄곧 멈추지 않는 허깨비다. 이번에는 그 눈은, 뱃간으로 들어가는 문 안쪽에서 이쪽을 지켜보다가, 명준이 고개를 들자 쑥 숨어버린다. 얼굴이 없는 눈이다. 그때마다 그래 온 것처럼, 이번에도 잊어서는 안될 무언가를 잊어버리고 있다가, 문득 무언가를 잊었다는 것을 깨달은 느낌이 든다. 무엇인가는 언제나처럼 생각나지 않는다. 실은 아무것도 잊은 것은 없다. 그런 줄을 알면서도 이 느낌은 틀림없이 일어난다.

 이 부분은 『광장』의 서두이다. 이명준은 타고르호 갑판 위에 있다. 거기서 그는 자신이 살아온 시간을 되돌아본다. 잊어버려서는 안될 무엇인가를 잊어버리고 있다가 문득 무엇인가를 잊었다는 것을 깨닫는 등 자기 상념에 젖는다. 이렇게 작품은 시작된다.
 그리고 다음 장에서부터 시간이 과거로 돌아간다. 과거와 현재가 겹치면서 플롯이 전개되는데, 이 현재와 과거의 시간성의 넘나듦과 바다와 육지의 공간의 뒤얽혀짐이 작품의 의미를 만들어내는 틀이다. 즉 과거 회상을 통해서, 그의 대학시절과 월북, 한국전쟁에 참여한 일들이 벌어지지만 중심되는 작품배경은 중립국을 향하는 배 위이고, 그 행로는 미완으로 끝난다. 미완의 바닷길, 이는 『광장』의 핵심 배경이다. 이것을 이해하지 않고는 작품의 의미를 제대로 찾지 못할 것이다. 왜 이 작품은 하필 인도로 향하는 그 배 위에서부터 시작해서, 그 배 위에서 미완으로 끝났을까. 소설의 중심이 되는 사건들은 배 위가 아닌 뭍에서 일어났다. 뭍은 이명준의 삶을 지배했던 공간이었다. 그러나 작품의 중심 공간은 계속 바다를 떠나지 않고 있고, 시간은 주인공의 상황과의 피어린 갈등과 싸움을 계속하던 때가 아니라, 그 싸움이 끝나고 새로운 삶을 위하여 다시 시작하는 바다 위의 현재인 것이다.
 이런 점을 고려할 때, 이 작품은 선택을 강요당하는 이명준의 삶에 대한 직접적 탐구라기보다는 이미 선택한 삶, 즉 지나가버린 과거의 삶에 대한 성찰에 더 의미를 부여하고 있다. 이처럼 소설쓰기에서 시간·공간 배경을 선택하고 플롯을 만드는 일은 단지 상황의 사실성을 강화하기 위한 의도 외에도, 배경의 상징성을 통해 작품의 의미를 제고하려는 장치일 경우도 많다.

3) 존재성을 드러내는 공간으로서의 집과 방(房)

한 작품의 중심 공간은 작품의 의미를 드러내는 상징성을 갖는다. 현진건의 「운수 좋은 날」에서 김첨지의 집은 바로 그의 비극적인 삶을 상징하는 공간이다. 거기에는 배고픈 처지에 먹어 병을 얻은 아내가 누워 있는 곳이다. 그는 아내가 만류함에도 불구하고 비극적 공간인 집을 뛰쳐나온다. 자기의 불행한 상황을 극복해보려는 시도이다. 그래서 의도한 대로 돈을 번다. 그러나 집이 가까울수록 불안했다. 집에서 멀어지면 마음이 안정을 되찾는다. 이것은 집이 바로 불행의 공간, 즉 피할 수 없는 김첨지의 존재적 상황을 대신하는 공간이기 때문이다.

김첨지가 돈을 많이 벌고 아내가 좋아하는 설렁탕을 사들고 집에 들어갔을 때 아내는 이미 죽어 있었다. 가난 때문에 얻은 병이었으니 돈을 벌었으니 죽지 않아야 한다. 그러나 아내는 죽었다. 그것은 김첨지의 존재적인 비극성이 사람의 힘으로 극복할 수 없는 결정적인 비극이기 때문이다. 김첨지와 같은 계층의 사람들에게 행운은 용납될 수 없다는, 그래서 결국 행운의 역전으로 더 큰 불행을 만드는 데 이 작품의 의도가 있다. 이 경우에 김첨지의 집은 바로 그의 불행한 존재성을 상징하는 공간이다.

현진건의 「B사감과 러브레터」에서 침실은 한밤중이라는 시간의 도움을 얻어 개인적 자아의 모습이 드러나는 공간이다. 낮과 학교와 대응되는 한밤중의 침실은 사회적 자아가 표출되는 공적 공간인 낮의 학교와 대응되는 개인의 본래적 자아가 표출되는 공간이다.

자기가 살고 있는 방은 그 방에 살고 있는 개체의 존재성을 상징한다. 그것은 방 밖의 세계와 경계지워진 한정된 공간이다. 그러기에 그곳을 이용하는 주체(인물)의 존재성이 그 방과 동일한 것은 자연스러운 일이다. 이러한 의미에서 이상의 「날개」의 방도 비슷하다. 그곳은 '나'에게 허락되어진 유일한 공간이다. 거기에서 그는 하루를 산다. 그의 삶은 거기에서 이루어진다. 그러다가 그는 외출을 반복함으로써 새로운 세계와 만나게 되고, 자기의 확산을 도모하여 변신을 이룬다.

『홍길동전』의 집은 추상적 의미에서의 길동의 삶을 규제하는 공간이다. 그는 서자라는 집안으로부터 물려받은 신분을 벗어버리기 위해 집을 떠나야 했고, 떠남을 통해 새로운 세계에 진입하면서 계속 시험을 당한다. 그것은 새로운 질서를 위해 넘어야 할 통과제의였다. 그런 의미에서 집과 가정은 그의 존재성을 의미하는 추상적 공간이다.

김남천의 『소년행』에 수록되어 있는 「남매」 「누나의 사건」 「무자리」 그리고 「소년행」과 그의 대하소설의 일부인 『대하』(大河)에 나타나는 '집'은 동시대의 개인의 사회적 존재성을 상징적으로 보여주는 공간이다. 물론 이 작품의 집은 구체적인 집이 아니라 가정의 의미를 지닌다. 「소년행」의 봉근이는 타락한 아버지 시대를 극복하기 위해서 집을 뛰쳐나온다. 그 집은 부도덕하고 낡은 부권만이 상존하는 공간이다. 자식에 대해서 책임을 지지 않고 아버지로서의 폭력적인 권한만을 주장하는 의붓아버지와 무력한 어머니 슬하를 떠나온 소년은 새로운 세계로 진입해서 자신을 새롭게 정립하려 세계와 싸운다. 『대하』에서 박성권의 서자인 형걸도 아버지 세대를 뛰어넘기 위해서 집을 떠난다. 이들 작품에서의 집은 『홍길동전』의 집과 같은 의미를 지닌다. 그것은 가족구성원의 한 사람으로서의 개인의 존재성을 상징한다.

(3) 사실적 배경과 상징적 배경

소설의 공간과 시간은 사실성을 강화하기 위한 중립적인 것이면서 동시에 상징성을 지녀서 소설의 맛을 풍부하게 만든다.

① 녹기 시작한 눈 위로 불어오는 축축한 바람은 이미 날카롭지 않았다. 철조망 울타리 아래 먼지 쓴 눈에서 되비치는 햇살에 눈이 시렸다. 나무라곤 잔솔들뿐이고 오래된 교통호 자국들이 흉하게 남은 지피 앞쪽의 비탈엔, 지난 해의 마른 풀줄기들 사이로 파르스름한 풀잎들이 돋고 있었다.

국기 게양대에 기대서서, 이립은 쌍안경으로 북쪽을 살폈다. 아직 땅이 얼었을 텐데, 오스카 지피에선 대여섯 명이 나와서 교통신호를 파고 있었다. 군사분계선 바로 너머에 자리잡은 놈들의 지피는 엄폐호들과 교통호들로 어지러웠다. 놈들은 땅강아지들이었다. 쉴새없이 파고서, 죄다 땅 속으로 끌고 들어갔다. 국기 게양대만 남기고.
막사 모퉁이를 돌아서, 상황병 민문식 병장이 다가왔다. "짜아식들. 벌써 파기 시작했네. 포대장님. 봄이 오긴 온 모양인데요."

①은 복거일의 『높은 땅 낮은 이야기』의 서두이다. 전방 지피에 근무하는 한 젊은 포병장교의 눈에 비친 군 생활과 그에 따른 분단 상황들과 관련된 인간의 이야기들을 엮어놓은 작품이다. 이 첫 대목에서 우선 이야기의 배경이 되는 공간 지피와, 시간 이른 봄이 설정되어 독자들 앞에 내보인다. 그러한 공간성과 시간성은 우선 사실로 받아들일 수 있도록 처리되어 있다. 대한민국 군사분계선 지피에 봄이 왔다라는 사실감을 독자가 인정하지 못할 때, 작품의 진실성도 한계가 있게 된다. 그런데 여기서 말하는 사실성은 반드시 실상과 꼭 같아야 한다는 의미는 아니다. 아무리 치밀하게 서술과 묘사로 현상을 그려내도 실제와는 다르다. 어차피 문자 행위에 의해서 재현한 공간과 시간은 사실이 아니다. 중요한 것은 그것이 사실 여부를 떠나서, 독자가 사실로 받아들일 수 있으면 족하다.
그러면 이 작품의 공간성과 시간성은 어떻게 처리했는가. 우선 설정한 공간과 시간이 소설에 던져주는 의미를 작가는 먼저 고려할 필요가 있다. 여기에서는 군사분계선 최전방에 봄이 왔다는 사항에 초점을 두었을 것이다. 그 다음으로 이른 봄을 알릴 수 있는 소재들을 생각했을 것이다. 축축한 바람, 햇살, 풀잎, 호를 파는 병사들······. 그러한 모티브들을 연합시켜서 지피에 찾아온 봄을 형상화시키고서, 맨 마지막에 '짜아식들, 벌써 파기 시작했네. 포대장님, 봄이 오긴 온 모양인데요' 하는 민병장의 대화를 통해서 그 개별적인 지피의 봄 정황들을 포괄해서 정

리했다. 그러한 봄의 정황은 다시 군사분계선 너머 북쪽 지피의 상황과 짝을 이루고, 봄이 왔다는 사실과 쉴새없이 호를 파는 상황이 다시 대조를 이루므로 적과 대치해 있는 상황성을 암시하고 있다. 이러한 처리는 지피에 봄이 왔다는 상황을 시간성과 공간성을 통해서 플롯의 전개 양상에 어울리게 만들었다. 그것은 사실성을 강화하기 위한 배려와 함께 계획된 일이었다.

　②남녘의 영산(靈山) 지리산(智異山)의 산역은 경상과 전라 3도에 걸치고, 함양(咸陽)과 산청(山淸), 남원(南原), 구례(求禮), 하동(河東)의 다섯 고을에 뻗친다. 둘레가 7백리의 거대한 산해(山海). 표고(標高) 1천9백15미터의 주봉 천왕봉에서 서쪽 구례땅의 노고단(老姑壇)에 이르는 주 능선만 하여도 백여 리 먼 길을 헤아리는 거리에, 낙동강과 섬진강의 분수령을 이루며, 일대에는 제석, 반양, 영신, 덕평 등 해발 천 미터가 넘는 20여 준령들과 연봉들이 일망무제로 운해(雲海) 위를 달린다. 그러나 지리산은 어느 쪽 어느 고을에서든지 그 산령 안으로 한번 발을 들여놓고 나면, 고을과 고을의 경계들이 대번 무의미해져 버린다. 첩첩이 이어져 나가는 운해와 산세 속에 고을의 경계 따위가 쉬 구분될 수도 없고, 또 굳이 그럴 필요도 없어지기 때문이다.

　산봉우리들이 미처 다 제 이름을 점지받지 못한 곳, 사람들이 때로 그 이름을 지어 붙여도 산들이 스스로 그 이름을 잃어버리고 지리산(!)으로 돌아가 버리는 곳, 모든 것이 지리산의 이름 뒤로 숨는 곳, 모든 봉우리와 골짜기의 이름들을 지리산으로 대신하며 그 하나의 이름만으로 온전한 세계를 이루고 있는 곳 ─.

　③안개구름은 연 사흘이나 골짜기를 메우고 물러날 줄을 몰랐다. 세상은 잠시 그 짙은 안개 속으로 자취를 감추고 사라져 버린 것 같았다. 백상도 노인과 주영섭 간의 그 기이한 안개속 대좌는 이튿날

아침 날이 밝을 때까지 계속되고 있었다. 그리고 영섭은 새벽녘부터 일기 시작한 심한 바람기 속에 아침, 날이 밝은 다음 말없이 그 바람기와 안개 속으로 혼자 산길을 내려갔다.

②는 이청준의 『인간의 문』의 서두에 나타난 공간이다. 우선 남녘의 영산 지리산의 산역을 자세히 지리적으로 설명하고 있다. 그러나 그 설명은 단지 지리산에 대한 지형적 내용을 알리는 데 그치지 않는다. ②의 글은 3개의 더 작은 문단으로 이루어져 있다. 첫째 문단은 지리산의 산역을 설명한다. 사실적 정보를 제공해줌으로써 지리산을 이해시키려는 데 의도가 있다. 이 부분은 사실적인 의미를 갖는다. 그런데 두번째 문단은 그러한 산역들이 모두 지리산이라는 큰 이름 안으로 잠겨버린다는 점을 강조하고 있다. 그래서 세번째 문단에서는 두번째 문단에 대한 아쉬움으로 다시 반복하고 있다. 그것은 모든 것을 포함하고 온전하게 만들어버리는 산세의 무한함을 강조하고 있다. 즉 지리산이라는 구체적인 대상을 통해서 또다른 추상적인 지리산을 말하고 있는 것이다.

이제 그러한 지리산(구체적인 지리산과 추상적인 지리산)의 어느 한 모퉁이에 소설의 주인물 백상도 노인이 은거하고 있다고 그 다음으로 이어진다.

③은 같은 작품의 거의 결말에 가까운 대목이다. 여기서 '연 사흘 안개구름이 골짜기를 메웠다'는 상황적 배경 설정에서, '안개'는 구체적인 사물로서의 안개만을 의미하지 않는다. 그것은 사실적이면서 상징적이다.

④ 타작마당 돌가루 바닥같이 딱딱하게 말라 붙은 뜰 한가운데 어디서 기어들었는지 난데없는 지렁이가 한 마리 만신에 흙고물 칠을 해가지고 바동바동 굴고 있다. 새까만 개미 떼가 물어 뗄 때마다 지렁이는 한층 모질게 발버둥질을 한다. 또 어디선지 죽다 남은 듯한 쥐 한 마리가 뛰어 나오더니 종종걸음으로 마당 복판을 질러서 돌담 구

멍으로 쑥 들어가 버린다.
　군데군데 좀 구멍이 나서 썩어가는 기둥이 비뚤어지고 중풍 든 사람의 입처럼 문조차 돌아가서 — 북쪽으로 사심없이 넘어가는 오막살이 앞에는, 다행히 키는 낮아도 해묵은 감나무가 한 주 서 있다. 그러나 그게라야 모를 낸 이후 비 한 방울 구경 못한 무서운 가물에 시달려 그렇지 않아도 쪼그라졌던 고목잎이 볼 모양 없이 배배 틀려서 잘못하면 돌배나무로 알려질 판이다.

　④는 김정한의 「사하촌」의 한 대목이다. 궁핍한 농촌의 실상을 보여주는 이 공간배경은 상황성을 띠면서 동시에 사실적이다. 가뭄에 시달리는 농민들의 고통을 여러 모티브들을 통해서 사실적이면서 상징적으로 처리하고 있다. 돌가루 바닥같이 딱딱한 뜰, 개미떼에게 물어뜯기는 지렁이, 야윈 쥐, 썩어가는 기둥, 돌배나무 같은 감나무 한 그루……. 이런 모티브를 가지고 가뭄에 시달리는 어느 한 농가의 마당 정경을 드러내고 있다. 이 대목은 사실적이면서, 그러한 모티브의 적절한 배열을 통해서 사실성보다 더한 의미를 제시하고 있다.

(4) 시간성의 처리

　소설쓰기에서 시간성을 처리하는 문제는 중요하다. 소설이 인간과 우주에 대한 이해와 해석을 위한 것이므로, 인간이 시간의 지배를 받고 살아가는 한은 소설도 이 시간에 대해 관심을 가질 수밖에 없다. 모든 사건은 시간성과 관계를 맺고 있으며, 인간의 삶도 역시 시간에 의해서 결정된다고 생각할 수 있다. 한 인간의 삶의 방향이나 의미는 그가 처한 시간에 의해서 거의 결정되는 경우가 많다.
　시간성의 선택이 별로 중시되지 않을 소설은 일생담(一生譚)식 전기소설이다. 그런데 이 전기소설에서도 시간의 선택과 처리는 주인공의 전기를 의미지워주는 데 큰 몫을 차지한다. 그러한 의미는 소설의 시작과 관계 깊다. 예를 들면 김동인의 「감자」는 복녀 부처가 칠성문 밖 빈민굴로 온 이후부터 시작된다. 그 이전까지 복녀 부처가 살아온 시간은 간략하게 처리해버렸다. 그것은 그 이전의 삶은 소설적 의미가 약하기 때문이다. 그런데 그 이후부터도 시간 처리가 단순하다. 즉 시간의 흐름에 따라 소설이 전개된다. 그것은 바로 소설의 의도가 복녀 부처의 살아나가는 과정을 작가의 해석을 덧붙이지 않고 그대로 독자에게 보여준다는 의미로 해석할 수 있다. 일생담은 아니지만, 염상섭의 『만세전』도 그런 점에서는 서로 상통한다. '나'가 아내의 위급 전보를 받고 동경에서 서울까지 오면서 보고 느낀 일들을 시간의 흐름에 따라 기행문 식으로 전개해놓고 있다. 이러한 시간성을 고려하지 않은 듯한 플롯도 또한 그 나름으로 작품성을 돋보이게 하는 데 기여한다.

조선시대 소설에서 시간은 중요한 의미를 지닌다. 대부분 일생담식 소설인데도, 그 일생 중에 어느 부분을 좀더 자세하고 길게 처리했느냐는 문제는 바로 소설의 주제와 직접 관계된다. 『홍길동전』에서 중요하게 취급한 대목은 길동이가 가출하기까지 정황과 조선에서 출국해서 율도국을 건설하는 과정의 사건이다. 우리가 흔히 그 작품의 중요한 문제로 생각하는 활빈당의 활동 부분은 아주 간략하게 처리되어 있다. 이처럼 한 인간의 자서전을 쓸 때도, 그 인물의 일생 중 의미를 부여할 만한 기간에 좀더 관심을 들여 처리한다. 바로 그러한 처리과정에서 한 인물의 삶의 의미가 드러나며, 작가의 편에서는 인물의 일생에 대한 해석을 하게 된다. 즉 사건 속의 시간과 소설을 읽는 독자의 시간, 즉 원고량의 많고 적음의 문제가 소설에서 중요한 의미를 차지한다.

시간성의 처리는 플롯과 중요한 관계를 갖는다. 어느 상황[時點]에서 작품이 시작되느냐는 문제는 주제와 관계 깊다. 『광장』의 시간 처리는 그런 점을 잘 설명해준다. 이 작품에서 작가가 이명준의 사상적 편력에 중심을 두었다면, 작품을 시작하는 시간은 달라져야 했을 것이다. 제3국을 선택한 한국전쟁 포로가 인도로 향하는 타고르호 선상해서 시작한 것은 작품이 이데올로기의 선택 문제보다는 그 선택에 대한 성찰에 보다 많은 비중을 두고 있기 때문이다. 만약 이명준이 서울에서 경찰에 잡혀가 고초를 당할 때를 기점으로 했다든지, 월북해서 아버지를 만나는 상황에서, 또는 전쟁포로로 남과 북, 그리고 제3국을 선택하는 그 상황에서 시작했다면 작품의 의미는 또 달라졌을 것이다.

　1980년대에 많이 씌어진 분단소설들의 시간성을 분석해보면, 현재 － 과거 － 현재 상황으로 이어지면서 소설의 중심 사건은 과거에 치우쳐 있다. 이러한 시간의 처리는 현재의 시점에서 과거를 되돌아보는 성찰의 양식으로서 이데올로기적 상황과 그 상황에 의해 살아온 삶과 역사를 오늘의 시점에서 바라보는, 역사 해석의 의미를 갖는다고 말할 수 있을 것이다. 그러므로 과거 회상 방법도 작품의 전체적인 구조에 따라 그 의미가 달라진다. 단지 그것이 사건을 끌어가는 방법으로, 또는 주인공에 대한 정보 제공의 기회로서만 그친다면 문제는 한정된다.

　「동경」은 왜 점심식사 직전부터 시작해서 저녁에 끝나야 했던가. 그리고 아들의 죽음에 대한 회상이나, 죽은 사람을 생각하는 시간은 언제인가. 「삼포가는 길」은 왜 이른 아침에서 시작되어 종일 눈길을 가는 것으로 끝났는가. 「우리들의 스승님」은 원로 교육자인 송덕진 학장의 교육계 은퇴를 축하하는 축하회장에서 시작된다. 제자 중 한 사람이 주인공이 살아온 약력을 회장에 모인 사람들에게 보고하는 가운데, 주인공 송덕진은 자신의 일생을 회고한다. 여기에서 그 시간성은 바로 한 지역 명망가인 교육자의 삶을 그가 살아온 시대를 통해서 성찰하는 데 초점이 주어졌다. 그러므로 현재 － 과거 － 현재로 이행하는 이 시간성은 소설의 의미를 시사해주는 근거가 된다.

　① 차가 서울역 구내를 빠져나왔을 때는 새로운 하루가 시작되고 있었다. 또 한강을 넘어서면서부터는 차창에 눈발이 희끗희끗 날리기 시작했다. 이후 K시에 닿기까지 무려 여섯 시간 동안 나는 신물이 나게 지겹고 외로왔다. 밤이 깨어 있는 사람의 마음을 얼마나 무겁고 외롭게 짓누르는가를 비로소 실감했을 정도였다.

차내는 썰렁하게 냉기가 돌았다. 밤차를 탄 사람들이 으례 그렇듯이 승객들은 출발서부터 저마다 옹색한 자세로 잠을 청하고 있었다. 그러나 나로서는 도무지 기대할 바가 못 되었다. 아무데나 쓰러져서 잠들 수 있는 능력이란 분명 타고난 행운일 수밖에 없다고 나는 생각했고, 그런 능력을 가진 사람은 또, 결코 절망하는 법이 없으리라고도 생각했다. 창가에 웅크리고 앉은 채 나는 국산 양주를 찔끔찔끔 들이켰다. 잊었던 치약 냄새가 되살아났고 그때마다 아내의 눈빛이 떠올랐다.

그러나 차가 수원을 지나고 오산을 지나고, 또 천안을 넘어서면서부터는 비로소 숙부의 죽음이 조금씩 조금씩 내 오관의 어느 선엔가 닿아 오기 시작했다. 하지만 그것은 내 입안의 어느 구석엔가 여전히 남아 있는 꼭 치약 냄새만큼의 실감으로서였다.

② K 시에 닿은 것은 여섯 시가 조금 지나서였다. 일출까지는 아직 한 시간여를 남긴 시각이었다. 역 구내를 빠져나오자 넓다란 광장과 빈거리엔 차가운 어둠이 가득가득 고여 있었다. 나는 몸을 떨었다. 거리들은 낯설었고 방향마저 가늠되지 않았다. 우선 언 몸을 덥혀야겠다고 나는 생각했다. 분지의 겨울답게 추위는 매웠다. 바람 한 점 없으면서도 피부를 갈라터지게 하는 메마른 추위였다. 이놈의 깡추위는 변함이 없군, 하고 나는 중얼댔다.

이동하의 「파편」의 한 대목이다. 1인칭 화자 '나'는 어느 겨울 날 저녁에 숙부의 부음 전보를 받는다. 그는 숙부의 장례에 참석하기 위해서 고향을 찾아 떠난다. 여기에서 작가가 숙부가 돌아가신 때를 추운 겨울로 설정한 것이나, '나'가 고향으로 내려가는 시간을 한밤중으로 설정한 것은 의도적이다. 희끗희끗 눈발이 날리는 추운 겨울 밤의 한복판을 썰렁하게 냉기가 도는 객차에 몸을 싣고 6시간이나 고되고 외로운 여행을 하면서 '나'는 숙부의 일생을 더듬어갔다. 그것은 길이로는 작품 전체

분량의 25퍼센트에 해당한다. 그렇다면 숙부의 삶은 바로 매운 겨울 밤을 관통하는 것에 비유될 수 있다. 그 일생의 한 단면이 바로 ① 이후에 계속되는 회상을 통해서 제시되어 있다. 또한 새벽에 도착한 K 시의 정경과 상황에서(②), '나'의 현재 정황이 나타나 있다. 이러한 시간과 공간에 대한 상황 설정은 작품의 전체적인 짜임과 상호관계에서 처리하고 있다.

시간성을 플롯과 연계지워 처리할 때 다음과 같은 점에 유의할 필요가 있다.

(1) 쓰려는 작품을 사건 중심으로 개요를 만든다.
(2) 그것은 플롯화하기 위해서 여러 단위로 나눈다.
(3) 하위 사건이나 에피소드의 시간성을 정한다.
(4) 시간성이 전체적인 소설구조와 호응되도록 재구성한다.
(5) 작품의 시작과 끝맺음의 시간성을 특별히 유의한다.

⑸ 소설의 배경설정 방법

지금까지 실제 작품들을 통해서 소설 배경처리 실상을 살펴보았다. 그런데 소설을 쓰는 입장에서 이러한 배경설정은 용이한 일이 아니다. 우선 지금까지 논의를 종합하고 그 방법적인 문제를 구체적으로 생각해 볼 차례이다.

첫째, 소설의 배경은 중립적(사실성에 기여함)이면서 작가가 의도하는 바를 충족할 수 있도록 기능적으로 처리해야 하기 때문에, 이 두 기능을 감당할 수 있도록 설정하는 것이 바람직하다.

차가 완충지대를 지나 병사 쪽 철조망으로 해서 장안리(長安里) 구역으로 들어서고 있었다. 오른쪽으로 시원스럽게 바다의 한 조각이 내다보이고, 그 바다를 끼고 도는 찻길이 밝은 황토빛깔로 울창한 소나무숲을 길게 뚫어나가고 있었다. 호수처럼 맑은 바다 위로 득량만

(得糧灣)을 오가는 돛단배 몇 척이 띄엄띄엄 흩어져 있었다. 다도해 풍광이 아름답지만 여름 겨울 할것없이 언제 보아도 조경이 빼어난 섬이었다.
"좋은데…… 경치가 아주 그만이야."
원장 역시 이 섬의 조경에는 넋을 빼앗긴 모양이었다.

이청준의 『당신들의 천국』의 한 대목이다. 새 원장은 보건과장 이상욱을 대동하고 소록도 곳곳을 돌아다니면서 그 섬의 실상을 눈으로 확인하며 설명을 듣는다. 그중에 겉으로 아름다운 풍광을 지니고 있는 이 소록도에 대한 작가의 사실적인 처리는 이중적인 의미를 갖는다. 그것은 정말 아름다운 섬이라는 사실성이고, 다음으로는 그렇게 겉으로는 아름다운 풍광을 지니고 있지만, 그 섬이 바로 고칠 수 없는 병든 사람들이 살고 있는 공간이라는, 즉 겉과 속이 다른 특정한 공간의 상황성을 설명하는 것이다.
둘째, 설정한 배경은 소설의 전체적인 구조 안에서 다른 요소들과 서로 어울려야 하기 때문에, 그 관계를 잘 고려해서 처리해야 한다.

허덕 주안쪽을 향해 걷는다. 얼마 안 걸어서 시가지는 끝나고 차츰 어두워진다. 길만 어두워지는 것이 아니라 바람이 세차진다. 홱 비를 몰아붙이며 우산을 떠받는다. 바람이 또 친다. 또 빙그르 돌아본다. 바람은 갑자기 반대편에서도 친다. 우산은 그예 뒤집히고 만다. 뒤집힌 지우산은 두번 세번만에는 갈기갈기 찢어지고 말았다. 또 성냥을 켜보았다. 그러나 성냥이 눅어 불이 일지 않는다. 하늘은 그저 먹장이다. 한참 숨을 죽이고 드려다 보아야 히끄무레하게 아이 얼굴이 떠오른다.

이태준의 「밤길」의 한 대목이다. 밤길의 상황을 만들어주는 배경으로서의 어둠, 세찬 비바람 등은 사실적이면서 상징적이고, 또한 작품의 플롯이나 의미와 밀접한 관계를 갖는다. 비가 내리고 비바람이 몰아치는 밤길의 정황은 작품 전체의 분위기와 어울린다. 더구나 그러한 배경과 호응된 인물 모습에서 작자는 의도하는 밤길의 절박한 상황성을 충분히 드러내고 있다. 이러한 상황적 배경은 그와 대조되거나 호응되는 인물의 행동을 통해 더 구체화되면서 다시 인물도 살아 있게 만든다.

셋째, 그러므로 소설쓰기에서 배경설정은 실제적인 상황을 고려해서 처리해야 한다. 우선 의도하는 배경을 설정하기 위해서, 그와 유사한 현장을 답사할 필요도 있다. 그러한 사실성을 바탕으로 새로운 허구로서의 상황적인 배경을 창조해낸다.

넷째, 작가는 필요로 하는 배경을 설정하기에 앞서, 의도하는 상황을 먼저 정할 필요가 있다. 다음으로 그 의도된 상황을 구체화하는 데 필요한 소재나 모티브를 찾아낸다. 그 다음에 그러한 소재나 모티브가 현장에서 어떻게 쓰여지는가를 확인한다. 그러한 작업은 영화 세트 담당자의 계획에 맞먹는다.

　마을 한복판에 우물이 있고 우물 앞뒤엔 늙은 회나무 한 그루가 거인같은 두 팔을 치켜든 채 마주보고 서 있었다. 몇 아름씩이나 될지 모르는 굵고 울퉁불퉁한 둥지는 동굴처럼 속이 뚫인 채 항상 천년으로 헤아려도 까마득한 세월을 새까만 침묵으로 하나 가득 메우고 있었다.
　밑동에 견주어 가지와 잎새는 쓸쓸했다. 둘로 벌어진 큰 가지의 하나는 중동이가 부러진 채, 그 부러진 언저리엔 새로 돋는 곁가지가 떨기를 이루었으나 이것도 죽죽 위로 벋어 오른 것이 아니라, 아래로 한두대가 잎을 달고 드리워진 것이 고작이었다. 둘 중에 부러지지 않은 높은 가지는 거인의 어깨 위에 나부끼는 깃발과도 같이 무수한 잔가지와 잎새들을 하늘 높이 떨쳤는데, 까치들은 여기만 둥지를 치고 있었다.
　앞 나무에 둘, 뒷나무에 하나, 까치 둥지는 셋이 쳐져 있었으나, 까치들이 모두 몇 마리나 그 속에서 살고 있는지는 아무도 똑똑히 몰랐다. 언제부터 둥지를 치기 시작했는지도 역시 안다는 사람은 없었다. 나무와 함께 대체로 어느 까마득한 옛날부터 내려오는 것이거니 믿고 있을 뿐이었다.

— 아침 까치가 울면 손님이 오고, 저녁 까치가 울면 초상이 나고 한다는 것도 언제부터 전해 오는 말인지 누구 하나 알 턱이 없었다.

김동리 「까치소리」의 한 단락이다. 마을 한복판에 있는 늙은 회나무와 거기에 까치들이 쳐놓은 둥지를 세밀하게 처리하고 있다. 그러면서 거기에서 일어나는 사건에 대한 불가사의함을 내비치고 있다. 작자는 우선 이 배경에서 불가사의한 인간사에 대한 어떤 시사를 던져주고 있는데, 그러한 의도를 구체적으로 내보이기 위해서 늙은 회나무를 통해 처리하고 있다. 그 순서를 보면 우선 회나무의 외양을 치밀하게 그렸고, 그 다음에는 그 가지를, 마지막으로 그 가지에 쳐놓은 둥지를 소재로 처리하고 있다. 그리고 각 소재마다 적절한 의미를 부여했다. 까마득한 세월을 살아온 회나무의 불가사의함, 늙은 회나무에 중동이가 부러진 채 그 언저리에 돋아난 많은 곁가지들, 사람들이 알지 못하는 까치들의 둥지……, 이렇게 전체적인 배경을 이루는 자잘한 여러 요소들이 간직하고 있는 의미가 종합되어서 바로 작가가 의도하는 회나무의 의미를 드러낼 수 있었다.

상황이나 배경이 플롯 전개에 알맞게 처리된다면 바람직하다. 앞에서 읽은 「동경」에서 플롯의 축을 이루는 노인과 아이의 대립 정황은 시간과 공간배경의 이동에 따라 차츰 구체화되었음을 확인했다. 배경의 중심을 이루는 모티브들은 정적과 시끄러움, 낮과 저녁, 어둠과 빛 등인데, 이들이 시간이 흐름에 따라 적절하게 처리되면서 갈등을 심화시켜 결국 파국에 이르게 되었다.

다음에서 같은 배경이라 하더라도 플롯의 전개에 따라 각각 다르게 처리되고 있는 동적 배경의 한 예를 살펴보기로 한다.

① 창랑정이란 대원군 집정시대에 선전관으로 이조판서 벼슬까지 지내던 나의 삼종 증조부 되시던 서강대신 김종호가 세상이 뜻과 같지 않아 쇄국의 꿈이 부서지고 대원군도 세도를 잃게 되자 자기도 벼슬을 내놓고 서강 (지금의 당인정 부근) 강가에 있는 옛날 어떤 대관의 별장을 사가지고 스스로 창랑정이라 이름을 붙인 후 우울한 말년을 보내던 정자 이름이다.

② 창랑정은 서강이라 해도 당인리편으로 가까운 강가 솔숲 우거진 조그만 봉우리가 강으로 향해 비스듬히 얕아지다가 별안간 깎아지듯이 낭떨어지가 된 바로 그 위에 있는 칠십 간이 넘는 큰 집이었다.

③ 그날 밤 서강대신이 거처하던 큰 사랑에는 나의 아버지를 중심으로 여덟 분이 둘러앉아 보슬비에 젖은 것 같은 얕은 음성으로 여러 가지 회고담을 하고 계셨다. 그 때에는 나도 열여섯이라 어른들 말씀을 대강 알아들을 수 있었다. 아버지는 임진란에 창랑정이 진터가 되었다는 이야기로부터 대원군 시절에 선교사를 학살한 것 때문에 불란서 해군제독, 로오즈 장군이 '프리 모게' 이하 군함 세 척을 거느리고 강화도로부터 한강을 쳐 올라와 조정을 빨끈 뒤집히게 하며 여러 날을 정박하던 곳이 바로 창랑정 마당 앞이었다는 이야기, 그때에 조정에서 가장 맹렬하게 '양이' 배척을 주장하던 이는 다른 이가 아니라 선전관으로 계시던 서강대신 바로 그분이었다는 이야기들을 밤이 이슥하도록 하고 계셨다.

④ 처음 타보는 당인리행 기동차를 타고 서강에서 내려 나는 옛날 기억을 더듬어 창랑정을 찾아가려 하였다. 그러나 이상스레도 그 산이 어느 산인지, 그 집이 어느 집인지, 그 꿈속에서는 그렇게 똑똑하던 곳이 실지로 가보니 도저히 찾을 수가 없었다. 겨우 근사해 보이는 곳을 찾기는 하였으나, 집 뒤 산이던 곳은 발간북덕이요, 그 밑 창랑

정이 있던 듯이 생각되는 곳에는 날모르는 큰 공장이 있어 하늘을 찌를 듯한 굴뚝으로 검은 연기를 토하고 있었다.

유진오의 「창랑정기」에서 뽑은 것이다. 소설은 창랑정을 배경으로 해서 거기에 얽힌 이야기로 적절하게 짜놓고 있다. 그런데 같은 배경인 창랑정이라 하더라도, 플롯의 전개에 따라 알맞게 처리하고 있다. ①에서는 창랑정이라 이름이 붙여진 사연을 제시하면서 다음에 이어갈 사건을 시사하고 있다. ②에서는 정자가 있는 주변을 설명하면서 정자에 얽힌 사연의 의미를 제시하고 있다. '낭떨어지가 된 바로 그 위에 있는……' 대목에서 어떤 격심한 전환기를 맞이했던 창랑정의 사연을 읽을 수 있다. ③에서는 갈등양상이 더욱 구체화된다. 프랑스군함이 여러 날 정박했던 곳이 창랑정이며, 또한 그 양이 배척을 앞장서 주장했던 이가 서강대신 바로 그 사람이었다는 모순이 창랑정의 운명이요 모습임을 암시하고 있다. ④에서는 예전과 달리 변한 주변 정황을 통해서 새로운 전환의 역사가 도래하였음을 설명하고 있다. 짐작해서 찾아갔을 때에, 그곳에는 낯모른 큰 공장이 서 있다는 배경설정은 상징적이면서 사실적이다. 이러한 배경처리를 통해 소설의 문제를 보다 명확하게 제시했다.

소설쓰기에서 배경을 설정하는 문제는 소설의 소재를 선택하고 문제를 의식할 때부터 관심을 가져야 한다. 소설은 어차피 사람 사는 땅 위 시간 속에서 시작된다. 소설은 역사와 현실 속에서 사람들이 살아가는 문제에서 출발하기 때문에, 배경은 단순한 보조적인 소설의 요소가 아니라 소설의 문제 그 자체이기도 하다.

(6) 배경·상황 제시와 화자

1) 숨어 있는 화자에 의한 상황 제시
앞에서 인용된 작품 중에서 『높은 땅 낮은 이야기』나 「사하촌」은 은닉된 화자가 그의 의도대로 은밀하게 상황을 설정해서 독자에게 제시하고 있다. 그러나 독자들은 화자의 의도에 관심을 두지 않고, 그렇게 제시된 상황을 객관적으로 신뢰하여 받아들인다.

2) 등장인물의 눈을 통한 상황 제시

① 순검방 창문을 통해 멀리 보이는 월미도 앞바다에는 커다란 영국 병선 여덟 척이 같은 간격으로 나란히 열립하여 수평선을 가리고 있었다. 비스듬히 동녘 하늘을 겨누고 번득거리는 포신이며 세 개씩 나란히 솟아 있는 우람한 화통, 그 화통에서 엄청나게 토해져 나오는 시꺼먼 연기며, 하늘을 찌르는 높은 돛대 끝에 힘차게 펄럭거리는 깃발들······ 영국 함대는 한껏 위용을 뽐내고 있었다.
······중략······
고개를 내밀어 창 아래쪽을 보니 돌로 쌓아 만든 길쭉한 부두 가에 작은 목선들이 바지랑대처럼 가는 돛대를 삐죽삐죽 내밀고 있고, 이보다 훨씬 떨어져서 큼직한 외국 상선들이 여러 척 정박하고 있었다.

② 겨울의 해수욕장에 이글거리는 여름은 없었다. 바닷물에 씻긴 가슴들을 안고 사람들은 다 떠나버린 빈 모래밭을, 그러나 손바닥과 손바닥으로 따스하게 속삭이며 그들은 거닐었다.
바다를 막은 방죽 너머에서 사람들이 걸어 나왔다. 웃음소리가 들렸다. 초록빛 긴 코우트를 입은 여자가 남자에게 잡히지 않으려고 달려가고 있었다. 여자가 돌아서면 다시 남자가 쫓기곤 했다. 그녀는 모래를 차면서,
"올해 유행하는 색깔이 그리인이거든. 어느새 초록빛이 여기까지 왔지?"
모래밭을 지나 방죽으로 올라섰다.
"아······."

그녀는 흠칫 서 버렸다. 바다였다.
 간조로 물이 빠져 나간 까아만 갯벌이 햇빛을 받아 멀리멀리 반들거리고 있었다. 배로 가야 한다던 작은 섬까지 갯벌이 드러나고 그 바다에 놓여진 길고 긴 돌다리가 점점이 이어지고 있었다. 햇빛을 받아 빛나는 갯벌이 망연히 펼쳐지고 그 사이로 가늘게 이어진 한줄기의 돌다리 끝에 보오얗게 흐린 바다를 배경으로, 역광을 받아 까아만 섬이 떠 있었다.
 끝이 보이지 않게 뻗어 나간 방죽 위에 바람을 맞고 서서 눈시울이 뜨겁도록 아름다운 바다를 내다보고 있는 그녀를, 그의 팔이 감싸안았다. 납물 같은 갯벌 위에 검은색과 흰색의 선과 면으로 짜여진 바다와 돌다리의 모습이 뜨거운 화인처럼 가슴에 들어와 박혔다.

 ③ "바다 가까이 있으니 항구로 발전할 수도 있었을 텐데요?"
 "가보시면 아시겠지만 그럴 조건이 되어 있는 것도 아닙니다. 수심(水深)이 얕은데다가 그런 얕은 바다를 몇백 리나 밖으로 나가야만 비로소 수평선이 보이는 진짜 바다다운 바다가 나오는 곳이니까요."
 "그럼 역시 농촌이군요."
 "그렇지만 이렇다 할 평야가 있는 것도 아닙니다."
 "그럼 그 오륙만이 되는 인구가 어떻게들 살아가나요?"
 "그러니까 그럭저럭이란 말이 있는 게 아닙니까?"
 그들은 점잖게 소리내어 웃었다.
 "원, 아무리 그렇지만 한 고장에 명산물 하나쯤은 있어야지."
 웃음 끝에 한 사람이 말하고 있었다.

 ①은 현기영의 『변방에 우짖는 새』의 두 문단이다. 제주도로 귀양가는 운양 김윤식이 제주도로 가는 배를 타기 위해 제물포 감리서 순검방에 머무르면서 창 밖 항구를 내다본 그대로 제시하고 있다. 즉 여기에 나타난 제물포항의 정경은 운양이 바라본 바 그대로이다. 화자가 은닉

되지 않고 직접 독자 앞에 나타나 있다. 독자는 그가 본 바를 그대로 받아들여야 한다. 그러기에 엄밀하게 생각하면 그렇게 제시된 배경 상황은 다소 주관적이라 생각할 수도 있다. 그러나 한편 화자의 의도가 반영된 상황이기 때문에, 오히려 그 공간성이 뜻하는 바는 명확하다. 한수산의 「미지의 새」(②)에서는 화자가 명확하지 않다. 은닉된 화자에 의해서 바다의 정경을 그리는 것 같지만, 군데군데 불명확한 처리 때문에 혼란을 일으킨다. 이것은 화자를 다양하게 처리하려는 의도에서 빚어진 것이 아닌 것 같다. '……그들은 거닐었다' '그녀는 흠칫 서버렸다' 등의 문장에서는 화자가 객관적으로 인물들의 정황이나 행동을 그리거나 설명하고 있다. 그런데, '웃음소리가 들렸다' '가슴에 와 박혔다'에서는 주인공 화자에 의해서 주관적으로 상황을 설명하는 듯하다. 이러한 시점의 혼란은 의도적인 것이 아니라면 그 쓰임에 더욱 유의할 필요가 있다. 이 경우에 객관화된 화자를 계속 유지하려면, '웃음소리가 들렸다'는 '웃음소리가 났다'로, 마지막 문장에서는 3인칭 주어를 제시해야 한다. 한 화자의 위치 처리는 어떤 정황이나 정경을 그리는 데 특별히 관심둬야 할 문제이다.

김승옥 「무진기행」(③)의 경우는 등장인물들의 대화를 통해서 '무진'이란 도시를 설명하고 있다. 그 내용은 이미 1인칭 주인공은 다 알고 있는 사실이다. 그러나 소설은 이야기가 소설 속의 이야기꾼에 의해 독자에게 전달되어야 한다. 그러기 위해서 이미 주인공이 알고 있는 사실이지만 다른 사람들의 입을 통해 독자들에게 알리고 있다. 이러한 수법을 그 도시와 그에 얽힌 '나'의 이야기에 대한 객관성을 유지시켜준다.

④ 역장은 손바닥을 비비며 창가로 다가가더니 유리창 너머로 무심히 시선을 던진다. 건널목 옆 외눈박이 수은등이 껑충하게 서서 홀로 눈을 맞으며 희뿌연 얼굴로 땅바닥을 내려다보고 있다. 송이눈이다. 갓난아이의 주먹만한 눈송이들은 어둠 저편에 까맣게 숨어 있다가 느

닷없이 수은등의 불빛 속에 뛰어 들어오면서 뚱그렇게 놀란 표정을 채 지우지 못한 채 땅바닥으로 곤두박질치고 있다. 굉장한 눈이다. 바람도 그리 없는데 눈발이 비스듬히 비껴날리고 있다. 늙은 역장은 조금은 근심스런 기색으로 유리창에 얼굴을 바짝대어 본다. 하지만 콧김이 먼저 재빠르게 유리창에 달라붙어 뿌연 물방울을 만들었기 때문에 소매로 훔쳐내야 했다. 철길은 아직까지는 이상이 없었다.
 그는 두 줄기 레일이 두툼한 눈을 뒤집어쓴 채 멀리 뻗어나간 쪽을 바라본다. 낮엔 철길이 저만치 산모퉁이를 돌아가는 모습까지 뚜렷이 보였다. 봄날 몸을 푼 강물이 흐르듯 반원을 그리며 유유히 산모퉁이를 돌아 사라지는 철길의 끝을 보고 있노라면 마치도 모든 걸 다 마치고 평온하게 죽음을 맞이하는 어느 노년의 모습처럼 그것은 퍽이나 안온하고 평화로운 느낌을 주곤 하는 것이다. 하지만 지금, 철길은 훨씬 앞당겨져서 끝나 있다. 수은등 불빛이 약해지는 부분에서부터 차츰 희미해져 가다가 이윽고 흐물흐물 녹아 버렸는가 싶게 철길은 더 이상 볼 수가 없다. 그 저편은 칠흑같은 어둠이다. 어둠에 삼키워져 버린 철길의 끝이 오늘밤은 까닭없이 늙은 역장의 가슴 한구석을 썰렁하게 만든다. 그는 공연히 어깨를 떨어 보며 오른편 유리창 쪽으로 몸을 돌린다. 그쪽 대합실과 접해 있는 이를테면 매표구라고 불리는 곳이다.
 역장은 먼지 낀 유리를 통해 대합실 안을 대충 휘둘러본다. 대합실이라고 해야 고작 국민학교 교실 하나 정도의 크기이다. 일제 때 처음 지어졌다는 그 작은 역사 건물은 두 칸으로 나누어져서 각각 사무실과 대합실로 쓰이고 있는 터였다. 대개의 간이역이 그렇듯이 대합실 내부엔 눈에 띌 만한 시설이라곤 거의 없다. 유난히 높은 천정과 하얗게 회칠한 사방벽 때문에 열 평도 채 못되는 공간이 턱없이 넓어 보여서 더욱 을씨년스런 느낌을 준다. 천정까지 올라가 매미마냥 납작하게 붙어 있는 형광등의 불빛이 실내 풍경을 어슴푸레하게 드러내 주고 있다.

제 8장 소설의 배경

　　지금 대합실에 남아 있는 사람은 모두 다섯이다. 한가운데에 톱밥 난로가 놓여져 있고 그 주위로 세 사람이 달라붙어 있다. 난로는 양철통 두 개를 맞붙여서 세워 놓은 듯한 꼬락서니로, 그나마 녹이 잔뜩 슬어 있어서 그간 겨울을 몇 차례나 맞고 보냈는지 어림잡기 조차 힘들다. 난로의 허리께에 톱날 모양으로 촘촘히 뚫린 구멍 새로는 톱밥이 타들어 가면서 내는 빨간 불빛이 내비치고 있다. 하지만 형편없이 낡아빠진 그 난로 하나로 겨울 밤의 찬 공기를 덥히기에는 어림도 없을 듯싶다.

　　④는 임철우의 「사평역」의 한 대목이다. 이 작품은 등장인물인 역장의 눈을 통해 배경상황을 그리고 있다. 여기에서 역장은 극히 기능적인 역할만 담당하고 있다. 그는 어쩌면 은닉된 화자를 대신하는 인물일 수도 있다. 그러한 역장의 기능으로, 독자들은 그가 바라본 바대로 역 바깥 정경과 대합실 안의 정경을 객관적으로 받아들이게 된다. '역장은 손바닥을 비비며 창가로 다가가더니 유리창 너머로 무심히 시선을 던진다' 이 '무심히'라는 은닉된 화자의 설명 때문에, 그가 바라본 상황이 중립적으로 독자에게 받아들여지게 된다. 그리고 그는 다시 '대합실 안을 대충 휘둘러본다'라는 화자의 조언에 따라, 그의 눈에 들어오는 대합실 정경이 독자에게 다시 제시된다. 이러한 배경처리는 인물과 플롯을 위해서도 효과적이다.

　　⑤ 안은 일이 좀 이상하게 되었다는 얼굴을 하고 있었고, 나 역시 유쾌한 예감이 들지는 않았다. 술좌석에서 알게 된 사람끼리는 의외로 재미있게 놀게 되는 것을 몇 번의 경험으로 알고 있었지만, 대개의 경우, 이렇게 힘없는 목소리로 끼어 드는 양반은 없었다. 즐거움이 넘치고 넘친다는 얼굴로 요란스럽게 끼어들어야만 일이 되는 것이었다. 우리는 갑자기 목적지를 잊는 사람들처럼 사방을 두리번거리면서 느릿느릿 걸어갔다.

전봇대에 붙은 약광고판 속에서는 이쁜 여자가 '춤지만 할 수 있느냐'는 듯한 쓸쓸한 미소를 띠고 우리를 내려다보고 있었고, 어떤 빌딩의 옥상에서는 소주 광고와 네온사인이 열심히 명멸하고 있었고, 소주 광고 곁에서는 약광고의 네온사인이 하마터면 잊어버릴 뻔했다는 듯이 황급히 꺼졌다간 다시 켜져서 오랫동안 빛나고 있었고, 이젠 완전히 얼어붙은 길 위에 거지가 돌덩이처럼 여기저기 엎드려 있었고, 그 돌덩이 앞을 사람들은 힘껏 웅크리고 빠르게 지나가고 있었다. 종이 한 장이 바람에 홱 날리어 거리의 저쪽에서 이쪽으로 날아오고 있었다. 그 종잇조각은 내 발 밑에 떨어졌다. 나는 그 종잇조각을 집어들었는데 그것은 '美姬 서비스, 特別廉價'라는 것을 강조한 어느 비어홀의 광고지였다.

⑤는 김승옥의 「서울, 1964년 겨울」의 한 단락이다. 여기서도 거리의 정경은 등장인물인 '우리'의 눈에 비친 대로 그려내고 있다. 독자들은 있는 대로만 보여주고 있다고 생각할 것이다. 그 이유는 밖에 드러난 정경을 다소 꼼꼼하게 설명하면서 내보이고 있기 때문이다. 작가가 어떤 의도를 갖고서 조작된 허구의 거리 정경을 독자에게 내보이고 있다고는 생각하지 않을 것이다. 이 정경이 결코 중립적이지는 않은데, 독자들은 중립적으로 느낀다. 그 점에서 이러한 배경처리는 성공했다. 지금까지 생각한 사항들을 중심으로 배경이나 상황을 처리하는 방법을 정리하면 다음과 같다.

(7) 배경처리 방법

여러 문제들을 고려해서 작가가 의도하는 배경을 설정하고 그것을 구체적으로 드러내는 방법까지도 정해졌다 하더라고, 실제 그것을 처리하기에는 문제가 많다. 몇 가지 방법과 그 절차를 생각해보는 것이 배경을 처리하는 데 도움이 될 것이다.

제8장 소설의 배경

첫째, 앞서 배경설정 방법을 바탕으로 해서, 우선 설정의 의도를 확실히 마련할 필요가 있다. 이러한 배경은 왜 필요했으며, 그것은 소설의 다른 요소들과 어떤 관계를 갖는가 하는 문제이다. 둘째, 이 의도를 충족하기 위해 사실성을 위주로, 아니면 사실성과 상징성을 결합해서, 또는 상징성을 중심으로 배경을 처리할 것인가를 선택해야 한다. 한 예로 이상의 「날개」에서 방은 좋은 예가 될 것이다. 셋째, 그러한 배경을 처리하는 데 필요한 소재나 모티브를 정해야 한다. 넷째, 그러한 것들이 결정되었으면 그것을 위한 문체를 정해야 한다. 묘사로, 설명으로, 또는 묘사와 설명을 절충하는 문장으로 처리할 것인가를 결정해야 한다. 이러한 절차를 전제로 해서 앞에 예시한 몇몇 예문들을 검토해보기로 한다.

현기영의 작품에 나타난 제물포항의 배경설정의 의도는 한반도에 외세가 침투해 들어오고 있음을 강조하고 있다. 이 의도는 사실성과 상징성을 적절하게 배합해서 처리하고 있다. 또한 외국과의 교류가 이루어지는 제물포항을 중심으로, 영국 병선과 목선을 소재로 서로 대립해서 처리했다. 그리고 그것은 설명적으로 그리고 있다.

임철우의 「사평역」에서는 특수한 공간으로서의 한 간이역의 정경을 그리려는 의도에서, 역장의 눈에 들어오는 그대로 사실적으로 제시하면서 상징성을 되도록 숨기려 했다. 창밖 정경은 외눈박이 수은등과 푸짐하게 내리는 송이눈, 눈속에 덮힌 철길, 그 저편의 칠흑같은 어둠 등을 통해 사실성을 위주로 설명적인 문장으로 처리하고 있다. 그래서 역장은 그러한 정경과 맞서 있는 자신의 감정을 '가슴 한구석을 썰렁하게 만든다'라고 설명한다. 그러나 이러한 간이역의 정경은 고도한 상징성을 내포하고 있는데, 그것은 거기에 등장하는 여러 인물들의 모습과 어울려 생각할 때 그 의미가 드러나게 된다.

김승옥의 작품은 약간 특이하다. '우리들'과는 무관한 거리 정경을 그리려는 의도에서, 사실성을 중시하면서도 그 사실성 속에 숨어 있는 상징적 효과까지 염두에 두고 있다. 그래서 추운 겨울 밤거리 정경을 있는 그대로 나타내려고 전봇대에 붙은 약광고, 옥상의 네온광고, 얼어붙은 거리에 돌멩이처럼 앉아있는 거지들, 바람에 날리는 종잇조각 등등의 소재를 통해서 설명적으로 처리하고 있다. 이 정경을 카메라로 잡은 것처럼 독자들은 받아들일 수 있지만, 그것은 소설 전체와 관계지워볼 때, 소설 인물과 무관한 하나의 공간으로 의미를 지니고 있음을 알게 된다. 소설 인물들 서로 간의 관계가 파탄되어 있는 것처럼, 이러한 배경도 그것을 바라보는 사람들과 무관함을 설명하고 있다.

제9장

이야기하는 방식 : 화자의 위치와 거리 정하기

1. 이야기하는 방식의 선택

 소설을 쓰려고 작정해서 소재를 찾고 주제를 정하고 플롯을 짜는 등 여러 준비를 했다면 일차적으로 소설 구상은 끝난 셈이다. 그런데 이런 문제를 마련했다 하더라도, 그것을 독자들에게 어떻게 이야기해야 의도하는 바를 충분히 전할 수 있을까 하는 문제가 남는다. 즉 이야기하는 방식에 따른 여러 일들은 직접 작품을 쓰려고 할 때부터 어렵게 부딪친다.
 소설은 신문기사처럼 이미 있었던 사건을 전하는 것이 아니다. 작가가 일부러 만들어 인쇄매체를 통해서 독자에게 전하는 허구이다. 즉 작가가 자신의 모습을 숨기고 다수의 불특정 독자를 상대로 이야기하는 것이다. 그러므로 이야기 방식이나 이야기하는 사람의 입장에 따라 작품의 맛과 의미는 달라진다. 다음과 같은 사건이 있다고 하자.
 달동네에 어떤 가난한 맞벌이부부가 살고 있었다. 집안이 어려워 3살과 4살 된 연년생 오누이를 집에 두고 일터로 나가야 했다. 부부는 아이들을 맡길 곳이 없어서, 방안에 남겨두고 밖에서 문을 잠그고 일터로 나갔다. 그런데 어느 날 그 집에 화재가 발생해서 오누이는 밖으로 나오지 못해서 타죽고 말았다.

이 사건을 여러 사람들에게 전할 때, 누가 전하느냐에 따라 이야기가 달라진다. 부모가 이야기하는 경우, 아니면 그의 친척이 동네사람들에게 전하는 경우, 피해자와는 관계 없는 사건기자가 전하는 경우 등등에 따라 각각 다르게 이야기될 것이다. 이렇게 전하는 사람의 입장에 따라 이야기하는 투나 그 사건을 듣는 사람들에게 기대하는 이야기꾼의 요구가 다를 것이다. 그것은 어떤 느낌의 차이 정도가 아니라, 이야기 자체까지 달라진다. 그러므로 작가가 이야기하는 틀을 선택하는 일은 소재나 주제나 플롯을 선택하는 것에 못지않게 중요하다.

경우에 따라서는 이야기하는 사람의 모습을 숨겨놓거나 또는 직접 드러내어 이야기함에 따라 이야기의 의미와 맛이 달라진다. 위의 사건을 사건기자가 기사화했을 때와, 죽은 오누이의 어머니가 고향 친척들에게 전하는 경우는 판이하게 다를 것이다. 기자의 경우에는 익명의 이야기꾼이 될 것이고, 부모의 경우에는 이야기 밖에 모습을 드러내놓고 이야기하게 될 것이다. 또한 화자를 숨기고 이야기하되 그 숨기는 정도에 따라서도 이야기 맛은 역시 달라진다.

이야기하는 방식의 문제는 이야기 소재와 전하는 자의 의도에 따라 달라진다. 소설론에서는 이러한 분야를 시점과 화자 문제로 논의하고 있다. 이미 쓰어진 작품에서 그 방식의 유형을 찾아내고 소설적 의미를 파악해보겠다. 이제 소설쓰는 입장에서 여러 이야기 방식들을 찾아 그 쓰임과 효과를 대비하면서 이야기 방식을 선택하는 문제를 생각해보기로 한다.

2. 이야기 방식의 몇 가지 유형

(1) 이야기 밖의 화자와 작품과의 거리

① 싸움, 간통, 살인, 도적, 징역. 이 세상의 모든 비극과 활극의 출

원지인 이 칠성문밖 빈민굴로 오기 전까지는 복녀의 부처는 (사농공상의 제2위에 드는) 농민이었다.

② 전같지 않고 이제는 저녁을 물려도 션하게 나앉을 데가 마땅찮아 여간 갑갑한게 아니었다. 드나 나나 물것 풍년이니 한데로 나서도 그렇지만, 밖에 나와 혼자 우두커니 그러고 있기도 청승이라, 천상 일찌감치 벗어던지고 세상사 베개에 묻는게 고작이었던 것이다.

오늘도 들어오며 일변 등멱부터 서둘렀지만 질어터진 밥에 짐을 게 없어 싱검하게 볼가심한 탓인지 뒷맛이 특특하니 개운치 않았고, 끓는 열무 숡음국에 말아 검비검비 떠넣은 바람에 땀만 배어, 옆구리로 오금탱이로 찐덕거리지 않은 데가 없었다.

그래도 김봉모(金鳳模)는 밑이 질겨 줄담배를 내려문 채 툇마루 장귀틀 끝에 쭈그리고 앉아 속을 끓이고 있었다. 해 있어서 다북쑥이나 한 전 베어 뉘었더라면 밭마당귀에 모깃불이라도 놓고 나앉아 보련만, 매양 마음만 있고 이미룩 저미룩하다 으례 손이 안 가 저녁마다 뒷동을 못보니 뉘더러 지청구도 할 수 없는 노릇이었다.

"복셍아, 다 먹었걸랑 붙어앉어 저기허지 말구. 저기네 오양 옆댕이 가서 보릿꼬생이나 한 삼태미 퍼오너라. 예 앉어보니께 모기가 상여 메는 소리 한다. 얼름……."

③ "선생님, 이젠 가보시지 않겠습니까?"

자신의 족자를 펴들고 하염없는 생각에 잠긴 고죽에게 초헌이 조심스레 말했다. 고죽은 순간 회상에서 깨어나며 천천히 몸을 일으켰다.

"가봐야지."

그러나 다시 네번째 화방을 나설 때였다. 갑자기 눈앞이 가물거리며 두 다리에 힘이 쑥 빠졌다.

"선생님, 웬일이십니까?"

초헌이 매달리듯 그의 팔에 의지해 축 늘어지는 고죽을 황급히 싸안으며 물었다.
"괜찮다. 다른 곳엘 가보자."
고죽은 그렇게 말했으나 마음뿐이었다. 이상한 전류 같은 것이 등골을 찌르며 지나가더니 이마에 진땀이 스몄다. 그러다가 다섯번째 화방에 들러서는 정신조차 몽롱해졌다.
"이제 그만 돌아보시지요. 가봐야 이제 선생님의 작품은 더 나올게 없을 겝니다."
화방주인도 그렇게 권했다. 그러나 고죽은 쓰러지듯 응접소파에 앉으면서도 초헌에게 이르기를 잊지 않았다.
"너라두 나머지를 돌아보아라. 만약 나온 게 있거든 이리로 연락해라."
초헌은 그런 고죽의 안색을 한동안 살피다가 말없이 화방을 나갔다.
"작품은 거두어 무엇에 쓰시렵니까?"
한동안을 쉬자 안색이 돌아오고 숨결이 골라진 고죽에게 화방주인이 넌즈시 물었다. 그것은 몇 달 전부터 화방골목을 떠도는 의문 중의 하나였다. 그러나 고죽은 그 누구에게도 내심을 말하지 않았다. 그날도 마찬가지였다.
"다 쓸데가 있네."
"그럼 소문대로 고죽기념관을 만드실 작정이십니까?"
기념관이라니ㅡ. 고죽은 희미하게 웃었다. 그러면서도 가슴속에서는 형언할 수 없는 쓸쓸함이 있었다. 내가 말한들 자네들이 이해해주겠는가.
"그것도 괜찮은 일이지."
고죽은 그렇게 말하고는 슬쩍 말머리를 돌렸다.

④ 안개가 걷힌다.
이상하게도 이곳 안개에는 씁쓰레한 산채즙 냄새가 풍겨온다. 밤새

제 9장 이야기하는 방식 : 화자의 위치와 거리 정하기

숲을 지나오면서 산의 정기를 헹구어낸 때문일 것이다.
　절 뒤의 가파른 매봉 위로 해가 막 솟고 있다. 안개는 매봉 허리쯤에 한쪽이 이지러진 고리 모양으로 걸려 있다. 안개가 어디서 오는지 그는 생각해보지 않았다. 그러나 호수나 강에서만 안개가 이는 것은 아닐 것이다. 매봉을 주봉으로 한 이곳 H군 일대에는 안개를 피워올릴 만한 강도 호수도 없는 것이다.
　갓 솟은 햇빛을 받아 매봉의 현무암 이마가 흰 얼룩으로 번쩍인다. 지난 보름날 두번째 내린 후로는 매봉의 검은 몸뚱이에 흰 얼룩이 박혔다. 지금부터 내년 봄까지 매봉은 겨우내 흰 얼룩을 지닐 것이다. 해발 8백 미터 이상의 높이를 지닌 이곳 능선들은 이듬해 4월이나 되어야 눈이 녹기 시작한다.
　산을 각별히 좋아했던 것은 아니다. 젊어서는 놀이삼아 남의 산행에 따라붙었고, 한동안 산을 잊고 있다가 마흔이 되면서 다시 산을 찾기 시작했다. 그러나 오래 살기 위해 다리에 힘을 올린다는 생각이 들고부터 산행은 재미보다는 매주 찾아오는 번거로운 행사로 바뀌었다.

　①은 김동인의 「감자」의 서두이다. 이 작품의 경우, 이야기하는 사람(화자)은 복녀 내외의 처지를 객관적 입장에서 관찰하며 독자에게 전하고 있다. 화자는 소설 속의 인물이나 사건에 대해 되도록 불편부당한 입장을 유지하려 한다. 단지 화자는 그들이 살아온 과정을 관찰한 사실대로 독자들에게 보고하면 그만이다. 인물들에 대해 그 나름대로 해석하거나 그들의 정황이나 처지에 대해 연민을 전혀 갖지 않는다. 이러한 화자의 태도 때문에 이야기를 듣는 독자들은 복녀 부처의 삶을 보다 객관적으로 인식할 수 있게 된다. 그 결과 독자들은 그들의 삶의 과정을 통해 본질적인 인간문제에 대해서도 생각할 여유를 갖게 된다.
　「감자」의 화자는 이야기 밖에 있으면서 그 사건이나 인물과 일정한 거리를 유지하며 이야기를 끌어나간다. 그러므로 독자와 작품과의 거리도 일정하게 유지되어 복녀 부처의 살아가는 과정을 냉정하게 바라볼 수 있게 된다.
「감자」는 돈과 섹스와 도벽과 질투와 분노, 그리고 게으름 등 인간본능이 사람의 삶을 어떻게 파멸시키느냐는 인간 본질의 문제에 대해 탐구하고 있다고 볼 수도 있다. 또는 식민지시대의 사회구조의 한 단면을 그들 부처의 삶의 양식을 통해 드러내고 있다고도 생각할 수 있다. 작가는 이러한 주제를 생각할 때에, 화자가 이야기 밖에서 인물이나 사건과 일정한 거리를 유지하면서 이야기를 이끌어나가는 것이 필요했던 것이다.
②는 이문구의「우리 동네 황씨」의 한 단락이다. 이 작품은 ①과 비슷한 위치에서 화자가 이야기하면서도,「감자」에 비해서 화자는 약간 다른 태도를 취하고 있다. 그는 어떤 의도를 갖고 이 이야기를 독자에게 전하고 있는 듯한 인상을 받는다. 그러기에「우리 동네 황씨」의 여러 등장인물들 중에 특별히 화자가 애착을 갖거나 두둔하는 듯한 인물들이 은연중에 나타난다. 이 작품은 산업화 사회로 진입하면서 변해가는 농촌의 실상을 보여주면서, 그러한 현실에 대한 비판적인 의도가 직접 겉으로 들어나지 않지만 은밀하게 숨어 있다.
이 작품에서 화자는 이야기 밖에서 한 동네에 벌어지는 사건을 정리해서 독자에게 들려주고 있지만, ①에 비해 작가와 사건과의 거리가 가깝게 느껴진다. 그것은 몇 가지 이유 때문이다. 첫째, 문체 덕분이다. 이러한 문체는 작가가 농촌이라는 한정된 지역의 시골 사람들 또는 그들의 삶에 대해 애착을 갖고 있음을 보여준다. 둘째, 화자가 이따금 인물 내면에 들어가서 그들 정황을 파악하고 독자에게 이야기하고 있기 때문이다. '속을 끓이고 있었다' '뉘더러 지청구도 할 수 없는 노릇이다'와 같은 경우가 그러한 예이다.
문체는 이야기 대상에 대한 작가의 관심을 나타내는 데 어느 정도 기여한다. 사건의 성격과 밀접한 관계를 갖는 문체로 쓴다는 것은 작가가 작품과 이미 어떤 동류의식을 갖고 있음을 의미하는 것이다. 또한 화자가 이야기 밖에서 사건을 말한다 해도 완전히 이야기 밖에서만 바라본 대로 전할 수는 없다. 특히 인물 속사정을 독자에게 알릴 경우에는 화자가 인물속으로 들어갈 수밖에 없다. 이러 경우가 많을수록 화자와 이야기의 거리는 가까워진다.
　③은 이문열의 『금시조』의 한 단락이다. 이 작품은 한 서화가의 일생과 예술정신을 다루고 있다. 여기에 인용한 대목은 작품 후반부 일절인데, 고죽이 만년에 일생 동안 세상에 내보낸 많은 작품들을 수집하는 상황의 한 토막이다. 이 경우에는 화자는 형식적으로는 이야기 밖에 있으면서도, 실질적으로는 인물들 내면 속에 들어가 이야기를 이끌어가고 있다. 이미 작자는 사건의 흐름을 알고 있다. '고죽은 그렇게 말했으나 마음뿐이었다', '이상한 전류 같은 것이 등골을 찌르며 지나가더니', '그러나 고죽은 그 누구에게도 내심을 말하지 않았다', '기념관이라니, …… 그러면서도 가슴속에서는 형언할 수 없는 쓸쓸함이 있었다. 내가 말한들 자네들이 이해해주겠는가' 등등, 이러한 문장에서 그 점을 확인할 수 있다.
　인용한 부분에서도 나타나듯이, 이 작품은 화자가 고죽과 특별하게 가까이 있어 이야기를 끌어가고 있다. 고죽이 소설 주인공이기는 하지만 그의 모든 삶과 정신은 화자의 의도대로 독자에게 전해질 수밖에 없다. 이 작품은 형식적으로는 이야기 밖에 화자가 있으나, 화자와 이야기 또는 인물과의 거리는 매우 가깝다. 어쩌면 고죽 대신에 '나'라는 화자가 대신하여, 아니면 고죽의 어느 제자의 입장에서 스승의 삶과 예술을 사람들에게 들려주는 듯한 인상을 갖게 된다.
　화자가 이야기 밖에 있으면서도 거리감이 가깝다는 점은 소설의 성격이나 그 주제를 드러내는 데 적절한 장치이다. 즉 한 예술가의 삶과 정신을 추구한다는 점은 객관적이면서 또한 주관적인 작업이다. 만약 이야기 안에서 화자가 처리했다면, 고죽의 예술정신을 독자에게 전달하는 데는 그만큼 한계가 있을 것이다. 고죽이라는 인물을 3인칭화한 경우와 1인칭화한 경우의 차이는 소설의 맛도 다를 것이다.
　화자가 이야기 밖에서 소설을 전개시켜나가더라도 화자와 작품의 거리에 따라서, 그 화자의 모습은 여러 가지로 다르게 나타난다. 특히 소재나 주제에 따라 그러한 화자와의 거리 조절은 다양하게 선택해야 한다. 그것은 소설의 맛과 의미를 결정하는 중요한 단서가 되기 때문이다. 그런데 화자와의 거리는 한 작품 안에서 언제나 일정하지 않다. 상황과 작자의 의도에 따라, 이야기 밖의 화자가 주관에 흐를 경우 의미는 그만큼 한정된다. 화자가 인물에게 가깝게 다가가기도 하고, 또는 인물 속에 들어가거나 멀리 떨어져서 이야기를 끌어간다. 그러기에 화자와 작품과의 거리 문제는 한 작품 안에서도 늘 고정되어 있는 것은 아니다. 화자가 이야기 밖에서 전하는 경우에도, 그 이야기 성격에 따라 거리감이 조절되므로 다양한 효과를 얻을 수 있다. 우선 거리감을 일정하게 유지하는 경우에, 그 이야기 성격은 보다 보편적이며 본질적인 문제와 관계 깊을 것이다. 위의 세 작품의 경우에도 인간의 본질적인 문제를 추구하거나 한 시대의 사회문제를 비판적으로 인식할 때, 한 개인의 문제를 통해서 특정한 계층(예술가)의 정신을 추구한다는 등 그 주제성과 그 관심에 따라 화자의 모습이 달라졌음도 확인할 수 있다.

그런데 홍성원「산」(④)을 읽을 때는 화자가 이야기 안에 있는 것처럼 생각된다. 이 작품은 세계를 인식하는 주체가 생략되어 처리되어 있다. 한참 읽어가서야 그 산장 주인이 3인칭인 것을 알게 된다. 이처럼 작품은 3인칭 시점으로 화자는 정작 이야기 밖에 있으나, 그 맛은 이야기 안에서 있는 것처럼 느껴진다. 전직 교장인 산장 주인 '그'를 통해서만 모든 사건이 독자에게 전해지도록 이야기하는 방식이 마련되어 있기 때문이다. 3인칭 화자이면서도 화자와 주인공의 거리가 상당히 밀착되어 있어, 화자가 곧 주인공인 것처럼 느껴질 정도이다. 그런데도 이 작품에서 이야기되어지는 사태에 대해서 독자들이 신뢰감을 갖는 것은 주인공과 사건의 거리가 일정하게 유지되어 있기 때문이다.

화자와 주인공이 밀착되어 있으면 세계에 대한 인식 자체가 상당히 주관적일 수 있다. 그런데「산」의 경우는 그 반대이다. 오히려 극화된 화자처럼, 주인공 주위에서 시작되는 산의 불가사의한 변화양상부터 그렇다. 그리고 일비스님과 신학대학생 간의 이해할 수 없는 살인사건, 변

제 9장 이야기하는 방식 : 화자의 위치와 거리 정하기

덕스러운 산의 겨울 날씨, 순진한 소녀와 착했던 제자의 변모, 더구나 이해할 수 없는 인간사는 예기치 않게 찾아온 딸이 남편과의 이혼 결심을 말했을 때에 극치에 이른다. 이러한 사건들을 이끌어가는 주인공은 주관을 절제하고 되도록 객관적으로 자기 주변 일을 독자에게 전한다. 그러므로 독자들은 주인공이 인식한 그러한 사태를 사심없이 받아들이게 된다.

위의 작품 「감자」 「우리 동네 황씨」 『금시조』 「산」은 모두 화자가 이야기 밖에 있지만 거리는 각각 다르다. 이중에서 화자와 주인공의 거리가 가장 먼 경우는 「감자」이다. 화자는 냉정한 입장에서 주인공 복녀 내외의 생활을 추적하여 독자들에게 보고하고 있다. 또한 이 경우에 주인공과 세계 또는 사건과의 거리감도 일정하게 유지되어 흔들림이 없다. 현진건의 「운수 좋은 날」이나 김성한의 「바비도」 등 대부분의 역사 소설과 사회나 시대를 객관적으로 탐구하는 작품들은 이런 방식을 택하고 있다. 그런데 어떤 역사적 사건이나 시대를 소설의 대상으로 삼는다 하더라도, 작가가 어떤 이데올로기를 전제로 하여 대상을 의식할 때에는 주인공과 화자의 거리가 다소 신축성이 있다. 「우리 동네 황씨」는 문체 때문에 독자와 작품의 거리감을 단축시킨 예이다. 반면에 「감자」는 건조한 문체로 일관해서 독자와 작품의 거리감이 탄탄하게 유지되어 있고, 반면에 「산」은 그 반대이다.

거리감은 소설을 쓰는 데 유의해야 할 중요한 문제이다. 소설를 쓰는 과정에서 그 조절의 의도대로 이루어진다면, 또 작품 안에서도 상황에 따라 의도대로 거리를 조절할 수 있다면 더없이 소망스러운 일이다.

(2) 이야기 안의 화자와 작품과의 거리

① 무진으로 가는 뻐스

뻐스가 산모퉁이를 돌아갈 때 나는 '무진 Mujin 10 Km'라는 이정비(里程碑)를 보았다. 그것은 옛날과 똑같은 모습으로 길가의 잡초

속에서 튀어나와 있었다. 내 뒷좌석에 앉아 있는 사람들 사이에서 다시 시작된 대화를 나는 들었다.
"앞으로 십 킬로 남았군요."
"예, 한 삼십 분 후엔 도착할 겁니다."
그들은 농사 관계의 시찰원들인 듯했다. 아니 그렇지 않은지도 모른다. 그러나 하여튼 그들은 색무늬 있는 반소매 샤쓰를 입고 있었고 데드롱직(織)의 바지를 입었고 지나쳐 오는 마을과 들과 산에서 아마 농사 관계의 전문가들이 아니면 할 수 없는 관찰을 했고 그것을 전문적인 용어로 얘기하고 있었다. 광주(光州)에서 기차를 내려서 뻐스를 갈아탄 이래, 나는 그들이 시골 사람들답지 않게 낮은 목소리로 점잖을 빼면서 얘기하는 것을 반수면(半睡眠) 상태 속에서 듣고 있었다. 뻐스 안의 좌석들은 많이 비어 있었다. 그 시찰원들의 대화에 의하면 농번기이기 때문에 사람들이 여행을 할 틈이 없어서라는 것이었다.
"무진엔 명산물이…… 뭐 별로 없지요?"
그들은 대화를 계속하고 있었다.
"별게 없지요. 그럼서도 그렇게 많은 사람들이 살고 있다는 건 좀 이상스럽거든요."

② "또 그느무 간칼치를 꿉었구나."
하며 아내를 타박하는 어머니의 말소리가 들렸다. 소금에 절인 갈치 구이는 할머니가 가장 즐기는 반찬이었다.
　　어머니와 아내가 호마이카 밥상을 마주들고 마루로 옮겨다 놓았다. 준구와 준옥이도 기다렸다는 듯이 먼저 밥상에 붙어 앉았다.
"묵을 귀신이 씨었나. 꼭 걸귀신 들린 꼴이다."
　　어머니가 아이들을 보며 혀를 찼다. 그 말이 나오면 언제나 하는 말씀인, 알라들이 걸구 들린드키 묵을라 칼 때는 한창 살림이 쪼들릴 때고 알라들이 밥투정 할 때라야 엔간이 살림이 폈을 때다는 말씀은 입에 담지 않았다. 어머니는 아이들이 즐기는 맵지 않은 반찬인 달걀을 풀어 찐 반숙과 감자볶음을 아이들 앞으로 옮겨 놓았다. 그리곤 수저를 들다말고 내 쪽을 보았다. 담과 부엌 사이의 좁은 통로에서 나는 막 세수를 마치고 마루로 올라서던 참이었다.
"애비야, 어서 밥 묵거라."
어머니가 내게 말했다. 늘 그런 편이지만 오늘 아침의 어머니 목소리는 더욱 위엄이 서려 있고 냉랭하게 느껴졌다. 어머니의 얼굴은 굳어 있었다.

③ 이제나 저제나 기다리던 남편이 통금시간이 지나고도 안 들어올 때 보통 아내들은 어떤 걱정을 할까?
대개 교통사고 아니면 으슥한 골목길에 입을 벌리고 있을지도 모를 맨홀 걱정을 하리라. 나도 이 두 가지 걱정을 번갈아 하느라 거의 뜬 눈으로 잠을 새웠다.
날이 밝고도 아무 소식이 없는 걸로 봐서 통금에 걸리지 않은 게 분명해지니 더욱 앞의 두 가지 방정맞은 생각밖에 할 게 없었다.
그러나 가게(남편은 전기용품상을 하는 장사꾼이다)를 열 즈음 가게에다 전화를 걸었더니 점원으로부터 뜻밖의 소식을 들었다.
"어제 안 들어가셨다구요? 그럼 큰일났는데요. 실은 어제 저녁 무렵 검찰청 수사과에서 나왔다는 형사하고 같이 나가셨거든요. 잠깐이면 된다고 하면서 데리고 가길래 아마 일보고 댁으로 바로 들어 가셨거니 하고 댁에 연락도 안 드렸는데."
"검찰청 수사과? 분명해요?"
"그러믄요, 주인 어른이 꼬치꼬치 따지시는 걸 들은걸요. 참 검찰철 K지청(支廳)이라고 했어요."
나는 그때까지도 검찰청이라면 덕수궁 옆 재판소 속에 있는 것밖에 몰랐기 때문에 K지청이 어디쯤인지 짐작도 할 수 없었다. 그래서 덮어놓고 집을 나섰다.

④ "세상에 참 별일도 다 있어."

도청을 출입하는 김기자가 기사를 데스크로 넘기고 나서 부국장에게 다가가면서 어이없는 표정을 짓자,

"뭔데?"

부국장이 방금 인쇄되어 나온 신문을 훑어보면서 심드렁하게 응대하였다.

"강근수씨『바다의 사냥꾼』이 말썽났어요."

"왜?"

부국장이 고개를 신문에서 떼었다.

"남도리 해녀사건에 대한 글 때문이랍니다."

제주 해녀에 대한 글들을 모아 엮은『바다의 사냥꾼』이란 책은 발간되자 마자 전국적으로 큰 화제가 되었다. 해녀의 생활과 역사, 그들의 작업, 조직, 민속 등을 수록한 이 책은 사진까지 곁들여 부담없이 재미있게 읽힐 수 있으면서, 해녀연구에 대한 학술적 가치도 지니고 있어 호평을 받고 있었다. 특히 사진은 해녀의 생활을 시각적으로 생생하게 보여주었고, 필자가 직접 현장에 뛰어들어 조사하여 썼기 때문에 재미도 있었다.

⑤ ㉠아내는 알암이의 돌연스런 가출이 유괴에 의한 실종으로 확실시되고 난 다음에도 한동안은 악착스럽게 자신을 잘 견뎌 나가고 있었다. 그것은 아이가 어쩌면 행여 무사히 되돌아오게 될지도 모른다는 간절한 희망과 녀석에게 마지막 불행한 일이 생기기 전에 어떻게든지 놈을 다시 찾아내고 말겠다는 그 어미로서의 강인한 의지와 기원 때문인 것 같았다.

……중략……

㉡알고보니 아내는 아이의 영혼의 구원을 위해 교회를 찾기 시작한 것이었다. 소망과 기도가 온통 아이의 내세의 구언에 관한 것뿐이었다. 집에서나 교회에서나 (아마 분명코!) 아이의 영생과 내세 복락

제 9장 이야기하는 방식 : 화자의 위치와 거리 정하기

만을 외워댔다. 그러면서 그 아이의 영혼을 위한 교회 헌금에 전혀 마음을 아끼지 않았다. 아내는 마치 자신이 헌금한 금액만큼씩 아이의 내세가 유족해지는 것처럼 계속되는 헌금에 마음을 의지하고 지냈다.

⑥ ㉠나는 사내를 달래 보려다 입을 다물어 버렸다. 나의 말주변이 우선 서투르다는 생각도 들었지만, 사내의 눈은 도무지 나의 말을 듣고 있는 것 같은 기색이 없었다. 그러나 사내는 나의 말을 듣고 있었던 모양이었다.
"그래, 제 이야기를 꼭 들어야 할 이유라도 가지고 있소?"
갑자기 시선을 낮추며 나에게 묻고 나서, 사내는 열심히 나의 입을 지켜보았다. 나는 잠시 당황했다. 쉬운 대로 대답을 해두자고 생각한 순간 사내가 다시 말했다.
"좋소. 이야기하리다. 저도 누구 한 사람에게는 내가 알고 있는 것을 다 이야기해 주려고 마음먹고 있었으니까요. 한데 이젠 언제 숨이 아주 끊길지 모르게 되었으니 더 머물 수도 없어졌어요. 대신 잘 들어주셔야 합니다. 어떻게 생각하면 제게는 유일한 재산처럼 귀중하고 엄숙한 이야기니까요."
㉡이야기는 얘기했던 대로 그 젊은 줄광대의 승천에 대한 것이었다. 사내는 가래를 끓이며 이야기를 조금씩 이어 나갔다.
"……그 광대는 이름이 허운이었습니다. 운이라는 이름자가 구름 운(雲)잔지 운수 운(運)잔지는 모르겠습니다. 광대들에게 이름을 글자로 쓸 일은 거의 없으니까요. 하니까 그건 상관없습니다. 하옇든…… 운은 저보다 다섯 살 아래였지요. 바보같이 말이 없는 친구였읍니다. 어렸을 적 이야기를 하면 그 친구가 왜 그렇게 말이 적었는지 짐작이 가실지 모르겠읍니다……."

예시문 ①~⑥에서 화자들은 이야기 속에 들어가서 등장인물로 역할을 감당하면서 독자에게 직접 이야기한다. 그러나 각각 화자와 인물

또는 이야기 사이에 거리감이 달라짐에 따라 화자의 기능과 그에 따른 의미도 달라진다. 이렇게 같은 형식의 화자라 하더라도 거리감에 따라 각각 다른 소설 맛을 만들어낸다.

김승옥의 「무진기행」 ①은 1인칭 화자이면서 화자와 이야기간의 거리가 적당하게 유지된 작품이다. 이를 흔히 1인칭 주인공화자라고 말한다. 즉 주인공 '나'의 내면적 정황까지 되도록 독자들에게 잘 이해시키기 위해 선정한 화자이다. 이 경우에 이야기하는 의도는 '나'를 탐색하는 데 있다. 물론 그것이 단순히 한 개인의 문제에 국한하지 않지만, 형식적으로 화자는 주인공의 안팎의 모습을 직접 독자에게 전해서 이해시킬 수 있도록 설정하고 있다.

그러나 이 경우에도 자기 고백적인 이야기처럼 독자가 받아들여지지 않아서 주인공 '나'의 모습이 한 시대의 전형성을 띨 수 있는 것은, 화자가 이야기를 전하는 방법이 특이하기 때문이다. 즉 되도록 화자는 주인공 '나'와 그의 주변에 일어나는 상황을 객관화하려고 배려한다. 예를 들면 '나'는 고향 무진을 향해 가는 버스 안에서, 무진에 대한 정보를 독자에게 제공하는 경우에서부터 그러한 배려가 나타나 있다. 일반적으로 고향에 대한 정보는 '나'의 직접 진술에 의해 하기 마련이다. 그런데 여기서는 버스 승객들의 주고받는 대화를 통해서 독자들에게 자연스럽게 전해지고 있다. 이런 점 때문에 이 작품의 이야기가 보다 보편성을 가질 수 있게 된다.

서두만이 아니다. 작품은 주인공의 고향 무진을 탐구함으로써 결국 '나'를 탐구하게 된다. 고향은 '나'의 원형이고, 지금 겉으로 드러나지 않으면서 내 심성의 깊숙한 곳에 탄탄하게 자리잡고 있는 것이다. 그러한 주인공의 분신인 무진을 탐구하기 위해서 화자는 여러 사람들의 삶의 단면들을 제시한다. 세무서장, 아리아를 불렀던 추억을 안고 살아가는 음악선생, 미친 여자, 국어선생인 후배 등을 만난다. 그들의 삶의 실상과 그들 사이에 얽혀 있는 관계를 통해서 화자는 '무진'의 참 모습을 독자에게 전하고 있다. 화자와 주인공 그리고 사건과의 거리가 밀착된

1인칭 주인공 화자의 이야기인데도, 위와 같은 방법으로 그 거리를 조절하였기에 주제를 객관화시킬 수 있었다.

　김원일의 「미망」인 ②도 역시 1인칭 화자이다. '나'는 보조적 인물인데 따지자면 보조적 인물과 주인물의 중간 위치에 있다.

　이 소설을 아들인 '나'의 눈에 비친 어머니와 할머니의 갈등을 중심으로 엮어가면서 아버지 일까지 말하고 있다. 결국 아버지를 사이에 둔 어머니와 할머니 갈등을 통해 분단 상황에서 한가족이 겪는 아픔을 추구하고 있는 것이다.

　여기에서 1인칭 화자 '나'는 어머니와 할머니가 살아온 정황, 그리고 그들의 현재 처지, 미래에 대한 비전 등 모든 내력과 형편들을 속속들이 알고 있어서 이야기를 끌어나가는 데 아주 편리하다. 또한 화자는 다른 인물들에 대한 비판과 관심을 통해 문제를 직접 해설할 수 있다. 그러기에 두 여인의 한서린 인생과 그들의 정황을 독자에게 전하는데 1인칭 보조적인 화자인 '나'가 적절하게 역할을 담당하고 있는 것이다. 그러나 이런 주인물의 관계에서만 이야기가 전하는 데는 한계가 있다. 즉 1인칭 화자가 이야기 중심인물들과의 관계에 따라 소설의 맛도 그만큼 한정되며 의미도 축소될 우려가 있다. 이처럼 1인칭 부차적 인물이 화자가 될 경우에, 그 화자와 주인공의 인간적 관계가 가까울수록 이야기를 전개시켜나가기는 쉬우나 그 처리가 주관에 흐를 경우 의미가 축소될 수 있다.

　박완서의 「조그만 체험기」인 ③도 역시 1인칭 부차적 주인공 화자 소설이다. 화자 '나'는 남편이 당한 일을 통해 사회의 한 단면을 이야기하고 있다. 이 경우에도 '나'와 주인물의 관계가 부부이기 때문에, 부차적 인물과 주인공이 서로 혼동할 정도로 밀착되어 있다. 그러므로 남편 모습이나 처지를 독자에게 전하기가 편하지만 그만큼 제한적이다. 이 점은 ②의 경우와 비슷하다. 그러면서 이 작품은 남편이 당한 처지를 통해 사회에 대한 화자 '나'의 입장을 밝힌다는 점에서 부차적 인물이 주인공의 기능까지 담당하도록 처리되고 있다. 그러면서도 이 소설이 사소설이 아닌 것은 이야기가 개인의 삶에 한정되지 않고 사회문제에 보다 가까이 다가가고 있기 때문이다.
　『껍질과 속살』인 ④도 위 작품과 비슷한 화자로 이야기가 처리된다. 그런데 이 경우에는 기자의 신분인 화자 '나'가 관심갖는 문제가 가족관계에서 비롯된 것이 아니고 역사적 사실이라는 데 차이가 있다. '나'는 기자 신분으로 제주도 해녀사건의 진상을 추적한다. 이야기는 그 사건에 관련된 여러 가지 일들을 중심으로 전개된다. 사건에 대한 여러 사람들 입장과 처지들을 밝혀나가면서, 결국에는 사건의 의미에 대한 자신의 입장을 밝혀놓는다. 여기에 1인칭 화자는 처음에는 사건의 관찰자였다가 나중에는 주인공의 역할까지 감당하게 되는데, 이처럼 화자의 역할이 다양하게 변모하는 경우에 소설의 주제도 이 변모에 의해 드러나게 된다.
　이 경우에 화자 '나'는 형식상으로 역사에 대한 관찰자적인 입장을 취한다. 이 점이 바로 주제와 관련된다. 즉 여러 사람들이 역사적 사건을 해석하는데 이데올로기 문제가 어떻게 작용하는가를 보여주고 있다. 이는 1인칭 화자와 사건과의 거리감을 적절하게 유지하면서 관찰자 화자의 역할도 담당하는 듯한 인상을 받게 된다.
　이청준의 「벌레이야기」인 ⑤는 이야기 안에 있는 화자인 남편 '나'에 의해서, 제3자인 아내 이야기를 엮어나가고 있다. '나'가 지켜보는 바대로 주인공 아내의 왜곡된 신앙양태를 객관적으로 전해주고 있다. 사건의 발단은 아들 알암이의 가출에서부터 시작한다. 그러나 화자인 '나' 역시 아버지인데도 작품에서는 아버지 모습은 일체 내보이지 않고, 냉정하게 단지 화자로서의 역할만 충실히 수행한다. '나'는 소설 인물이 아니라 단지 이야기를 전하는 기능인으로서만 작품에 나타난다. 그런데 여기에서 화자를 남편으로 설정한 것은 아내의 내면적 정황을 보다 정직하게 파악할 수 있는 입장이기에 퍽 적절하다.
　그런데 이청준의 「줄」인 ⑥에서, 화자는 다층적인 의미를 지니고 있다. 그것은 소설의 주인공이 누구냐는 문제와 관계된다. 이 작품에서 원

제9장 이야기하는 방식 : 화자의 위치와 거리 정하기

래 바탕이 되는 사건의 주인공은 광대 부자이다. 그들의 삶을 독자에게 전하는 인물로서 트럼펫 사내와 화자인 '나'가 있다. 그런데 따지고 보면, 그들은 단지 그 줄광대의 이야기를 전하기만 하는 것이 아니라, 그들의 삶(그 이야기)에 대해 해석까지 하고 있다. 즉 트럼펫 사나이를 통해서 '나'는 줄광대의 이야기를 듣고 그들의 삶과 예술의 문제를 생각한다. 뿐만 아니라 '나'는 줄광대의 삶을 통해서 자신을 확인하기에 이른다. 첫 시작과 마지막 결말에서 줄광대에 대한 '나'의 해석은 미완의 상태로 남아 있다. 그렇다면 이 소설의 주인공은 '나'일 수도 있다.

　이렇게 화자의 기능이 작품 전개에 따라 변화하는 경우에 화자의 역할 이해는 작품성을 찾아내는 데 중요한 단서가 된다. 1920년대 작가 중에 현진건이 이런 틀을 많이 썼다. 「고향」·「사립정신병원」·「신문지와 철창」·「동정」·「서투른 도적」 등에서 그러한 예를 찾아볼 수 있다. 화자 '나'는 일종의 관찰자적 입장에서 주인공과의 관계에서 사건이 전개된다. 여기에서 '나'는 보조적인 인물 또는 기능적인 인물이다. 그러다가 결국에는 주인공의 처지가 '나'에게 어떤 충격을 주자, '나'의 의식이 변하게 되면서 '나'는 주인물적 자리에 놓이게 된다. 이러한 경우에 작품의 문학성은 바로 '나'의 변모에서 찾을 수 있다.

　1인칭 화자 선택은 어떤 사태나 상황 또는 인물의 진실이 '나'에게 어떤 의미를 주느냐는, 세계에 대한 '나'의 인식을 점검하기 위해서 많이 쓰이는 방법이다. 이야기를 전하는 틀을 선정하는 데는 화자문제뿐만이 아니라 거리문제도 함께 고려해야 한다. 거리는 다양한 측면을 갖고 있다. 앞서 말한 작가와 작품 내외적인 문제, 즉 작가와 주제와 소재, 주인공과의 거리, 그리고 주인공과 사건과의 거리, 다음에 독자와 주인공 또는 작품과의 거리를 조절하는 여러 문제가 있다. 중요한 것은 그러한 문제가 도식적으로 결정될 것이 아니라, 작가가 작품을 구상하고 계획을 짜는 과정에서 저절로 생각나서 설정되기도 한다. 그것은 구상이나 계획의 단계에서 고려해야 할 문제이다.

제 10장
소설 언어

1. 소설 언어의 성격

　소설은 작가가 인식한 세계의 진실을 서사구조로 변형시켜 소설 언어로 형상화시킨 것이라고 정의할 수 있다. 여기에서 세계의 진실은 소설 내용이나 문제가 되고, 서사구조는 형태가 되며, 소설 언어는 그 형태를 이루는 자질인 것이다. 그런데 소설이 문제로 삼는 '세계의 진실'은 소설이 아닌, 다른 예술양식이나 학문으로도 추구할 수 있다. 서사구조도 소설만이 가지고 있는 것은 아니다. 다른 문학 장르, 예를 들면 희곡이나 기행문, 그리고 논픽션도 서사양식이다. 더구나 문학이 아닌 역사나 신문이나 잡지의 기사도 서사물임에 틀림없다. 그렇다면 소설이 소설되게 하는 중요한 요소는 언어성에 있음을 확인할 수 있다. 소설을 쓰기 위해서 모든 준비가 다 마련되었다 하더라도, 그것을 소설 언어로 형상화시켜놓지 않으면 작품이 되지 못한다. 소설을 쓰는데 최종적인 문제는 언어에 달려 있다.
　소설쓰기에 있어서, 소설 언어를 구사하는 일은 가장 기초적이면서 필수적인 사항이다. 그것은 아무리 좋은 소설거리를 갖고 있더라도 언어로 형상화시키는 데 실패하면 소설이 되지 않기 때문이다. 그러므로 소설공부를 하는 데도 우선 소설 언어 훈련부터 제대로 해야 한다. 그런데도 일반적으로 그 문제에 대해 마음을 제대로 쓰지 않을 수도 있다. 그 이유는 언어기능은 누구나 갖고 있는 교양적인 것이기 때문이다. 그러나 그것은 착각이다. 소설을 쓰는 데 필요한 언어기능과 일상생활이나 교양인으로서의 언어기능은 다르다. 적어도 소설이 문학이 되려면, 그것을 이루는 언어는 일상적인 언어와는 다른 소설 언어로 씌어져야 한다. 그것은 성악가가 토해내는 목소리가 일반인의 내뱉은 목소리와 다르고, 색상이나 선에 대한 화가의 인식이 일반인의 그것과는 다른 것과 같다. 소설가는 일상인이 쓰는 언어감각이나 그 기능과는 판이한 언어감각과 능력을 지니고 있어야 한다.

요즈음 소설은 공부하는 방법에도 그 점이 소홀히 여겨지고 있다. 음악을 공부하는 경우에 처음부터 쉬운 곡을 연주하지 않을 것이다. 음에 대한 소양을 갖추기 위해서 적절한 훈련을 반복한다. 미술도 그렇다. 사물을 구체적으로 화폭에 옮겨놓기 전에 우선 데생이나 스케치를 수없이 되풀이한다. 서예를 공부할 때에도 예외는 아니다. 선 한 획을 긋는 훈련을 1년 이상 한다고 한다. 운동선수들의 훈련과정도 그렇다. 겉으로 보기에는 하고자 하는 경기와는 전혀 다른 기초적인 훈련을 반복한다. 그런데 소설공부를 하는 사람들은 우선 되지도 않은 이야기부터 써놓고 본다. 국민학교 학생들의 글짓기 작품과 소설을 공부하는 사람들의 습작 작품을 혼동해서는 안된다. 일상인이 쓰는 사건 기록이나 자기 신변잡기처럼 소설을 생각하는 것은 착각이다. 더구나 소설을 공부한다고 하면서 기본적인 언어 훈련이 전혀 되어 있지 않다면 문제이다.

소설 언어의 특징은 서사성에 있다. 한 편의 작품을 이루는 소설 언어는 궁극적으로 작품이 의도하는 문제를 충실히 형상화할 수 있도록 구사해야 한다. 그러므로 소설 언어에는 시의 언어와 수필의 언어와 논설의 언어가 종합되어 있다. 인간의 삶을 총체적으로 형상화시키기 위해서는 시적 정서와 수필적 감각이 필요하기도 하면서 한편 논술적 논리와 주장이 있어야 한다. 또한 소설에서는 화자(은닉된 작가)가 객관적 상황을 독자에게 제시해야 하기 때문에 희곡 언어도 포함된다. 이러한 여러 장르의 언어라 할지라도 일단 소설작품 속에 들어오면 작가가 의도하는 서사성을 형상화하기 위해 주어진 기능을 제대로 수행하는 소설 언어가 되어야 한다. 여기에 소설 언어의 특징이 있다.

소설 언어는 외양적으로는 대화와 지문으로 짜여져 있다. 그런데 지문은, 그것은 다소 도식적인 분류에 따른다면, 표현의 언어인 묘사와 진술의 언어인 서술로 되어 있다.

2. 대화

소설은 대화와 지문으로 짜여져 있는데, 그렇다면 소설 문장의 절반은 대화로 채워져 있다고 해도 과언이 아니다. 설령 그것이 직접 대화로 처리되어 있지 않더라도 대화적 기능을 갖고 있다. 대화에는 소설 등장인물들끼리 주고받는 대화와 혼자 지껄이거나 생각하는 것을 독자에게 내보이는 형식의 독백이 있다. 그러한 것은 상황에 따라 다양한 의미와 기능을 갖고 있다. 또한 어떤 경우에는 대화적 성격을 지닌 것을 지문으로 처리할 수도 있다.

대화는 원래는 희곡적 언어이다. 소설에서는 화자가 완전히 가려져 있어서 소설 인물과 소설을 읽는 독자가 직접 만나는 상황이 이 대화를 통해 가능하다. 그러나 따져보면 소설의 대화는 희곡의 대사와는 다르다. 희곡의 대사는 언어가 배우를 통해 직접 관객에게 전달되지만, 소설의 대화는 은닉된 작가의 목소리를 독자가 듣도록 하는 구조로 되어 있다. A가 B에게 하는 두 사람의 대화는 겉으로는 두 사람 간의 대화임에 틀림없지만, 사실은 화자가 독자에게 들려주는 일종의 정보체계인 것이다. 즉 이 대화를 통해서 작가는 혹 인물에 대한 정보나 플롯 전개에 필요한 사항들을 독자에게 알리고 있기 때문이다. 이 점이 바로 소설 언어의 특징이다. 그러므로 대화는 단지 어떤 상황을 직접 독자에게 제시하기 위한 희곡적 의도에서 씌어질 뿐만 아니라, 총체적 서사구조(작품) 안에서 작가의 의도를 충족시키기 위한 수단으로 씌어진다. 그러므로 대화는 여러 가지 다양한 기능을 갖고 있다. 그중에 중요한 것은 인물에 대한 정보와 정황을 제시하는 경우, 사건의 흐름에 관련된 사항을 제시하는 서사적 기능, 다음으로 작품의 종합적 의미를 정리하거나 중요한 문제를 제시 논평하는 대화로 나누어 생각할 수 있다.

(1) 인물에 대한 정보제공 기능

대화는 말하는 사람의 심적 정황이나 그 인물이 지니고 있는 정보를 상대에게 전하는 언어양식이다. 그리고 대화과정에서, 그 대화 자리에 참여한 사람들 간의 관계와 듣는 사람의 정황이나 정보까지 자연스럽게 드러나게 된다. 또 제3자에 대한 정보를 제시하기도 한다.

① 세 사람은 나란히 눈 쌓인 산길을 걸었다. 백화가 말했다.
"그럼 반말 놓지 말라구요."
영달이는 입맛을 쩍쩍 다셨고, 정씨가 물었다.
"어디까지 가오?"
"집에요."
"집이 어딘데······."
"저 남쪽이에요. 떠난 지 한 삼 년 됐어요."
"정말이오?"
백화가 잠깐 망설였다. 영달이가 말했다.
"애네들은 긴밤 자다가두 툭하면 내일 당장이라두 집에 갈 것처럼 말해요."
백화는 아까와 같은 적의는 나타내지 않았다. 백화는 귀 옆으로 흘러내리는 머리카락을 자꾸 쓰다듬어 올리면서 피곤한 표정으로 영달이를 찬찬히 바라보았다.
"그래요. 밤마다 내일 아침엔 고향으로 출발하리라 작정하죠. 그런데두 마음뿐이지, 몇 년이 흘러요. 막상 작정하고 나서 집을 향해 가보는 적두 있어요. 나는 꼭 두 번 고향 근처까지 가봤던 적이 있어요. 한번은 동네 어른을 먼 발치서 봤어요. 내 이름은 백화지만, 가명이에요. 본명은 아무에게도 가르쳐 주지 않아."

② "연말인데 바쁘지 않아?"
"바빠요."
"바쁜데 어떻게?"
소녀가 가지런히 눈을 아래로 내리깐다. 그제야 그는 소녀에게 일이 생긴 것을 깨닫는다.
"내쫓겼어?"
"아뇨."
"그럼?"
"그만둘까 해요."

③ "미쳤우다. 월남에 군인으로 간 아들을 기다리는 거우다. 매일 버스가 올 때마다 꼭꼭 나와서 저렇게 기다립주."
어떤 청년이 내 뒤를 따라오며 말했다. 나는 그동안 소문으로만 듣던 노인의 이야기를 확인하게 되자 안타까움이 더했다.
"전쟁에 아들을 잃은 부모가 어찌 노인뿐이겠습니까만, 영감에겐 충격이 클 수밖에 없읍주. 두 아들을 죽여먹고, 마지막 남은, 그것도 만년에 겨우 얻은 외아들이었읍주."
청년이 계속 따라오면서 지껄였다. 왜 그는 그렇게 노인에게 관심이 많은가.

①은 황석영의 「삼포가는 길」의 한 대목이다. 대화에서 등장인물 백화의 처지와 정황을 독자가 읽을 수 있다. 물론 대화는 영달이와 정씨, 백화, 이 세 사람 사이에서 이루어지지만 결국은 백화의 처지와 그녀의

과거, 그리고 그녀의 삶의 정서까지도 드러내기 위해서 의도적으로 작가가 마련한 것이다. 이 대화는 정씨의 물음에 대한 백화의 대답에, 다시 그런 여자들의 삶의 실상을 설명하는 영달이의 논평적 대화와 그에 대한 백화의 긍정적 대화가 합해져서, 결국 백화의 모든 것을 독자에게 전하고 있다. 이 대화는 상당히 상징성을 띠면서 백화의 처지를 충분히 알리고 있다. 이처럼 작가는 미리 그 의도를 설정해놓고, 그것을 충족하기 위해 세 사람에게 각각 적절한 대화를 맡겼다.

②는 홍성원의 「산」의 한 대목이다. 짧은 대화인데도 두 사람의 관계와 여자의 내적 정황과 소설의 사건을 암시하는 여러 정보를 전해주고 있다. 짧은 대화에서 두 사람 간의 복잡한 관계와 그들의 심사가 암묵적으로 드러나 있다. 바쁜 가운데 꼭 찾아와서 만나자고 하는 여자의 입장은 그 다음 이어지는 더 짧은 대화에서 잘 드러난다. '그만 둘까해요.'라는 간단한 대화에서 오히려 그 결단의 단호함을 느끼게 한다. 그리고 그렇게 되어야 할 사연까지도 독자에게 전하고 있다. 물론 그 점은 여기에 소개된 그 부분만으로는 분명하게 드러나지 않겠지만, 이 대화의 앞뒤를 고려한다면, 이러한 대화처리가 퍽 경제적이라는 점을 알 것이다. 이렇듯이 짧은 대화에서도 상황에 처한 인물의 대응양식과 그러한 정황을 말하는 인물의 심리까지 보여주고 있다는 데 이 대화의 특징이 있다.

③은 필자의 「쓰여지지 않는 비문」의 일절이다. 여기에서 특이한 것은 소설 전개에서 별로 필요하지 않은 제3의 인물이 등장해서 노인에 대한 정보를 제공하는 데 대화를 이용했다는 점이다. 작품의 주인공에 대한 정보를 독자에게 제공하는 방법은 여러 가지 있다. 화자의 직접 진술이나 독백 또는 생각을 지문화하는 경우, 이 경우에는 노인의 측근 중 (그 부인이나, 가까운 친척) 한 인물을 설정해서 전할 수도 있다. 그러나 여기에서는 전혀 관계없는 마을 청년이 나타나서 노인의 처지를 설명한다. 이것은 그 노인의 처지가 단지 한 특정인의 문제가 아니라 보다 보편성을 띠고 있음을 작가는 은밀하게 독자들에게 전하고 있는 것이

이다. 여기에서 청년은 단지 기능적인 역할만을 담당한다. 이와 비슷한 경우, 둘의 대화를 통해서 제3의 인물에 대한 정보나 그에 대한 비판적인 견해를 제시할 수도 있다.

　인물간의 대화는 그 대화에 끼여든 인물들에 대한 정보나 심리적 정황이나 그리고 타인에 대한 정보와 비판 등을 제시하기 위해서 쓰인다. 그러나 그러한 대화는 단지 대화내용에 나타난 의미의 차원일 뿐이다. 대화에서 독자가 느끼는 것은 대화하는 공간과 시간성, 즉 분위기나 상황, 그리고 대화하는 자의 태도와 듣는 자의 반응 등을 통해 대화는 많은 서사성을 제시하거나 암시하는 역할을 담당한다. ①에서는 우연하게 만난 세 사람들의 주고 받는 대화라는 점에서, 특히 '그럼 반말 놓지 말라구요' 하는 백화의 한마디에서, 영달의 말에 대해 백화가 제 처지를 장황하게 늘어놓는 그 정황에서, 이들 세 사람 간의 관계가 은연중에 드러나고 있다. ②에서는 짧은 대화마다 모두 '?'으로 처리되었다는 점에서 대화 속에 숨겨진 두 사람간의 정황을 느낄 수 있다. ③에서는 관계없는 청년이 뒤따라오면서 '나'에게 말하는 그 태도에서 대화 밖에 나타나지 않은 문제까지 시사받을 수 있다.

(2) 서사적 대화의 기능

　① "어제 저녁답에 할머님이 마루에 걸레질을 하다가 노할머니가 흘린 담뱃재를 봤지 뭐예요."
　양복 웃도리를 들고 뒤에 섰던 아내가 말했다.
　"그래서 할머니가 노할머니 들으시라고, 담배 끊는 꼴 봤으면 죽어도 운이 없겠다고 한마디하신 게……."
　"알았어. 그만해 둬."
　웃도리를 받아 입으며 내가 건짜증을 냈다.
　"정말 속상해서…… 어쩜 좋지요?"
　아내가 작은 소리로 투정을 했다.

"어쩌긴 어째. 한 이틀 견뎌보고 정 안되면 또 고모님을 부르는 거지 뭘."

"당신이 어떻게 한마디 영을 좀 세워요. 가장이란 사람이 늘 웃사람들 눈치만 보니 오히려……."

"이게 이제 못하는 소리가 없어."

내가 아내의 말을 막고 눈을 부라렸다. 아내에게 화를 낼 입장은 아니었으나 나는 나 자신에게 역정을 내고 있었다.

"두 분 싸움을 나는 못 말려. 하루이틀 보아 온 것도 아니고 말이야. 잘못이 있다면 두 분을 모실 수밖에 없는 내 죄지. 이제와서 어떻게 하겠어."

나의 목소리가 어느 사이 풀이 죽고 말았다.

"이런 경우를 뭐 운명으로 돌려야 하나. 참고 사는 수밖에 더 있겠어. 할머님이 사시면 언제까지 사실 거라고……. 어렵더라도 당신이 좀 참아야지."

② "최선달과 김도사 둘이서 방 역적을 감언이설로 꼬이기를 말이여, 지금 형편으로는 경군(京軍)이 들이닥치면 도저히 대항할 도리가 없으니, 제주 삼읍 호적을 성책(成冊)해설랑 일본 왕한테 바치고 부속을 청하면 쾌히 응낙하여 장군을 영원히 제주도 도주로 삼을 거라고 하니까 그 무식한 방 역적이 그 말을 달게 듣고 선뜻 응하더라는 거여."

"그리해서 바다 가운데로 꼬여내어 죽이자는 건가?"

"바로 그 말일세. 그거 장히 좋은 묘책 아닌가? 장두 잃은 난민이란 대가리 짤린 배암이여! 영감, 기회는 이때가 아닌가! 위군충성할 때가! 최선달네가 방 역적을 바다 가운데로 꼬여내는 즉시 우리가 성안에서 내응하자는 말이여! 이보다 더 좋은 기회가 없네. 방 역적이 도망친다는 소문으로 시방 성중 민심이 흉흉한데다가 남학당이 저들만 저렇게 성 밖에 나가 있으니 그저 성문을 닫아 걸기만 하면 주성이 극복되는 것이여. 저 성 위에 설치해놓은 댕구 다섯 문은 물론 군기고 안에 남아 있는 중포 이십 문, 화승총 백여 자루도 모조리 우리 손에 들어온단 말이여. 화약고도."

③ "아마도 시한을 잡아놓고 남자가 떴다봐라 한 기 아닐끼라. 중동같은 데 돈 벌러 갔으믄서야 그렇게 녹작지근 하니 맴(마음)이 풀어져서 기미나 한 소쿠리 얼굴에 앉차 갖고 남의 집살이를 여러 집 돌아댕길 일이 뭐 있겠노? 왜래(오히려) 보통 안들들보다 더 생기가 나서 몸이 가뿐해야 될 거 아이가. 모리지, 나는 우째 자꾸 그런 생각이 드네……."
나는 단도직입적으로 물었다.
"그렇다면 남편이 죽었다는 말씀이십니까? 그러면 사는 형편이 더욱 꼴이 아니겠는데요. 차림이나 외모가 그렇게 궁색하게는 보이지 않던데요?"

④ "밤엔 집에들 있어 줬으면 도캇는데……."
"아바진 또 요새 왜 그러우?"
"글쎄말이다."
"어머니가 좀 말을 해요."
어머니가 놀라는 눈을 이리 돌렸다.
"요새 아바지가 박선생한테 너무 해요. 디나간 일두 생각해야디 나빠요. 이제 토디개혁인가 뭔가 된다구 해서 그럴 수가 이시오? 어머니가 좀 말을 해요. 어머닌 왜 아바지한테 말 한마디 못하구 삽네까?"

서사적 대화라는 것은 대화가 소설 사건에 필요한 여러 정보를 독자들에게 알려주기 위한 대화이다. 형식적으로는 대화 상대자에게 하는 말이지만, 사실은 독자에게 소설의 흐름이나 그 내용을 효과적으로 이해시키기 위해 고안된 것이다.
  ①은 김원일의「미망」의 한 대목이다. 남편(나)과 부인의 대화를 통해 어머니와 할머니 사이에 벌어진 담배사건을 독자들에게 소개하고 있다. 그리고 대화에서 그 사건에 대한 남편(화자)의 입장까지 드러나 있다. 이 대화 속에 인물들 간의 갈등과 관계가 분명하게 나타나 있는데, 그것을 통해 사건의 흐름을 독자에게 충분히 알리고 있다. 그것은 단지 어제 저녁에 일어난 일을 남편을 통해서 독자에게 소개하는 수준이 아니라, 앞으로 아들인 화자 '나'가 취할 입장과 그렇게 될 수밖에 없었던 사연, 즉 과거까지 독자들에게 알려서 작품의 흐름을 이해시키려 하고 있는 것이다.
  ②는 현기영의『변방에 우짖는 새』의 한 대목이다. 사람들의 대화를 통해서 방성칠이 일으킨 소요의 전말과 그에 대한 주민들의 관심과 비판적 의식까지 나타나 있다. 대화는 계속 이어지는데 이러한 대화의 주체자들이 소설 속의 특정한 인물이 아니라는 점에서, 이 대화가 보다 객관성을 갖게 되는 것이다. 물론 역사소설적 성격을 갖고 있는 이 작품에서 그러한 대화처리는 객관적 상황을 독자들에게 소개하는 데 의미를 지닌다.
  ③은 김원우의「불면수심」의 한 대목이다. 화자 '나'와 노인의 대화에서 제3의 인물인 여인에 대한 정보를 제공하고 있으면서, 그것은 곧 소설의 흐름을 결정지워주는 중요한 역할을 감당한다는 의미에서 서사적 대화라 할 수 있다. 여자의 과거 형편과 그 여자가 취하고 있는 현재의 삶의 태도가 말을 하고 그 말에 관심을 보이는 노인과 '나'의 문제에 의미있게 작용하게 된다.
  ④는 황순원의『카인의 후예』의 일절이다. 이 모녀의 대화에서 그 아버지가 취하고 있는 최근의 생활형편이며, 그러한 일이 박선생과 어떤 관계에서 이루어지고 있으며, 그에 대한 이들 모녀의 입장이며, 이 집안과 박선생네 집안과의 과거관계까지 자세하게 보여주고 있다. 그리고 식구 간의 대립양상도 드러나서, 여기에 제시된 사항들이 앞으로의

플롯 진행에 중요한 몫을 하게 됨을 독자는 알게 된다.

(3) 판단·종합적 언어

① 이튿날 마을 사람들이 이 바위 곁에 모이었다. 그들은 모두 침을 뱉으며 말했다.
"더러운 게 하필 예서 죽었노."
"문둥이가 복바위를 안고 죽었네."
"아까운 바위를……."
바위 위의 여인의 얼굴엔 눈물이 번질번질 말라 있었다.

② "×경찰서 앞입니다."
철호는 눈을 떴다. 상반신을 벌떡 일으켰다. 그러나 곧 털썩 뒤로 기대고 쓰러져 버렸다.
"아니야, 가."
"×경찰섭니다, 손님."
조수애가 뒤로 몸을 틀어 돌리고 말했다.
"가자."
철호는 여전히 눈을 감고 있었다.
"어디로 갑니까?"
"글쎄, 가!"
"하참, 딱한 아저씨네."
"……."
"취했나?"
운전수가 힐끔 조수애를 쳐다보았다.
"그런가 봐요."
"어쩌다 오발탄(誤發彈) 같은 손님이 걸렸어. 자기 갈 곳도 모르게."

운전수는 기어를 넣으며 중얼거렸다.

③ "두 분에 대한 저의 당부라는 건 별다른 것이 아닙니다. 앞서도 이미 말을 했듯이 두 분은 기왕에 남다른 사랑과 용기로 이 일을 이룩하였으니 앞으로도 계속 자신들의 방둑을 허물어뜨리지 말고 누구보다 굳세게 그를 지키고 살찌워 나가 달라는 것입니다. 절벽을 허물어뜨리고 그 절벽 대신 따뜻한 인정이 넘나들 믿음과 사랑의 다리가 놓여져야 할 곳은 많습니다. 다리의 이쪽과 저쪽이 한동네 한 마을로 섞이고 화목해야 할 자리는 많습니다. 제가 두 분의 신접 살림을 직원 지대와 병사 지대의 중간에 마련하고자 했던 것도 사실은 그런 뜻이 있어서였읍니다. 두 분의 결합과 정착지를 시발점으로 해서 하루빨리 이 섬에서부터 두 마을이 하나로 합해지게 되기를 바랍니다. 두 분의 정착지가 하루빨리 새로운 마을로 번성하여 이 섬 안엔 건강 지대와 병사 지대가 따로 없는 하나의 마을로 채워지기를 빕니다. 이제 두 사람으로 해서 그 오랜 둑길이 이어지고 길이 뚫렸읍니다. 그리고 당신들의 이웃은 힘을 합해 그 길을 지키고 넓혀나갈 것입니다······."

①은 김동리의 「바위」의 마지막 부분이다. 이 대화는 작품의 결말을 상징적으로 정리하고 있다. 그런데 여기의 마을 사람들은 불특정 인물이다. 그들의 대화는 일반인의 의식을 대신하면서 바위에 엎드려 죽은 여인을 비난한다. 이러한 대화는 어떤 사건에 대한 비판적이면서 또한 작품의 의미를 종합적으로 정리하는 데 필요하다.

②는 이범선의 「오발탄」의 클라이맥스 부분이다. 탈출구가 없는 주인공의 절망적 상황과 그에 따른 정황이 택시기사와 주인공의 대화를 통해 잘 나타나 있다. 그러다가 마지막 '오발탄 같은 사람'이란 대목에서 이 작품의 의미가 제시되고 있다. 더구나 이 대화에서 특이한 것은 택시 기사에게 주문하는 주인공의 짧은 대화에서 그 주체자의 의식과 정황이 간결하게 드러났다는 점이다.

제 10장 소설 언어

③은 이청준의 『당신들의 천국』의 마지막 부분이다. 과거 소록도 나병 환자의 치료병원 원장이었던 조백헌이 원생과 일반인이 결합하는 특이한 결혼식 주례를 맡고서, 그 주례사를 독백투로 연습하는 대목이다. 그의 천국 건설에 대한 꿈의 좌절과 그 소망을 이러한 독백을 통해서 진술하고 있는데, 이러한 주례사 연습 대화는 작품의 중심문제를 정리하여 독자에게 내보이는 데 적절하게 처리되고 있다. 윤해원과 서미연에 대한 당부라는 형식으로 이어지는 이 주례사 아닌 주례사는 바로 실패한 낙원 건설을 위해 그가 생각해낸 또다른 방법을 암시하고 있다. 그러나 이 주례사가 결혼식장에서 이루어지는 것이 아니고, 연습으로 하는 일종의 독백이며, 그것도 끝을 맺지 못하고 있다는 데서 이 주례사 대화의 묘미와 소설적 의미가 있다.

이러한 판단적·종합적 대화는 일상적인 대화와는 달리 공식 석상에서 특정인이 하는 연설, 발표, 식사 등의 양식으로 나타나기도 하며, 또는 불특정 인물에 의해서 집단의 의사를 표출하는 투로 씌어지기도 한다.

이러한 대화는 작품 내의 사건으로 봐서는 등장인물들의 행동이나 사유와 관계있는 것이다. 인물들과의 관계에서 빚어지는 사건에 부수된 인물 상호간의 의사소통이나 자기 독백이 바로 그러한 대화이다. 그러나 이 대화는 단지 소설의 사건 안에서만 의미를 지니는 것이 아니라, 작가가 소설이라는 문학양식을 통해서 나타내려는 어떤 무엇을 형상화하기 위해 필요한 하나의 자료인 것이다. 이러한 점을 고려해서 대화를 마련하여야 한다.

그러기에 소설 대화는 일상적인 삶의 현장에서 일어나는 사람들 간의 대화와는 근본적으로 다르다. 사람들이 모이면 불필요하거나 중복되는 말을 많이 한다. 그러나 소설은 일상적인 삶을 소재로 해서 그것을 선택하고 해석해서 재구성한 것이기에, 대화도 정리되고 경제적으로 씌어져야 한다. 이 말은 소설의 전체적인 틀 안에서 대화가 어떤 기능을 하면서 동시에 의미를 지닐 수 있어야 한다는 것이다. 둘째, 소설의 대화는 형상화에 기여할 수 있어야 한다. 소설을 쓰는 일은 허구를 형상화하는 일이다. 이 형상화는 보다 구체적인 양태로서 독자 앞에 나타나지만, 그것은 독자에 따라 다른 모습으로 받아들이는 독특한 형상성을 지니게 된다. 다시 말하면 독자 나름의 또 하나의 창조작업을 통해서 작가가 만들어놓은 언어 구조물인 소설을 자기 나름으로 받아들이게 된다. 이런 점을 고려해서 대화는 단순 명료하면서 동시에 함축적인 의미를 지닐 수 있어야 한다. 그것은 산문적이면서 시적인 언어이다. 왜냐하면 말은 원래 듣는 사람에 따라 받아들이는 바가 달라지기 때문이다.

 셋째, 그것은 읽을 것을 전제로 해서 마련해야 한다. 이 점은 희곡 언어인 대사가 말하기를 전제로 하는 점과 상반된다. 그러나 눈으로 읽지만 그 대화의 언어를 변화있게 처리하고, 단어의 중복을 피해서 단어와 단어 사이에 논리적인 관계가 유지될 수 있도록 처리해야 한다. 그래서 대화는 항상 앞으로 진전해나가는 듯한 느낌을 독자에게 줄 수 있으면 더욱 바람직하다.

3. 지문

 소설 작품에서 대화 이외의 문장을 통틀어서 지문이라고 한다. 대화는 인물들 간에 이루어지는 담화를 직접 독자가 듣도록 처리되어 있기에 화자는 완전히 숨어 있다는 점에서 묘사에 가깝다. 그런데 지문은 화자의 모습이 대화보다 더 뚜렷하게 드러나 있어서 설명적·지시적 성격을 보다 분명하게 지니고 있다. 그것을 좀더 구체적으로 살펴보면 대화를 보충·설명해주는 지문, 어떤 상황을 제시하는 지문, 사건의 양상을 독자들에게 안내하는 지문 등으로 그 기능을 구분할 수 있다. 이것은 다시 정보를 제공해주는 지문, 상황을 제시하는 지문으로 묶어 생각할 수도 있다. 그런데 어느 경우이든 묘사적인 문장과 설명적인 문장을 서로 혼합하여 작가의 의도를 형상화시킨다.

제10장 소설 언어

(1) 대화를 보충하는 지문

① ㉠ "현장을 그대로 보전해."
　조역이 억압조로 말하면서, 그에게 엉겨붙으려는 최영감을 제지하고 있었다.
　"여보시오. 현장 보전도 좋지만 죽은 건가 산 건가는 알아봐야 할 게 아니오?"
　㉡ 최영감이 조역에게 대들었다.
　"곧 파출소에서 올꺼요."
　㉢ 조역은 냉담하게 잘라 말했다. 최영감은 어쩔수없이 뒤로 물러날 수밖에 없는 모양이었다.

② "어제는 무슨 일이 있었냐?"
　㉠ 하루 늦게 나타난 동생에게 봉투를 건네면서 형은 물었다. 동생은 봉투를 접어 상의의 안포켓 속에 집어넣었다. 그는 내 쪽으로 힐끗 시선을 던졌다. 말해도 괜찮겠느냐는 물음이었다.
　"괜찮아."
　㉡ 형은 짧게 말했다.
　"그저께 아버님을 잃어버렸습니다."
　"그래서?"
　"섬 전체를 뒤졌지요."
　"찾았냐?"
　"피투성이입니다."
　㉢ 김교수는 동생을 데리고 밖으로 나갔다. 나를 의식한 때문이었을 것이다. 한 5분 정도 지나서 나는 형제가 숲속 길을 따라서 들어가는 것을 볼 수 있었다. 바바리를 걸친 형이 한결 힘없어 보였다.

③ "그런데, 솔직히 내겐 좀 역겨운 광경이었어. 왜 그렇게 열심히

들여다보는지 알 수 없을 만큼."
  ㉠ 나의 느낌을 말하자,
"오랜 세월 동안 떠돌아다니다가 우리에 갇혀 길러지게 되었으면서도 저렇게 야성(野性)이 죽지 않고 살아 있다는 게 신기하지 않아요?"
  ㉡ 되물어 왔다. 그리곤 덧붙여서,
"전 어릴 때부터 사춘기가 될 때까지 거의 육식을 못했어요. 웬지 살아 있었던 생물이었다고 생각만 하면 생선조차 먹을 수가 없는 거예요. 그러다 보니 이렇게 작고 마른 몸이 됐나 봐요. 한데 우연히 저녁 시간에 창경원에 갔다가 식사하는 것을 보았죠. 피를 흘리며 달려들어 식사를 하는 재규어를 보고 있자니 일시에 내 고민이 사라지는 거였어요. 도대체 인간의 생각이란 것은 얼마나 우스꽝스러운지 몰라요. 아주 오랜 옛날엔 인간도 불에 굽지 않고 다른 동물이나 식물을 구별없이 달려들어 먹었겠죠. 사정없이, 생각도 없이 와즈작 와즈작!"
  ㉢ 하고 말하였다.

  ①은 김주영의 「달밤」의 일절이다. 대화를 보충 설명하고 있는 지문을 살펴보면, ㉠에서는 그 앞 대화를 하는 조역의 강경한 입장과 사고를 당한 시신에게 엉겨붙으려는 최영감을 제지하는 조역의 행동이 나타나 있다. ㉡과 ㉢은 앞 대화에 곁들인 대화 주체자의 태도를 보여주고 있다. 이러한 지문들은 대화로서 나타낼 수 없는 인물의 내면 정황이나 태도, 그리고 인물들의 외면 행동을 독자에게 소개하기 위해 쓰이고 있다.
  ②는 최창학의 「포구의 숲」의 일절이다. ㉠은 대화 상대자와 주체자의 입장과 처지를 설명하고 있다. 그리고 인물들의 행동을 제시하고 그들의 정감까지 간접적으로 설명하고 있다. ㉡은 순수하게 대화의 보조적인 지문이다. 그것은 대화 주체자의 심리 정황을 드러내기 위함이다. ㉢은 대화 뒤에 일어나는 인물들의 행동을 제시하고 있다.

이러한 두 예를 통해서 서사적인 양식은 대화와 지문의 적절한 배합을 통해서만 가능하다는 점을 이해할 수 있을 것이다. 대화가 일종의 표현이라면, 그것은 보다 실감있다. 그러나 그것으로 의도하는 서사성을 처리한다는 것은 극히 비경제적이고 독자가 이해하기 어렵다. 이러한 점을 보완하기 위해 지문은 화자가 직접 독자들에게 제공해주는 정보이다.

③은 어떤 여류의 소설 작품의 일절이다. 여기에 쓰인 지문을 좀 검토해보면 그 문제점을 발견할 수 있을 것이다. ㉠, ㉡, ㉢의 지문은 쓸모가 별로 없다는 것을 곧 알 것이다. 이런 지문보다는 앞 대화와 어떤 관련을 갖고서 다음에 벌어질 상황을 위한 예비적인 내용 또는 대화 주체자의 내적 정황을 제시하는 것이 보다 효율적이다. 그러므로 대화를 직접 보충·설명하는 지문은 우선 대화의 내용과 중복을 피하고, 사건의 진행에 도움을 주어야 하고 또 사실적이어야 한다. 비록 그런 지문은 화자가 직접 나타나서 서사를 이끌어가는 해설적 기능을 갖고 있어 부자연스럽지만 그렇기 때문에 독자가 자연스럽게 받아들일 수 있도록 처리하는 것이 좋다.

(2) 서사적 지문

지문은 본래 서사적인 것이다. 그런데 여기서 서사적이라 함은 그것이 직접 어떤 사건의 전개나 그 일을 위한 기능을 갖고 있음을 말한다.

① ㉠훈은 저녁을 뜨는둥 마는둥 그대로 자리 속으로 들어갔다. 그러자 웬일인지 이날은 온몸이 매시시해지며 곧 잠같은 게 들어버렸다. 그리고 어지러운 꿈을 꾸었다.
㉡야학당 앞에 가 있었다. 일층으로 길게 지은 소학교 한가운데 불이 켜져 있어, 그곳이 야학당이었다.
㉢훈은 오늘밤 몸이 편찮아 누워 있다가, 그래도 자기가 맡은 시

간만은, 하고 나온 길이었다. 죽은 듯이 엎드려 있는 집채 한가운데에 여기만은 이렇게 살아 있다는 듯이 켜져 있는 불빛. 몸이 편찮지만 잘 왔다고 생각했다.

　㉣ 현관으로 들어섰다. 현관 바로 오른편 방이 야학당이었다.

　㉤ 야학당에서는 지금 공부 중이었다.

　㉥ 교단 쪽 문앞을 지나 뒷문으로 갔다. 그리 들어가 한 시간이 끝나기를 기다릴 참이었다.

　㉦ 조심히 뒷문을 밀어 열었다. 교단에서 웬 낯선 사내가 강의를 하고 있었다. 언뜻 보는 눈에, 개털 오바를 입은 키가 자그마한 청년이었다. 함경도 사투리가 억세였다.

　㉧ 교단 옆 의자에는 언제나처럼 홍수가 꼿닥하니 앉아 있었다. 이 사람은 훈과 함께 야학을 시작한 사람 중의 한 사람이었다.

　②그 두번째 ㅂ연맹 사람들이 아이의 자형을 끌어가려 온 것은 그러니까 북쪽 군대가 아직 미아리 고개를 넘기 전인 27일의 저녁 어스름녘이었다. 먼젓번 사람들과 달리, 그 무렵 서울에는 형식적인 전향으로 연맹의 보호를 받아오다, 일이 처지면서부터는 제 본색으로 돌아가 북쪽 군대의 입성을 숨어 기다린 사람들이 아직 꽤 되었던 모양이었다. 아니면 예상 외로 빨라진 침공군의 기세에 어찌할 바를 모르다가 그런 식으로 또 한 번의 구명책을 쫓아나선 것이었을까. 위인들은 국군이 아직 한강 다리도 넘기 전인 그날 저녁, 미아리 쪽으로 다가오는 그 북쪽 군대의 포성 속에 자신들의 전날과 전과(前過)를 벌충하려는 듯 몇 사람씩 미리 작반, '반역자' 색출에 열을 올리고 나선 것이었다.

　①은 황순원의 『카인의 후예』의 한 단락이다. 이 대목은 사건 전개를 지문으로 처리한 것이 무려 8개 단락이나 된다. 훈의 꿈 속의 상황이 긴박하게 전개되었다. 이러한 상황 전개는 사건을 이끌어가는 중심 모티

브의 변화에 의해 이루어진다. 여기서는 훈의 꿈 – 야학당 앞 – 훈이 많은 시간 – 야학당으로 들어감 – 시간 끝나기를 기다림 – 낯선 사내의 수업 – 열심히 수업 듣는 홍수 – 오작녀 – 명구.

이처럼 짧은 꿈의 대목을 이용해서 많은 인물들을 등장시키고 있다. 이런 경우는 지문으로 처리하는 것이 효과적이다. 만약 대화와 지문을 뒤섞어서 좀더 구체적으로 나타내려고 할 때, 꿈의 분위기가 흩으러질 수도 있다. 그런데 이 대목은 모두 서술적 문장으로 처리하고 있으면서, 특수한 상황을 객관적으로 나타내는 데 성공하고 있다.

반면에 이청준의 「가해자」의 한 대목인 ②는, 같은 서술적 문장이면서 화자가 겉에 드러나 독자에게 직접 진술하는 양식으로 처리하고 있다. 객관적 상황을 독자에게 전하는 것이 아니라, 자형에 얽힌 이야기를 화자 '나'가 독자들에게 들려주는 서술양식으로 처리하고 있기 때문이다. 이런 경우에는 설사 대화를 이용한다고 해야 그것은 서술적인 대화 밖에 없다.

서사적 지문은 직접 사건을 독자들에게 전하는 데 필요하다. 그러나 그것은 소설의 흐름에 따라, 서술양식의 특징에 따라 서사적 지문의 선택 여부가 결정되는 것이다.

이외에는 인물들의 내외적인 조건이나 그에 따른 정보를 서사적 지문으로 처리할 수도 있다. 이 경우에 그것을 대화나 지문 어느 것으로 처리하느냐는 문제는 전적으로 소설의 플롯과 관계 있다.

(3) 대상이나 상황(정황) 그리기

소설은 서사적 형상화이다. 혹 작품을 이루고 있는 문장이 서술적 진술체로 일관한다 하더라도 거기에는 그럴 만한 구조의 논리성이 있고, 그 자체가 일종의 형상화일 수 있다. 대화와 지문이 서로 어울려 작가가 의도하는 바를 서사구조로 만들어내는 데 중요한 것은 어떤 대상을 형상화하는 일이다. 사물이나 사건, 한 인물의 내적 정황이나 구체적인 공간과 시간성 등 소설이 필요로 하는 대상을 서술과 묘사, 대화로 독자의 상상 속에 구체적인 형체나 개념으로 나타나도록 하는 일이 소설쓰기에서는 중요하다.

대상을 형상화하는 데서, 그것을 어떻게 작품에서 의미화시키느냐는 문제를 먼저 생각해야 한다. 인물이나 에피소드로서, 아니면 작품의 소도구나 배경으로 어떤 것을 작품에 끌어들였을 때, 그것은 독자적이고 또한 다른 요소와의 관계를 지니고 있다. 그러므로 작가는 그것을 채택한 의도를 고려해서 의미를 살릴 수 있도록 처리해야 한다. 예를 들어 어떤 술집이 소설에 등장한다고 하면, 그 술집을 등장시킨 의도를 명확하게 정해야 한다. 인물의 성격을 드러내는 데 기여하는 술집인가, 사건 발단에서 중요한 의미를 지니는 공간인가, 아니면 그곳을 통해서 소설의 배경이 되는 한 사회 또는 시대의 상황을 드러내려는 의도인가. 이러한 의미성은 소설의 다른 요소들과의 관계에서 더 구체화된다. 그 다음에는 그러한 의미성을 형상화하기 위해서 다시 필요한 자료나 소재를 설정할 필요가 있다. 저녁 술집 정경이 왜 필요하며, 그 필요성에 따라 처리할 작가의 의도가 정해지고, 그것을 충족하기 위해 술집 안에 있는 여러 소재들 중에 무엇을 택해서 어떻게 처리하고 재배치시킬 것인가 하는 문제가 결정되야 한다. 그 다음에는 대상을 처리하는 작가의 입장, 즉 서술자의 태도와 방법이 정해져야 한다. 화자의 위치와 대상과의 거리감, 형상화하는 과정, 필요한 문체 기법 등이 여기에 포함될 것이다.

일반적으로 이러한 상황이나 인물을 그리는 데는 대화 외에 묘사와 서술적 문장으로 처리된다. 서술은 사건이나 행동을 나타내는 데 적절하고 묘사는 형상화하는 대상을 독자가 직접 만나도록 처리하는 데 쓰인다. 그러나 서술과 묘사는 그렇게 엄밀하게 구분하지 못할 경우도 많다. 서술적이면서 동시에 묘사적인 문장이 많다. 그것은 대상을 형상화하는 데 묘사와 서술이 동시적으로 필요하기 때문이다. 서술은 순수한 절차로 간주된 행동과 사건을 겨냥하여 이야기의 시간적이고 극적인 국면을 강조한다. 묘사는 동시성 속에서 간주된 사물과 존재들에 대한 관심을 보이고, 절차 그 자체까지도 하나의 정경으로 간주한다는 점에서 시간의 흐름을 정지시키고 이야기를 공간 속에 펼쳐놓는 데 기여한다. 전자는 행동적이라면 후자는 관조적이다. 이들은 세계와 삶을 바라보는 서로 상반된 두 가지 삶의 태도를 표현한다(김화영, 『소설이란 무엇인가』, 161쪽).

이제 몇몇 문장을 예로 하여 그 구체적인 방법을 생각해보기로 한다.

① 차가 강변에 도착했다.

해가 막 지고 있어서 강변이 온통 놀 빛이다. 일행 세 명은 차를 내려 훤한 강가로 다가간다. 햇빛에 바랜 흰 자갈들이 강가로 질펀히 깔려 있다. 일행들이 서 있는 발밑의 자갈들은 작은 둑처럼 약간 높게 쌓여 있다. 둑은 붉은 황토길에서 시작되어 살얼음이 잡힌 강가에까지 연결되어 있다. 강물과 둑이 맞닿는 곳에는 굵은 말뚝들이 장방형으로 박혀 있다. 말뚝으로 된 장방형 울타리 속에 자갈들이 황토와 섞여 제단처럼 편편히 다져졌다. 배가 닿고 떠나기 좋도록 나루터에 만든 발판이다.

강은 수심이 매우 얕고 물보라를 일으키며 급히 흘러간다. 아직 본격적인 추위가 닥치지 않아 강심(江心)에는 얼음이 얼지 않았다. 자갈이 노출된 얕은 강기슭에만 유리처럼 투명한 얼음들이 잡혀 있다.

바람이 강 상류 쪽에서 살을 엘 듯이 차갑게 불어온다. 바람속에서는 강물 특유의 야릇한 물비린내가 풍겨온다. 강은 하류로 내려갈수록 폭이 좁아지고 수심이 깊어지고 있다. 이쪽에서 시작된 질펀한 자갈밭은 높게 깎아지른 바위산 밑까지 연결되었고 석양을 정면으로 받고 있는 바위산에는 몇 그루 안 되는 침엽수들이 강 쪽을 향해 위태롭게 박혀 있다. 강은 그 바위산을 돌아 물보라를 일으키며 시야에서 사라진다. 바위에 부딪는 높은 물이랑들이 마치 작은 물총새 떼처럼 석양에 희게 반사되고 있다.

홍성원의 「폭군」의 한 단락이다. 이 장면은 화자가 바라본 대로 정경을 그리고 있다. 우선 화자는 강 주위 정경을 순서있게 바라보고 처리하고 있다. 처음에는 강가의 상황을, 그리고 다음으로 강심으로 시선이 옮겨졌고, 다시 강 건너 주위로 시야가 확대되었다. 즉 화자의 시선이 머문 곳을 차근차근 포착해서 그려내고 있다. 이 경우에 어떤 대상을 그리려고 하는데도 눈에 들어오는 것을 전부 대상으로 붙잡아 그리는 것이 아니라, 그중에 작가의 마음에 든 것만을 선택해서 처리했다.

② 그 작은 주검을 그대로 방치해 두는 일이 꽤나 마음에 걸렸지만 그러나 나는 필경 허리를 펴고 돌아섰다. 유독 겨울가뭄이 심한 탓이리라. 숲속길인데도 발부리에서 먼지가 풀썩풀썩 일었다. 나는 걸음을 빨리하여 오솔길을 벗어났다. 시야가 트이면서, 얼어붙은 호수가 내려다보였다. 하늘은 맑았다. 겨울햇살이 흡사 잘디잔 모래알들처럼 빙판 위에 흩뿌려지고 있었다. 저쪽 건너에 아치형의 다리가 보이고, 그 너머 서울랜드의 공사장 풍경이 무슨 영화촬영을 위한 세트처럼 느껴졌다. 코끼리 열차 한 대가 공원 정문을 지나 현대미술관 아래쪽을 느릿느릿 기어가고 있었다. 빈 차였다. 때문에 맞은편 청계산 자락의, 그 연한 살색의 미술관 건물마저도 옛 성처럼 비어 있으리란 느낌을 주었다. 비어 있을 때 사물들은 비로소 진짜 제 얼굴을 가만히 쳐드는 것이라고 나는 생각한다.

이동하의 「과천에는 새가 많다」의 한 대목이다. 여기에서는 화자의 눈에 비친 정경을 그리면서, 그것이 화자의 심리 정황을 드러내는 데 의미를 주도록 처리되어 있다. 산책 길에 죽은 까치를 보고난 후에 '나'의 눈에 들어오는 정경들은 겨울 가뭄에 일어나는 먼지, 영화 촬영 세트처럼 느껴지는 서울랜드의 공사장, 빈 코끼리 열차, 비어 있는 성처럼 보이는 미술관을 통해서 빈 '나'의 마음의 정황을 말하고 있다. 외부의 정경을 통해서 '나'의 정황을 그리고 있는 것이다. 여기에서 대상을 그리는 데 중심되는 문제는 '빈 마음'이고, 모든 풍경은 그러한 마음을 드러내는 데 적절하도록 해석되어 처리되고 있다.

③ "내 말이 틀리능가 봐라. 인제 쪼매만 있으면 모다 알게 될 것이다. 어디 내 말이 맞능가 틀리능가 봐라."
　외할머니가 낮게 중얼거렸다. 외할머니는 아침밥에 섞어 먹을 완두를 까고 있었다. 아름이나 되어 보이는 축축한 완두줄거리를 치마폭에 잔뜩 꾸리고 앉아서 외할머니는 꼬투리를 뚝 떼어 별로 서두르는 기색도 없이, 그러나 몸에 배인 익숙한 손놀림으로 속을 우볐다. 연두빛 얼룩이 진 길쭘한 자실이 한옆으로 비어져 나오면 그걸 손바닥에 받아 무릎맡의 대바구니에 담고 빈 깍지는 도로 치마폭 안에 떨어뜨렸다. 외할머니의 말에 뭐라고 대꾸할 기회를 놓쳐버린 어머니와 작은이모는 서로 어색한 눈짓을 나누었다. 밖에서는 다시 거세어지는 빗소리가 들리고, 거기에 질세라 개들이 더욱 더 사납게 짖어대었다. 빗소리가 차차로 고비에 이르더니 뒤란 장독대 쪽에서 양철이 떨어져 곤두박질하는 소리가 났다. 벽에 걸어 놓았던 두레박일 것이었다. 방문을 흔들며 갑자기 한 무더기의 비바람이 쏟아져 들어와 그러잖아도 위태롭게 까물거리던 호롱불을 아예 죽여버렸다. 방안은 졸지에 밀어닥친 어둠과 끈끈한 공기 속에 잠기고 하늘나도둑인지 나방인지 모를 날벌레도 날갯소리를 멈추었다. 서너 집 건너에서 개가 짖기 시작했다. 잠자코 있던 우리 집 워리란 놈도 그 미련한 주둥이를 벌려 처음으로 웅얼거리는 소리를 했다. 사납게 짖어대는 소리가 마을 초입에서부터 우리가 사는 가운뎃말을 향하여 점점 다가오고 있었다.

　윤흥길의 「장마」의 한 단락이다. 이 경우에는 인물 모습이 분위기를 자아내는 데 한몫을 하고 있다. 말없이 완두콩를 까는 외할머니의 행동과 그에 대한 어머니와 작은이모의 반응을 통해서 어떤 새 사건을 예비적으로 준비하고 있다. 거기에 빗소리, 개짖는 소리, 그리고 바람이 불고 이어 호롱불이 꺼지고 방이 침묵에 잠기고, 이어 가까이 들려오는 개 짓는 소리 등으로 새로운 사태가 일어나기 직전의 정황을 그려내고 있다.

　이와 같이 어떤 대상을 그리려고 할 때, 화자의 눈의 위치와 그것을 그리려는 의도를 먼저 정해야 한다. 눈 위치는 대상을 어떻게 보고 그중에 무엇을 드러냄으로써 의도를 충족할 수 있는가 하는 문제와 관련을 갖는다. 대상이 간직하고 있는 문제는 많다. 작가는 어떤 작품에서 그중에 어떤 부분만을 필요에 의해서 빌려다가 자기 작품의 재료로 삼는 것이다. 그러므로 우선 필요로 하는 것을 설정해야 하고, 그 다음에 대상을 빌려다가 어떻게 변형시켜서 내 작품에 어울리게 쓸 것인가는 고려해야 한다. 즉 어떤 대상을 그리는 것도 결국 문제를 설정하고, 대상을 선택해서 변형시키는 순서를 밟는 것이 필요하다.

제11장

소설 퇴고

1. 퇴고 요령

　작품을 퇴고하는 것은 작가가 작품을 쓸 때의 의도가 어느 정도 충족되었는가를 자신이 직접 점검하여 다시 고쳐쓰는 일이다. 그런데 자신이 쓴 작품을 다시 고친다는 것은 어려운 일이다. 우선 작품을 쓰느라 너무 고생했기 때문에 다시 그것을 꼼꼼하게 읽어보고 검토하기가 귀찮다. 더구나 오래 그 작품에 집착해 있었기 때문에, 그것과 일정하게 거리를 유지하여 읽기도 어렵다. 그러나 쓴 작품은 반드시 퇴고를 해야 한다. 특히 습작하는 경우에는 몇 번이고 다시 고쳐써야 한다.
　작품을 고쳐쓰는 방법이나 요령은 작가에 따라 다를 수 있다. 그러나 누구든지 몇 가지 기준을 정해놓고 검토한다. 그러기 위해서는 우선 되도록 작품을 객관적으로 검토할 수 있는 자세와 방법을 생각해두는 것이 필요하다. 그러기 위해서는 첫째, 쓴 작품에 대해서 애착을 버리는 일이 필요하다. 아예 책상 깊숙이 처박아두어서 얼른 잊어버리기를 기다린다. 그러다가 잊어질 만한 때에 다시 꺼내 읽으면 어느 정도 작품과 거리를 유지하며 검토할 수 있을 것이다. 둘째, 순수한 독자의 입장에서 읽어야 한다. 그러기 위해서 단락으로 나누어 분석하는 것도 필요할 것이다. 앞에서 우리가 「동경」을 읽었던 방법으로 자신이 쓴 작품을 읽는다면, 작품의 각 부분의 문제와 그 부분이 전체와의 관계를 파악할 수 있을 것이다. 셋째, 기준을 설정하고 그 기준에 의해서 냉정하게 읽고 처리해야 한다. 작품을 쓰려고 계획했던 모든 사항들이 바로 작품 퇴고의 기준이 된다. 그것은 다소 막연한 말이지만, 앞에서처럼 분석적으로 읽는다면 애초의 계획과 의도가 하나의 기준으로 나타나게 됨을 알게 될 것이다.

작품을 분석적으로 읽는다는 것은 작품을 해체시켜 그 짜임의 상태를 직접 확인하는 일이다. 외과의사는 수술을 많이 해봐야 기술을 제대로 습득할 수 있다고 한다. 집의 구조를 제대로 알기 위해서는 해체시켜보는 방법이 제일 효과적일 것이다. 그것은 매우 까다롭고 귀찮은 일이지만, 소설쓰기를 위해서는 꼭 해야 할 일이다.

우선 소재와 해석에 따른 주제부터 살펴볼 필요가 있다. 작품을 처음 구상할 때 가졌던 생각이 쓰는 과정에서 달라질 수도 있다. 소재를 붙잡고 그것을 해석해서 의도하는 주제를 설정했으나, 그 주제를 소설로 형상화하는 과정에서 해석을 다시 하게 된다. 소설의 주제는 관념적인 것이 아니라 바로 소설로서 형상화되는 한도 안에서 의미를 갖는 것이다. 아무리 의미있는 주제라 하더라도, 그것을 제대로 형상화할 수 없다면 소설의 주제로서는 적절하지 못하다. 이러한 점을 고려해서 소설을 쓴 다음에 반드시 점검해봐야 한다. 그리고 중요한 것은 의도했던 주제가 제대로 형상화되어 있어야 한다. 이 형상화를 위해서 소설의 모든 요소들이 필요한 것이다.

주제는 항상 새로워야 한다. 새롭다는 것은 특이성이 아니다. 일상성 속에 파묻혀서 사람들의 눈과 마음에 떠오르지 않은 문제를 찾아내었다면 그것이 바로 신선하고 새로운 것이다. 우리는 일상적 삶에 짓눌려서 살아가고 있다. 그러한 삶을 지배하는 것은 욕망이다. 그 욕망으로 사물이나 세계나 자신까지도 정직하게 볼 수 없게 된다. 작가는 되도록 그러한 욕망의 뒤에 숨어 있는 진실을 새로운 눈으로 찾아내어 그것을 형상화시켜야 한다. 여기에 신선함이 있다. 그러므로 꼭 소재가 새로워야 주제가 신선한 것은 아니다. 작가의 세상을 보는 태도(눈)의 변화에서 항상 새로움이 다시 나타난다. 우리는 어떤 고정관념에서 세상을 바라보기 때문에 사물의 내면에 깔려 있는 참 모습을 찾아내기 어렵다. 쓰는 과정에서 작가가 간직하고 있는 자기 고정관념을 스스로 알 수 있을 것이고, 그래서 쓴 소설의 주제에 대한 검토도 가능해진다. 더구나 평소에 거부하거나 터부시하는 어떤 문제나 세계 현상에 대해서도 작가가 새롭게 인식했다면, 그것은 자기 우상을 파괴한 결과로 얻어진 것이므로 신선한 문제가 될 것이다.

둘째, 소설의 구조가 잘 짜여졌는가를 검토한다. 구조 중에서도 우선 인물의 형상화부터 관심을 가져야 한다. 소설 인물은 작품에서 살아 있어야 한다. 주제를 드러내기에 적절하게 형상화되어 있는가. 그렇지 못했다면 그 이유는 무엇인가. 인물의 통일성은 유지되고 있는가. 그 통일성은 다른 인물들과의 관계, 플롯, 또는 행동양식, 대화 등 인물과 관계되는 여러 가지 요소, 즉 사회적·내면적 조건의 통일성, 배경이나 상황과의 통일성 등, 소설의 다양한 요소들과의 관계에서 점검해야 한다. 주인공의 대화와 성격이 어울리지 않거나, 인물들의 성격이 뚜렷하게 나타나지 않으면 고쳐야 할 것이다. 소설을 읽은 뒷맛에 인물들의 특징적인 모습들이 나타나야 한다.

다음으로는 플롯에 대한 점검이다. 플롯은 주제와 인물과의 관계에서 검토하고, 다음은 플롯 자체의 구조에 적절한가를 살펴야 한다. 플롯이 인물의 형상화에 기여하고 있는가. 플롯 자체에 대한 점검은 갈등구조와의 관계에서 인과성이 얼마나 적절한가를 따져야 한다. 그리고 서두와 결말의 호응도 관심 가져야 할 중요한 문제이다. 플롯 전개에서 동기부여가 적절한가. 약하다면 강화시켜야 한다. 하나의 상황이 다른 상황과의 관계에서 처리하는 데서, 의미 있는 것은 형상화시켜야 하고, 그렇지 않은 것은 서술로 처리하는 것이 좋다. 즉 의도가 분명하지 않게 지루하게 끌어가는 상황은 삭제하거나 간단하게 그 내용을 서술로 처리할 필요가 있다. 그러나 반대로 플롯에서 중요한 의미를 지니는 상황은 구성으로 처리해서 현장감을 나타내야 한다.

　셋째, 문장을 점검해야 한다. 어떤 대상에 대한 그릇된 설명은 고쳐야 한다. 되도록 사실성·구체성에 가까운 단어를 선택해야 한다. 그렇다고 의도적으로 희귀한 말을 쓰는 것은 오히려 문장을 어색하게 만든다. 같은 말이라도 그것을 어떻게 쓰느냐, 어떤 자리에 놓느냐에 따라 맛이 달라진다. 어색한 문장도 고쳐야 한다. 어색하다는 것은 겉으로는 반짝이지만, 따지고 보면 그 상황에서 작가가 의도하는 것을 제대로 나타낼 수 없는 문장이다. 더구나 독자가 그 의미나 상황을 파악하는 데 애매한 문장은 다듬어야 한다. 문장은 감각적인 문장일수록 독자들을 끌 수 있다. 독자는 감각작용에 의해 쉽게 반응한다. 그것은 사유 이전이다. 그러한 문장은 대상의 이미지나 의미를 선명하게 전해준다.

　문장의 기준은 의도하는 바를 형상화시키는 데 얼마나 기여했느냐는 데 있다. 또한 의도를 충족하기 위해 어떤 경우는 묘사로, 어떤 경우는 설명으로, 또 어떤 경우는 화자의 해설로 처리할 수 있다. 그러한 묘사나 해설이나 설명이 적절하게 어우러져 있는가 점검해야 한다.

　마지막으로 종합적인 검토가 필요하다. 앞서 말한 대로 단락으로 구분해서 읽어보면, 중복되는 상황, 필요 없는 상황, 그리고 더 보완해야 할 상황이 나타난다. 이 경우에 대대적으로 작품을 고쳐 써야 할 경우도 있을 것이다. 그 점이 두려워 퇴고를 하지 않는다면 좋은 작품을 기대하기 어려울 것이다. 작품을 대폭 수정했다고 처음 썼던 일이 공연한 헛수고가 되는 것은 아니다. 세계를 다른 방법으로 해석하고 다시 형상화했다는 경험은 작품을 쓰는 데 아주 소중한 것이다. 이렇게 어려운 작업을 되풀이할 때, 자신도 모르는 사이에 소설쓰기에 대한 자기만의 방법을 얻게 될 것이다.

　이러한 몇 가지 기준을 전제해서, 습작한 소설지망생의 작품을 읽고 함께 퇴고해보기로 하겠다.

제11장 소설 퇴고

당신들의 왕국

　결국, 침몰하는 청춘이 찾아갈 수 있는 곳이란 군대보다 더 좋은 장소는 없을 것이다. 어쩜 꼭 한번은 앓아야 하는 홍역과도 같은 가슴앓이를 혹자는 도피처로, 혹자는 떳떳하게 이 땅의 주인된 임무로 떠나는 곳이다. 난 전자에 속했다. 분명 신분상 대학생이면서 어디에도 소속될 수 없이 교문 주위만을 배회하는 젊음은 대학과 나의 이질감을 폭넓게 심화시켜버리고 술집, 다방, 그리고 현실의 고뇌를 핑계삼아 색정을 불사르던 이방인 노릇에 종지부를 찍기로 다짐했다. 그 길만이 날 구원할 수 있는 유일한 방법일 것이고, 부모님께 면목없고, 친구들에게 뚜렷한 나의 모습을 보여주지 못하는 부끄러움을 씻을 수 있는 절호의 기회였다. 일단, 지긋지긋한 대학의 울타리를 벗어나 잊고 잊으려 노력해 새로워질 수 있으리라는 섣부른 기대를 갖고서.
　휴학을 하고 나자 6개월 만에 영장이 나왔다. 아주 무기력해지고 권태로운 생활에서 탈출이란 의미가 컸던지 별별 감정없이 지내다 막상 입대하려던 그날은 후회 막심이었으나, 벌써 때는 늦어 있었다. 때마침 불어온 쌀쌀한 가을 바람이 허전한 마음을 더욱 처량하게 만들고 있었다.
　남들에게만 흔히 발생할 수 있는 우연이라 믿었던 사실이 설마 나한테까지 연장되리라 꿈에도 생각 못했다. 우연은 일부 극소수 인간에게만 있을 수 있는 극히 희박한 하나의 사건일 뿐이고 우연을 강력히 부인해오던 나였다. 아우가 춘천 근처 어디에 입대한 것을 알았지만 내가 또다시 그곳에, 60만분의 1, 확률에 딱 맞아 떨어질 줄이야. 그건 우연이 아니라 하나님이 필시 계시를 내리신 필연이 아닐까. 하나님에 대해 까막눈인 내가 생전 처음으로 위대하신 그분의 능력에 절로 머리를 숙였고 한편으론 분노도 느꼈다. 하필이면 나에게 이런 필연을 주셨느냐고.

차일피일 아우의 면회를 미루다 끝내 약속을 지키지 못하고 그를 군대에서 만났다는 것은 필연이 아니면 있을 수 없는 일이었다.
　6주간의 신병 훈련을 마치고 연대 인사과에서 중대 배치를 받은 후 잠시 대기하고 있었다. 얼마 안 있어 각 중대별 신병을 인솔하기 위해 담당 병사들이 몰려왔다. 난 험상궂은 상병 계급을 따라 1Km를 족히 넘는 거리를 때론 더블백을 껴안고 나뒹굴고, 때론 오리걸음으로, 그리고 우렁찬 군가소리로, 혹독했던 신병 훈련소보다 양반격인 자대 입문 절차였다. 얼마나 더딘 속도였던지 중대에 도착까지 무려 한시간이나 잡아 먹었다.
　연대장·대대장·중대장 신고다, 보안대의 무슨 조사다 질질 끌려 다니면서 정신없이 1주일이 지나갔다. 어떻게든 골탕을 먹이려고 대드는 생면부지의 인간들과의 상면은 실로 살아서 올 수 있는 지옥, 그 자체였다. 이름, 고향, 사회에서의 신분, 여자관계, 앞뒤로 취침, 좌우로 굴러······. 대화와 재미에 목말라 있던 위인들처럼 너도나도 질문 세례를 퍼붓고 있었다. 한 쪽이 끝났다 싶어 긴 한숨을 몰아 쉬기가 무섭게 다른 쪽에서 똑같은 화살이 날아드는 수난의 연속이 아닐 수 없었다. 차라리 녹음기라도 한 대 들춰 메고 입대했더라면 하는 터무니 없는 상상도 그쯤에서 곧잘 생각났다. 난 이제 유치원에 갓 들어온 꼬마에 불과하고 그들은 청년, 장년, 영감탱이로 자신들의 위치와 품위를 동시에 지키고 있었다.
　내가 아우를 만난건 중대 생활 2주째가 끝날 무렵이었다. 꽤나 긴 시간일 수도 있으나 한 달의 절반 가량은 나에게 있어 우습게도 한나절도 안되는 짧은 기간이었다. 그만큼 눈코 뜰새 없이 바빴다. 점심식사 후 화장실을 향해 걷고 있던 날 우악스런 손이 목덜미를 낚아챘다. 엉겁결에 저지당한 나였으므로 관등성명 대는 것도 잊어버리고 고개를 뒤로 제치는 순간, 하마터면 아우의 이름을 크게 외칠 뻔했다. 삭발에 가까운 머리, 어색하기만 한 푸른 제복이 서로 간의 관계를 이간질했으나 우뚝 솟은 콧날, 두툼한 입술, 넓은 이마, 빼놓을 수 없는 우는 듯한 미소가

제11장 소설 퇴고

곧바로 알아볼 수 있게 한 증거였다. 아우는 아무 말 없이 오물장 푯말이 박힌 그곳에 목표를 정해두고 걸어갔다. 아우의 등을 쫓는 나의 기분은 묘하지 않을 수 없었다.

아우도 마찬가지였을 것이다. 거짓말 같은 현실을 직접 닥치고 보면 충격이 반감되는 것 같았다. 때와 장소, 주어진 환경이 이색지대일 경우 말문이 막혀 각자의 처신은 암담해질 수 있었다. 더더욱 계급사회에서 작대기 하나와 둘의 간격이 얼마나 크다는 것쯤은 쉽게 눈치를 긁어 잘 알고 있었다. 아우의 작대기 둘은 곧 내겐 위엄이요, 쳐다보기 송구스러운 성역이 아닐 수 없었다.

"네가 여기 있었어!"

너무 반가운 나머지 아우의 양팔을 덥석 잡고 감격할 뿐이었다.

"살살 말해. 점심시간이라 왔다갔다 하는 놈들이 많다구."

"이런 일이 있을 수 있는 거야?"

"그나저나 머지 않아 둘이 친형제라 중대에 알려질텐데……."

아우는 반가운 내색을 숨기고 후일을 걱정하고 있었다. 아우의 말마따나 낭패는 낭패였으나 순리에 따르리라 작정하니 홀가분해졌다. 개인적인 비밀이 보장될 수 없는 군대에서 보름 가까운 기간을 별일없이 지냈다는 것도 참 신기했다.

"그건 그렇고, 형 생활은 어때?"

아우는 말꼬리를 돌렸다.

"뭐가 뭔지 하나도 모르겠다. 정신도 차릴 수 없어."

"좀 지나면 나아질거야. 이곳도 사람사는 덴데."

아우와 그날 간단히 몇마디로 끝나야 했다. 자칫 잘못하다간 탈영 오해를 받을 수 있는 처지라 아우와 헤어질 수밖에 없었다. 아우 곁에 더 머물러 집안 얘기, 건강, 입대 경위의 사사로운 얘기를 나누고 싶었지만 이미 우린 여유를 즐길 만한 시간을 갖지 못했다.

그때부터 아우와의 밀회 장소는 오물장이 된 셈이었다. 잦은 만남을 갖지 못했어도 만날 적마다 아우는 나의 훌륭한 스승이 되었다. 아우가 형을 제자로 두고 시킨 교육은 앞으로 닥칠 애로사항을 먼저 경험한 예를 들어 행동 지침을 제공해주는 정보 공급이었이었다. 중대 고참병 성격도 낱낱이 일러주며 괴팍한 놈들, 특히 관심을 기울여 몸가짐에 유의할 인물들을 집중 지도했다. 아우는 나의 군생활에 필요한 지식 습득에 주력했고 최선의 노력을 기울이고 있었다. 그곳에서 의당 갖춰야 할 구색을 아우의 도움에 힘입어 빠른 진전이 이루어지고 있었다. 아우가 강조한 세 가지 사항은 이러했다. 복명복창 크게 하라. 되도록이면 말을 삼가하라. 웃지 말고 부지런하라는 것이었다. 난 아우의 가르침을 곧이곧대로 잘 따랐고, 아우 또한 사회의 묵은 때를 벗겨주느라 고생이 이만저만 아니었다.

예상대로 아우와 나의 관계가 밝혀지고 말았다. 행정반에 보관할 중대원 면담철 작성을 하면서 보호자 이름이 밝혀지고 가족사항에 아우가 끼여 있음으로 인해 자연스럽게 알려졌다.

"선후배 사이니, 어디 학교 동창 정도는 봤어도 너같은 경운 첨이다."

행정반 서무계가 일침을 가했다. 극히 드문 예라고 말했다. 결론적으로 드러난 비밀이 몇몇에겐 좋은 소일거리를 마련해준 결과를 초래하기 시작했다. 먹고 자는 일조차 기계처럼 일사불란하게 움직여야 하고, 잠시의 허튼시간을 쪼갤 수 없는 긴박감과 초조가 연속인 날들에 충분히 청량제 역할이 가능하리라 계산했던 모양이었다. 둘은 기가 죽어 생활할 필요성을 못느끼면서도 나는 나대로 아우는 아우대로 행동의 제약은 인간인 이상 어쩔 수 없었다.

동생도 진짜와 가짜가 있는지 진위를 확인하려는 고참에게 설명하며 외면하려 들지 않았다. 짤막하게 친동생 유무만 확인하면 오죽 좋으랴만 자초지종을 소상히 고하는 일은 여간 고통이 아니었다. 한동안 중대 전체가 완전 형제의 이야기에 들떠 있었다. 세상에 있을 법한 일들을 모조리 들먹이며 도마 위에 올려놓고 수근거렸다. 날 보고 자살하라는 둥 뭘 믿고 동생 쫄따구로 입대했느냐는 둥 꼭 모든 것이 내 책임인 양 떠들고 있었다. 하나 같이 내 서열 위에 있는 고참이라 그렇잖아도 힘들고 고달픈 상황에 또 하나의 짐을 짊어지고 있었다.
 며칠이 지나자 곧바로 나의 전출이 본격적으로 나돌고 있었다. 친형제가 같은 중대에 근무하도록 만든 인상행정의 오류를 굳이 따지려 들지 않더라도 일반적인 관습에서 보아도 어려운 여건이 아닐 수 없었다. 중대장이 먼저 전출 문제를 들고 나섰다. 중대장이 제의한 최초 보직은 취사병 파견이었다. 취사병의 필수 자격이라 할 수 있는 요리나 현란한 칼질 솜씨는 가서 배우고 연대 인사과의 복잡한 절차를 통하지 않고서 대대 자체 처리가 가능하므로 간단할 수도 있었다. 그리고 대대가 한 울타리라 아우와 근무지만 달라지지 영원히 작별하지 않는다는 점도 솔깃했고, 알게 모르게 구속된 몸이 해방될 수 있는 이득도 있었다.
 "형, 싫다고 그래."
 아우는 억지를 부리고 있었다.
 "조금만 더 참고 기다리면 되잖아. 나도 곧 상병되고 눈 깜짝할 사이 형도 일병된다구."
 "멀리 가는 것도 아닌데 그쪽이 더 낫지 않을까 싶다."
 "안 가겠다고 그래. 끝까지 버티라니까."
 내가 버틴다고 될 일도 아니고 또 손수 나서서 보내 달라고 구걸한다 해서 그렇게 된다면 사회지 군대가 아닐 것이다.
 "확실히 어떻게 될지 나도 잘 몰라."
 "처음에 형하고 같이 지낸다 생각하니 찝찝했는데 혼자보다는 둘이 덜 외로울 것 같애. 단점도 있지만 내가 보기엔 장점이 더 많아."
 나보다 기뻐하고 좋아할 줄 알았는데 외려 전출에 대해 발끈하고 만류하는 아우였다. 명령 계통에 따라 움직이는 몸, 나라에 저당잡힌 신세라 나의 의견을 수렴하려는 중대장의 면담은 의외일 수 있었다. 자신의 판단 여하에 따라 필요한 조치를 취할 수 있는 지휘관이 일개 사병 한 사람에게 세심한 주의를 기울인 데는 그만한 이유가 있었다. 몇달째 만에 들어온 신병은 혼자뿐이고 보직 인원도 채워지지 않아 사병이 무척 부족한 편이었고, 군대 적응 능력이 우수한 날 보내기가 아깝던 모양이었다. 어차피 윗사람들이 하는 일이라 어떤 보직에 연연해 하지 않고 차후 처리를 담담히 기다릴 뿐이었다. 서너 날이 지나도 나의 전출에 관해 감감 무소식이었고, 마침내 흐지부지 끝났다. 그후 두 번 다시 전출 문제는 언급되지 않은 채 난 원래 소속 중대에 그냥 남아 있었다.

그때 펄펄 뛰며 기뻐하던 아우는 어린애같았다. 그런데 전출이 이루어지지 않아 화를 자초했고 둘은 함께 더 빠질래야 빠질 수 없는 깊은 수렁텅이에 파묻혀갔다. 아우의 주장이 옳았다면 좋은 점이 많아야 할 텐데, 내가 그곳에서 느낀 것은 서로간 피해만 주는 꼴이 되고 말았다. 그렇지만 그런 불행의 씨앗을 누구도 탓할 수가 없었다. 어차피 목에 걸린 멍에처럼 씌워진 의무인 이상 달게 감수할 수밖에. 서로 공감하면서 고통을 나눴다고나 할까.

당시, 권달식은 내가 죽는 날까지 오래도록 기억할 만한 위인이었다. 혼이 나간 사람처럼 신병 초년기를 보내면서 권달식의 첫인상만은 곱게 간직하고 있었다.

"야, 네놈이 사회에서 뭘 했던지 여기선 개야. 개라구."

아뭏든 첫인사가 이러했으니 권달식은 잊을래야 잊을 수 없었다. 거의 흠잡을 데 없이 윤곽이 바로잡힌 얼굴, 알맞게 그을렸다 싶은 거무튀튀한 살갗, 하여간 영화배우 뺨치는 미남형이었다. 사회에서 아주 자연스럽게 오갈 수 있는 평범한 대화라 할 흔한 농짓거리나 장난에 불과한 권달식과의 접촉에서 참기 힘든 역겨움을 맛보았다.

권달식보다 군경험이 많은 고참도 피곤에 찌든 하루를 편히 쉬려 들지만 그는 좀처럼 초저녁 잠이 없었다. 점호가 끝나자마자 곧장 코 골며 떨어지는 게 태반인 데 반해 권달식은 홀로 밤을 지키는 파수꾼이었다. 첫날부터 권달식은 날 그의 품안에 넣었다.

"몇살이냐?"

"스물 넷입니다."

"그렇담, 나보다 셋이나 더 처먹었군."

제11장 소설 퇴고

　대충 이런 서두를 꺼낸 다음 차츰 권달식의 음흉한 속셈은 드러나고 바싹 내 몸 가까이 밀착시키며 가슴 부위를 더듬어오는 것이었다. 그곳이니까 당연히 용납될 수 있고 수치심도 권달식의 노련한 손놀림에 잃어버리곤 했다. 지루하고 긴 밤이 시작되는 것이다. 맨처음엔 권달식이 일종의 재미로 그러려니 했는데 하루도 거르지 않고 그짓을 계속하자 변태로밖에 인정할 딴 도리가 없었다. 별의별 잡동사니를 다 끌어모은 집단이라 능히 그런 인간쯤 있을거라 짐작은 했지만 막상 내가 권달식의 섹스 파트너가 될 줄은 예상 밖이었다. 여자처럼 곱상하게 생긴 얼굴도 아니고 어디 한군데 귀여운 구석도 없었으므로 하룻밤의 봉사면 끝이 나리라 믿었다. 그렇게까지 난잡할 줄은 몰랐다.
　"에게, 이렇게 작아. 이자식 이걸로 남자 구실 어떻게 하나."
　권달식은 신경 자극도 서슴지 않고 사내 역할까지 걱정해주곤 했다. 몇 차례 권달식의 행위에 거부의 몸짓을 보여주기 위해 좌우로 몸을 비틀고 돌아누우며 앙탈을 부렸지만 그럴수록 그의 거친 손은 하반신을 직접 목표로 설정하고 공격했다. 권달식은 장난감 다루듯 갖고 놀다가 지치면 쓰레기처럼 내팽개치고 잠자는 게 순서였다. 권달식은 저녁마다 나의 인내력을 시험하고 있었다.
　아찔하고 생각하기조차 끔찍한 밤의 유희가 끝난 다음날은 으레 아우를 잡고 주착맞은 하소연과 불평을 털어놓기가 일쑤였다. 내가 권달식에게 느낀 것 외에도 아우의 귀뜸 때문에 중대원 중 그를 특히 요주의 인물이라 미리 경계하고 가능한 그의 눈에 거슬리는 짓을 삼가했다. 허나, 권달식에게 고참이란 단 한 가지 이유는 그를 거대하고 엄청난 힘을 가진 거인으로 만들었다.
　"권달식, 그놈은 호모야. 어떡할 수 없는 녀석이야."
　"그냥 가만 있으면 되는 거냐?"
　"녀석한테 나도 당했었어. 소대 가리지 않고 신병한테 그짓을 하니까. 하지만 그딴 놈들에겐 고도의 술수가 필요해. 나에게선 이틀 만에 떨어져 나가버렸어."

"어떻게 했길래?"

"형은 나보다 뛰어난 머리를 가진 줄 알았는데…… 옛날의 무슨 법전인가에 나오는 처벌 방식을 따랐지."

아우는 적당히 이용할 줄 알고 이용해 먹을 수 있는 방법을 썼노라며 자랑스럽게 얘기했다. 권달식의 징그러운 손이 가슴, 허벅지, 히프짝, 마지막 치부까지 더듬어 올 때 절대 반항하거나 거부하지 말고 그보다 민감하게 접근하고 적극적인 행위를 보여주면 그만이라는 것이었다. 아우가 사용한 술책은 나로선 낯이 뜨겁고 그럴만한 용기가 생기지 않아 밤이면 밤마다 권달식의 성노예가 되고 있었다.

권달식에게 또다른 쾌락을 부여하게 된 계기가 아우와의 관계가 알려지면서부터였다. 권달식이 적당한 때만을 기다리고 있던 어느 날, 하루 일과를 끝마치자 중대 막사뒤 족구장에 형제는 권달식의 부름을 받았다. 권달식의 측근에서 매일 당하는 난 그런 점에서 아우에 비해 침착할 수 있는 여유를 가졌고 성폭행보다 가벼운 형벌이 있을거라 안심을 했다.

권달식은 벽돌 의자에 등을 비스듬히 기대더니 어설픈 웃음과 혹은 번뜩이는 눈초리로 둘을 번갈아 쏘아보고 있었다. 또다시 무엇인가 새로운 것에 군침을 삼키는 듯했다. 문득, 아우의 말이 떠올랐다. 시름하는 바깥 세계에 견줄 수 없을 만큼 이곳은 가장 멋드러진 삶을 설계할 수 있는 곳이야. 누구든 한번씩 꼭 권좌에 오르지. 자신이 좋든 싫든간에. 권달식이 지금으로선 표본인 셈이지. 살짝 곁눈질로 아우를 살펴보았다. 약간 익숙해진 생활에 덤덤한 것인지 긴장이 안 풀려 굳었는지 분간을 할 수 없었다. 권달식이 자리를 박차고 일어선 것은 얼마 후였다.

"너, 형 한번 불러봐!"

권달식은 최후의 결단을 내린 듯 아우에게 지시를 내렸다. 나는 후에야 알았지만 권달식이 아우의 태도를 주시하려 그런 명령을 내린 것이 아니라 형이 어떻게 나올 것인가를 보고 싶었던 것이었다. 아우는 오래도록 권달식을 쳐다보다가 이내 내게로 시선을 옮겼다. 아우는 권달식의 뜻에 따라 나의 이름 석자만 또박또박 외치면 그만이었다. 권달식의 생각이 어찌됐던 맹목성과 비합리적인 사고가 가장 정당한 것처럼 뿌리박힌 바에야 별로 가혹 행위도 아닐거라는 위안을 가졌다. 난 정신을 새롭게 가다듬어둘 필요가 있었다. 내가 여지껏 배운 관습을 그대로 답습하고 또 그렇게 해야만 물리적이든 정신적이든 형제간에 이익이라 거기에 맞춰 아우의 호명만을 기다리고 있었다. 아우의 말문은 의외로 트이지 않고 길어졌다.

성미 급한 권달식의 실눈이 날카롭게 찢어지고 흉칙스레 변한 그의 인상은 무언의 압력을 읽을 수 있었다. 아우가 형 이름 한 번 불렀다 해서 뭐 그리 죄일 것도 없거니와 어린시절 싸움질도 하고 또 친구처럼 지내던 사이라 심각할 까닭이 없었다. 참다 못한 권달식이 둘의 침묵에 끼어 들고 있었다.

"이노무 새끼, 고참말이 말같지 않아. 애들을 도대체 어떻게 가르친 거야."

권달식의 말꼬리는 엉뚱한 곳으로 치닫고 있었다. 아우의 잠깐 침묵이 그릇된 예절이니 이에 준한 처벌은 아우의 윗사람 죄이고 또 그 위로 차근차근 거슬러 올라가고 있었다.

"지금부터 내가 묻는 말에 대답할 시간은 딱 일초 준다."

권달식은 아우에게 날 부르도록 명했던 지시를 잠시 뒤로 거두고 화제를 딴 곳에 돌렸다.

"내가 세상에 태어나 최초로 동침한 여자가 누구야?"

"성모 마리아입니다."

"내 바로 밑 군번은?"

"이순신 장군입니다."

"나의 오줌은?"

"오렌지 쥬스입니다."

"똥은?"

"맛있는 도너츠입니다."

"애인과 길을 가다가 나를 만났을 때?"
"잽싸게 양보하고 도망갑니다."
아우의 대답은 속사포였다. 권달식의 질문이 떨어지기가 무섭게 슬슬 그를 높게 부각시켜주고 있었다. 난 아랫배에서 슬슬 기어 오르던 매스꺼움을 참느라 어지간히 곤욕을 치렀다. 지고지순한 분들은 권달식 밑이고 더럽고 지저분한 것은 아름답고 깨끗하게 변화시키는 마술과 같은 능력, 소름끼치는 절대적 힘이었다. 아우는 참으로 잘 길들어져 보였다. 고등학교 졸업 후 우선 병역을 필하고 자신의 앞날을 개척해 보겠다던 아우였다. 권달식이 내세운 자신의 위치를 묻는 저의를 확실히 알 수는 없었다. 대강 짐작하건대 곁에 선 형보다 더 강하고 센 사람의 무서울 것 없는 위세를 은연중 암시하는 것이리라. 단지 혈연이란 관계의 예속에 앞서 계급의 우열이 비중을 크게 차지하고 그것만이 통할 수 있는 전통적 억압 수단을 보여주고 있었다. 일초도 걸리지 않던 아우의 속답이 양에 차지 않아서일까.
"그 자리에 박아!"
아우는 빠른 동작으로 땅바닥에 머릴 꽂았고 양손을 허리춤 뒤에 올렸다.
"그렇게도 잘 아는 놈이 머뭇거려. X대가리로 밤톨을 까라면 까야 하는 것인 줄 몰라서 그래."
권달식의 표정은 좀전보다 굳어지고 흥분도 더해갔다. 어서 빨리 해제해주길 바라는 간절한 소망은 마음만 아프게 할 뿐이었다. 아우에게 가해진 벌은 오직 나로 인해 발생했고 책임 또한 나의 몫인데 그가 대신하는 듯했다. 그러나 난 아무것도 아니었다. 빳빳하게 서서 권달식의 분노가 좀 가라 앉길 바라는 소극적 자세에 만족하고 있었다.
"일어서! 다시 한번 물을테니 알아서 처신해."
권달식은 한참 후에 아우를 일으켜 세웠고 같은 물음을 퍼부었다. 아우는 아까 그 위치로 돌아와 나와 한 뼘 간격을 두고 있었다. 나와 아우만이 통할 수 있는 언어 전달수단이 있었다면 난 아우의 형이 아닌 낯

제11장 소설 퇴고

선 사람으로 간주하고 권달식이 날 다루듯 너 역시 이름 석자만 불러 달라고 신호를 보내고 싶었다.
"이 근 칠!"
아우가 날 부른 것이었다. 고맙다는 생각이 들었다. 어차피 난 아우의 그런 결심과 결단을 목마르게 기다리던 차라 힘있고 패기있게 계급과 성명을 권달식에게 환기시켜주었다. 아우의 눈길이 내게 머물러 있었다. 아우는 무슨 얘기인가를 하고 있었는데 난 전혀 알아듣지 못했다. 권달식의 얼굴은 막 꽃망울을 터트리려는 잎처럼 화사하게 피어올라 있었다. 권달식은 아우 앞에 다가섰다.
"네놈은 항상 그렇게 불러야 해. 여기선 너의 형이 아냐. 그냥 사랑스런 너의 따구일 뿐이야."
그리고나서 권달식은 내쪽에 걸음을 옮겨왔다. 양손을 나의 어깨 위에 가지런히 놓으며 눈을 내리깔고 있었다.
"동생이란 생각을 버려. 계급에 의해 깍듯이 대우를 해줘야 너도 나중에 똑같이 대우를 받는거야."
권달식은 결국 하고 싶었던 얘기를 끝마치자 그 자릴 떠났다.

내가 말로만 듣던 줄빠따를 경험한 것은 막내란 호칭을 벗어나기 바로 직전이었다. 줄빠따의 경우, 초죽음의 대상은 제일 뒷줄에 갓 군 입문한 초년병이라 알고 있었다. 아우와 난 삼소대와 일소대의 제 서열에서 하는 일들이 바빠 얼마간의 공백이 있었다.
아우는 식기를 닦으러 와 있었고 난 세수나 좀 할까 들렀던 참이었다. 중대원이 자주 드나드는 곳이라 조심스럽게 서로를 인식시키고 조용한 만남을 갖고 있었다. 아우의 딱딱한 면상을 보니 뭔가 심상찮은 일이 벌어지고 있음을 짐작했다. 난 그때까지 내무반 돌아가는 눈치만 있었지, 때리는 자와 얻어맞는 자의 광경을 한번도 보질 못했다. 아마 신병이란 특혜가 컸던 것으로 생각되는데, 한 달 가량은 집합 열외 병력에 속했었고 두세 달이 지나 신병티를 벗어날 쯤 나도 예외없이 집합 대열의 일원이 되어 참석하기 시작했다. 그동안 다행이라 여길 수 있는 것은 아우와 내가 한 장소에서 집합을 해본 경험이 없었던 사실인데 그날은 그런 행운이 나에게 찾아들지 않을 것 같았다.
"여덟시에 내무반에 절대 있지마. 뒷일은 내가 책임질테니까."
아우가 대뜸 한다는 소리가 여덟 시 전후에 잠깐만이라도 사라져달라는 것이었다. 그곳에선 자신들의 잘못을 남이 죽어도 대신 책임질 수 없는 곳이고, 또 혼자의 실수는 전체 집단의 처벌만이 가능하다는 걸 모를리 없었다. 아우는 어떻게든 나를 빼돌리려고 수작을 부리는 중이었다. 그도 그럴것이 별 명분없이 빠따를 휘두르고 한 사람씩 돌아가다 보면 아우의 순서가 올테고 난 아우에게 폭력을 당해야지 별 수 없었다. 그렇다고 아우가 날 빼돌릴 만한 계급도 안되고 닭장 우리같은 안에서 잠시 떠난다는 것도 불가능했다. 아우의 마음은 소중하고 아름다운 것이었으나 의당 감당할 내것을 그에게 떠맡기고 달아나는 비겁한 형이 되고 싶지 않았다.
"형이 몰라서 그러는데 여긴 사문(死門) 앞에 가는 길이 여러 군데 있어. 그 하나가 몽둥이 찜질이야."
"사문? 겁주지 말아."
"내 말대로 하라구, 쓸데없는 고집부리지 말고."
"고통의 순간이 길면 대체 얼마나 길겠냐."
난 대수롭지 않는 듯이 아우의 주장을 묵살하고 있었다.
정확히 밤 여덟 시가 되자 집합장소인 오물장에 갔다. 시커먼 그림자들이 순서에 따라 자신의 서열을 알아 끼여 들고 있었다. 요란스럽지 않고 조용히 진행되고 있었다. 그리고 그들은 누군가를 기다리고 있었다. 행정병, 야간 탄약고 근무자, 병장 계급과 소위 군기를 담당해야 할 고참을 빼고 어림잡아 삼십 명이 넘는 숫자였으니 전원 집합에 가까웠다.
한치 앞을 분간하기 어려운 어둠 때문에 아우가 어디에 서 있는지 알 수는 없었어도 말미에서 다섯번째가 내 위치라 아우는 사열 횡대의 딱 중간쯤에 있지 않을까 싶었다. 난 대번에 살기 가득한 공포를 철들고 나서 첨으로 맛보고 있었다. 그리 많지도 않은 나이, 이십대 중반이나 된 주제에 공포를 느꼈다는 것은 한낱 우스개 소리일 수 있으나 그건 숨길 수 없는 사실이었다. 숨소리조차 멈춰 서고 살얼음판 같은 고요가 있을 뿐이었다. 검은 그림자, 그들의 건강하고 우직한 체구가 날 죽음의 나락에 처넣고 있었다. 이제 저들의 힘이 무차별 강타할 것이고 난 죽음의 늪에서 한동안 방황할 게 분명했다. 내 앞줄에 선 그들도 공포의 감도 차이가 있을 뿐 마찬가지의 심정임에 확실했다. 어디선가 차가운 밤바람이 고요를 잠깐 깨우고 달아났다. 얼마 전보다 강렬한 적막만이 옷깃을 스치고 있었다.

이미 재생 능력을 잃어버린 고목처럼 굳은 자세로 그 자릴 지키며 주인공의 등장을 고대하는 그들과 나의 심정이 다를 리 없었다. 바들바들 떨려오는 몸뚱아리의 흥분을 가라앉히려는 내 노력은 세상 산 지난날이 오직 겉치장에 불과한 사치 정도 이상의 의미를 부여하지 못하고 있었다. 아주 왜소해지는 자신의 비애. 아마도 그것을 뼈저리게 맛보았던 것일까. 시간이 조금씩 흐를수록 시커먼 그림자를 보는 내 시각은 달라지고 있었다. 그들은 의연했다. 주체할 수 없이 휘모라친 정신분열이 착각을 불러일으켰던 것이었다. 그들은 이런 환경에 면역되어 있었고 또한 좌절도 겪고 있었으며 다가오는 자신들의 세계에 부푼 꿈을 간직하고 있었다.

여덟 시가 조금 넘자 드디어 주인공이 나타났다.

"차렷! 움직이지 마!"

그 무리 중 제일 선임자인 듯한 한 녀석이 예의를 갖춰 집합 인원을 보고하고 있었다.

"그렇게 만만하게 생각하지 말아요."

"네 녀석이 참아내는 빠따라면 충분히 이겨낼 자신이 있어. 걱정마."

"남들이 아냐. 형의 아우인 내가 집행자가 된다니까."

"도리없는 노릇 아니냐."

"완전무결할 수 없는 게 인간들이야. 어딘지 헛점이 있을거야. 찾아

봐."
 "헛점 찾느니보다 깨끗이 맞겠어. 네가 이제까지 살아 있다는 것은 나도 살 수 있다는 증명이 되는 셈이지."
 불현듯 아우와 말다툼을 벌이던 순간이 떠올라 가슴을 여미고 있었다. 봇물처럼 퍼부을 듯이 가득한 눈망울에서 뒤에 닥칠 끔찍한 환상을 미리 보고 있었다. 일순간 아우의 간청을 못이긴 척 들어주지 않은 자신이 미울 지경이었고 당장이라도 달아날 기회가 주어진다면 도망치고 싶을 만큼 엄청난 공포에 휩싸이고 있었다.
 야구 방망이만한 두께의 몽둥이가 전달되고 어쩜 잘 단련됐을 엉덩이 살을 사정없이 후려갈기고 있었다. 앞줄부터, 그러니까 상병 계급부터 우선적으로 매질을 가했다. 매잡이의 단 한마디라도 들을 수 있는 분위기였으면 마음속 깊이 가라앉은 두려움이 줄어들었을런지 모른다. 선임자의 보고가 끝나자 첫줄에 선 무리가 땅바닥에 손을 잡고 스스로 엎드리는 것이었다.
 그러면 매잡이는 함구한 채 한사람씩 차근차근 후려갈기고 당하는 쪽은 기를 써가며 참다가 제자리에 쓰러져 벌레모양 뒹굴고 있었다. 매잡이는 냉정히 엄살 유무를 판단하고 거기에 준해 계속하거나 그만두는 식이었다. 결국 한사람이 나자빠지는 걸로 한사람의 순서가 끝이 났고 다음도 그런 절차를 밟아가고 있었다. 매질은 계속 이어지고 있었다. 첫 매잡이는 그의 순서를 끝내고 팔짱을 끼고 옆에 서 있다.
 줄곧 매잡이의 정체를 직접 목격하고 싶었으나 엎드린 자세에선 힘들었다. 고요와 얼굴없는 매잡이의 정체는 공포감을 한층 고조시키고 있었다. 그래도 얼마간은 참을 만했다. 하지만 난 차츰 어떤 한계를 느끼기 시작했고, 거의 기진맥진해가고 있었다. 각목이 와닿는 히프짝은 벌써 시퍼렇게 물들고 부풀어 터질 듯한 살갗은 한 점 두 점 찢기어나가고 있었다.
 그날 저녁, 순조롭던 줄빠따는 누군가에 의해 제동이 걸렸다. 내가 그 집합의 주인공이 권달식이 아닐까 추측했던 대로 역시 예상을 크게 벗

제11장 소설 퇴고

어나지 않았다.
 "어떤 새끼야, 빨리 끝내."
 권달식 특유의 톤이 높은 목청이었다. 내 머리맡에 도착한 군화 소리가 멎었고 아우임을 알고 있었다.
 "역시 네놈이었군. 이곳에서 이탈하겠다는 뜻이냐?"
 "제가 맞겠습니다."
 "짜아식 웃기고 있네. 네놈이 뭣 땜에 맞아. 잔소리 말고 어서 끝내."
 "이번만 그렇게 해주셨으면 합니다."
 아우는 애원조로 매달렸다.
 "안돼! 이건 사적인 것이 아냐. 우리들이 만든 법이나 규칙이 아니더라도 지키지 않으면 오직 질서의 파괴가 있을 뿐이야. 일개인을 위해 뒤바꿀 순 없는 것이지."
 권달식은 단호히 거절하고 있었다.
 "꼭 한 번만입니다."
 "네놈이 지금 고참한테 따지려 드는 거냐?"
 "그게 아닙니다. 권병장님께 사정하고 있습니다. 도저히 인간으로서 할 수 없는 일이라 생각하기에 부탁드리는 것입니다."
 아우는 거머리처럼 끈질기게 달라붙었다.
 "너, 이 생활 얼마나 했어?"
 "다음 달에 상병입니다."
 "상병이 다 된 녀석이 그딴 소릴 지껄여."
 "내가 하는 말은 계급에 상관없습니다. 그저 이해해주실 수 있으리라는 신념 때문입니다."
 권달식은 그쯤에서 한참 멈칫거리고 있었다.
 "권병장님은 고아이십니까?"
 "이 짜아식이……."
 아우의 뺨에 권달식의 손찌검이 있었다. 어느 누구도 물러설 기미를 보이지 않은 채 팽팽하게 맞서 있었다. 아우는 크나큰 실수를 저지르고 있다 할 수 있었다. 난 권달식의 행동을 예의 주시하지 않을 수 없었다. 아우가 권달식과 대립할 만한 여력이 남아 있었다는 자체도 겁이 덜컥 났지만 권달식의 흐트러지지 않는 자세도 간과 못할 문제였다. 난 둘을 쳐다보기 힘들 정도로 지쳐 있었다.
"좋아, 너의 배짱을 내가 사기로 하겠어."
권달식은 둘에게 매질을 분배했다. 그러니까 나름대로 아우의 고집을 인정하고 양분한 셈이었다. 권달식으로선 상당히 양보를 해주었고 아우 역시 절반의 목적을 성취한 선에서 타협이라 볼 수 있었다.

그 이듬해 겨울 난 꽤나 신선한 충격을 받았다. 비단 나뿐이 아닌 중대원 전원이 그렇게도 바라고 학수고대하던 권달식 전역식에서였다. 중대 사열대 위에 올라선 권달식은 중대장의 축사에 이어 전역 소감을 이야기하고 있었다.
"여러분의 미운 오리새끼, 전 오늘 떠나 갑니다. 저와 새로운 인간관계를 맺고 싶은 사람은 편지할테니 꼭 연락주시기 바랍니다. 용서하십시오."
단상을 내려서던 권달식의 눈에선 눈물이 흘러내리고 있었다. 권달식이 떠난 후 난 그의 눈물을 두고두고 잊을 수 없었고 커다란 아픔으로 남아 있었다.
"권달식이란 한 인물만 떠나갔지 새로운 왕국은 또다시 건설된다구. 형일 수도 나일 수도 있어. 형, 이제 나도 보통 상병이 아냐."
생긋 웃던 아우를 때려주고 싶었지만 그럴 수 없었다.

2. 퇴고의 실제

(1) 소재 선택의 의미

 소설을 공부하는 대학생의 습작 작품 「당신들의 왕국」을 대상으로 퇴고해보기로 한다.
 이 작품은 소재를 자신의 체험에서 얻었다는 데 의미를 주고싶다. 대학생으로서 자신의 체험을 택했다는 점은 평범한 일이면서도 한편 그렇게 쉬운 일은 아니다. 대부분 습작기에는 어떤 형태로든지 자기 체험에서 벗어날 수 없으면서도, 실제 그것을 객관적으로 인식해서 소설의 문제로 삼기는 어렵다. 그 이유는 우선 자기 것에 대한 인식의 편차가 매우 크기 때문이다. 아주 소중하게 생각하기에 오히려 소설 소재로 내놓기를 꺼려하기도 하고, 반대로 그것을 누구나 다 겪는 것이기에 별스러운 문제가 아니라는 생각에서, 또는 너무 충격적일수록 그것을 드러내놓기가 망설여져서 소재로 삼기가 어렵다. 그런데 어떻든 이러한 태도는 결국 자기 체험에 대한 인식이 취약하기 때문이다.
 설사 그 체험이 부끄럽다더라도, 그것은 내 문제로 끝나는 것이 아니라 사회의 문제이거나 인간 본질적인 문제에 닿아 있는 것이다. 그 부끄러움을 감춘다고 문제가 해결되지 않는다. 부끄러워서 감추려 하든지, 그것을 대수롭지 않게 생각해서 드러내놓으려 하지 않을수록, 그것은 계속 더 큰 힘으로서 사람들을 부끄럽게 만든다. 폭력은 많은 사람들을 부끄러움에 동참시킴으로써 그 부끄러움을 숨겨놓으려 한다. 즉 부끄러움을 감추려드는 음험한 동조자를 만들어놓는다. 이것은 닫힌 시대의 한 증상이고 폭력을 행사하는 사람들의 주무기이다. 그러므로 어떤 문제를 드러내는 것이 혹 부끄럽거나 무섭더라도 우선 그것을 문제로 인식하고 소설로 쓰는 것이 중요하다. 그것은 단순히 폭로나 고발의 차원이 아니라, 살아가는 그 모든 일에 대한 관심과 애정의 결과이기 때문이다. 그러므로 소설은 인간의 부끄러움이나 억압에 대한 탐구의 한 방법일 수도 있다.
　그 탐구는 인식이라는 자기 내면 중심적 작업과, 드러냄(형상화)이라는 세계를 향한 작업을 동시에 수행해야 한다. 그것을 위해서는 체험에 대한 애정이 필요하다. 인간의 체험에 대한 관심은 사회와 인간, 즉 세계에 대한 애정의 전제가 된다. 거기에서 부끄러움이나 무서움 또는 충격적 체험에 대해 새롭게 인식하게 된다. 그것은 나만의 것이 아니라 모든 사람의 것이며, 세계를 이루고 있는 한 실상이라고 생각한다면, 체험을 바라보는 입장이 단단해지면서 개별적인 체험을 보다 보편적인 의미로 끌어올릴 수 있다.
　흔히 군대 체험은 이 땅에 살아온 대부분의 젊은이들 누구나 갖고 있는 것이며, 그러기에 특별히 사람들에게 내놓을 만한 것이 못된다고 생각한다. 어쩌면 그것은 두 번 다시 생각하고 싶지 않기도 할 것이다. 그러기에 그것을 소설의 소재로 삼는 데는 용기가 필요하다. 이처럼 소재로서 내놓기가 주저되는 그 체험을 택했다는 데 이 작품의 의미가 있다. 더구나 그 체험을 아주 담담하게 드러내놓았다는 데, 체험을 소화하고 객관적으로 인식하는 작자의 세련된 모습을 찾아볼 수 있다.

(2) 소재 해석과 주제 선정

　소재를 해석하는 과정에서 잠정적으로 주제가 설정된다. 아무리 재미있고 충격적인 사건이라 할지라도 그것이 바로 소재가 되지 않는다. 사건이 소설을 만드는 데 필요하도록 다듬어지고 해석되어질 때라야 소재가 된다. 그러므로 어떤 체험이나 사건을 관심있게 바라보고 생각하노라면 거기에서 어떤 의미나 문제를 찾을 수 있는데, 그것을 통해서 주제를 얻어낼 수 있다.
　이 작품은 한 대학생의 군 생활 체험 중에 형과 동생, 고참병 권달식 사이에서 벌어지는 사건을 소재로 하고 있다. 이 작품에서 특이한 성격을 가진 세 사람의 면모가 나타나 있다. 그런데 이러한 경우에 잘못하면 작품의 초점이 흐려져서 문제가 확실하지 않을 수도 있다. 작가는 어떤 소갯거리를 대할 때, 분량을 정하고 그것을 적절하게 처리할 필요가 있다. 하나의 사건이나 체험도 해석에 따라 다양한 의미를 생각해낼 수 있다. 그렇게 문제는 항상 개방되어 있다.

 우선 이 작품은 여러 문제를 동시에 생각하게 한다. 그것은 한 문제에 작자의 관심이 집중되어 있지 않기 때문이다. 이 작품에서는 몇 가지 문제를 생각할 수 있다. 첫째, 방황하는 젊은이의 통과예의(通過禮儀)적인 체험 자체에 무게를 두었다고 생각할 수도 있다. 대학생활에 적응하기 어려운 젊은이가 군 입대라는 일종의 통과의식을 거치는 동안에 만났던 특이한 사건을 담담하게 더듬어보는 수준이다. 그런 입장에서라면 군사회에서 얻은 반인간적(?)인 체험 자체도 별로 충격적으로 받아들이지 않는다. 그런 면에서 오히려 권달식의 변신에 대한 야릇한 애착을 갖는 주인공 '나'의 입장이 다소 신선하기도 하다.

 둘째, 이런 소재를 통해서 군대라는 특수한 조직사회를 탐구한다는 면도 생각해볼 수 있다. 그것은 특이한 군 조직사회의 모순이나 그 사회에서 벌어지는 반인간적인 측면을 고발·폭로하는 수준이 아니라, 군대라는 조직을 운영해나가는 어떤 힘에 대한 관심이 주안점으로 처리되었음을 생각할 수도 있다. 셋째, 둘째 문제와 관련지워 그 점을 더 부각시키기 위해 군 사회를 탐구하되, 그것을 혈연공동체와 대립시켜보는 경우이다. 그러나 이 문제는 대립되는 두 사회의 이질성에 대한 근본적인 지식을 바탕으로 처리해야 할 것이다. 인간의 원초적 조직체인 혈연공동체를 파괴하는 군조직에 대한 고발이나 비판의 수준에 머문다면 재미가 덜하게 된다. 그것은 소설의 몫이 아닐 뿐더러, 이미 다 알려진 사실이기 때문이다.

 다음으로 권달식이라는 특이한 인물에 초점을 둘 수도 있다. 호모적이고 가학증세를 가진 인물이 군대라는 특수한 상황에서 그 모습을 어떻게 드러내는가를 탐구할 수 있다. 이 경우에는 주인물은 권달식이고 동생이나 '나'는 그의 모습을 드러내는 데 필요한 부수적 인물로 처리되어야 한다. 이렇게 작품이 간직하고 있는 여러 문제를 검토하는 과정에서 이 작품은 문제가 선명하지 못하다는 점을 알게 될 것이다. 이 문제 중 어느 하나에 초점을 두었다면 작품은 더 재미있었을 것이다. 어느 문제에 중심을 두었든 그 문제를 중심으로 소재를 다시 해석하고 또한 선택 첨가해서 필요한 요소들을 선정하고 재구성하면 소설의 뼈대가 이루어질 것이다.

(3) 소설 구성에 대한 검토

1) 인물과 플롯

이 소설은 군생활을 담담하게 회상하는 투로 썼다. 그러기에 그 생활 중에 권달식과 벌어졌던 충격적인 사건에 대해 진지함이 좀 아쉽기도 하다. 그러나 군생활이나 권달식과의 사건을 문제로 보고 그것을 진지하게 탐구하려는 데 있지 않고, 한 젊은이의 삶의 모퉁이에 자리잡힌 흔적을 드러내어 다시 생각하는 잔잔한 태도를 중시했다면, 이렇게 평이하게 시간의 흐름에 따라 플롯이 전개되는 것도 무방하다. 이제 앞에서 우리가 생각할 수 있는 여러 문제 중에 하나를 중심으로 주제를 설정해서 작품을 만들어가는 과정을 생각하기로 한다. 우선 세번째 문제에 초점을 두고 「당신들의 왕국」을 하나의 소재 차원으로 생각해서 작품을 구상해보기로 한다.

이 문제는 군대 사회의 특징적인 면에 초점을 두었으므로 작품의 요소도 이를 중심으로 설정해야 한다. 이를 좀더 구체화하기 위해서, 혈연공동체(1)와 군대조직(2)이라는 대립구조를 설정할 필요가 있다. 그리고 그 대립구조에 알맞은 적절한 인물과 플롯이 설정되어야 한다.

혈연공동체(1)는 인간의 원초적인 윤리성을 바탕으로 이루어진 자연적인 집단이다. 그러기에 어떤 힘으로도 파괴시킬 수 없다. 반면에 군 사회(2)도 명령을 통해서 통제되고 운영되는 가장 단단한 조직이다. 형제에게 윤리가 절대적인 것처럼 군 사회에서는 명령이 절대적인 규범이 된다. 서로 다른 개인들이 모인 조직을 강력한 힘으로 철저하게 통제함으로써 조직을 강하게 만들 수 있다. 권달식이 그 조직(2)을 대신하는 인물이라면, 동생은 그 반대편에 선 인물이다. 형제관계가 인간의 본원적 혈연공동체라면, 군대는 이념적 공동체의 대표라고 할 수 있다. 두 세력을 대신하는 인물로 동생과 권달식이 설정되었다.

그런데 이러한 문제를 주제로 설정한다 해도 처리하는 방법에 따라서 플롯과 인물이 달라질 수 있다. 동생이나 '나'가 조직과의 갈등으로 빚어지는 문제들이 재미있게 사건으로 엮어져야 하는데, 거기에 플롯이 필요하다. 두 세력이 다투면서 문제가 차츰 강화되어 구체화되고, 싸움의 결과에 따라 결말이 나며, 그것에 의해서 문제가 분명해진다. 그런데 중요한 것은 이 두 세력간의 싸움에서 작자는 어느 편에 서야 할까. 앞에서 설정한 문제에 의한다면 그것은 명확하다. 이들이 벌이는 싸움의 전개양상은 다음과 같이 설정해볼 수 있다.

첫째로, 혈연공동체를 파탄시키는 군집단을 부각시키려면, 그 세력에 의해서 혈연공동체가 고통을 당하다가 승리하게 하는 방법이 있다(A). 다음으로는 그 반대 방법이다(B). 즉 철저하게 혈연공동체가 고통을 당하다가 결국에는 좌절하게 한다. 그 결과 군대사회 공동체의 폭력 양상이 뚜렷하게 드러나게 된다.

여기에서 유의할 점은, (1)이 당하는 고통과 승리가 자연스럽게 처리되어야 한다. 잘못하면 조작적이고 안이하게 처리될 수도 있다. 또한 (1)이 승리할 수밖에 없는 그 당위성을 플롯을 통해 제시하면서, 그 당위성은 논리나 의식으로서가 아니라 자연스러운 현실 상황의 변화로 나타나도록 해야 한다. 권달식이 행사하는 거대한 물리적(조작된 조직의 힘) 힘으로도 어쩔 수 없이 당해내지 못하는 형제라는 혈연의 끈끈한 힘을 보여줘야지, 혹 권달식의 도덕적 의식의 전환으로 사건이 반전된다면 권선징악적 해결에 이르러 재미없는 소설이 될 것이다.

다음으로 권달식의 횡포가 그대로 부각되면서, 형제관계가 결국 그의 폭력적인 힘에 의해서 무너지도록 작품을 끌고나갈 수도 있다. 이 경우 권달식의 폭력이 승리하는 것은, 단순히 군대사회의 특수한 경우를 강조하는 의미에서가 아니라, 조직의 힘으로 운영되는 현대사회의 경직된 현상의 일면을 탐구하는 의미를 동시에 지닐 수 있도록 처리해야 할 것이다. 개인의 진실이 사회의 억압에 의해 훼손되는 오늘의 상황이기 때문에, 권달식의 승리를 재미있게 처리하는 데는 그만한 계획이 필요하다. 소설의 재미는 두 힘의 균형이 이루어져서 갈등관계가 팽팽하게 맞설수록 더한다. 이 경우에 독자는 모두 형제들 편이다. 그러므로 힘의 균형을 유지하려면 권달식의 폭악성이 더 부각되도록 처리해야 한다. 더구나 형제라는 혈연관계는 인간의 본성에 닿아 있어 무엇으로도 당해낼 수 없는 큰 힘을 간직하고 있기에, 피상적으로는 권달식이 수세에 있다. 이 점을 고려하여 권달식의 힘을 강화해주면 두 세력이 팽팽하게 긴장하게 되며, 이들이 벌이는 싸움도 극적으로 전개될 것이다.

또한 긴장이 고조되려면 형과 동생의 관계가 비밀스럽게 유지되어 있어야 한다. 그것은 쉬운 일이 아니기 때문에 더욱 긴장이 고조된다. 또한 형제의 관계가 오래도록 알려지지 않을수록, 그것이 알려졌을 때 긴장감을 더할 수 있고, 또한 이들 형제들에 대한 권달식의 증오가 증폭되면서 공격의 강도도 더해지게 된다. 이러한 일련의 과정을 통해서 권달식과 형제간에 벌이는 사건은 계속 긴장속에 전개되어나갈 수 있다. 또한 이들의 싸움에서 동생이 권달식에게 쉽게 굴복하지 않음으로써 싸움이 격렬해지고, 갈등양상이 더욱 강화될 수 있다. 설사 끝내는 굴복하더라도 그 과정에서 일어나는 상황을 특이하게 처리하면 소설은 재미있을 것이다. 이러한 계획에 의해 플롯을 짜는데, 결국 문제의 선택에 따라 플롯은 각각 달라진다. 한 예로 세번째 문제를 주제로 삼았을 때를 생각해보자.

서두는 소설의 문제와 앞으로 전개되어나갈 플롯 방향을 은밀하게 제시해야 한다. 그렇다면 어떤 문제가 대두될 수 있으며, 그것은 어떻게 처리할 수 있을까. 셋째 문제, 즉 혈연공동체와 군대사회 사이에 빚어지는 갈등이 중심이 된다면, 군대사회에서 혈연공동체적 의식을 갖게 되는 것이 그렇게 될 수밖에 없는 상황의 발단이 된다. 그렇다면 다음과 같이 몇 개의 상황을 예상할 수 있다.
① 형이 중대로 전입오는 날 동생을 만나는 상황.
② 중대 내에서 아무도 모르게 형과 동생이 만나는 상황.
③ 형제 중 누구 한 사람 전출을 가야 하는 상황.
④ 형제가 한 중대 내에 근무한다는 사실을 안 권달식의 반응.
 이러한 상황 중에서 작품의 서두로서 어느 것을 택해도 되는데, 그것은 발단부에서부터 사건의 갈등요건을 어느 정도 감당하느냐에 따라 달라진다. 또한 결말도 앞에서 제시한 여러 경우를 전제로 할 때마다 각각 다르게 처리될 수 있다. 그러나 그것은 자연스러운 플롯의 결과로서 나타나야 한다. 작가가 의도하는 대로 끌고가는 데는 바탕에 어떤 힘이 깔려 있어야 한다. 여기에서는 형제간의 윤리와 군대 조직을 지탱하는 명령 사이에서 빚어지는 긴장이다. 그 긴장이 어느 시점에 가서 깨어져버리면서 새로운 해결을 내놓을 때에 소설은 끝나게 된다. 이 작품은 그것이 명확하지 않다. 그것은 문제와 결말이 호응되지 않기 때문이다.
 앞에서와 같은 서두로 시작했을 경우 결말에서 몇몇 상황을 생각해 둘 수 있다.
① 권달식이 지시한 대로 형에게 줄빳다를 때리는 동생, 그 절망적인 상황, 오히려 그것을 다행스럽게 생각하는 형. 그러한 동생을 두려운 눈으로 바라보는 권달식.
② 끝내 권달식의 명령을 거역하는 동생과 그의 태도에 질려버리는 권달식.
③ 줄빳다를 치지도 못하고 명령에 반항하지도 못해서 더욱 고통스러워하는 동생 등등.
 이와 같이 결말을 설정할 수 있다. 어떻게 처리하든 결말은 서두와 주제와 호응이 되어야 한다.
 플롯의 틀이 설정되었더라도 인물은 다양하게 설정할 수 있다. 만약 권달식과 동생의 관계를 첨예하게 대립시키려면 서로 이질적으로 인물을 설정해야 한다. 애초에 모든 사건은 인물 성격에 의해 뒷받침되어야 하기에 예상하는 플롯을 전제로 인물들이 마련되어야 한다. 예를 들면 동생이 형에게 줄빳다를 치도록 비인간적인 명령을 내릴 수 있는 권달식의 면모를 앞서 제시해야 한다. 그것은 어떤 무의식적 욕망이나 평소에 소대원들에게 지녔던 그의 특이한 관심이나 행동, 또는 불만 등 그의 광폭성을 드러낼 수 있는 인물로 설정해야 한다. 형의 성격도 동생과는 다르게 처리해야 할 것이다. 줄빳다 맞기를 은근히 기대하는 형이라면, 그럴 수 있는 근거를 인물의 특징으로 제시해야 한다. 이 작품에서 중요한 인물은 권달식뿐만 아니라, 그와 맞상대하는 동생이다. 동생은 또한 형과도 다른 특이한 인물이다. 그러므로 인물됨은 권달식이나 형과는 대응되는 측면에서 설정해야 한다. 더구나 동생은 먼저 군에 입대했으므로 군 조직의 생리를 잘 안다. 그러한 처지에서 상급자의 명령에 불복한다는 것은 어렵다. 이런 점에서 동생 성격의 특징적인 모습이 부각된다. 또한 권달식이란 인물 탐구에 주제를 두었다면, 그의 개인사적 면도 고려해서 인물을 설정해야 할 것이다.

2) 배경과 상황처리

이러한 플롯과 인물을 도와줄 수 있는 요건으로서 배경의 문제도 소홀히 다룰 수 없다. 이 작품의 주류가 혈연관계와 조직관계의 대립 갈등이라면, 그 두 항을 상징할 수 있는 배경을 군부대라는 특수한 공간 속에서 설정해야 한다. 작품의 전체적인 배경은 일선 군부대이다. 넓은 배경, 즉 철조망이 쳐진 통제된 공간으로서 군부대는 조직의 경직성을 잘 드러내주는 공간이다. 거기에서 형제가 만나고, 그 형제간의 관계를 유지할 수 있다는 것은 특이한 일인데, 그렇다면 그 특이함을 드러낼 수 있는 공간이나 시간배경이 필요할 것이다. 더구나 그들이 주위 눈을 피해서 밀회를 한다면 그 장소는 바로 형제관계를 드러낼 수 있는 정황과 어울리는 공간이어야 한다. 그리고 아무리 군대라고 하지만, 인간의 본래의 모습이 상존할 수 있는 공간으로서 군부대를 설정할 필요도 있다.

제11장 소설 퇴고

 그렇다면 이러한 요건을 충족하는 배경으로서, 철조망이 쳐진 부대와 공간을 에워싸고 있는 자연경관이 뛰어난 산이나, 또는 부대 연병장 앞을 흐르는 냇물, 거기서 식기를 닦고 빨래를 하는 병사들을 설정할 수도 있다. 그래서 형제가 만나는 공간은 바로 그 자연성과 밀접한 산기슭이나 냇가로, 설정하여, 권달식이 줄빳다를 치도록 기합을 주는 장소와는 전혀 이질적인 분위기를 드러내도록 해야 한다. 또한 삭막한 군부대 생활에서 형제가 만나는 시간도 고려해야 한다. 또한 기합을 주는 시간이 한밤중이라면, 만나는 시간은 아침 세면시간이라든지 만남의 의미를 더해줄 수 있는 시간성을 찾아야 할 것이다. 이러한 배경을 통해서 권달식과 동생의 대립 갈등이 좀더 상징적으로 형상화될 것이다.
 상황 처리도 소설쓰기에서 중요한 문제이다. 쓰려는 작품에서 중요한 상황들은 무엇이며, 그것은 각각 어떻게 처리해야 할 것인가. 우선 작품을 퇴고할 때, 상황으로 처리해야 할 것과 간략하게 서술로 처리할 것을 구분하는 일이 필요하다. 하나의 사건은 플롯을 통해서 구체화되는데, 그중에는 화자의 입을 통해서 개괄적으로 처리할 것이 있는 반면, 상황으로 직접 독자와 사건이 만나도록 처리할 것이 있다. 일반적으로 중요한 대목은 상황으로 처리하고 그렇지 않고, 플롯을 전개하는 데 필요한 정보를 제공해주는 의미의 사건은 개괄적으로 처리한다. 만약 이 작품의 경우에도, '나'가 현실에 적응하지 못해서 대학을 중도에서 그만 두고 결국 군에 입대함으로써 절망적인 상황을 이겨보려는 의도가 보다 강조되어야 한다면, 군 입대 결정을 내리게 되는 그 과정을 상황으로 처리해야 할 것이다. 그러나 세번째 문제에 초점을 둔다면 그 부분은 중요한 상황이 아니다.
 우선 중요한 대목은 ① 형제가 만나는 상황, ② 몰래 만남, ③ 권달식이 그 사정을 알게 됨, ④ 권이 그들을 괴롭힐 생각을 구체화함, ⑤ 그들 형제에 대한 권의 공격, ⑥ 그에 대처하는 동생의 상황 등이 중요한 대목이다. 물론 작가에 따라 더 다양한 상황을 만들 수 있을 것이고, 제시한 상황 중에도 개괄적으로 처리해야 할 것도 있을 것이다. 상황을 설정했으면, 그 상황이 의도하는 바와 다른 상황과의 관계를 고려해서 적절하게 처리해야 할 것이다. 우선 의도하는 바를 정했으면, 그것을 형상화할 방법을 선택해야 한다. 등장하는 인물, 배경, 사건의 내용, 그리고 그것을 드러내기 위해서 문장을 고려해야 한다. 만약 ①의 경우라면, 그 시간과 장소는 어떻게 설정할 것인가. 그들이 만나는 그 때 정황, 둘이 만나서도 서로 모른 척하고 지나쳐버린다면, 화자는 누구를 중심으로 처리할 것인가. 인물의 내면의식을 중심으로 처리한다면, 그 배면에 깔아놓을 소재 또는 소도구들은 어떻게 설정할 것인가 등등.

(4) 문장

소설을 퇴고하는 데 있어 문장에 대한 사항은 문체와 문장의 적절성과 효과를 전제로 검토할 필요가 있다. 우선 문체는 소설의 의도에 따라 달라진다. 원 작품처럼 한 젊은이의 통과의례적인 군 생활을 가볍게 처리한 작품이라면, 혹「당신들의 왕국」의 문체가 적절할 수도 있다. 처음부터 심경을 전달하기에 적절한 문체로 가볍게 처리하고 있다. '결국, 침몰하는 청춘이 찾아갈 곳이란 군대보다 더 좋은 장소는 없을 것이다'로 시작하는 서두 문장은 다분히 심경 고백적이다. 그 고백적인 분위기를 풍기는 문장이 소설의 주제나 분위기와도 어울린다. 그러나 앞에서 우리가 설정했던 문제를 쫓아서 작품을 써나간다면, 이러한 문체로서는 의도하는 바를 충족할 수 없다. 이러한 문장은 인물 내면을 드러내는 데는 적절하지만, 긴장된 상황을 형상화시키는 데는 적절하지 못하다.

지금까지 논의한 대로 이 소설은 인간의 중요한 문제, 즉 조직의 힘과 혈연의 힘의 대립을 주축으로 짜여져 있으므로 갈등이 첨예할 뿐만 아니라 싸움의 양상도 치열하다. 그렇다면 이러한 심경을 담담하게 말하는 투의 문체로는 적절하지 않다. 보다 긴박한 상황성을 드러낼 수 있는 문체가 필요하다.

같은 중대에서 형제가 만나는 긴박함, 그 사실이 알려졌을 때 당하는

제11장 소설 퇴고

문제, 더구나 의도적으로 그들 형제에게 공격을 가하려는 세력들과의 갈등, 그 절박한 상황 등은 문체의 힘을 빌렸을 때 더 탄탄해질 수 있다. 또한 긴박한 상황을 나타낼 경우에도, 권달식과의 관계에서 벌어지는 상황과 또는 형제간의 정을 나누는 상황의 문체는 달라야 한다.

다음으로 문장은 우선 정확해야 한다. 정확하다는 그 한계가 모호하지만, 쓰려는 의도와 내용에 적절해야 한다. 앞에 인용한 문장의 경우를 생각해보자. 문장은 전달하려는 내용을 전제로 해서 만들어진다. 위 경우에서는 '생활에 적응하지 못해 방황하는 젊은이들은 곧잘 군대를 간다'라는 내용이다. 여기에서 '침몰하다', '청춘'이라는 단어는 어색하다. 다음에 '찾아갈 곳이란 군대보다 더 좋은 장소는 없을 것이다'라는 문장을 검토해보자. 우선 '찾아간다'는 말의 의미가 적절하지 못하다. '군대보다 더 좋은 장소'라는 표현도 어색하다. 군대는 장소가 아니다. 그러므로 이러한 문장은 오히려 평이하게 처리하는 것이 좋다. '방황하는 젊은이들이 선택할 수 있는 것은 군 입대밖에 없었다' 정도로 무방할 것이다. 그 다음 문장을 보자.

어쩜 꼭 한번은 앓아야 하는 홍역과도 같은 가슴앓이를 혹자는 도피처로, 혹자는 떳떳하게 이 땅의 주인된 임무로 떠나는 곳이다.

이 문장은 바로 앞 문장과 호응이 잘 안된다. 이 부분은 앞 문장을 부연설명해주고 있다. 그런데 앞 문장에서는 '……장소는 없을 것이다'라고 군 입대에 대해 긍정적 측면이 나타나 있는데, 다음 문장은 그 긍정을 발전시키지 못하고 있다. 그러므로 그 관계를 긍정적으로 처리하지 말고, '그런데'라는 접속부사를 통해서 어떤 전환의 의미를 준비해두도록 처리하는 것이 좋다. '혹자는 홍역을 치르듯이 가슴을 앓으면서, 어떤 친구들은 도피처로, 또는 아주 드문 예긴 하지만, 사나이 임무를 다한다는 명분을 갖고 떠나는 사람들도 있다'는 정도면 무난할 것이다.

제 12장
소설쓰기와 소설읽기의 한 예

1. 소설쓰기 : 인간과 세계에 대한 애정 그리고 진지한 삶

(1) 체험의 주체자와 구경꾼

　제사 때에 따라다니는 것은 이야기이다. 제사상을 안방에 차려놓고서 사람들은 마루에 모여앉아 살아온 이야기와 시국 돌아가는 사정이나 고인의 생존 당시 일화들을 늘어놓다가 결국은 그 4·3사태 이야기로 옮겨간다. 가만가만히 아주 작은 목소리로 이야기를 시작하다가 한숨소리가 이곳저곳에서 들린다. 그리고 자정이 넘어서 제 올릴 시간이 되면 잠시 이야기는 중단된다. 제사를 마치고 음식을 나누어 들면서 이야기는 또 계속된다. 새벽이 가까워오는 데도 이야기는 끝나지 않는다. 내일을 위해서 잠자리에 든 후에 불을 끄고 누워 눈을 붙이면서도 이야기를 계속한다.
　새로운 이야기들이 아니다. 이미 여러 번 들었던 이야기들인데도 모두 귀기울여 들으면서 재미있어 한다. 아버님이 생존해계셨던 서너 해 전만 해도 이야기판은 거의 당신께서 주도하셨다. 위와 아래로 당할 일을 거의 다 겪으신 당신은 할 말도 많으신 것이다. 나는 그 이야기판에 끼여앉으면 몇몇 일들이 아주 선명하게 되살아난다. 안막에 못박혀 있듯이 바로 어제 일처럼 떠오른다.
 마을이 뒤숭숭해지자, 아버님은 몸을 피하셨다. 제주읍을 거쳐 어느 외진 섬으로 가서 몇 달을 지내셨다. 그런데 제주도가 완전히 불바다가 되어간다는 소식을 들으셨다. 개인 날 섬 한가운데 있는 산에 올라가보면 연기에 자욱한 제주섬이 보이곤 했다. 가족들 생각에 더 머물러 있을 수 없어 제주읍으로 돌아오셨을 때는, 우리가 사는 마을은 완전히 빨치산 해방구가 되어 있었다. 두 차례 토벌작전으로 마을은 거의 전소된 상태였다.
 나는 그때 다섯 살 위 형님과 함께 토벌대의 토벌이 심한 15리 떨어진 외갓집에 가서 지내고 있었다. 어머님은 조부님네와 증조부님 그리고 두 동생들을 데리고 불타버린 집터 한귀퉁이에 움막을 치고 지내시면서 낮이면 산에서 숨어지내며 아버님 소식을 기다렸다.
 어느 날 낮에 어머님이 돌이 채 안된 막내를 업고서 외갓집에 나타나셨다.
 "아버님, 이 아이들을 데려가쿠다."
 어머님은 피난갔던 아버지가 우리들을 남원(지서가 있는 면소재지 마을)으로 소개시키기 위해 몰래 마을로 잠입했다는 말을 했다. 듣고 있던 삼촌은,
 "누님, 여기 그냥 놔둡서. 안전한 곳이 여데 있수과. 남원이라고 안전합니까. 조금만 참읍서. 곧 새 세상이 올거우다."
 이십대 중반인 외삼촌은 어머니를 만류했다.
 "안된다. 데려가라. 지 새끼는 부모들이 맡아야 한다. 누가 남의 집 귀한 자식을 책임질 수 있어."
 외할아버지는 외삼촌의 말을 타박하시면서 우리를 어머니에게 맡기셨다.
 어머니를 따라 고향집으로 돌아오는 마을 어귀에서, 비무장 빨치산 서넛을 만났다. 그들은 우리들을 심문했다. 어머니를 아는 얼굴도 있었다. 그러나 알고 모르고가 문제가 아니다. 어머니는 외갓집에 자식들을

제12장 소설쓰기와 소설읽기의 한 예

맡겨두었다가 죽어도 같이 죽고 살아도 같이 살려고 데려온다고 모질게 말했다. 그들은 우리가 소개하려는 줄을 몰랐는지 놓아주었다.

소개하는 몇 가구는 이미 집은 불타버렸으나 숨겨두어서 남아 있던 살림도구와 식량들을 달구지에 싣고 경찰관 몇과 민보단원들의 호위를 받으면서 마을을 벗어났다. 그러나 이미 정보를 알아차린 빨치산들에 의해 해안부락으로 내려가는 도로는 폐쇄되어 있었다. 사람들이 우왕좌왕하는 사이에 총성이 들렸고, 우리는 혼비백산 흩어졌다.

그렇게 죽을 고비를 넘기고 소개한 우리는 몇 주일 후에 다시 빨치산의 큰 습격을 받았다. 그후 정부 토벌작전이 벌어지면서 입산자들이 귀순하거나 붙잡혀 내려왔다. 어느 날 아버지는 귀순해온 마을 청년에게, 우리가 소개하던 날 빨치산의 공격을 받아 달구지에 싣고 오던 살림도구와 양식들을 잃어버린 이야기를 했다. 그 청년이 아버지 무릎을 붙잡으면서,

"제발 입만 다물어주십서. 그때 우리가 빼앗아 갔수다. 우리 밭 중에 아무것이라도 말만 하시면 한 필지 드리쿠다."

청년은 자기네가 그날 그 길목에 잠복해 있다가 소개하는 사람들을 공격했다고 자백하면서 애걸했다. 물론 아버지는 그 청년에게 잃어버린 물품 값으로 밭뙈기를 받지도 않았고, 그 사실을 소문내지도 않았다.

사태가 평정된 후에 사람들은 내가 체험한 것과 같은 그런 이야기들을 제삿집에서 또는 겨울밤 따스한 온돌방에서, 흡사 남의 이야기처럼 소근거리면서 주고받았다. 남편이, 아들이, 아버지가 죽은 이야기, 죽을 뻔한 이야기, 다시는 그런 시국이 돌아오면 차라리 죽어버리는 것이 낫다는 둥 그런 이야기판에 서로들의 이야기는 모두 나의 이야기가 되었기에, 누구를 원망하거나 혹 기고만장해서 자랑하지도 않았다. 이야기에서는 사태의 잘잘못을 따지지 않았다. 이미 잘잘못은 빤히 드러난 사실이고 가슴 깊숙이 느껴 아는 사실이기 때문인가.

나는 그 이야기를 들으면서, 그 광란의 시대를 살아온 모든 사람들을 사랑하게 되었다. 우선 새 세상이 돌아올 것을 기대하면서 어머니에게

우리들을 맡기지 않으려던 외삼촌(그는 얼마 후에 처참하게 죽어갔다), 세상이 어떻게 될지 모르니 자식은 부모가 맡아야 된다던 외할아버지의 지혜, 자식들을 서로 떼어놓아야 누구라도 한 사람은 살아 남을 수 있다는 생각에서 우리 형제를 외갓집에 보냈던 할아버지와 어머니, 죽음을 무릅쓰고 맨손으로 빨치산 해방구에서 가족을 소개시키려고 나섰던 아버지, 마을 어귀에서 우리를 심문하던 비무장 빨치산, 하산하는 길목을 폐쇄해놓고 우리들 살림을 빼앗아가면서 목숨까지 노렸던 빨치산까지도, 그래서 아버지에게 애소하였던 그 청년도 나는 사랑한다. 이들을 사랑할 수 있는 것은 실제로 그 사태를 체험했던 사람들만이 가능한 것이다. 그러기에 이야기판에서는 누구도 흥분하지 않는다. 누구의 이야기든 그것은 나의 이야기가 되기 때문이다.

　몇 년 전 제주 4·3사태의 현장을 돌아보는 기회가 있어 고향 제주로 내려간 적이 있다. 마침 4·3항쟁을 기념하는 문학행사가 제주시 한귀퉁이에서 개최되고 있어서 두어 시간 자리를 같이했다. 주로 대학생과 젊은층들이 모여 뜨거운 한마당을 펼치고 있었다. 벽에는 4·3을 노래하는 공동창작 시작품이 걸려 있었다. 노래가 있고 구호가 있어서 그런지 분위기는 고조되었다. 노래와 구호와 토론은 제삿집 이야기판과는 전혀 달랐다. 거기 모인 사람들은 하나같이 모두가 4·3을 너무 잘 알고 있다고 자부하고 있었다. 그러기에 이야기나 시나 노래에는 비감이 서리고 분노가 출렁이고 미래에 대한 비전이 번뜩였다.

　이러한 행사는 몇 년 전부터 부쩍 늘었다. 서울의 대학에서도 4월 3일만 되면 규모와 양식은 약간씩 달라도, 4·3에 대한 논의나 행사를 갖는다. 그런데 그런 자리에서 행해지는 것들은 이제는 식상할 정도가 되었다. 으레 따라다니는 반미, 자주, 민중항쟁 계승, 통일 등의 구호나 주장이 너무 흔하고 친숙해서인가. 제삿집에서 듣던 이야기는 되풀이해서 들어도 식상하지 않고 들을수록 맛이 붙어나는데, 왜 그럴까. 내 의식의 취약함 때문일까. 나이 먹음과 젊음의 차이인가. 간혹 그것은 문학과 이데올로기의 차이 때문이라고 생각을 정리해본다. 그러나 저러나 여기에

제12장 소설쓰기와 소설읽기의 한 예

는 분명하게 다른 것이 있다. 제삿집 이야기는 체험한 당사자들이 직접 하는 이야기이고, 다른 공식석상에서 이루어지는 행사로서의 이야기는 그렇지 않다는 점이다.

그러면 내 체험에 대한 인식과 그 말하기와 남의 체험에 대한 인식과 그 말하기 차이는 무엇일까. 체험의 주체자는 체험들이 곧 분신이기 때문에 그것을 진실로서 받아들이고 사랑한다. 그것은 가치나 의미의 차원이 아니다. 그러나 체험하지 않고 그것을 말하는 사람들은 그것에서 단지 가치와 의미만을 선택하여 자기 것으로 만들려 한다. 그것은 체험 자체에 대한 애정이기 전에 유용성 때문이다. 전자에서는 인간의 삶의 진실이 중시되지만, 후자에서는 이데올로기에 경도될 수 있다. 후자가 힘있고 매력적일 것 같지만, 사실 그것은 때로는 극히 허약할 수도 있다. 사람들을 현혹시킬 수는 있어도 시류를 타기 때문에 생명이 길지는 못한다. 그리고 그것은 다른 분야가 대신해준다. 4·3사태에 대한 정치학적·역사적 작업이 그런 이념적인 문제를 어느 정도 해소해줄 것이다.

문학은 다른 무엇으로 대신할 수 없으면서 놓쳐버릴 수도 있는 측면에 더욱 관심을 가질 필요가 있다. 이데올로기적인 인식은 의미있다고 생각하는 것을 전제하기 때문에 진실을 왜곡시키거나 놓칠 우려가 더욱 많다. 여기에서 우리가 간과할 수 없는 일은 제삿집에서 벌어진 이야기는 세상 형편과는 무관하게 이루어졌다는 사실이다. 4·3에 대한 논의가 공식적으로는 금기시 되던 그때에도 은밀하게 벌어졌다. 그러나 힘있게 보이는 그 공식행사들은, 금기가 해소될 기미가 보이거나 아니면 해소된 후에야 요란스럽게 행해졌다. 그러기에 그것은 언젠가는 시류에 따라서 공식 논의의 장에서 사라질 것이 분명하다. 그러나 제삿집 이야기 판은 오래오래 계속될 것이다. 적어도 공식행사장보다는 오래 지속될 것임에 틀림없다.

어쩌면 체험 주체자보다는 바라보는 자가 더 정확할 수도 있다. 그것은 현재라는 시간성과 역사적 비전이 가미될 수도 있기 때문이다. 또 체험자의 주관적인 면도 어느 정도 극복할 수 있다. 그런데 문제는 삶의 현장에 대한 인식이 취약하기 때문에 관념의 허위에 빠져 결국 이데올로기에 편향될 수밖에 없다는 점이다.
 다음의 예를 생각해보자. 자칭 해녀 연구가라는 어느 여류는 방송기자의 카메라 앞에서, 일생을 해풍에 시달려온 노파 해녀들 틈에 폼잡고 앉아서는 해녀들이 차차 사라져가는 것이 안타깝다고 말했다. 어떤 양식 있는 지성인은 경관이 괜찮은 제주도의 마을을 찾아다니며, 몇 년 전에는 길이 포장도 안되어서 참 좋더니, 이제는 골목마다 시멘트로 포장되어 마을을 다 망쳐버렸다고 투정 비슷하게 말했다.
 두 사람의 모습에서 바로 구경꾼의 허위와 이데올로기성을 엿볼 수 있다. 해녀는 바라보는 사람들이나 해녀 연구가를 위해 있는 것이 아니다. 그것은 생활의 한 방편일 뿐이다. 해녀 노릇을 하지 않아도 살아갈 형편이 되면 하지 않는 것이 극히 바람직하고 그것이 자연스러운 일이다. 해녀가 없어진다는 것은 조금도 안타까운 일이 아니다. 그것이 바로 해녀들의 삶의 진실의 문제이기 때문이다. 시골길이 포장된 것은 시골 사람들이 살기에 편하기 때문이다. 번잡함에 묻혀 사는 도시인들에게는 시골길이나마 포장 안된 채로 남아 있어 흙냄새를 맡게 해주었으면 하겠지만, 그것은 정말 시골 사람들을 우습게 여기는 자기중심적인 편견과 허위의 틀 속에서 세상을 바라보는 사람의 헛소리일 뿐이다. 중요한 것은 해녀질 외에도 바닷가 여인들을 위해서 해산물을 채취하여 소득을 올릴 수 있는 다른 방법의 개발에 있고, 시골의 도로포장이 시골 형편에 맞게 이루어졌느냐 하는 데 있다. 그런데 얼핏 들으면 앞서 두 사람 말이 아주 타당한 것처럼 생각된다.
 소설은 구체적인 삶을 추구한다. 그것은 항상 '살아가는 일'에 대한 논의를 전제로 한다. 삶은 이념이나 철학의 구현이 아니라, 반대로 삶의 현장에서 이념이나 철학이 스스로 우러나는 것이다. 사람들은 살아가면서 자기 이념이나 철학을 정립해나가는 것이지 먼저 그것을 세워놓고 그 틀에 맞게 살아가는 것은 아니다. 예수까지도 삶의 현장에서 율법을 잠시 뒤로 미뤄두기도 했다. 물론 그것은 생각 나름일 수도 있고 분야에 따라 다를 수 있다. 그러나 문학은 바로 그 생활의 편에 서는 것이다. 그러기에 나는 '체험의 진실'이라는 다소 추상적이며 회색적인 말을 소설을 쓰면서 항상 생각한다.

체험이 소설 소재가 된다는 것은 너무 잘 아는 일이다. 그것은 자기의 직접 체험일 수도 있고 타인의 체험에서 얻은 간접 체험일 수도 있다. 그러나 그것이 일단 소설의 소재로 선택되었을 때에는 나의 체험이 된다. 이러한 체험은 우주와 인간과 사회의 본질(참모습)을 드러내는 일종의 징상으로서 재료인 셈이다. 작가는 이것을 취사선택하고 해석해서 일정한 자기 체계를 갖춘 작품을 만들어낸다. 그 작업은 바로 자연과학자나 사회과학자·인문과학자들의 학문 태도와 동일하다. 단지 그 징상들을 소재로 하는 데 있어, 그 처리 방법과 얻어낸 결과를 소설 언어로 나타낸다는 차이뿐이다.

소재는 작품의 재료이다. 그러므로 우선 재료에 대해 잘 알아야 한다. 그것은 자연과학자들의 실험이나 관찰에 비견될 수 있다. 그러기 위해서는 우선 애정을 가지고 대상이나 체험을 대한다. 그리고 순수한 마음으로 내면에 숨어 있는 의미를 찾으려고 노력한다. 그렇게 해서 자료를 다시 취사 선택하고 해석해서 허구를 덧붙여 작품을 만들어낸다 해도, 그것은 자료에서 얻어낸 일면적 진실일 뿐이다. 문학을 통해서 세계를 총체적으로 이해할 수는 없다.

(2) 제주 4·3사태 체험과 나의 소설

나는 지금까지 소년기에 체험했던 제주 4·3사태를 소재로 해서 여러 편의 중·단편을 써왔다. 그리고 몇 년 전부터 그 사태를 배경으로 하여 좀 긴 장편을 쓰고 있다. 이 체험은 내가 의도하든 아니하든 간에 내 소설의 바탕에 은밀하게 아니면 겉으로 뚜렷하게 나타날 것이다. 그것은 소년기 그리고 더 장성한 이후에도 눈에 보이게 안 보이게 나를 지배해 왔기 때문이다.

내가 살았던 100여 가구의 작은 마을은 면소재지가 있는 남원에서부터 15리 정도 한라산 쪽으로 들어가 있는 산간부락이다. 사태가 일어났던 1948년 가을부터 이 지역은 완전히 빨치산 해방구가 되었다가 1951년에야 복구가 되었는데, 겨우 50여 가구만이 다시 모였다. 완전히 없어진 가구수만 20여 가구나 되었다. 인연이 없어 해변 마을로 내려가지 못한 사람은 다 입산자가 되었던 것이다. 나는 줄곧 제주에서 살면서 그 사태를 겪었다. 죽음과 삶의 기로가 하찮음을 어린 가슴으로도 확인했고, 이유없이 미친 듯이 허둥대던 양쪽 사람들의 모습을 보았다. 사람이 흉칙하면 맹수보다 더하다는 것을 너무 일찍 알았다. 그런데 자라면서부터 그들을 그렇게 만들었던 것이 무엇인가를 생각했고, 그 일이 왜 제주라는 작은 섬에서 일어나야 했던가를 생각했다. 더구나 4·3에 대한 체험은 한 시기에 겪었던 지난 체험으로 끝나지 않고, 제사 때나 명절 때 모여앉으면 다시 생각하고 싶지 않은 이야기들인데도 끊임없이 해대는 사람들 가운데서 살아왔다. 지금은 내놓고 이야기하게 되었지만, 좌우를 살피면서 소근대며 이야기하던 그 시절에는 그런 이야기의 뒷맛이 묘했다.

내가 소설을 쓰면서 계속 생각한 것은 그 숨겨진 이야기의 실상을 드러내놓는 데서 어떻게 뛰어넘을까 하는 문제였다. 그래서 나는 그 사태를 바라보는 내 나름의 틀을 '주변성'이라는 것에서 찾아보려 하고 있다.

주변성의 개념을 다음과 같이 상정해보았다. 첫째, 주변성은 정치·경제학적인 주변부와는 다른 개념이면서, 또한 그 개념의 일부를 포함하기도 한다. 둘째, 주변성은 문화전파 현상에서의 주변성, 즉 중심문화와 상대되는 의미의 주변문화와는 그 개념이 일치하지 않으면서도, 한편 그러한 성격을 다소 포함하기도 한다. 셋째, 이러한 주변성의 한계는 위의 두 개념을 부분적으로 공유하면서 또한 그것들의 혼합성을 띠기도 한다. 즉 지배와 피지배의 관계에서는 처음의 성격을 다소 포함하고, 이데올로기의 본산인 중심부와 상대되는 지역적 주변성의 측면과 중심부와 주변지역의 상호관계에서는 두번째의 성격을 포함한다. 그러므로 이 주변성은 중심부와 상대되는 지역적·문화적·정치적·집단심리적 요소를 모두 포함한다.

　주변성은 다음과 같은 몇몇 특성을 갖는다고 생각해보았다. 첫째, 지리적으로 중심부에서 떨어져 있다. 둘째, 정치·문화에서 이데올로기 본산인 중심부가 모든 부문에서 주도권을 지니고 있음에 반하여, 주변지역에서는 중심부의 이데올로기나 문화적 그늘에 들어가면서도 그것에서 보다 많이 일탈되어 색다른 면모를 이루어낸다. 셋째, 중심부는 전통적인 토대가 확고하지만 주변지역은 그 토대가 취약하다. 그 때문에 외부의 충격에 약하고 항상 새로운 이데올로기에 대한 변칙적 욕망을 잠재적으로 갖고 있기 때문에 그러한 외부상황에 오히려 예민하게 반응하기도 한다. 넷째, 주변성은 중심부를 지향하기도 하지만 거기에 반발하기도 하는 이중성을 지닌다.

　이러한 주변성에 대한 개념 설정은 극히 가설적인 것이다. 그것을 이론적인 체계에서 정립시키기는 다소 어렵다. 그러므로 오히려 소설을 통해서는 형상화시키는 것이 가능하리라 생각한다. 이러한 주변성에 대한 문제는 제주의 문화 특성과 특히 제주 4·3사태에 대한 다양한 논의를 진행하는 과정에서 그 개념은 보다 다층적으로 또는 새롭게 정립될 수 있을 것이라고 믿고 있다.

　제주 4·3사태의 주변성에는 제주도의 주변성이 크게 작용한다. 우선 인문·지리적 측면에서 본토와 떨어져 있다. 둘째, 제주인은 토착민과 유입인으로 형성되어 있다. 유입인의 경우에 정치·사회·경제적으로 중심부에서 일탈된 사람들이다. 그들은 중심부에 대한 지향성과 반역성을 함께 지닌다.

　다음은 역사적 측면에서의 주변성이다. 첫째, 탐라부족국가를 형성했던 제주는 삼국 이후 본토와의 관계를 맺게 되면서 한반도의 부속 도서로서 종속적인 주변지역으로 전락한다. 그 결과 부족국가의 독자성이 약화되면서 차차 중앙정부의 행정지역이 되어 중앙정부의 통제체제에

흡수된다. 그러나 내면적으로는 독자성을 유지하게 된다. 둘째, 이는 제주에 중심부적 토착세력(양반 유림)이 구축되지 못했고, 중앙정부의 관심 밖 지역이기 때문이다. 셋째, 목사·현감 등 지역 행정 책임자는 조정에서 임명된 외부인이거나 중앙정부와의 정치적 교분을 유지한 본도인이다. 본도인의 경우에는 철저한 중심부 지향적이므로 지역 주민을 위한 행정이 이루어질 수 없으면서 제주의 주변성은 심화된다. 그 결과로 제주는 중앙정부의 서자적(庶子的) 지역으로 고착된다.

더구나 근대 이후 제주는 외세의 침략의 교두보가 되는데, 그것은 전혀 현지 주민의 의사와는 별개의 문제였다.

다음 문화적인 측면에서도 주변성을 면치 못한다. 첫째, 제주문화는 본도 고유의 문화와 외래문화가 습합 형성되어 다원성을 가졌기 때문에 한국문화라는 총체성 속에서 융화될 수 없는 많은 요소를 유지하고 있다. 그 한 예로, 수렵문화와 농경문화, 해양문화와 농경문화가 습합되어 다원적인 문화가 형성되어 있어 표층적 지배문화는 농경문화로서 중심부적이지만, 이면에는 본도 고유의 문화양식이 상존되어 반중심부적이다. 이러한 점에서 중앙지향적이면서 그에 대한 부정적·저항적 요소를 지니고 있다. 다음으로 제주의 언어구조에서도 이중성은 뚜렷하다. 제주 사투리가 본토와는 특이한 구조와 양상을 지니고 있지만 제주 사람들의 언어의식이나 그 현실은 표준어 지향적이다. 또한 타 지역의 방언에 쉽게 동화된다. 현지 언어 현실에도 표준어와 사투리는 이원적으로 공용된다.

설화 구조에서 이러한 이중성은 친이데올로기성과 반이데올로기성으로 나타나 공존하게 된다. 삼성신화와 무속본풀이는 그러한 측면을 잘 보여주는 좋은 예이다. 가치에 대한 진보적 의식과 보수적 의식도 공존해 있어서 묘한 이중구조를 형성한다. 양반지향적이면서 한편 반양반의식이 강하다.

또한 제주 4·3사태 자체에서도 몇 가지 주변적 성격을 생각할 수 있다. 이러한 제주의 역사·문화적인 요소와 성격은 주변적 성격과 통하는

제12장 소설쓰기와 소설읽기의 한 예

데, 이 점은 제주사태에도 그대로 나타난다. 그것은 본토에서 떨어져 있다는 지리적 조건과 중앙정부의 정치적 변동 상황에 대처하지 못하는 지역 정치상황과 맞물려 있다.

첫째, 해방 직후 정치상황에 대한 인식에서도 나타난다. 제주도는 중심부인 서울의 정치상황을 제대로 파악하지 못했고, 그 변화에 신속히 대응하지 못한 정치 소외지대였다. 그러한 예로는 건준과 인공에 대한 도민의 지지도가 오래도록 유지되었고 (그 점은 그러한 조직을 국민적 합의성과 대표성을 가진 것으로 인식했기 때문이다) 입법위원 선거에는 좌익계 인사들이 당선되었던 사례에서 확인된다.

둘째, 제주사태에 대한 군정 당국의 인식과 그 대응 과정에서도 주변성은 두드러지게 나타난다. 즉 진압 우선주의 정책을 쓴 것은 제주를 한 주변적 지역으로 인식했기 때문이다. 그래서 군정 당국은 진압 우선주의로 사태 해결을 도모했다. 그 한 예로, 조병옥 경무단장이 내도(1947년 3월과 4월)하여 강경 진압방침을 세워 외부인으로 조직된 단체(철도 경찰, 경찰 응원대, 서북청년단원 등)를 투입했다. 이들은 제주지역에 대한 인식이 취약하여 지역 실정을 도외시한 강경책으로 무력 진압을 폈다. 또한 제주사태를 미군정 및 중앙 정치세력의 정치적 명분에 의하여 고식적으로 해결하려 했고, 지역 주민의 문제는 고려되지 않았다.

사태 성격의 모호성에도 주변성은 드러난다. 첫째, 제주 4·3사태에서는 혁명·반란·저항 그 어느 성향도 뚜렷하지 않다. 한국을 사회주의국가로 만드는 데 교두보 역할을 제주가 맡는다는 측면도 명분이나 전략상 취약하고, 그렇다고 분리주의적 입장에서 제주 독립사회주의 국가건설 의도도 감상적 발상이며, 단순한 군정 단독정부 수립에 대한 저항으로는 그 도가 너무 심하다.

그런 면은 4·3사태 과정에서 혁명적·정치적 전략의 취약성으로 나타난다. 제주봉기 또는 반란이 남한의 공산화의 한 계기가 될 수 있다는 발상은 비전략적이고 감상적이기 때문이다.

그리고 제주도는 혁명이나 반란의 근원지가 될 여건이 성숙되어 있지 못하다. 즉 제주는 이른바 공산혁명 여건이 취약한 지역이다. 토지소유 문제, 노동자와 자본가의 문제에서 그렇다. 그러한 점은 사태를 일으킨 주도세력의 계급성의 문제에서도 확실하게 드러난다. 제주사태 지도부는 공산혁명 세력으로서의 계급적 성격이 취약한 계층들이다. 프티부르주아들, 낭만적 혁명론자, 민족주의적 사회주의자의 성격이 강한 인사들이 주도했다. 이러한 사람들을 고려할 때, 제주 4·3사태는 공산혁명 전략상으로 혁명의 정통성에서 일탈된 일종의 변종적 성격이 강하다.

사태 이후의 처리문제와 사태에 대한 정부와 기타 공식적 관심에서도 그러한 주변성은 드러난다. 제주 4·3사태가 종식된 후에도 이에 대한 아무런 대책이 공식기구 차원에서 이루어지지 않았다. 원인이 무엇이었든지 간에 그 사태는 일제 식민통치와 동서 냉전체제의 부산물인 역사 변동기의 정치적 변란이었음에도, 사건을 폭동으로 단순화시켜버렸다. 그래서 사태에 대한 논리적인 연구나 대책이 전무했으며 그로 인한 도민의 정신적 상처는 더욱 심화되었고, 논의 자체에 대해서도 제도적으로 용납하지 않았다. 더구나 사태에 대한 관심까지도 철저하게 봉쇄되어 40여 년을 넘겨왔다. 이런 점에서 사태에 대한 인식 자체도 철저하게 주변적이다.

최근에 이루어지는 사태에 대한 관심과 연구도 특수한 분야나 계층에 의해 이루어지고 있고, 그 방법 역시 한계를 갖고 있다. 사태에 대한 이러한 인식이나 처리도 주변성의 범위 안에 갇혀 있다.

나는 일차적으로 제주 4·3사태를 이러한 인식의 틀에 의지해서 해석하여 작품화하여왔다. 그러므로 내 작품에서는 혹 이데올로기 혐오성이 두드러지게 나타나서 패배주의적인 힘없는 작품으로 이해되는 점도 없지 않다는 것을 안다. 그러나 그것은 작품에 대한 얕은 이해의 결과이다. 구태여 변론을 하자면 이데올로기 혐오가 아니라 극복이라고 생각한다. 이데올로기와 인간의 삶은 묘한 관계를 가지고 있다. 더구나 그 문제가 소설의 과제가 될 경우에는 더욱 그렇다. 이데올로기가 인간의 삶을 풍요롭게 해주는 도구가 되는 것임에는 틀림이 없지만, 동시에 그것이 지배이데올로기로 고착되는 순간부터 인간을 억압한다. 또한 문학 이외에 모든 제도는 이 이데올로기를 지향한다. 그렇다면 문학만은 이와는 다른 편에서 그것의 가능한 폭력성에 대하여 논의해야 할 것이 아닌가 생각해왔다.

제주 4·3에 대한 연구나 논의는 다양할 수 있다. 그것은 정치적 입장에 따라 우선 다를 수 있기 때문이다. 어떻든 대부분의 경우에는 이데올로기적 관심에서 시작한다. 그 사태가 민족운동의 한 양상일 수도 있고, 사회주의국가 건설을 위한 혁명일 수도 있다. 그러나 그러한 논의는 문학의 과제가 되어서는 안된다는 입장이다. 왜냐하면 문학은 이데올로기를 추구하는 것이 아니라 인간의 삶의 탐구를 과제로 삼아야 하기 때문이다. 그러면 이데올로기가 없는 삶이 가능하느냐고 되물을 것이다. 가능하지 않기 때문에 갈등이 생기고 여기에서 소설이 추구해야 할 문제가 특징적으로 드러나는 것이다.

소설은 주변적 문학양식이다. 그것은 비유컨대 양반의 문학이 아니라 평민의 문학이다. 동서양을 막론하고 고래로부터 소설의 주변성 때문에 지배이데올로기 추종자들은 그것을 하찮게 생각했다. 소설(小說)이고 대설(大說)이 아닌 이유가 거기에 있다. 노블의 전 단계의 서사문학 양식인 로망(roman)이란 말도 '방언으로 번역하다'라는 의미의 로망시에(romancier)에서 유래되었다는 점은 매우 시사적이다. 우리나라의 조선조 소설에서 무명씨 작품이 많은 것이나, 여성들이 그 독자의 대부분이었다는 사실도 그런 점을 잘 반증해준다. 또한 조선시대만 해도 주변적 인물이거나 그러한 처지에 있는 작가들에 의하여 좋은 작품이 씌어졌다. 소설은 방언으로 씌어진 작품이고, 지배이데올로기와 맞선 자리에 있는 피지배자 계층의 문학이고, 주변적 삶을 문제삼는 문학이다.

그런 점에서도 제주의 4·3사태는 바로 소설의 대상으로 적절하다. 그것은 단지 소재의 이채로움 때문이 아니다. 해방공간의 한국 정치상황에서 빚어진 한 사태로서의 정치적·역사적 의미를 지녔기 때문도 아니다.

제주 4·3사태를 소설로 쓸 때 나를 유혹하는 것은 이 특이한 사건의 바탕에 깔려 있는 반인간적 폭력을 고발하고, 사태에 따른 역사적 또는 정치적 의미까지 논의하고 싶은 욕심이었다. 그런데 그런 유혹은 다분히 시류에서 자유로울 수 없는 탓이라고 판단했다. 그런 문제들은 이미 일반화된 사실이고, 문학 아닌 다른 분야가 맡아야 할 몫이라는 생각을 하게 되었다. 주변적 상황에서 살아온 제주사람들의 이야기는 한정된 지역의 문제로 끝나지 않고 인간의 보편적인 문제가 될 수 있기에, 소설이 찾아가야 할 과제라는 확신에 이르렀다.

지금까지 몇몇 중·단편에서 제주사태의 작은 사건들을 소재삼아 썼다. 물론 제주도를 배경으로 한 모든 작품은 나와 제주사람들이 겪은 사태와 무관하지 않다. 이제 구체적인 사건을 소재로 한 몇몇 작품을 예들어서, 체험과 작품을 쓰는 문제를 생각해보려 한다.

「우리들의 조부님」은 S마을에서 일어났던 일을 소재로 했다. 그 마을 구장이 빨치산에게 살해를 당한 뒤에 마을에는 다시 큰일이 벌어졌다. 마을 청년들이 토벌대에 연행되어 가서 취조를 받고 결국에는 공비로 몰려 처형을 당한 것이다. 그때 청상과부가 된 부인은 얼마 후에 유복자 아들을 낳았는데, 30여 년이 지난 지금 경제적으로 여유있게 살고 있다. 그때 죽은 한 청년의 아버지는 아들 일로 충격을 받아 오래 전부터 정신이상으로 고생하다가 죽었다.

이 작품을 쓸 80년대 초만 해도 그러한 사실을 직접 쓰기가 어려웠고, 지방에 사는 문단 초년생으로서 설령 쓴다고 해도 문예지가 발표해 줄 리 없었다. 나는 우선 그런 사실을 고발하는 일도 중요하지만, 그러한 드러냄을 금기시하는 현실에서 이미 한 세대가 지난 일인데도 제주사람들은 아직도 거기서 해방되지 못했다는 사실을 절감했다. 그래서 작품을 단순한 사태의 고발에 머무를 것이 아니라, 숨겨진 사태를 드러냄과 동시에 아직도 짙게 남아 있는 사태의 상처와 그것을 사실로 드러남을 두려워하는 또다른 억압상황을 형상화하기로 작정했다. 그래서 진상을 드러내는 방법으로 빙의(憑依)현상을, 아직도 남아 있는 사태의 현재성에 대한 억압의 양상은 미친 노인에 대한 주변사람들의 반응을 통해 그려보기로 했다.

그렇게 써서 어렵게 작품을 발표해놓고 보니 몇몇 문제가 생겼다. 토벌대에게 청년들이 연행당해 가서 처형당하게 되는 과정에서 너무 개연성을 부여한 것 같은 느낌이 들었다. 그리고 다른 하나는 빙의현상은 남자에게는 나타나지 않는다는 사실이었다. 그러나 나는 그것을 그대로 묵인하기로 했다. 오히려 청년들이 공비로 처형될 수밖에 없는 상황이 사태의 비극성을 드러내는 데 적절하다고 생각했고, 빙의문제는 하나의 방법으로서 빌려온 것이기 때문에 스스로 그 잘못을 묵인하기로 했다.

「깊은 적막의 끝」은 제주사태에서 가장 치열하게 벌어졌던 정부 진압군과 빨치산과의 교전을 소재로 했다.

1949년 1월, 이미 정부군의 대공세로 빨치산들은 패색이 짙어가던 때였다. 남원지역 산간부락에서는 본의 아니게 입산자가 된 중산간 부락 사람들이 매일 귀순자로서 하산하여 남원으로 내려왔다. 그 이전, 1948년 11월 말경, 남원과 위미 두 해안 마을이 빨치산들의 대규모 습격으로 지서 주위 몇 채인가를 제외하고는 거의 전소되었던, 아마 제주에서 빨치산에 의해 가장 피해를 많이 당한 사태가 벌어졌다. 이 사건을 사람들은 '○○리 습격사건'으로 말하는데, 여기에는 무장 빨치산들뿐 아니라, 일반 입산자(그중에는 해안부락으로 미처 소개하지 못해서 입산한 사람들도 많았다)가 소위 보급 투쟁요원으로 많이 참여했다. 그후에 남원지역에는 해안부락인 태흥리에 토벌대 군부대가 주둔했고, 빨치산의 해방구인 남원에서 10킬로미터 올라간 의귀리 국민학교에 1개 중대 규모의 군인 토벌대가 주둔했다.

빨치산 지휘부에서는 이들 부대에 대해 대공격을 취해서 해방구에 군 토벌대 주둔을 저지하려는 계획을 세웠다. 그래서 정예 무장 빨치산 부대가 야밤에 군부대를 기습했다. 처음에는 군부대가 수세에 몰렸으나 옥상에 설치한 기관총으로 빨치산들을 퇴치했다. 그 작전에서 빨치산들은 막대한 피해를 입었다.

그런데 다른 사태가 이어 벌어졌다. 그 전날 오후에 부대에서는 귀순하거나 또는 잡혀온 입산자들을 심사 분류해서 남원으로 내려보내었다. 그런데 날씨가 춥고 어두워지자, 늙은이들은 그냥 하룻밤 더 머물렀다가 내일 아침에 내려가기로 작정했다. 결국 그들은 빨치산 기습사건으로 뒷날 모두 처형당했다.

이 사건을 소재로 해서 이데올로기와 개인의 삶의 문제를 생각해보았다. 그것은 오래 전부터 마음에 두어왔던 일이었고, 앞서 여러 작품에서도 취급했다. 제주 해방이라는 빨치산들의 이념이나 민주주의 사수라는 진압군의 이념은 그것과 무관한 인간의 삶을 극도로 황폐하게 만들어버렸다. 그것은 이미 일반화된 사실이지만, 이 작품에서는 두 이데올로기가 모두 자유와 평화라는 다소 추상적인 인간의 이상에 기여하고 있다는 자기 나름대로의 고집스런 의식을 통해 정당화하고 있다는 점에 관심이 갔다. 작품의 서두와 끝부분에서 부대장의 긴 연설은 그것을 말해준다. 그때 죽은 노인들의 주검이 오래도록 방치되어 있었기 때문에, 나중에 부패해서 구분이 어렵게 되자 유가족들이 의논해서 합장했다는 말을 들었다. 그리고 매년 제삿날에 자손들이 그 무덤에 모여 죽은 이의 넋을 달랜다는 것이다. 나는 그런 죽음과 관계해서 어느 쪽의 잘잘못을 따지는 일은 무의미하며, 그것은 문학의 몫이 아니라고 생각해오고 있다. 어떤 평자는 허무주의적인 냄새가 풍긴다고 이 작품을 평했다. 아마 인민해방군 이덕구에 대한 인식이 너무 엷은 것이 안타까운 모양이다. 그러나 나는 그런 생각에 관심이 없다. 평자들은 아직도 이념의 굴레 속에 자유롭지 못하고 있기에 그런 평을 했을 것이다. 그리고 나는 그 수준을 뛰어넘으려고 무척 고심을 했다.

「미명」도 사실을 소재로 했다. 의귀리 마을에 한 중학생이 그 사태 때 빨치산이 되었다. 그는 다행히 귀순해서 정식재판을 받고 서울 서대문 형무소에서 수감생활을 하게 되었다. 그런데 전쟁이 터졌다. 북쪽에 의해서 형무소 문이 열려졌다. 대부분의 사상범들은 북쪽 세력에 가담했다. 그러나 그는 천신만고 끝에 고향을 찾아왔다. 얼마 동안은 괜찮다가 전쟁이 어렵게 되자 다시 불려가서 처형당했다.
　이 이야기는 세상 사정을 전혀 모르던 국민학교 시절에 이미 알았다. 그 사건은 오래도록 나에게 응어리져 눌러앉아 잊혀지지 않았다. 작가가 되려는 생각 이전이었다. 그리고는 얼마 동안 잊어버렸다. 어느 날 문득 그 사건이 다시 되살아났다.
　자의적으로 선택하지 않는 이데올로기에 의해서 자기의 삶을 포기해야 하는 상황은 주변적 삶의 현장에서 흔히 만날 수 있는 일이다. 그러한 자신의 삶을 인식하고 스스로 어려운 선택을 감행했으나, 그것까지도 고착된 이데올로기 폭력에 의하여 파탄되어야 하는 비극적 상황에 마음이 아팠다. 열일곱 나이로 빨치산이 되었던 그가 소망한 새로운 세계의 모습은 무엇이었을까. 나는 외삼촌이 말하던 새 세상이 생각날 때마다, 동시에 어린 빨치산의 죽음이 떠올랐다. 과연 제주사회에서 새로운 세계는 어떤 모습으로 그들에게 다가왔을까. 땅 없는 농민에게 무상으로 분배할 땅을 많이 가진 지주도 없었다. 노동자의 천국을 만들 만한 일터도 없었다. 모두들 그만그만한 밭뙈기에 뼈빠지게 일해야 겨우 하루 세끼 밥이나 차려먹는 처지들이었다. 그렇다면 그 소년에게 나타난 새 세계는 무엇이었을까? 그에게는 무엇보다도 어머니와 친구들과 고향 들판이 그리웠을 것이다. 그래서 혼자 고향집을 찾아들었을 것이다. 그것은 인간의 회귀본능이다. 어떤 자는 이데올로기의 취약함을 이 소년에게서 찾을 것이다. 그러기에 그는 몰락할 수밖에 없었다고. 그렇지 않다. 오히려 북쪽 군인들을 따라 나서는 게 고향을 찾아 수륙 2천리를 내려오는 것보다 훨씬 쉬운 선택이었다. 그는 고향찾는 어려운 선택을 감행한 것이다.
　자의적으로 이데올로기를 선택할 수도 없고, 설령 선택했다 할지라도 그것을 용납해주지 않는 상황이 바로 주변적 삶의 실상이다. 그것은 비단 제주도 사태나 제주사람들에게만 한한 일은 아니다. 한국의 상황이 그에 더 낫지 않다.
　내 제주사태에 대한 체험은 이러한 중·단편으로 쓰기에는 적합하지 않다. 그래서 좀 긴 장편 『한라산』을 쓰고 있다. 그 작품은 어차피 역사소설의 범위에서 크게 벗어날 수 없겠지만, 나는 작품에서 역사적 사건의 실상을 드러내거나 논의하는 수준에 그치기를 바라지 않는다. 역사적 사태를 탐구하는 일을 외면할 수 없겠지만, 4·3사태에 대한 탐구는 오히려 역사학이나 정치학에 의지하는 것이 훨씬 실속이 있다고 생각한다. 그보다는 중심부와 주변적 상황이 어떻게 서로 대응해나가면서 한쪽이 다른 한쪽의 삶을 황폐하게 만드는가. 그러한 관계에서 빚어지는 폭력의 사실성과 그 극복을 도모하려는 인간본성적 욕구를 통해 많은 사람들의 삶의 진실을 찾아내려는 데 보다 더한 관심을 두려 한다.

(3) 작품쓰기의 과정

1) 소재 정리

소설 소재가 될 만한 것이 떠오르면 일차로 메모해둔다. 그것은 자기 체험일 경우도 있고, 간접적인 체험일 경우도 있고, 어쩌다 문득 생각날 수도 있고, 신문이나 잡지 기사 또는 다른 사람과의 이야기 도중에 떠오를 수도 있다. 아무튼 어떤 소재가 생각에 잡혔다는 것은 평소에 무의식적으로나마 그러한 문제에 내 관심이 쏠려 있었기 때문이다.

이렇게 모아둔 소재는 시간이 지남에 따라 잊어버리는 것도 있고, 점점 새롭게 풍부해지는 것도 있다. 후자인 경우 그 소재에 상상력이 더해지면서 구체적인 이야깃거리가 되어간다.

연말이 되면 곧 돌아오는 해에 쓸 만한 소재들을 그 메모철 가운데서 다시 추린다. 그 과정에서 선택한 소재에 대한 나름의 해석을 하게 된다. 소재를 어떻게 다듬어서 작품을 만드는 문제가 구체적으로 떠오른다. 그러나 이렇게 어느 정도 모양을 갖추어 정리된 소재들도 곧 관심에서 벗어나버릴 경우와 계속 관심에 남아 있을 경우가 있다. 그러다가 써야 할 계기가 왔을 때, 그중 어느 하나에 내 관심이 집중된다. 아마 그것은 여러 소재들 중에 평소 관심이 쏠려 있었기 때문일 것이다.

2) 구상 단계

소재가 구체적으로 정해질 즈음해서, 그 소재에 따른 큰 모티브나 에피소드들과 그에 따른 상황이 떠오른다. 생각나는 대로 그것을 메모해 둔다. 그것은 꼭 책상 앞에 앉아서만 되는 것이 아니다. 우연한 기회에 쓰려는 이야기에 알맞은 상황과 이야기가 생각난다. 그렇게 여러 개의 상황과 에피소드가 잡혀가면서 차차 그 소재에 대한 해석도 달라지는 경우가 있다. 물론 무의식적 관심이 소재 해석을 결정지워놓긴 하겠지만, 그래도 밖으로 튀어나온 상태로서는 항상 새로운 것이다.

이렇게 다소 무질서하게 잡혀가는 소설을 정리할 단계가 되면, 소설의 기본 골격을 만들기 위해 체계있게 준비한다. 인물에 대한 신상명세서를 만들고, 기본적인 플롯의 틀을 만든다. 그에 따른 상황을 설정한다. 그중에 중요한 것은 서두와 결말이다.

3) 쓰기

나는 워드프로세서를 사용한다. 더구나 직장에 다니면서 틈틈이 쓰기 때문에 언제나 작품을 대하고 앉아 있을 수 없다. 그래서 우선 기계 앞에 앉는 일이 중요하다. 그래서 계획된 대로 글자를 두드리기 시작한다. 그때까지가 어렵다. 아무리 준비를 해두었어도 첫 줄을 시작하지 않고서는 아무 소용이 없다. 소설의 전개에서 또는 인물의 모습에서 확실히 트이지 않을 경우가 있더라도, 우선 서두만 제대로 잡히면 기계 앞에 앉는다.

집필과정에서 떠오르지 않는 부분이 시원하게 트이거나 더 좋은 방향으로 흘러가기도 한다. 소설은 머리로 쓰는 것이 아니라 붓끝으로 써진다는 어느 작가의 말이 생각난다.

4) 퇴고

나는 소설만 쓰면서 살아갈 팔자 좋은 처지가 아니라서 우선 마쳐놓고 본다. 초벌 프린트한 것을 가지고 출퇴근 버스 안에서 읽는다. 그 경우 내 작품이라는 생각이 들지 않는다. 남의 작품을 읽듯이 읽으면서 시원치 않은 부분을 고쳐나간다. 그리고 얼마 두었다가 디스크를 꺼내어 기계에 집어넣고서 퇴고한다. 그 경우에는 두 번 읽고서 퇴고하는 효과가 있다. 그리고 고쳐놓은 것을 다시 모니터로 읽어보고서 프린트한다. 그러나 이상하게도 프린트되어 나온 작품은 모니터로 읽을 때와는 약간씩 다른 분위기를 보여줘서 혼란스러울 경우가 대부분이다.

(4) 체험과 소설 만들기

작품은 작가의 총체적인 삶의 구현이다. 곧 작품은 그 작가를 뛰어넘을 수 없다. 어떤 경우에 작가보다 작품이 뛰어나거나 달리 나타날 수도 있으나, 그 경우에 대개 그렇게 만드는 사회적인 메커니즘이 있다. 그것은 흔히 상업성이나 정치성이라는 반문학적인 장치를 통해 나타나는데, 거기에 문학인들이 한몫 하기도 한다.

소재의 선택이나 해석은 작가의 세계관에 의하여 이루어진다. 그런데 그 세계관은 작가가 설정한 의도적인 것일 수도 있지만, 그보다는 어쩌면 작가도 의식할 수 없는 그의 피 속에 용해되어 있는 본질적인 자아의 한 형태일 경우가 많다. 그것은 작품을 정치하게 분석해서 읽어보면 곧 드러난다.

소설쓰기 방법은 무엇일까. 그것을 위한 훈련은 어떻게 할까. 그것은 작가의 삶의 진지성과 성실성에 비례한다. 작가는 좋은 작품을 쓰는 재미로 사는 것이 아니라, 자기 삶을 문학을 통해서 쉼 없이 점검하는 즐거움에 소설을 쓴다. 단거리 선수의 연습을 상기해보라. 수영이나 야구, 축구 선수의 연습을 생각하고, 그 결과를 눈여겨보면, 소설쓰기 방법에 대한 해답을 얻을 수 있을 것이다. 달리기 선수는 밤낮 달리는 연습을 하지 않는다. 기초체력이 운동력을 높이는 데 중요한 관건이라 한다. 소설쓰기에 알맞은 기초체력은 무엇일까.

그것은 진지한 삶 속에서 얻어지는 체험이다. 그것은 인간과 세계에 대한 애정 없이는 얻어질 수 없는 것이다.

2. 소설읽기의 실제 : 이청준의 「줄」

(1) 소설을 읽기 전에

  소설은 작가의 상상력을 통해 만들어진 하나의 소우주이다. 작가는 인간과 사회를 그 나름대로 바라보고, 거기에서 찾아낸 문제를 소설 언어로 형성화해놓는다. 그러므로 작품에는 작가가 의도한 바를 드러내기 위해 필요한 요소들과 장치들이 적절하게 자리잡고 있다. 그것을 통틀어서 소설구조라고 말한다. 개개의 작품은 나름대로 독특한 구조를 간직하고 있는데, 소설을 읽는 데는 그 구조를 찾아내고 이해하는 일이 필요하다.
  세상 모든 만물은 자연적으로 생성된 것이든지 사람이 만들어놓은 것이든지 간에 나름대로의 구조를 갖고 있다. 그 원리는 질서의 조화이다. 책상 하나를 만드는 데도 계획이 있어야 하고, 그에 따라 설계하고, 재료를 구하고, 그것들을 다듬고 적절하게 이용해서 하나의 책상을 만들어낸다. 그 과정에서 조금만 틈이 생기면 불량품이 된다. 음식을 만드는 데도 그렇다. 우선 만들 음식을 정하여 재료를 구하고, 그것을 다듬고 처리해서 방법에 따라 절차를 잘 지켜서 만든다. 모든 요건이 갖추어졌다 하더라도 조미료 한 톨 또는 불의 온도에 따라 음식 맛이 달라진다고 한다. 모든 것이 적절하게 배합되어서 제대로 처리될 때에야 음식도 맛을 낸다. 한 번 먹어 없어질 음식에도, 사용하다가 내버릴 책상 하나에도 그 만드는 방법의 정치함과 구조의 긴밀함이 요청된다.
  소설 한 편을 이루어내는 모든 소설 언어는 작가의 치밀한 계획에 의해서 의도적으로 배치된 것이다. 이 점을 고려한다면 소설을 읽을 때는 단어 하나, 장면 하나에도 유의해야 할 것이다. 그러한 '소설의 쓰임'에 대한 독자들의 이해 차이 때문에 작품에 대한 논의가 분분하고 반면에 같은 작품이라도 읽을수록 새맛을 얻을 수 있는 것이다.

　우선 소설을 읽을 때 독자는 자유로운 마음으로 작품의 의미와 맛을 되도록 정직하게 찾아내려는 태도가 필요하다. 작품을 읽기 전에 어떤 고정관념이나 방법을 먼저 내세운다면, 결국 의도하는 바를 제대로 얻어내지 못할 것이다. 작품에 대해서 아무런 지식을 갖지 않고 읽은 다음 얻어낸 것을 정리하고, 그것을 이해하는 과정에서 그 작가나 작품에 대해 다른 사람이 제공해주는 정보나 논의를 참고하는 것이 좋을 것이다. 혹 읽기 전에 예비지식이나 정보가 필요할 수도 있지만 그것은 특수한 경우이다.

　우선 읽으면서 형식 단락에 의해 그 요지나 중심 모티브 인물 그리고 작품에 드러나는 문제들을 추려낼 필요가 있다.

(2) 형식 문단으로 나눠서 읽기

작품을 읽으면서 형식 문단별로 내용을 정리해보았다.

1-1. 여관으로 여자를 불러들이고서 여자로 상대하지 않겠다고 말했으나 약속을 어기고 동침을 요구함.
1-2. '나'는 승천했다는 광대 이야기를 취재하기 위해서 고향에 왔음. 작가 지망생이나 글을 못 쓰는 처지인데, 그 이유는 모든 것이 혼란스럽기 때문임. 잠을 즐김.
1-3. 전기와 수돗물이 잘 공급되지 않는 읍. 가뭄.
1-4. 낮에 승천장의사(昇天葬儀社) 간판을 봄.
1-5. 여자와 약속을 파기함(1-1의 상황 계속).

　이 문단은 발단부에 속한다. 여자와 약속을 지키지 않은 1인칭 화자 '나'(남기자)에 대한 정보가 주를 이루면서, 취재차 오게 된 경위를 통해 앞으로 일어날 사건의 흐름을 보여주고 있다.

'나'에 대한 중요한 정보는 고향을 떠난 지 오래되었고, 소설가 지망생이지만 소설을 못쓰는 처지 등이다. '나'는 어떤 사태에 대하여 소설적 질서를 부여하기 어려운데, 그것은 '혼란' 때문이다. 그래서 잠을 즐긴다. 잠자는 시간만이 유일하게 그가 소유하고 있는 자신만의 시간이라고 생각한다. 여자를 여관으로 불러들이면서 여자로 대하지 않겠다고 말했으나 결국 지키지 못한다. 그러한 점을 통해 '나'의 면모가 드러난다. 이 문단은 '나'를 중심으로 전개되고 있다.

2-1. '나'는 뒷날 일어나 승천장의사를 찾아감.
2-2. 장의사 주인에게 승천한 광대 이야기를 알고 있는 사내가 살아 있음을 들음.
2-3. 트럼펫 불던 노인을 만나러 감. 비에 젖은 읍내 정경.
2-4. 노인이 소중하게 간직하고 있는 광대 이야기를 들음. 그는 이야기를 엄숙하게 하지만, '나'는 단순히 기삿거리로만 생각함.

전개의 첫 단계이다. 발단에서 나타난 승천장의사 간판이 이야기를 엮어내는 모티브가 되면서 '나'의 취재 외도대로 소설이 진행되어나간다. 인물이 많아지면서 사건도 복잡해지고 구체화된다.

3-1. '나'는 트럼펫 노인에게 줄광대 허운 이야기를 들음. 줄을 잘 타던 늙은 아버지 허노인, 단장과의 부정 때문에 아버지에게 목졸려 죽음을 당한 어머니.
3-2. 허노인은 아들에게 줄타기를 훈련시킴.
3-3. 허노인은 관중을 즐겁게 하라는 단장의 요구를 듣지 않음.
3-4. 허노인은 아들의 줄타기 수련이 만족하다고 생각하여 줄타기를 허락함.
3-5. 부자가 함께 줄을 타던 날 허노인이 줄에서 떨어져 죽음.

3-6. 나는 줄광대 부자의 이야기가 부담스러워 여관으로 돌아와버림.
3-7. 여자가 찾아와 같이 잠.
3-8. 뒷날 다시 나는 그 사내에게 이야기를 계속 들음.

　이 문단은 전개부의 두번째 단계이다. 트럼펫 노인에게 들은 광대 부자의 이야기 중 허노인이 중심이 되고 있다. 노인에 의해 광대 이야기가 구체화된다. 그 가운데 줄타는 일에 대한 허노인의 생각이 분명하게 나타나 있다. 노인은 줄타는 일을 소중하게 생각했고, 그것을 아들에게 물려준 다음에야 죽었다. '나'는 그 이야기가 부담스러웠다. 여기에서 허노인의 이야기는 '나'와 관계가 맺어진다.

4-1. 허운에게 여자가 나타남.
4-2. 트럼펫 사내가 운에게 여자를 만나게 해줌.
　　(노인은 줄광대 이야기를 전하기 위해 여기에 남아 살아가고 있음을 '나'는 느낌)
4-3. 여자를 만나기 시작하면서 허운은 재주를 피우기 시작함.
4-4. 허운은 관중을 위해 줄을 타다가 떨어져 죽음.
4-5. 허운의 사건에 대한 '나'와 트럼펫 노인의 입장이 드러남.

　이 문단은 허운의 이야기가 중심을 이루고 있다. 트럼펫 노인을 통해서 허노인 이야기 다음에 그 아들 이야기를 듣는다. 트럼펫 노인은 이야기를 들려주면서 광대 부자의 삶과 줄타기에 대해 해석까지 하고 있다. 그러기에 '나'의 이야기 듣기가 부담스러웠다. 또한 운이 죽음에 대해서도 노인은 어떤 확신을 갖고 있으나, '나'에게는 확실하지 않았다.
　이 문단에서 허노인 부자의 이야기를 통해서 트럼펫 노인과 '나'와의 관계가 맺어진다. 광대부자의 이야기가 '나'에게 큰 부담이 되면서 관계가 더 긴밀해진다.

5-1. '나'는 여관으로 돌아와 허운의 죽음을 생각했으나 이해할 수 없었음.
5-2. 여자가 다시 찾아옴. 그녀에게도 승천한 광대 이야기를 들음. 여자도 사실로 믿고 있었음.
5-3. 여자는 '나'와 잠을 자고, 뒷날 일찍 나가면서 정확히 3백원만 갖고 감.
5-4. '나'는 출장비 중에 남은 돈을 여자에게 주려고 찾아 나섰다가 트럼펫 노인의 죽음을 들음.
5-5. '나'는 정직한 그녀를 만남. 돈을 건네주려는데 여자가 외면함.
5-6. '나'는 이야기를 정리해보려고 했지만, 혼란스럽기만 함.
5-7. 실비가 계속 내리는데, 여자가 '나'의 곁을 지나가버림.

 마지막 문단에서는 '나'가 중심이 되어 이야기가 전개되었다. 그러면서도 그것은 사건으로서보다는 그러한 이야기를 들은 '나'의 혼돈에 치중되어 있다. 여기에서 허운 부자의 문제와 트럼펫 노인과 여자가 '나'와 관계를 맺으면서 소설은 결말에 이르게 된다.

(3) 작품구조와 의미

 위와 같은 형식단락을 중심으로 읽어보면, 작품을 이루고 있는 중심된 틀과 그 틀을 위해서 필요한 여러 요소들을 대강 찾아낼 수 있다. 또한 그 과정을 통해 작품내용을 파악할 수 있는 여러 단서도 얻을 수 있다. 이제 그것들을 찾아내고 종합해서 작품의미를 생각해볼 차례이다.

1) 서술구조와 플롯

 서술구조란 작가(은닉된 작가 또는 화자)가 독자에게 이야기를 전한 데 필요한 방법과 장치를 총칭하는 의미로 쓰인다.
 소설의 서술구조는 작가가 전해주는 이야기를 독자가 듣는 양식으로 짜여져 있다. 그러나 형식상으로는 작가 모습이 소설 표면에 드러나지 않고 내재해서 작품 구조에 포함되어 있게 된다. 이렇게 작품에 숨어 있는 작가와 같은 모습을 '화자'라고 말한다. 독자는 화자가 말해주는 것만 들을 수 있다.

「줄」의 서술구조는 특이하다. 형식 문단으로 나누어 읽고 정리한 내용을 보면 곧 알 수 있다. 즉 다음과 같이 몇 단계의 층으로 되어 있다.

A. 본 이야기 (첫째 층위) : 줄광대 허운 부자의 이야기.

B. 둘째 층위 : A 이야기를 '나'에게 전하는 트럼펫 노인과 그와 함께 사는 여인 이야기.

C. 셋째 층위 : 기사 취재를 위해 줄광대가 승천한 이야기를 찾아간 '나'가 줄광대 사연을 듣게 되는 데서 벌어지는 사건으로서, A와 B를 포함한다.

그런데 A는 트럼펫 노인이 '나'에게 들려주는 형식을 취하고 있고, B는 A의 과정에서 파생되는 사건이다. 그러므로 A와 B에서는 말하는 노인과 듣는 '나'가 외면으로도 분명하게 나타난다. 부분에서 상황성으로 처리되는 경우가 있지만, 표면적으로는 대부분 말하고 듣는 양식으로 되어 있다. 그러나 형식문단 1과 5는 1인칭 화자에 의해 '나'의 행동양식을 객관적으로 형상화시키는 서술양식을 취하고 있다. 그렇다면 A, B, C의 세 층위 중에 모든 이야기를 포함하여 감싸는 것은 셋째 층위, 즉 '나'를 중심으로 엮어지는 사건임을 확인할 수 있다. 이외 사건들은 이 중심층위를 보조해주는 기능으로 쓰이고 있다.

광대 부자의 이야기인 A 층위가 작품을 만들어내는 중요한 모티브임에 틀림없다. 주인물은 허운이고, 보조인물은 그의 부친, 허운이 사랑했던 여자와 트럼펫 사내, 단장과 허운 어머니이다. 두번째 이야기에서는 트럼펫 사내가 주인물이고, 그의 여자, 그리고 '나'도 보조인물이다. 그런데 즉 A층위에서 주인물이었던 허운 부자는 여기에서는 보조인물이 된다.

세번째 단계에서는 '나'가 주인물이고, 그외는 모두 보조인물이다. 이래서 작품의 플롯과 인물들은 묘하게 얽혀져 있다. 즉 A에서 보조인물이 그 다음 층위에서 주인물이 되고, 그 주인물은 다음 단계에서는 보조인물이 된다. 그렇다면 전체에서 주인물은 결국 '나'가 된다. 플롯도 그러한 인물들의 기능의 변화와 관계되어 전개되고 있다. A의 트럼펫 노인의 이야기와 B를 듣고 혼란에 빠진 '나'의 이야기가 C로 발전되면서 전개된다. 이를 토대로 하여 이 소설에서 주인물과 중심 플롯은 찾을 수 있다.

이 문제는 작품 서두와 결말에서 확인할 수 있다. 1의 첫 단락은 '나'가 취재여행차 다시 고향으로 내려와서 여관에서 여자와 함께 잠자는 상황이다. 애초에는 여자를 단지 벗삼아 함께 있기로 약속하고 불러들여서 잠을 잔다. 그러나 정욕에 못이겨 결국 약속을 지키지 못하고 여자를 요구한다.

마지막 결말은 '나'가 여자를 만나러 가서, 트럼펫 사내의 죽음을 듣고 그에게 들었던 광대 이야기가 혼란스럽기만 하고, 그녀에게 돈을 건네려다가 실패하는 정황이다. 이렇게 시작과 결말이 모두 '나'와 여자와의 관계에서 빚어지는 상황으로 처리되어 있다. 이 점을 고려할 때, 중심 플롯은 '나'가 승천한 광대 이야기를 듣고 그것을 해석하는 문제를 중심으로 전개되고 있음을 알게 된다. 그렇다면 소설의 주인물은 '나'이다. 이러한 주인물과 주플롯을 이해하면 작품의 종합적인 의미를 파악하는 데 도움이 된다.

이 작품에서는 1인칭 화자가 주인물이 되기도 하고 보조인물이 되기도 하는, 즉 1인칭 주인물(주인공) 화자와 보조인물 화자가 혼합되어 있다. 그 화자의 역할 변화 또한 작품 의미를 파악하는 데 도움이 된다.

2) 인물 이해

작품을 분석적으로 읽고 의미를 얻기 위해서는 인물 이해가 필요하다. 작품 안에서 주어진 정보와 다른 인물들과의 관계, 그리고 플롯 전개에 따른 인물의 내·외적 변모양상을 면밀하게 눈여겨봐야 한다. 그런데 1차적으로 작품에 나타난 정보에 의해 이해하는 일이 필요하다.
① 혼돈의 언어와 그 행사자 : '나'
'나'는 잡지사 기자이며 소설지망생인데, 소설을 못 쓰고 있다. 그 이유는 모든 사건이나 체험에 대해 소설적 질서를 부여할 능력이 없기 때문이다. '소설을 쓰겠다고 생각하면 멀쩡하게 조리가 정연하던 생각의 흐름이 갑자기 혼란을 일으키기 시작했다'고 자신을 설명하면서, 사실은 '혼란이라는 말로 딱 잘라 정할 수 있는 상태도 아니었다'라고 실토한다. 그것은 혼란상태에 있다는 자기 확인은 가능한데, 그 혼란양상을 이해함은 불가능하기 때문이다. 그러한 자신의 모습은 여자와의 관계에서 또는 줄광대에 대한 사연을 확신을 갖고 전하는 트럼펫 노인과 대비되는 '나'를 통해서 알 수 있다.

그는 언어가 혼란한 시대에 살고 있다. 언어는 인간이 이루어놓은 문화유산 중에서 가장 정직하고 정밀하며 구조적으로 짜여 있는 것이다. 그러나 현대는 그러한 언어가 신뢰성을 상실하고 있다. 더구나 그는 그 혼란스럽게 이용되는 언어를 사용하는 기자이다. 그 점은 기사 취재 의도에서 잘 나타나 있다. 부장은 한 인간의 진실을 위해서라기보다는 단지 '재미있는 이야기' 취재를 위해서 '나'를 보낸 것이다. 또한 '나'도 부장의 의도에 충실하게 따르기로 작정했다. 그런데 그러한 언어의 혼란성의 극치는 '내'가 여자와의 약속을 파기하는 데 있다.

"여봐?"
여자는 아주 귀찮은 듯이,
"아이 아직두······."
잠에 취한 소리를 하고는 아주 돌아누워버렸다.
"요것 봐라?"
나는 갑자기 얼굴이 화끈하더니 그대로 온몸이 더워지기 시작했다.
— 흠, 어차피 곧이 듣지 않을 약속이었는걸 뭐.

더구나 '나'는 여자와의 약속을 파기함은 물론 잠을 자면서도 여자를 의심해서 값비싼 녹음기와 카메라를 걱정했다. 그러나 여자는 다르다. 아침에 먼저 일어나 여관을 나가면서 그런 물건에 손대지 않았고, 처음에 약속한 대로 '나'의 주머니에서 꼭 3백원만 갖고 나간다.
　또한 현대가 언어의 약속이 지켜지지 않는 세대임은 여자의 말을 통해 잘 드러난다. 여자와 아무 일도 벌이지 않겠다고 약속했으면서도 약속을 지키지 못한 것을 '나'가 미안해 하자, 여자는 '당신은 요즘 사람이거든요. 요즘 건 전 믿지 않아요. 광대이야기는 옛날이야기니까 믿는 거지만' 하고 대답한다. 이 점은 소설지망생이면서 기자라는 '나'의 특수한 면모와 더불어 '나'가 세계를 인식하는 태도에서 기인한 것이다. 그 점에서 트럼펫 노인과 '나'는 대조적이다.
　② 사실에 대한 신념과 언어의 치열성 : 트럼펫 노인
　트럼펫 노인은 허운 부자의 일생을 지켜본 증인이면서, 그 사건에 대해 자기 확신을 갖고 있는 인물이다. 이 점에서 언어에 대하여 혼란을 느끼고 있는 '나'와 대조된다. 그는 허운과 여자가 관계를 맺도록 해주었듯이, 광대들의 삶에 직접 관여한 인물이기도 하다. 더구나 광대 부자에 대한 인식은 치열하고 확고하다. 그는 줄에서 떨어져 죽은 허운이 승천한 것으로 믿고 있다. 그리고 그 믿음을 전하기 위해서 피를 쏟으면서까지 살아왔다.

　"좋소. 이야기하리다. 저도 누구 한 사람에게는 내가 알고 있는 것을 다 이야기해 주려고 마음먹고 있었으니까요. 한데 이젠 언제 숨이 아주 끊길지 모르게 되었으니 머물 수도 없어졌어요. 대신 잘 들어 주셔야 합니다. 어떻게 생각하면 제게는 유일한 재산처럼 귀중하고 엄숙한 이야기니까요."
　가래가 묻어 나올 듯이 끈적끈적한 사내의 이야기가 귀중한 것일지 어떨지는 알 수 없다. 하지만 적어도 나는 이 사내의 이야기를 엄숙히 듣는 체함으로써 여행의 소임을 끝낼 수는 있으리라고 생각한다.

노인에게는 '유일한 재산처럼 귀중하고 엄숙한' 이야기였지만, 나는 이야기 듣는 것이 부담스러워 빨리 끝내기를 바란다. 그러나 사내는 고집을 세우면서 결국 이야기를 마친다.

그는 줄에서 떨어져 죽은 허노인에 대해서 '줄을 잘 탔다'고 확신하고, 줄에서 떨어져 죽은 허운의 승천을 믿는다. 뿐만 아니라 그 사실을 전하기 위해서 살아왔다. 그는 세계의 문제와 사실에 대해 확고한 신념을 갖고 있는 것이다.

③ 자유와 구속의 변증법 : 줄광대 부자

허운 부자의 예술적 삶은 트럼펫 노인과 '나'에게 많은 것을 생각하게 했다. 그것은 세계 인식의 방법과 태도의 문제이다.

이들 부자는 모두 불행한 여자관계를 갖고 있다. 어쩌면 이들의 몰락에는 여자들이 개입했다고 말할 수도 있다. 그들 부자는 모두 줄을 타다가 결국 떨어져 죽었다. 이 두 사실은 그들의 삶의 의미를 설명해줄 수 있는 단서가 된다. 허노인은 단장과 부정을 저지른 아내를 목졸라 죽였지만, 곧 다시 줄을 탔다. 관객을 즐겁게 하라는 단장의 강요를 거부하고 그의 방식대로 줄을 탔다. 그러나 아들은 여자를 사랑함으로써 줄타기 외에 다른 욕망을 갖게 되었고, 그래서 관객을 즐겁게 하기 위해 줄을 더 높이 달고 타다가 결국 떨어져 죽었다. 그런데 승천했다고 소문이 난 것이다.

허노인은 아들이 줄타는 것을 확인하는 날 줄에서 떨어져 죽었다. 그래서 그의 줄타기는 아들에게 전해졌다. 그런데 아들 허운의 경우는 세상사람들이 그의 승천을 믿음으로써 그의 줄타기는 믿음을 통해 언어로 영원히 전해지게 되었다. 그 일을 감당한 사람이 바로 트럼펫 노인이다. 그런데 그 줄광대 허운의 이야기가 '나'에게 전해질 차례가 되었다. 트럼펫 노인에게 이야기를 전해들은 '나'는 그 줄광대의 삶과 줄타기를 이해하고 믿기에는 곤혹스럽기만 한 것이다. 결국 작품의 문제가 해결되지 않은 채로 남아 있게 된다.

그러면 허운 부자가 일생을 걸었던 그 줄에 대한 그들의 인식은 어떤

제12장 소설쓰기와 소설읽기의 한 예

가. 그것은 곧 자신의 삶에 대한 인식이기도 하다. 이 점은 '줄이 그들의 삶이 영위되어지는 유일한 공간'이라고 생각하는 데서 알 수 있다. 그들은 줄을 떠나서 살아갈 수 없다. 그것은 극히 좁고 한정된 공간이지만 그 한정된 공간에서 자유를 누릴 수 있어야 했고, 그 자유의 폭이 넓으면 넓을수록 그들의 삶은 풍요로울 수 있는 것이다. 그러한 자유를 누릴 수 있는 방법은 무엇인가. 그 공간을 자유롭게 쓸 수 있는 능력에 있다. 바로 줄타는 태도가 문제가 된다. 이 점은 허노인이 아들에게 줄타기를 가르치는 과정에서 잘 나타나 있다.

— 처음으로 학교라는 곳을 갔다가 시들해서 돌아온 운을 보고 허노인은 이렇게 중얼거렸다.
"세상에는 줄광대가 밟을 만한 땅이 없지."
그리고는 운에게 줄타기를 가르치기 시작했다.

그렇게 시작한 아들에 대한 허노인의 줄타기 교습은 엄격했다. 그는 아들을 때리지는 않았지만 시간만 나면 언제나 회초리를 들고 뒷마당에서 운의 줄타기 연습을 지켰다.
또 허노인은 줄타는 데서 아들의 객기를 경계했다. 어느 날 노인은 줄타기를 연습하는 아들에게 물었다.

"그래, ……그럼 줄을 탈 때 끝이 가까와 보이느냐?"
"네, 바로 눈앞에 있는 것 같습니다."
"그럼 가는 줄이 넓게 보이겠구나……."
"그 위에서 뛰어놀 수 있을 것 같습니다."
"안되겠다!"
운은 까닭을 몰랐으나 더 대꾸하지 못했다. 열여덟살이 되었다. 운은 허노인에게 같은 청을 드렸다.
"어때, 줄이 넓어 보이더냐?"

"줄이 보이질 않습니다."
운은 불안했으나 사실대로 말했다.
"그래, 줄을 타고 있을 때 아무것도 보이지 않는단 말이지?"
"예."
"귀도 들리지 않고?"
"예."
그것도 사실대로 대답했다.
"흠, 아직도 객기가 있어……."

객기는 어쩌면 줄타는 사람들에게는 필요한 것일지도 모른다. 그것을 통해서 줄 위에서 자유로울 수도 있다. 허노인 자신은 줄을 잘 탔다. 넓은 밤하늘을 배경으로 조명을 받으면서 흘러가듯 줄을 탈 때면, 유령같기도 하고 그냥 땅 위에서 하품하는 것 같기도 했다. 그러나 줄에서 내려왔을 때에 온몸은 땀에 젖어 있었다. 일생 동안 줄을 탄 그였지만, 그는 줄을 탈 때마다 땀에 흠뻑 젖을 정도로 최선을 다했다.
허노인은 줄을 타면서 재주를 부리는 것을 용납하지 않았다. 구경꾼들에게 재미를 더해주기 위해 줄을 타지 않았다. 그 때문에 단장에게 나무람도 당했다. 노인은 줄타는 일이 구경꾼이나 단장을 위한 일이 아니라 바로 자신의 삶 그 자체라고 생각했다. 그러기에 단장의 청이나 관중의 요구를 들어줄 수 없었다. 광대에게 줄은 그의 삶의 유일한 공간이고, 거기에서 이루어지는 모든 일은 그들의 삶 자체였다. 그러한 점은 노인이 아들의 줄타기를 만족하게 생각했던 그 상황에서 확인할 수 있다.

"줄 끝이 멀리 보여서는 더욱 안되지만 가깝고 넓어 보여서도 안되는 법이다. 그 줄이라는 것이 눈에서 아주 사라져버리고, 줄에만 올라서면 거기만의 자유로운 세상이 있어야 하는 거야. 제일 위험한 것은 눈과 귀가 열리는 것이다. 줄에서는 눈이 없어야 하고 귀가 열리지 않아야 하고, 생각이 땅에 머무르지 않아야 한단 말이다."

줄을 타는 아들에게 소리를 질렀으나 아들이 듣지 못하자 노인은 만족해 했다. 줄 위에서 자유로울 수 있는 길은 줄에 올라서면 모든 것을 잊고 바로 거기만을 유일한 자유의 공간으로 인식하는 데 있었다. 생각이 땅에 머물지 말아야 하고, 귀와 눈이 열려져서도 안된다. 오직 줄타는 사람에게는 줄만을 생각하는 치열함이 자유를 확보할 수 있는 유일한 길이다. 그것은 욕망으로부터의 자유였으며 자기 구속을 통해서만 얻을 수 있는 역설적 자유였다. 구경꾼들이 보기에는 노인이 '줄을 잘 타는 것'처럼 보였으나, 노인으로서는 온몸이 땀에 젖을 정도로 몸을 내맡겨 탔던 것이다.

그러나 아들은 달랐다. 그는 아버지에게 줄타기를 물려받고 줄을 타는 동안에 여자를 알게 되었고, 그후로부터 그는 달라지기 시작했다. 재주를 피우기 시작한 것이다. 단장과 구경꾼들은 그렇게 변한 그를 좋아했다.

운은 여자를 알게 되면서 줄보다 사랑을 더 소중하다고 생각하게 되었고, 그로부터 그는 욕망에서 자유롭지 못했다. 그래서 재주를 피우기 시작했다. 그러나 재주로 단장과 구경꾼들에게 칭찬을 받는 것이 즐거운 일은 아니었다. 그는 귀와 눈으로 들어오는 찬사와 열광이 도리어 괴로웠다. 그러다가 결국 줄에서 떨어져 죽게 된다. 허운의 죽음은 자유와 구속, 욕망과 그로 인한 억압에 대한 논의를 대신해준다.

(4) 소설의 의미 : 삶과 예술의 논리에 대한 신념과 물음

이 작품을 읽고나서 우리는 그 서술구조의 특이성과 인물의 비범함, 그리고 플롯의 다층성을 통해서 몇 가지 문제를 생각할 수 있었다. 우선 소설의 재료가 되고 있는 허운 부자의 삶의 문제이다. 두 부자는 각기 같은 줄 위에서 살아왔으나, 그들이 추구했던 것은 아주 달랐다. 아버지는 부정한 아내를 제 손으로 목졸라 죽임으로써 그녀의 부정과 자신의 사랑의 갈등을 극복했다. 그래서 줄을 계속 탈 수 있었다. 더구나 단장

의 요구를 물리치고 정말 자신의 방법과 신념을 지키면서 살다가 아들에게 물려주고 난 후에 죽었다. 그는 줄 위에서 자신의 자유를 누렸다. 모든 욕망과 갈등을 땀으로 절제함으로써 진정 줄 위에서의 자유를 얻었고, 그것을 다 이루었다고 생각했을 때 죽었다.
 아들은 줄보다 더한 것을 추구하다가 몰락했다. 허노인은 여자를 죽이고도 줄을 탔는데, 아들은 여자를 사랑하기 때문에 줄을 탈 수 없다고 고백한다. 사랑의 욕망은, 즉 땅 위의 것에 대한 욕망은 결국 사람들을 즐겁게 하기 위해 더 높이 줄을 달고 타게 만들었다. 그러다가 결국 죽었다. 허노인은 줄에 대한 신념이 확실했다. 그러나 허운의 경우에는 그 신념이 욕망으로 인하여 일그러졌고, 결국 그것을 잃어버림으로써 몰락하고 만다. 그러나 그가 죽어서 승천했다는 소문은 도리어 그의 신념을 강화시킨다. 그런데 무엇이 사람들에게 그의 승천을 믿게 만들었을까. 그것은 아마 사람들을 즐겁게 한 줄타기와 '인간의 승천'이라고 허운의 줄타기를 미화해서 선전한 단장의 찬사였을 것이다.
 더구나 트럼펫 노인이 허운에 대한 신념을 전해야 했던 것은 아마 허운과 여자와의 사랑 때문이 아닐까. 그러나 그것은 명확하지 않을 수도 있다. 꼭 명확하기를 바랄 필요도 없다. 중요한 것은 '나'가 그러한 사실에 대한 믿음을 유보할 수밖에 없다는 사실에 있다. 모든 것에 확고한 믿음을 갖고 그것을 전하려는 트럼펫 노인에 비해서 '나'는 왜 그럴까. 그것은 언어의 혼란스런 상황을 그가 알고 있기 때문이고, 다음으로는 허운 부자의 삶에 대한 단순한 신념이 두려웠기 때문인지도 모른다. 어쩌면 사실을 혼란스럽게 받아들이고 언어의 혼란을 체험하면서 살아가는 것이 그 자신에게는 보다 엄격하고 신실된 일인지도 모르겠다.
 '나'가 사실이나 언어에 대해 신념을 갖지 못한 것을 비판할 수는 없다. 그것은 소설을 읽는 태도로서는 경계해야 한다. 중요한 것은 그 거짓말 이상의 의미가 없는 언어(허운의 승천)이지만, 그것이 누구에게는 그 사람의 질서가 되고, 어떤 사람에게는 혼란이 된다는 사실이다. 그 예는 바로 트럼펫 노인이나 그 여자와 '나'에게서 찾을 수 있다. 문제에

제12장 소설쓰기와 소설읽기의 한 예

대한 단정적 결말은 유보되고 있다는 점이 바로 이 작품의 의미이다.

C읍에서 너무 많은 이야기를 한꺼번에 들어버린 때문일까? 아니면 어느 것 없이 거짓말을 — 적어도 나에게는 거짓말 이상의 의미를 지닐 수 있을 것 같지 않은 이야기만을 — 들은 때문일까. 소설을 생각할 때와 같은 그런 혼돈이 휘몰아들었다 — 나는 적합치가 않다. 좀더 확실한 목소리로 말할 수 있는 사람이 여길 왔어야 했다. 그 이야길 들었어야 했다. 나는 그럴 수가 없다. 더욱이 그것을 여자에게 물을 수는 없었다. 이 혼돈 속에서 나의 소재를 확인해볼 수 있는 방법을 영영 잃어버리고 말 것 같은 두려운 생각이 들었다. 그러나 나는 말을 하려고 하지 않았다.

그 유보는 중요한 것이다. 소설은 어떤 문제에 대해 해답을 제시하지 않는다. 도리어 정답으로 확정된 해답을 다시 생각하게 한다. 그 결과는 어떻게 될까. 혼란만 가중될 뿐이다. 그 생각 자체가 도리어 고통스럽고 번잡스럽다 하더라도 다시 생각하는 것은 필요하다. 그 혼란스러운 사고를 두려워하는 사람은 소설을 읽지 않을 것이다. 그러나 소설을 멀리하면 할수록, 그는 자신의 성(城) 속에 갇혀 점점 굳어지다가 결국 쇠붙이처럼 녹이 슬고 죽어갈 것이다.
　'나'가 끝내 여자에게 묻지도 않고 돈도 전하지도 못한 채 작별인사를 하지 않은 이유는 바로 그 망설임 때문이다.

인용작품 목록

강경애	인간문제	182, 207~208쪽
고원정	빙벽	187~89쪽
김기진	붉은 쥐	45, 70쪽
김남천	공장신문	70쪽
	공우회	70쪽
	소년행	234~35, 271쪽
	남매	271쪽
	누나의 사건	271쪽
	무자리	271쪽
	대하	271쪽
김동인	감자	52~53, 103~104, 126, 173, 200, 211, 222, 245~46, 249, 294~95, 301쪽
김동리	까치소리	281~82쪽
	바위	321쪽
김성동	길	179~80쪽
김성한	바비도	70, 74, 231, 301쪽
김승옥	무진기행	90~91, 252, 256, 286, 301~302쪽
	서울, 1964년 겨울	100~101, 289~90쪽
김시습	금오신화	34, 69쪽

김원우	불면수심	319쪽
김원일	미망	82~83, 107~108, 237, 302~303, 317~18쪽
김정한	사하촌(寺下村)	274~75쪽
김주영	달밤	109, 192~96, 325쪽
	천둥소리	174~75쪽
나도향	물레방아	240, 245~46, 257쪽
	벙어리 삼룡이	240, 245쪽
박경리	토지	181~82쪽
박완서	조그만 체험기	303, 307쪽
박영한	왕룽일가	46쪽
복거일	높은 땅 낮은 이야기	271~72, 284쪽
선우휘	불꽃	212, 258, 264쪽
서정인	강(江)	94~96, 98쪽
염상섭	만세전	70, 126, 179~80, 205~206, 222, 256, 267쪽
양귀자	한계령	93, 219쪽
오정희	동경(銅鏡)	134~64, 168, 170, 233, 243~44, 246~48쪽
오탁번	아버지와 치악산	81~82, 237, 243~44쪽
유재용	누님의 초상	235~36쪽
유진오	창랑정기	283, 84쪽
윤홍길	장마	333쪽
이광수	무정	70, 76, 238, 240쪽
이동하	장난감 도시	87쪽
	파편	277~78쪽
	과천에는 새가 많다	332쪽
이문구	우리 동네 황씨	99, 110, 295, 301쪽
이문열	영웅시대	35쪽
	금시조	97, 116~117, 237, 295~96쪽

인용작품 목록

	익명의 섬	118쪽
이범선	오발탄	70, 73, 173~74, 201, 237, 321~22쪽
	학(鶴)	237쪽
이　상	날개	77, 89~90, 102~103, 173, 200, 211, 256쪽
이청준	인간의 문	25~26쪽, 172, 273~74쪽
	별을 보여드립니다	70, 75, 77, 106~107, 224, 241, 247쪽
	이어도	77, 221쪽
	당신들의 천국	212, 279~80, 322쪽
	자유의 문	87쪽
	가해자	328쪽
	벌레 이야기	304~305, 308쪽
	줄	305, 308, 388~91, 394~95, 397~98, 401쪽
이태준	밤길	280쪽
이효석	메밀꽃 필 무렵	111, 251, 256, 261~63쪽
임철우	사평역	287~89쪽
전광용	꺼삐딴 리	70쪽
전상국	우상의 눈물	184~85, 241~42쪽
조세희	난장이가 쏘아올린 작은 공	78쪽
조해일	매일 죽는 사람	70, 73, 84~85, 104~105, 172, 199, 210, 214~15, 218, 247~48쪽
채만식	태평천하	113~15쪽
	탁류	176, 203쪽
최서해	탈출기	88~89쪽
최　윤	회색 눈사람	180, 206쪽
최인호	타인의 방	108쪽
최인훈	광장	252~53, 256, 264~65, 268~69쪽
최창학	아무 말도 할 수 없었다	112~13쪽
	포구의 숲	325쪽

한수산	미지의 새	285~86쪽
현기영	변방에 우짖는 새	285, 318~20쪽
	순이 삼촌	35, 78쪽
현길언	그믐밤의 제의(祭儀)	37, 40, 54, 177~78, 204, 237쪽
	풍화하는 혼	59쪽
	쓰여지지 않는 비문	315~16쪽
	우리들의 스승님	277쪽
	껍질과 속살	117, 245, 304쪽
현진건	빈처	172, 198, 247쪽
	운수 좋은 날	77~78, 211, 245~46, 301쪽
	B사감과 러브레터	115, 211, 218, 256, 259~60쪽
	고향	45, 309쪽
	무영탑	70, 183, 208, 221, 237, 239, 242, 247~48쪽
홍성원	마지막 우상	119~20쪽
	산	217, 296~97, 300~301, 315쪽
	폭군	331쪽
황석영	객지	78쪽
	삼포가는 길	70, 83~84, 174, 202, 209, 212, 252, 314~15쪽
황순원	두꺼비	237쪽
	카인의 후예	319~20, 327~28쪽

한길문학예술총서 12
소설쓰기의 이론과 실제

지은이 현길언
펴낸이 김언호
펴낸곳 (주)도서출판 한길사
주소 413-756 경기도 파주시 교하읍 문발리 520-11
www.hangilsa.co.kr
E-mail: hangilsa@hangilsa.co.kr
등록 1976년 12월 24일 제74호
전화 031-955-2000~3
팩스 031-955-2005

제1판 제 1 쇄 1994년 3월 1일
제1판 제10쇄 2007년 8월 30일

ⓒ 현길언 1994

값 12,000원
ISBN 978-89-356-3043-1 04800

* 잘못 만들어진 책은 구입하신 서점에서 바꿔드립니다.